中国产业研究报告 · 物流与采购

· 中国物流与采购联合会系列报告 ·

示范物流园区创新发展报告

2018

国家发展和改革委员会经济贸易司
Department of Trade
National Development and Reform Commission
中国物流与采购联合会
China Federation of Logistics & Purchasing

Demonstration Logistics Park Innovation and Development Report（2018）

中国财富出版社
China Fortune Press

图书在版编目（CIP）数据

示范物流园区创新发展报告. 2018 / 国家发展和改革委员会经济贸易司，中国物流与采购联合会编 . —北京：中国财富出版社，2018. 3

ISBN 978 - 7 - 5047 - 6738 - 7

Ⅰ. ①示… Ⅱ. ①国… ②中… Ⅲ. ①物流—工业园区—经济发展—研究报告—中国—2018 Ⅳ. ①F259. 22

中国版本图书馆 CIP 数据核字（2018）第 161747 号

策划编辑 张 珂 **责任编辑** 邢有涛 张 珂

责任印制 尚立业 **责任校对** 杨小静 **责任发行** 敬 东

出版发行	中国财富出版社		
社　址	北京市丰台区南四环西路 188 号 5 区 20 楼	**邮政编码**	100070
电　话	010 - 52227588 转 2048/2028（发行部）		010 - 52227588 转 321（总编室）
	010 - 68589540（读者服务部）		010 - 52227588 转 305（质检部）
网　址	http://www.cfpress.com.cn		
经　销	新华书店		
印　刷	中国农业出版社印刷厂		
书　号	ISBN 978 - 7 - 5047 - 6738 - 7/F · 2910		
开　本	787mm×1092mm 1/16	**版　次**	2018 年 7 月第 1 版
印　张	20	**印　次**	2018 年 7 月第 1 次印刷
字　数	450 千字	**定　价**	180. 00 元

《示范物流园区创新发展报告（2018）》

编辑出版单位：国家发展和改革委员会经济贸易司
中国物流与采购联合会

编 委 会

《示范物流园区创新发展报告（2018）》

编辑人员

主　编： 贺登才

副主编： 张晓东（执行）　姜超峰　黄　萍

成　员： 杨浩哲　杨宏燕　陈　凯　郎茂祥　于雪姣
何庆宝　吕　杨　王　沛　杨俊杰　杨凯丽
沈润翔　李玥熠　任宇轩　曾茹冰　庄乾文
张明月　李　鑫　王志婷　胡议友　吴梓奇

承办部门：中国物流与采购联合会物流园区专业委员会
电　　话：010-58566588-139/133
传　　真：010-58566588-128
邮　　箱：cflpyq@ vip. 163. com
网　　址：http：//www. chinawuliu. com. cn/wlyq/

前　言

现在展现在大家面前的是由国家发展和改革委员会经济贸易司和中国物流与采购联合会联合出版的《示范物流园区创新发展报告（2018）》（以下简称《报告》），也是第二本同题系列报告。本书收录了第二批 27 个示范物流园区提供的经验材料，旨在总结、推广它们的工作经验和示范特色，以点带面地促进全国物流园区规划、建设、运营、管理和服务水平进一步提升，完善物流基础设施网络，服务现代化经济体系，助力经济高质量发展。

2015 年 5 月，国家发展和改革委员会（简称“国家发展改革委”）、国土资源部、住房和城乡建设部简称“住房城乡建设部”印发《关于开展物流园区示范工作的通知》（发改经贸〔2015〕1115 号）。该《通知》提出到 2020 年，全国分批评定 100 家左右基础设施先进、服务功能完善、运营效率显著、社会贡献突出的示范物流园区，并委托中国物流与采购联合会负责具体组织评选、跟踪监测和经验推广等工作。2016 年 10 月，国家发展改革委等三部门发布的《关于做好示范物流园区工作的通知》（发改经贸〔2016〕2249 号），公布确认了首批 29 个示范物流园区，第一本《报告》随后出版。2018 年 2 月，《关于做好第二批示范物流园区工作的通知》（发改经贸〔2018〕249 号）认定河北省邢台好望角物流园区等 27 个物流园区为第二批示范物流园区，这为第二本《报告》提供了资料来源。第二批 27 个示范物流园区来自 20 个省、市、自治区和 2 个计划单列市，都是经省级发展改革委或中国铁路总公司重点培育和推荐的物流园区，多数分布在《全国物流园区发展规划》确定的节点城市。作为国内物流园区发展的典型，第二批示范物流园区的创新做法和经验既各有特色，又具有鲜明的时代特征和普遍的推广价值。在《报告》编辑出版过程中，示范物流园区单位领导重视编写工作，积极组织力量，总结提交经验材料。中国物流与采购联合会物流园区专业委员会（简称“中物联物流园区专委会”）专家委员会副主任、北京交通大学交通运输学院张晓东副教授带领团队夜以继日审核、编撰，由此第二批示范物流园区的创新做法与示范特色得以展现，值得业界同人交流借鉴。

在本书开篇之际，本人试图对这些园区的共性做法和普遍经验做一点归纳梳理，难免挂一漏万，敬请批评指正。

第一，规划“连天”，选址“接地”。

物流园区作为重要的基础设施，规划选址工作是成功运营的前提条件。第二批示范物流园区从基础性、战略性高度，紧扣国家发展战略，结合当地产业需求，高点定位，规划先行。所有园区均已纳入省级物流发展规划，多数分布在《全国物流园区发展规划》确定的一级或二级节点城市、综合运输枢纽城市以及“一带一路”沿线城市。从具体选址来看，多数园区借助交通优势，贴近产业资源。如南京龙潭综合物流园区借力长江经济带门户城市区位优势和综合保税区政策优势，发掘港口岸线资源和制造业基础潜能，构建辐射全国、面向国际市场的上海—江苏—安徽长江下游经济带重要物流平台；郑州国际物流园区抢抓河南自由贸易试验区、郑州经开综合保税区、郑州跨境电子商务综合试验区“三区叠加”的重大机遇，选址高效衔接郑州铁路集装箱中心站、新郑国际机场以及若干高速公路，形成“铁、公、机”联动发展、优势互补的大物流产业链；福建福港综合物流园区借助“一带一路”倡议中的海上丝绸之路核心区与中国（福建）自由贸易试验区福州片区的区位政策优势，选址江阴港区，开辟福州至高雄、基隆、台中、台北的集装箱直航航线以及两条对台海运直航邮路，成为承接台湾产业转移、促进两岸经济融合发展的重要基地；鹰潭市现代物流园以鹰潭南站为中心，汇集320国道、206国道、沪昆高速、济广高速形成的“双十字”交通网络，以及浙赣、鹰厦、皖赣、沪昆高铁四大铁路干线，充分借助交通枢纽辐射带动作用，打造公铁联运中心。

第二，产业支撑，需求到位。

需求为依托，产业为支撑，是物流园区发展的基础。贴近需求，服务产业，与制造业、商贸业融合发展、助力精准扶贫，是第二批示范物流园区的共同特点。一是与制造业联动。如湘南国际物流园依托“有色金属之乡”“中国银都”等资源优势，打造有色金属检验检测仓储贸易平台，设置仓单质押融资、有色金属检测中心，利用仓储、贸易功能，集聚多家大型企业入驻，形成有色金属总部经济；黔中（安顺）物流园区适应安顺市军工企业发展需求，提供面向航空产品制造的军工物流服务，通过构建集装箱“铁转公、公转铁”路径，提高军工企业物流通道和设施利用率，为军民产业融合发展提供配套。衢州工业新城物流园区着力打造特色现代化工物流集聚区，通过完善园区化工物流服务功能，推进危化品物流防控体系建设，集聚了区域内危化品生产高度集中的氟化工、煤化工、石油化工、氟硅产业等一系列企业，承担了衢州地区65%的危化品发送量，解决危化品运输安全“老大难”等问题。邢台好望角物流园区通过吸引物流企业物流服务，形成了具有规模性和影响力的物流产业聚集区，通过完善孵化器服务管理，为中小物流企业提供软硬件支持。

二是与商贸业融合。如义乌港物流园针对小商品市场特点，大力发展仓储业务，建立大型仓库，持续探索各类海关拼箱模式，支撑义乌“买全球、卖全球”的战略定位，2017年商贸物流货运量达6800万吨，出口贸易量130万标准集装箱（TEU）；集宁现代物流园区围绕当地优势产业，延伸皮革生产、销售和物流产业链，实现以“销售带动加工、加工带动制革、制革带动养殖”“三产融合”帮助农牧民增收致富，也为乌兰察布市承接京津冀产业转移项目奠定基础；豫东综合物流产业集聚区依托农产品批发市场，以信息化和冷链化设施建设为重点做强农产品物流，通过不断推进市场升级改造，形成涵盖鲜果、肉食等几百个产品的仓储产业集群，吸引全国各地经销商、批发商达6000多户，每天进入市场的车流量约2万辆次，客流量约7万人次，2017年市场交易量900多万吨。

三是助力精准扶贫。秀山（武陵）现代物流园区建立起电商物流、电商平台、农产品上行、人才培养和电商服务“五大体系”，形成线上“村头”、线下武陵生活馆的“互联网+三农”特色模式，带动订单农业、电商产品加工和快递物流等产业融合发展，电商产业链覆盖全县近70%农户，近三年通过电商平台售出价值17亿元的农特产品，日均收发快递3万余件。南充现代物流园引进“物流+基地+农户”发展模式，着力推动革命老区脱贫致富，目前已覆盖823个贫困村，带动6万余户农民脱贫。

第三，功能拓展，服务延伸。

服务功能是物流园区的“立园之本”，也是示范物流园区的“看家本领”。第二批示范物流园区在不断提升物流服务质量与效率的同时，立足基础服务，不断创新拓展服务功能，延伸服务链条，开发服务新领域。如山东佳怡物流园建立行业共享云仓，通过资源共享，不断整合供应链上下游资源，助力企业构建敏捷供应链，同时，采用自建与合作方式，搭建起包括2100多个终端服务网点、7000多条运输线路，基本覆盖三级以上城市的物流服务网络；中鼎物流园创新传统铁路货运组织方式，连接大同、运城和曹妃甸区域物流园，以及代县、忻州、朔州、侯马等13个铁路多式联运货场，构建覆盖山西全省、辐射全国的铁路物流网络；宁波经济技术开发区现代国际物流园区创新口岸功能，采用一体化监管、一站式通关查验模式，将监管嵌入物流环节，对近八成的A级诚信企业实行“信用放行”，对进口业务24小时预约查验通关，每个货柜平均减少综合物流成本2000元左右，每一批货物出口平均通关时间缩短1.5天以上，累计已缩短企业通关时间12.5万小时；宜昌三峡物流园引入各类政务、商务服务机构，通过打造商户社区化服务平台、探索食品安全管控体系、创建消费者维权服务示范站，为园区入驻企业提供“一站式”服务。

第四，智慧物流，提档升级。

以互联网、云计算和人工智能为代表的新技术革命潮流滚滚向前，物流园区成为重要应用场景。第二批示范物流园区在运用智慧物流技术、升级改造传统产业、转换发展动能方面走在行业前列。如深国际华南物流园相继引入电商云仓和深国际无忧蚂蚁自动分拣仓，布置智能密集“循环推动”式自动货架系统，为客户提供订单产生后的全程物流服务并延伸仓储相关增值服务，智能仓库的运用为园区节省79%的仓储面积，降低人力成本90%，提高拣货效率近7倍；豫东综合物流产业集聚区信息中心大楼和指挥调度中心构建了安全监控、电子交易结算、客户查询服务、无线稽核、行情显示、安全追溯、检验检测和进门登记监管及冷链物流等一整套信息化管理系统和农产品质量安全监管追溯系统，达到了信息透明化、服务全程化；衢州工业新城物流园区为危化品物流车辆安装网络摄像头，运用3G可视化功能以及全球定位系统（Global Positioning System，GPS）先进的空间定位技术，开发建设危化品道路运输综合监管系统，对车辆速度和运输轨迹等运行状态、货物信息、车辆罐体信息、驾驶员和押运员信息全程监控与自动报警，并与交通运输、安监、公安、质检等部门互联互通，助力应急处置；香江物流园通过“香江征信”“香江班车”“香江货的”等信息平台实现信息共享，为小微企业提供创业孵化服务。目前共有在孵小微企业逾20家，整体业务增长了110%，就业人数增加了79%。

第五，体制改革，模式创新。

体制机制、运营模式与企业可持续发展能力密切相关。第二批示范物流园区不断推进体制机制改革和运营模式创新，持续提升园区发展活力。如中国铁路成都局集团有限公司城厢铁路物流基地，通过铁路运营部门与地方政府铁路港的实质性合资合作，共同组建公司化治理结构，实行一体化管理、建设与运营，将铁路港与全国性路网资源实现了无缝衔接；宁波经济技术开发区现代国际物流园区实行特色化的财务体制，将区属留成部分作为园区管委会的财政收入，为园区建设可持续发展提供了资金保障；鹰潭市现代物流园为入驻企业提供培训补贴政策，给予用人单位培训费用50%~100%的补助，鼓励组织人才培养，自建园以来累计培训超900人次。

示范物流园区抢抓政策机遇，推进运营模式创新。中鼎物流园、香江物流园、邢台好望角物流园、宜昌三峡物流园等列入交通运输部无车承运人试点单位。中国（上海）自由贸易试验区洋山保税港区（陆域）物流园区用足贸易便利化系列政策优势，创新海关监管模式，拓展跨境电子商务、保税展示交易以及融资租赁等新型业态，园区在沪上跨境电商保税进口贸易量中占比超过50%。中鼎物流园、邢台好望角物流园、甘肃（兰州）国际陆港、义乌港物流园、湘南国际物流园、郑州国际物流园区与天津港、唐山港等港口建立合作关系，成为没有码头的“无水港”。

第六，节能环保，绿色发展。

声势浩大的“蓝天保卫战”对物流园区运作模式提出了严峻挑战。节能环保、绿色发展也是对示范物流园区的基本要求，第二批示范物流园区已经开始行动。如南方物流集团物流园配备大量电动车与充电桩，采用水帘蒸发冷却新风设备和负风压降温循环系统代替传统大型中央空调机组，建筑降温节能率达80%，建设无负压节能集中供水系统、水循环处理系统和雨水收集系统节约水资源，利用新材料、新工艺进行园区设计，能源需求明显减少；宜昌三峡物流园使用太阳能年均发电1800万度，节约电费近50万元、标准煤6万吨；安徽华源现代物流园循环使用包装箱，循环使用率达到40%，年节省新包装箱80万个，在冷链运输过程中，根据派送数量确定合适的保温箱并在签收后回收，促进了循环利用。第二批27家示范物流园区多数距铁路货场、航空场站、港口码头或高速公路出入口在5千米范围以内，其中16个园区拥有铁路专用线或装卸线，占比约60%，便于开展多式联运。

第七，对外开放，走向国际。

第二批示范物流园区在全方位开放的新格局下，加快国际化发展步伐。如中国铁路成都局集团有限公司城厢铁路物流基地多措并举畅通国际国内物流网，建成了辐射欧洲的国际班列通道与11条“蓉欧+”多式联运通道集聚货源，2017年，共计开行国际班列1012列，“蓉欧+”班列1500列；上合组织（连云港）国际物流园联合哈萨克斯坦国家铁路公司等骨干企业开发和共享连云港中哈物流场站，延伸阿拉木图、阿克套港、塔什干、伊斯坦布尔等国内外物流网络资源，投产运营三年多来，累计完成进出货物中转服务951万吨，集装箱63万TEU（标准箱）；深国际华南物流园先后引进奥特莱斯、名车广场、红酒基地和跨境电商交易中心等企业和项目，进出口货值累计突破3000亿美元；广西凭祥综合保税区物流园与越南工贸部、谅山口岸经济区管委会等部门建立工作交流机制，共同推进建设越南—谅山中国产业园、机电产品展示中心、现代物流基地等多个合作项目，先后获批水果、苗木、冰鲜水产品、粮食进口指定口岸资质；威海国际物流园规划建设韩国产品中国分拨中心和国货对韩产品分拨中心，开展跨境电商、国际快递等业务，2017年园区共操作跨境电商进出口250万单，涉及贸易额近2亿美元，海运快件业务量迅猛增长，全年突破36万件，月业务量突破200吨。

第八，政府重视，政策给力。

近年来，党中央、国务院以及各有关部门十分重视物流园区发展，出台了一系列规划政策。党的十九大报告要求，加强物流等基础设施网络建设。2017年8月，《国务院办公厅关于进一步推进物流降本增效促进实体经济发展的意见》（国办发〔2017〕73号）要求，进一步发挥城乡规划对物流业发展的支持和保障作用。在土地利用总体规划、城市总体规划中综合考虑物流发展用地，统筹安排物流及配套公共服务设施用地选址和布局，在综合交通枢纽、产业集聚区等物流集散地布局和完善一批物流园区、配送中心等，确保规划和物流用地落实，禁止随意变更。对纳入国家和省级示范规划的物流园区新增物流仓储用地给予重点保障。国家发展改革委等政府部门及许多地方政府先后出台相关政策，从规划、用地、融资、降税、清费、便利通关、城市通行、多式联运、简政放权和试点示范等多方面对物流园区予以支持。北京、江苏、浙江、安徽、山东、河南、湖北、广东、重庆和四川等省区市制定物流园区规划、开展省级试点示范、出台支持促进政策，推动物流园区发展政策环境持续改善。

以上是本人对第二批示范物流园区创新经验和示范特色的粗略归纳。要想取得“真经”，建议研读原文、现场考察、交流座谈。任何经验的产生需要一定的环境条件，对于示范物流园区经验的学习借鉴需要结合当地实际情况。必须指出的是，经验只能说明过去，未来将面对着瞬息万变的时代。新时代要求物流园区业界同人，包括示范物流园区站在时代潮头，研判发展趋势，顺势而为，迎难而上，不断迎接新挑战，创造新业绩，贡献新经验，把我们的物流园区事业不断向前推进。

再次感谢国家发展改革委经济贸易司以及地方发改部门的支持，感谢第二批示范物流园区领导和撰稿人，感谢中物联物流园区专委会专家委员姜超峰主任、张晓东副主任及专委会各位同事，感谢北京交通大学交通运输学院师生及中国财富出版社各位编辑的辛勤劳动。同时，恳请各位读者朋友提出宝贵意见。

二〇一八年六月九日

（作者：贺登才，中国物流与采购联合会副会长、中国物流学会执行副会长、中物联物流园区专业委员会主任）

目　录

关于开展第二批物流园区示范工作的通知

发改办经贸〔2017〕526号

各省、自治区、直辖市及计划单列市发展改革委、国土资源厅（局）、住房城乡建设厅、规划局（委），中国铁路总公司办公厅：

为进一步发挥试点示范带动作用，引导我国物流园区健康有序发展，提高物流整体服务水平，根据《物流业发展中长期规划（2014—2020年）》（国发〔2014〕42号）《全国物流园区发展规划》（发改经贸〔2013〕1949号）和《关于开展物流园区示范工作的通知》（发改经贸〔2015〕1115号，以下简称《通知》）要求，国家发展改革委、国土资源部、住房城乡建设部将开展第二批物流园区示范工作，并委托中国物流与采购联合会具体组织评选。现将有关事项通知如下。

一、总体要求

物流园区是重要的物流基础设施，具有功能集成、设施共享、用地集约的优势。选择一批行业企业认同、运营模式先进、区域带动作用强的物流园区开展示范，加快形成一批可复制、可推广的物流园区发展经验，有利于推动物流园区整体发展水平的提高，探索新常态下我国物流产业集聚、升级和发展的新路径，对提高全社会物流效率，促进产业结构调整和经济发展方式转变具有重要意义。按照《通知》要求，申请开展示范工作的物流园区应具有较好的区位及交通条件，符合当地土地利用总体规划、城市总体规划等，并已依据城市总体规划制定控制性详细规划，纳入当地城乡规划统一管理。同时，要满足《全国物流园区发展规划》基本要求，并具有较完善的基础设施和较强的货运物流服务能力。具体申报要求和条件参照《通知》执行。

二、申报程序

（一）编制申报材料。省级发展改革部门要会同国土、住建部门、地方行业协会做好示范物流园区的组织申报工作，指导有意愿、有基础参与的物流园区编制相关申报材料，并于2017年5月15日前，将推荐的物流园区名单和申报材料报送中国物流与采购联合会（具体申报材料要求由中国物流与采购联合会另行通知）。中国铁路总公司可参照上述程序商地方国土、住建部门后报送有关材料。

（二）组织开展评审。中国物流与采购联合会负责组建示范物流园区专家组，建立园区综合评价指标体系，制定相关标准和规则，按照公平公正原则，对拟参与示范的物流园区进行综合评价，并提出示范物流园区推荐名单，送国家发展改革委、国土资源部、住房城乡建设部审核后在中国物流与采购联合会网站进行公示。

（三）公布示范名单。公示期满无异议后，国家发展改革委、国土资源部、住房城乡建设部将公布示范园区名单。

三、组织实施

开展物流园区示范是提升我国物流园区建设、管理和服务水平，提高物流运作效率的一项重要工作。各省级发展改革委、国土、住建部门要高度重视，加强示范工作统筹协调和组织实施。中国物流与采购联合会对示范物流园区运行情况进行跟踪监测和评估总结，并将有关情况及时报送国家发展改革委、国土资源部和住房城乡建设部。国家发展改革委、国土资源部和住房城乡建设部将会同有关部门对物流园区示范工作给予指导和监督，建立有进有退的示范物流园区动态管理机制，并以适当方式总结推广示范物流园区经验。

国家发展改革委办公厅
国土资源部办公厅
住房城乡建设部办公厅
2017 年 3 月 27 日

关于做好第二批示范物流园区工作的通知

发改经贸〔2018〕249号

有关省、自治区、直辖市及计划单列市发展改革委、国土资源厅（局）、住房城乡建设厅、规划局（委），中国铁路总公司：

根据国家发展改革委、国土资源部、住房城乡建设部联合印发的《关于开展第二批物流园区示范工作的通知》（发改办经贸〔2017〕526号）的要求，经中国物流与采购联合会组织专家评审，确定河北省邢台好望角物流园区等27个物流园区为第二批示范物流园区。现将示范工作有关要求通知如下：

一、充分认识做好物流园区示范工作的重要意义

党中央、国务院高度重视物流降本增效和创新发展工作。物流园区作为重要物流基础设施，具有功能集成、设施共享、用地节约的优势，对于提高物流服务效率、降低物流成本具有重要意义。特别是自第一批物流园区开展示范工作以来，相关园区主动作为、勇于创新，在园区建设、运营管理、服务水平提升等方面进行了有益尝试，取得积极成效，对推动我国物流园区创新发展和服务水平提升，促进物流产业集聚升级发挥了重要作用。要把物流园区的示范建设工作，与贯彻落实党的十九大报告关于加强物流等基础设施网络建设以及在现代供应链等领域培育新增长点、形成新动能的决策部署结合起来，及时总结示范工作经验，推动完善物流园区功能及体制机制，以点带面地提升我国物流园区建设、管理和服务水平，着力推进物流降本增效，促进实体经济发展。

二、加强对示范物流园区的工作指导和政策支持

要加强对示范物流园区的工作指导，学习借鉴国内外先进经验，结合物联网、大数据、云计算等先进信息技术和现代物流装备推广应用，优化区域物流存量资源配置，扩大优质增量供给，推动物流组织模式和管理方式创新，进一步完善示范物流园区的功能定位、运营模式、管理体制等。省级发展改革部门要积极推动落实国家和地方已出台的支持物流园区发展的各项政策，协调地方有关部门和银行业金融机构等支持示范物流园区重大物流基础设施建设，为园区发展营造更优发展环境。国土资源、住房城乡建设（规划）部门要按照职责分工，加强对示范物流园区的规划指导和支持，对纳入国家示

范的物流园区新增物流仓储用地，优先列入建设用地供应计划并给予重点保障。同时，住房城乡建设（规划）部门要依据相应的城市总体规划，科学编制示范物流园区控制性详细规划，合理规划园区功能、用地布局。

三、做好物流园区示范的组织实施和评估工作

省级发展改革部门要会同国土资源、住房城乡建设（规划）等部门进一步完善示范物流园区工作协调机制，加强示范工作统筹和组织实施，积极协调解决园区发展中面临的困难和问题，及时将有关工作进展情况、主要做法和取得的成效报送国家发展改革委、国土资源部、住房城乡建设部。中国物流与采购联合会要发挥行业协会的桥梁和纽带作用，加强对示范物流园区运行情况的跟踪监测和评估总结，对于园区示范中发现的共性问题和政策障碍要及时报告。国家发展改革委、国土资源部、住房城乡建设部将加强对各示范物流园区运行的监测考核，建立有进有退的动态管理机制，提升物流园区示范工作的行业认可度和权威性，将示范物流园区打造成服务实体经济发展的重要平台，带动产业集聚，推进物流业与制造业、商贸业、金融业等联动融合，实现区域、行业间各类要素资源的优化配置，构建相互依存、共生共荣的物流“生态圈”。国家发展改革委将会同有关部门适时开展全国性经验总结和示范推广工作。

附件：第二批示范物流园区名单

国家发展改革委员会

国土资源部

住房城乡建设部

2018 年 2 月 5 日

附件：

第二批示范物流园区名单

（共 27 个）

河北省	邢台好望角物流园区
山西省	中鼎物流园
内蒙古自治区	集宁现代物流园区
吉林省	香江物流园
上海市	中国（上海）自由贸易试验区洋山保税港区（陆域）物流园区
江苏省	南京龙潭综合物流园区
	上合组织（连云港）国际物流园
浙江省	义乌港物流园
	衢州工业新城物流园区
宁波市	宁波经济技术开发区现代国际物流园区
安徽省	安徽华源现代物流园
福建省	福建福港综合物流园区
江西省	鹰潭市现代物流园
山东省	山东佳怡物流园
	威海国际物流园
河南省	郑州国际物流园区
	豫东综合物流产业园
湖北省	宜昌三峡物流园
湖南省	湘南国际物流园
广东省	南方物流集团物流园
深圳市	深国际华南物流园
广西壮族自治区	广西凭祥综合保税区物流园
重庆市	秀山（武陵）现代物流园区
四川省	南充现代物流园
贵州省	黔中（安顺）物流园区
甘肃省	甘肃（兰州）国际陆港
铁路总公司	成都铁路局城厢铁路物流基地

邢台好望角物流园区

契合国家战略　创新物流服务

邢台历史悠久，曾四代建国，五次定都，它西连秦晋，东达齐鲁，南接中原，北望京津，区位优越，路网发达，物流环境得天独厚。邢台好望角物流园区（以下简称“园区”）位居河北省邢台经济开发区，是晋冀鲁豫结合区域物资流通的重要枢纽和中转站。园区由国家 AAAAA 级物流企业——河北好望角物流发展有限公司（以下简称“好望角”）投资建设和运营管理。近年来，园区在国家“一带一路”倡议指引下，响应京津冀协同发展要求，从河北省“全国现代商贸物流重要基地”以及邢台市“冀中南物流枢纽城市”功能定位出发，凭借多位一体的资源集聚优势，着力打造国家级示范物流园区，构建国家级交通运输物流公共信息平台、区域性进出口贸易服务平台和跨境电商服务平台，倡导与实施绿色物流，为区域经济建设做出了有益贡献。

一、园区概况

（一）规划建设情况

邢台好望角物流园区创立于 2005 年，位居河北省邢台经济开发区（京港澳高速邢台南出口），交通便利，区位优越（如图 1 所示）。为加快推进物流资源和物流要素聚集，促进河北省物流业又好又快发展，加快全省调结构、转方式的步伐，2010 年 9 月 13 日，河北省人民政府办公厅正式下发了《关于认定首批省级物流产业聚集区的通知》（办字〔2010〕116 号），将邢台好望角物流园区纳入政府专项规划，成为河北省首批省级物流产业聚集区。

园区总占地 52.5 万平方米，建筑面积 22.5 万平方米，仓储面积 25.5 万平方米，共分为东西两大区域。其中，东区位于振兴一路、徐旺街、石武高铁和港口大街围合区域，建有好望角国际物流园、邢台内陆港等设施；西区位于京港澳高速、祥和大街、东华路和港口大街围合区域，主要建设邢台保税物流中心（B 型）等项目。长期以来，园区以国际化视野、区域性资源整合能力、成熟规范的现代物流运营模式和较强的自我创新、自我发展能力，致力于京津冀、中原经济圈现代物流的振兴与发展，现已成为晋冀鲁豫重要的物流集散中心、物流信息服务中心、物流产业聚集中心和现代物流技术研试中心。

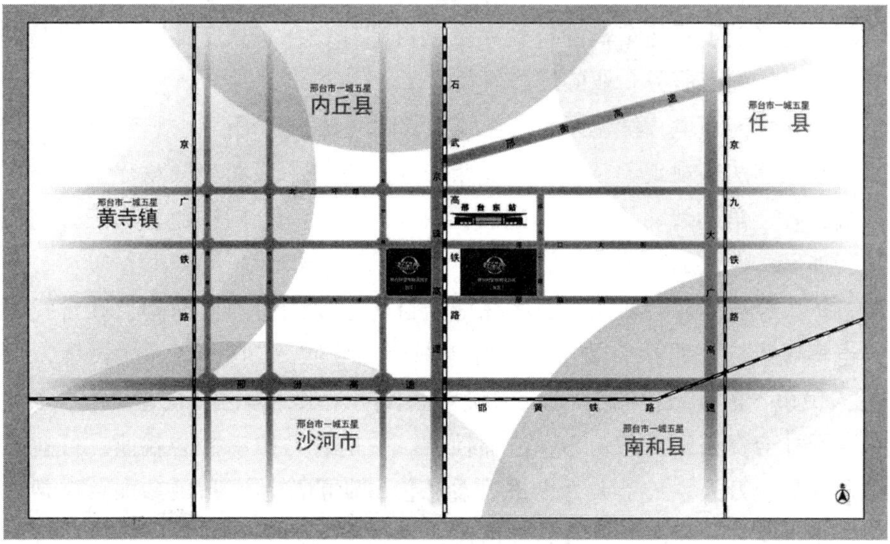

图 1　园区区位

（二）服务功能

园区功能健全，布局合理，配套设施设备先进，信息系统完善，具备仓储泊车、流通加工、零担快运、合同物流、物流交易、信息配载、配套服务等功能。叉车、托盘等运输装卸设备一应俱全，最大限度地提高工作效率，降低能源消耗。园区信息平台稳步运营，可以为客户提供物流信息发布、GPS 车辆运输管理、办公自动化（Office Automation，OA）、仓库管理、订单管理、配送管理等功能。园区运营的河北交通运输物流公共信息平台可实现物流信息发布、物流信息审核、物流信息路线匹配、物流信息推送、物流信息分析统计与辅助决策、标准化仓库和现代化物流信息管理、运输管理、食品安全监测与可追溯等功能。园区依托“8S”管理模式，并结合自身实际，建立了一整套独具特色的管理体系，园区运营的各项制度较为健全与完善。另外，除了园区自身所拥有的酒店、宾馆、超市、汽修等配套设施，园区内还入驻了公安、工商、税务、保险、银行等单位，可为客户提供必要的社会公共服务。园区已逐步打造成为集货运仓储、信息配载、国际贸易、跨境电商、口岸服务等多项功能于一体的综合性、枢纽型物流产业聚集区。

（三）社会贡献及行业影响

第一，整合区域物流资源，实现物流要素的聚合效应。园区入驻物流及相关企业 460

家，会员车辆12800辆，年货物吞吐量达650万吨，综合业务收入285600万元。运力、货源、信息、市场、管理、技术交相融汇，产生聚合裂变作用，提高了区域整体物流能力，增加了地方经济总量和财政收入，对区域物流和经济社会发展起到推动作用。

第二，园区信息平台作用的发挥，有效提高了社会道路运输效率和物流资源使用效率，最大限度地降低了货运车辆的空驶率及燃料消耗，在实现节能减排的同时提高了运输、仓储、配送、配套服务企业的经济效益。

第三，净化物流环境，优化区域产业结构。园区从一定程度上规范了物流市场秩序，抵制了物流领域违法违规现象，提升了城市形象，维护了道路交通秩序。同时，作为供应链的首端，好望角还带动了信息、配载、快运、速递、合同物流、第三方物流、金融保险、包装加工、保税加工等行业的发展，增加了就业机会。

第四，扩大经济和社会效益。园区在增强自身应变能力、盈利能力和自我发展能力的同时，也实现了较好的社会效益。园区年综合业务收入20.5亿元人民币，综合缴税1.25亿元人民币，累计缴税约10亿元人民币。长期以来，园区在快速发展各项业务的同时，积极履行社会责任，不忘初心，造福社会。一是着力拉动社会就业，目前园区已带动相关就业人员上万人。二是大力推进公益慈善事业的发展，积极参加百企帮百村、邢台“7·19抗洪救灾”等多项公益慈善活动，奉献爱心，公司成立以来，扶贫帮困救灾援助款物累计1000余万元，受得了社会各界的广泛认可与好评。

二、主要做法

习近平总书记在党的十九大报告中明确提出要“加强物流等基础设施网络建设”以及“在现代供应链等领域培育新增长点、形成新动能”，为物流业发展指明了方向。伴随着“一带一路”建设和京津冀协同发展等国家战略的加速推进，习近平总书记对河北省提出了要打造“产业转型升级试验区、新型城镇化与城乡统筹示范区、京津冀生态环境支撑区”和加快建设“全国现代商贸物流重要基地”的“三区一基地”重要指示和功能定位。在2018年全国“两会”上，李克强总理政府工作报告中对物流行业提出“推动降低用能、物流、电信等成本，扩大物流企业仓储用地税收优惠范围”等相关支持政策。为全面贯彻落实一系列重大会议精神，有效推动“一带一路”倡议的实施，邢台好望角物流园主动对接京津冀协同发展步伐，依据“双创双服”活动要求，围绕河北省全国现代商贸物流重要基地和邢台市冀中南物流枢纽城市建设等重大课题，积极响应、主动作为，充分发挥物流业转型升级、创新发展的引领带动作用，为区域经济发展和环境治理做出应有的贡献。

（一）行业集聚，促进地区物流发展

园区运营以来，以实体物流为基础，以口岸建设为重点，以智慧物流为目标，边经

营边提升，实现了“立足邢台，辐射全国，走出国门”的跨越式发展，为区域经济建设做了有益的工作。园区承担着全市工业原材料，特别是主城区日常消费品的供应、储存和配送任务。十余年来，园区通过理念、服务和发展模式创新，已逐步成为区域性物流、信息和产业聚集中心，为地方优化物流资源配置、降低物流成本、调整产业结构、扩大外向型经济做出了相应贡献。

园区通过公铁水航多种运输方式的无缝衔接和货流、车流、人流的高效匹配，依托青银物流大通道和南北沿海物流大通道，借助无车承运人服务平台及河北交通运输物流公共信息物流平台，加速推动海公铁资源整合，加强京津冀地区陆海联通；好望角发挥自身品牌和管理优势，整合货主、卡车、司机、货代、报关行、铁路、集装箱等联运资源，开展公海、海铁集装箱多式联运，其运营模式及主要特点可总结为基地+平台+货代式企业经营，无车承运与多式联运融合发展，“一单制”全程透明化管理，实现了供应链的延伸和完善。

园区通过仓库、堆场、站房、装卸、搬运设施设备的集约使用，提高现代物流运营效率；以信息做纽带，实现仓储、配送、运输、办公、订单信息化服务；通过细分目标市场，区内区外互动，开拓市场空间。园区通过完善孵化器服务管理，为中小物流企业提供软硬件服务，提供管理支持、技术支持、市场支持、信息支持，为园区长远发展培养企业支撑。

为助力河北省实现其战略定位，园区承接京津地区产业转移，为转移企业提供先进、完善的物流环境，为河北、中国乃至全球进出口企业提供跨境电子商务、全球优质产品采购及服务、清关、仓储配送、产品售后、政策法律法规咨询、翻译、市场准入、产品认证、产品展示、市场推广、展会等一站式的供应链管理服务。通过提高现代物流社会化程度，促使企业物流剥离，推动社会物流的健康发展，使企业专注于核心竞争力的培养。

（二）实施绿色发展，促进节能减排

园区大力倡导节能减排，推进低碳物流。围绕“节能减排、科学发展”的宗旨，坚持“低碳、绿色”的理念，因地制宜，深入探索，采取多种形式，把节能减排工作贯穿于园区的工作和生活之中。从理念节能、技术节能和组织节能等方面入手，突出重点，强化措施，狠抓落实，取得了良好的效果。

在运输方面，改善升级行业装备，提倡物流技术创新，加大天然气等新能源的应用，提高效能，减少污染物的排放，推广节能低碳运输工具和方式，淘汰老旧、高耗车辆，提高车辆新度系数，加快现有车辆油改气技术改造进程，购置先进的新能源运输车辆。园区以计算机网络为抓手，以信息为纽带，利用信息网络等高科技手段，通过科学调配社会车辆、整合社会车辆，提升运输组织化程度，降低车辆空载率。为物流企业提供咨询服务，组织骨干企业开展绿色城市配送，减少重复运输，迂回运输，降低碳排放量，减轻城市交通压力，有效促进了城市生态环境的可持续发展，在增加货运量的同时降低油耗 10%左右。

在仓储方面，淘汰燃油装载机具，采用电瓶装载机具。在装卸搬运方面，积极推行多式联运，使用托盘等运输装卸设备，提高工作效率，降低能源消耗，采用电瓶平移设备和人工升降机。在包装方面，能够采用周转箱运输的物品采用周转箱运输，并进行回收。此外，对园区所有锅炉集中进行天然气改造，从而实现了园区运营的零污染源排放。酒店、宾馆等配套设施采用太阳能设备进行供热。

（三）构建河北交通运输物流公共信息平台，促进区域现代物流信息化发展

由河北省交通运输厅与园区运营主体单位政企合建的物流公共信息平台（以下简称“平台”），是国家交通运输部物流公共信息平台的重要节点，其公共部分已于 2017 年 7 月 29 日正式上线运行。该平台立足河北、服务京津冀、辐射全国，构建与国家、国际平台互联的物流基础信息网络和服务门户，具有公益性、开放性、市场性。平台服务模式为构建覆盖河北省的物流行业基础数据交换网络和国家交通运输物流公共信息平台区域交换节点，以物流企业、快递企业、保税物流企业、港口、铁路、航空、物流产业链上下游工商企业、物流行业主管部门为服务对象，实现社会物流业务数据可靠、安全、高效的交换与共享，实现社会物流服务信息资源的整合。一站式服务平台采用“1+32+*nX*”运作模式，使全省 153 万辆货运车辆、社会物流业务数据实现网络共享，同时还承担着全省无车承运人单位的数据监测监管工作。平台自运营以来，对于降低区域物流成本、提高区域交通运输效率、降低社会车辆空驶率、减少汽车尾气排放、改善区域大气环境起到了积极作用。平台运营模式如图 2 所示。

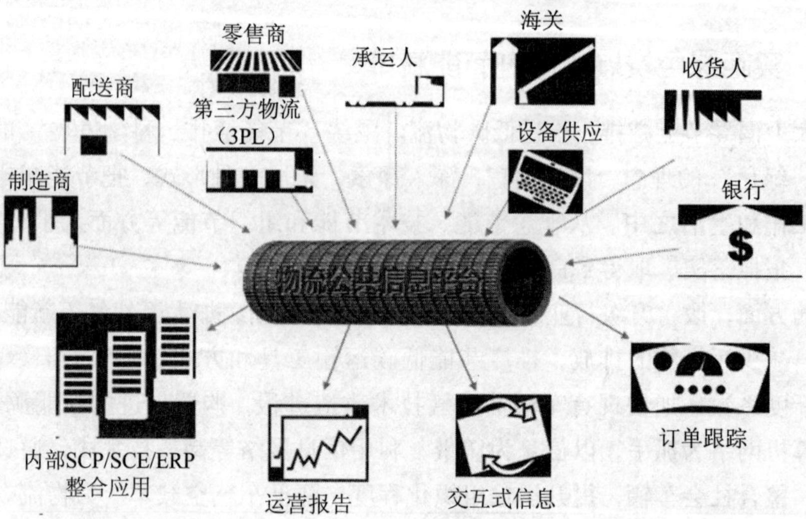

图 2　平台运营模式

（四）抢抓政策机遇，打造产业发展新亮点

作为晋冀鲁豫结合区域最早的无水港之一，园区内的邢台内陆港创立于 2010 年 10 月，2012 年 12 月 25 日开港，2013 年 5 月正式通关运营，建有报关、报验大楼，拆装箱仓库，集装箱堆码场，保税仓库等设施，主要开展便捷通关、进口转关、内外贸全程、国际贸易、现场服务等业务，凭借“信息”内陆港跨地域服务模式，实现了与天津港、黄骅港、青岛港、烟台港、日照港等沿海多个港口的无缝对接，服务企业包括特瑞堡轮胎、龙星化工、中钢邢机、蓝鸟家具、宁晋纺织等多家大型进出口企业，服务产品包括机械、化工、钢材、新型能源、新型建材、玻璃、碳黑、冶金轧辊、纺织、自行车配件、汽摩车配件等大宗商品，出口产品遍及北美、欧洲、非洲、中亚、东南亚等 100 多个国家和地区，为降低物流成本，增强企业国际竞争力，促进区域外向型经济发展起到很大作用。

（五）发展国际物流，助推区域外向型经济发展

园区积极融入国家“一带一路”倡议，开行“好望角号”中亚班列。为了加速建设冀中南物流枢纽城市，打造外贸进出口新通道，河北好望角物流发展有限公司于 2016 年 7 月 8 日成功开行“好望角号”中亚班列。该班列从邢台始发，从新疆霍尔果斯口岸出境，经过哈萨克斯坦的阿拉木图，最终到达乌兹别克斯坦首都塔什干，全长 5000 千米左右，历时 8 天。作为京津冀地区首列直通中亚的国际货运班列，班列的开行对于加强邢台与新亚欧大陆桥国家和中西部的区域合作，促进邢台市、河北省乃至京津冀外贸经济增长、物流业发展具有积极作用和战略意义。

依据《国务院办公厅关于支持外贸稳定增长的若干意见》及［冀政办〔2014〕10 号］文件精神，好望角于 2014 年 11 月投资创建了邢台内陆港进出口贸易服务有限公司，搭建外贸服务平台。平台为园区内外企业提供机械设备、新型建材、电线电缆、能源化工、轻工工艺、粮油食品、土畜产、纺织服装等各大类产品的进出口业务以及三来一补贸易等。服务内容涉及电子商务、询盘、合同签订与履行、报关、报检、结汇、出口退税、金融、投资、认证、培训、法津、咨询、企业战略制定、管理等一站式进出口贸易服务。

园区在打造平台的同时积极开辟国际市场空间，稳步推进与实施海外仓项目，直接对接海外市场，助力进出口企业的外贸商业模式创新。目前，园区已成功在海外设立共享仓 8 个，地点包括哈萨克斯坦阿拉木图、乌兹别克斯坦塔什干、英国伦敦、德国法兰克福、法国巴黎、西班牙马德里、美国新泽西与柬埔寨金边。海外仓运营主要是通过网络外贸交易平台与提供物流服务共同为生产厂家在销售目标地提供货品仓储、分拣打包、派送的一站式控制与管理服务。生产厂家将货物存储到当地仓库，当买家有需求时，能够第一时间做出快速响应，及时进行货物的分拣、包装，以及递送。海外仓主要存储商

品涉及建材、服装，鞋帽，箱包，童车，玻璃、陶瓷，美容仪器，汽车用具，五金工具，小型设备，电子产品等。

三、示范特色与经验参考借鉴

（一）完善服务，集聚产业

园区积极契合国家政策要求，始终秉承“以综合物流为基础、以国际物流为主导、以绿色物流为创新”的战略发展思路，实行差异化经营方略，聚集物流产业，实现商流、物流、资金流、信息流为一体的全程供应链协同。园区集合了多家规模物流企业，广泛开展仓储、运输、装卸、分拣、包装，配送、信息服务、进出口通关等多项物流业务，同时，园区内餐饮、住宿、保险、医疗、超市、会议中心、商务会展、车辆修理、交警勤务、自助银行等相关物流配套服务一应俱全，形成了具有规模性和影响力的物流产业聚集区。

园区致力于新丝绸之路沿线国家的贸易拓展以及物流枢纽中心、海外仓的建设和运营，进一步整合区域进出口贸易资源，大力发展国际贸易与服务，助力区域进出口企业外贸商业模式创新，为区域物流业发展再拓新途径，进而实现国际物流、贸易、信息、金融等领域的创新发展。

园区运营十余年来，先后经历了经济快速增长、世界经济危机、经济结构调整、三期叠加及“一带一路”，园区积极面对每一次挑战，完善经营模式与服务内容。京津冀协同发展为物流园区发展提供了均等的竞争机遇，好望角物流园区把握机遇，积极进行理念创新与服务创新，实现了由物流设施提供商到物流要素集成商再到创新服务产品供应商的转变。园区的运营发展带动了区域内一批物流园区兴起，如平乡、威县、临西、清河、宁晋等县市建设了以童车、蔬菜、轴承、羊绒、线缆为主题定位的物流园区，初步实现了推进产业聚集，扩大产业规模，提升产业等级与提高产业效益的发展目标。

（二）政府支持，顺势而为

政府支持，是园区健康、可持续发展不可或缺的因素。物流园区是对政策依存度很高的经济形态，政府支持至关重要。好望角物流园区获得政府授予的称号，得到了政府在政策方面的支持，同时也得到了政府在眼界、理念、发展思路及管理模式方面的指导与启迪，从而使园区更加完善，能够更好地运营发展。

承担社会责任，追求社会效益最大化，是物流园区存在的根本。物流园区是连接生产、消费的纽带，是城市供应的蓄水池，园区一切工作只有围绕社会化服务，才具备了生存的意义和发展的必要。好望角物流园在快速发展各项业务的同时，积极履行社会责任，一方面着力拉动社会就业，另一方面大力推进公益慈善事业的发展，受得了社会各界的广泛认可与好评。

（三）契合“互联网+”发展，创新物流服务模式

园区契合“互联网+”发展要求，创新智慧物流服务模式，以河北交通运输物流公共信息平台为抓手，推进智慧物流信息资源整合，实现物流信息化标准的统一。园区以平台的方式，面向物流行业提供丰富的系统应用和公共信息服务，构建云物流服务模式，促进区域物流产业的信息互联共享，推动现代物流业的进一步发展。

园区借助辐射全国的物流信息网络，在全国主要节点城市设置实体物流网络，以人才管理网络为支撑，突破信息孤岛，让物流信息在互联网中流动起来；同时依托无车承运人服务平台，通过管理和组织模式的创新，集约整合和科学调度车辆、站场、货源等零散物流资源，有效提升了运输组织效率，优化了物流市场格局，规范了市场主体经营行为，推动了货运物流行业转型升级，拉动了区域经济的快速发展。

四、园区发展方向与未来展望

综合考量宏观经济运行趋势、物流行业发展趋势及物流市场竞争态势，园区明确“智慧物流+互联网+大数据”发展思路，以实体物流为基础，以国际物流为重点，向现代物流纵深处要市场、要效益、要发展，园区未来发展具体方面如下所述。

第一，完善功能，服务创新，全面提升园区聚集辐射能力。在目前园区运作模式基础上，园区将从“冀中南物流枢纽城市”定位出发，扩大园区规模，整合全市现有物流园区和商贸市场资源，科学规划总体布局和功能分区，完善集物流、商贸、信息等于一体的现代物流综合服务功能，强化园区冀中南乃至全国性物流集散中心、物流产业聚集中心和物流信息服务中心地位。

第二，加快邢台保税物流中心（B 型）建设。珍视项目的稀缺性和政策性优势，加快建设速度。此项目将整合邢台及周边区域进出口贸易资源，通过实施“区域管理封闭化、海关管理智能化、园区管理信息化、海关通关快捷化”，为市域企业提供保税仓储、入园退税、国际配送、流通加工等延伸性、增值性保税服务。在此基础上，立足晋冀鲁豫接合部，辐射京津冀，发展为全国保税物流的重要节点。

第三，加快国际物流节点建设。扩大信息渠道，开拓进出口市场资源，科学规划专列运营方案，逐步实现“好望角号”中亚班列的常态化、高频化。未来 3 年，园区将通过多种合作模式在已建海外仓基础上，实现海外共享仓布局 100 个，通过发挥海外仓代收货款功能、拆包拼装功能、保税功能和运输资源整合功能，带动区域年进出口总额 100 亿美元，赋能全球中小微企业 10000 家。

第四，谋划建设国际陆港跨境电商小镇。园区与阳光捷通、联邦快递、联合包裹速递服务公司（UPS）、阿里巴巴等企业共同考察、谋划，促进好望角物流园区转型升级，

规划建设国际陆港跨境电商小镇，共同打造跨境电商服务平台、“共享仓”网络平台以及跨境物流服务枢纽和运营中心，推动区域社会经济，特别是外向型经济的发展。

第五，完善无车承运人服务平台。园区未来将利用全国无车承运人试点单位优势，完善平台建设和服务质量。依托移动互联网等技术搭建物流信息平台，通过管理和组织模式的创新，进一步集约整合和科学调度车辆、站场、货源等零散物流资源，优化物流市场格局，规范市场主体经营行为，推动货运物流行业转型升级。

荣誉专栏

颁发时间	荣誉名称	颁发单位
2018 年	示范物流园区	国家发展改革委 国土资源部 住房城乡建设部
2017 年	河北省服务名牌	河北省质量技术监督局
	河北省跨境电子商务示范园区	河北省商务厅
2016 年	国家 AAAAA 级物流企业	中国物流与采购联合会
	全国优秀物流园区	中国物流与采购联合会

（撰稿人：李恒祥　河北好望角物流发展有限公司　副总经理
曲飞龙　河北好望角物流发展有限公司　副总经理）

中鼎物流园

打造多式联运综合枢纽　服务实体经济降本增效

中鼎物流园位于我国华北重镇山西，坐拥山西转型综改示范区核心板块，地处太原城市群中心地带。园区依托铁路资源和制度优势，坚持走“社会化定位、市场化运作”道路，抢抓山西转型综改示范区建设契机，专注发展以铁路为主导的多式联运，创新集成“集装箱中心+公铁转运+铁路口岸+公路集散+小镇配套”，打造以多式联运为核心的综合型枢纽物流园，真正实现了编组站入园、公铁高效转运、配套服务一应俱全的全方位物流服务，有效降低了生产制造企业的物流成本。在推动多式联运发展、构建物流生态系统、打造国际物流通道、创新园区开发模式等方面具有突出示范作用。

一、园区概况

（一）发展背景

随着供给侧结构性改革的深入推进和国家能源结构的深刻转变，山西“一煤独大”的产业结构难以按照高质量发展要求推动经济持续健康发展。中国铁路太原局集团有限公司（以下简称“太原局集团公司”）作为驻晋央企，煤炭运量占比达80%以上，为了丰富货源结构、增加铁路货运量、提高盈利能力，太原局集团公司顺应时代发展潮流和国家发展战略，主导大秦铁路股份有限公司（铁路上市企业）与山西煤炭运销集团晋中公司、晋中市公用基础设施投资控股（集团）有限公司合资组建山西中鼎物流集团有限公司（以下简称“中鼎公司”）。中鼎公司充分发挥铁路规模化资源的优势，重点打造以铁路为主导、以多式联运为特色的枢纽型综合物流园——中鼎物流园（以下简称“园区”），利用互联网、大数据、人工智能等高新技术，构建“天网+地网”深度融合、高效运转的物流体系，探索出一条“双网合一、生态再造”的创新发展之路，助力国铁企业由运输生产型向市场经营型转变、由规模速度型向质量效益型转变、由传统企业向现代企业转变，进而促进全社会物流业降本增效，服务区域经济社会持续健康发展。

（二）基本情况

园区总规划占地面积达 255.72 万平方米，按照“四区十一港”布局设计。“A 区七港”包括铁路港、多式联运港、城市配送港、公路港、综合集散港、信息服务港、国际保税港；“B 区两港”包括冷链港、特货港；“C 区一港”为商品汽车港；“D 区一港”为农副产品港。截至 2017 年年底，园区已完成开发建设面积 192.68 万平方米，铁路港、多式联运港和信息服务港正式投入运营，铁路中鼎物流园站已正式开通。园区主要提供铁路运输、多式联运、中欧班列、共享装卸、柔性仓储、城市配送、信息咨询、餐饮住宿等全方位物流及配套服务。

（1）区位优势明显。园区位于太原、晋中两市交界处，地处山西省经济最发达的太原城市群中心和山西转型综改示范区核心区域，依托于良好的经济区位，全方位承接省内物流业务。园区东临京津冀，西接晋陕豫黄河“金三角”，南依中原经济圈，北靠长城“金三角”，充分发挥枢纽作用，连通各地区的业务往来，促进协同发展。园区地理区位如图 1 所示。

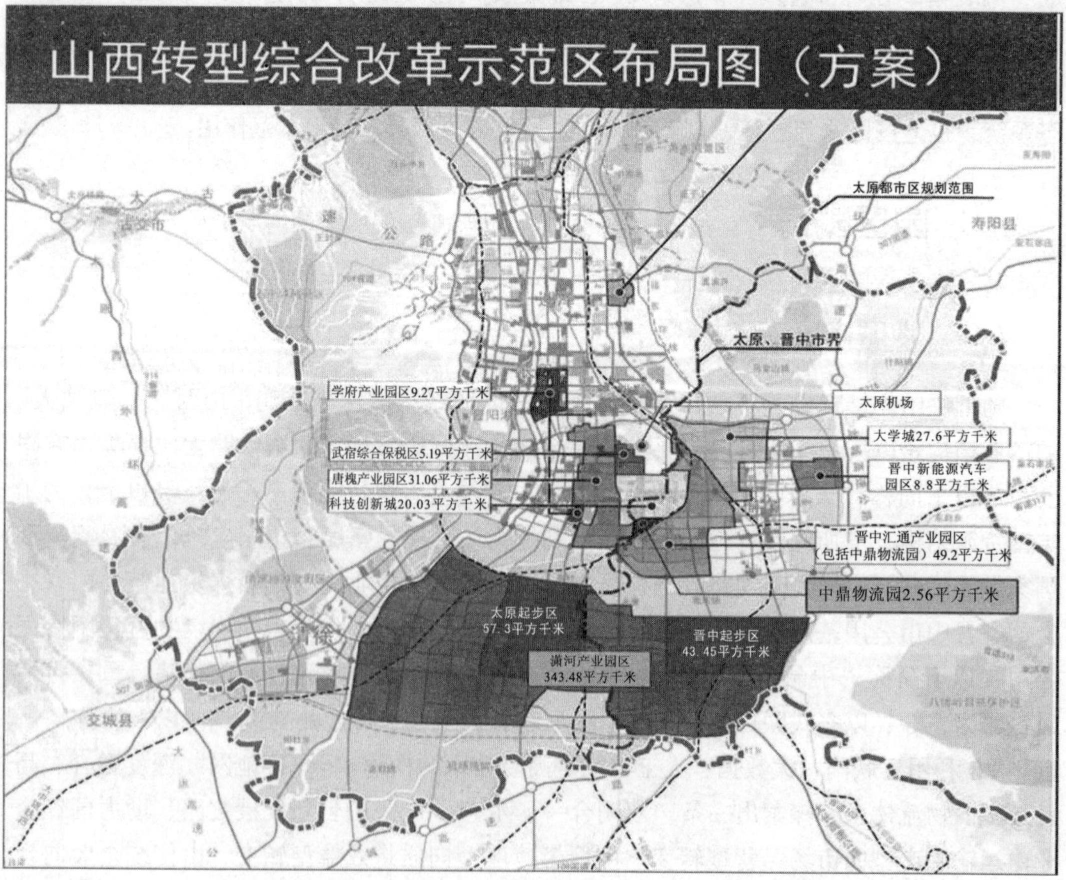

图 1　园区地理区位

（2）周边交通发达。园区距太原市中心 15 千米、距晋中市中心 5 千米、距榆次编组站 6 千米，连接太中银、南北同蒲、大西高铁等 7 条铁路干线，联通京昆、青银、二广 3 条高速公路及 108 国道，距天津港、日照港、青岛港、秦皇岛港、唐山港 5 大港口均不足 1000 千米，紧邻晋中、太原南高铁站，以及太榆城际 2 号线和武宿机场，构成了“公铁空”三位一体的交通运输体系。园区交通区位如图 2 所示。

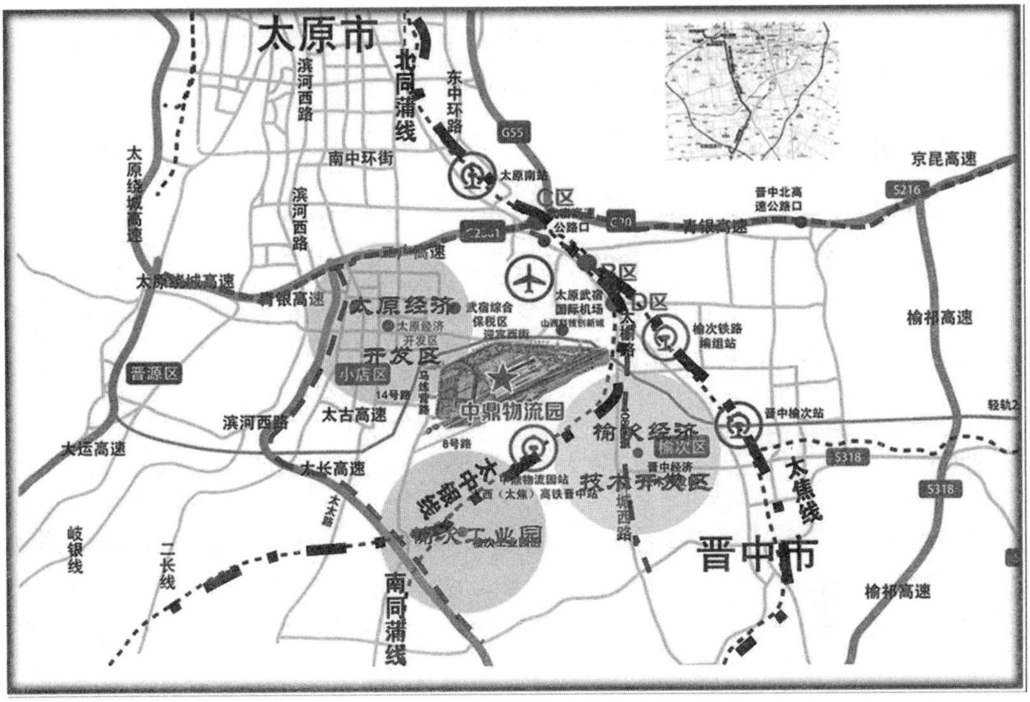

图 2　园区交通区位

（3）设施功能完备。园区共设置铁路到发线 9 条，货物线 5 条，经中鼎联络线可直通榆次编组站和正线。目前园区按照建设规划已建成 6 个功能区，商品汽车区设有效长度 850 米的尽头式装卸线 1 条及双层可调商品车装卸平台 2 座，16 万平方米的仓储区，开展商品车装卸仓储服务。集装箱区拥有 2 条 1080 米的作业线，10 万平方米的作业区，配备 2 台 45 吨龙门吊、1 台正面吊及装载机具，开展集装箱联运服务。公铁联运区按照“三台夹两线”贯通式布局，设有效长度 1080 米的装卸线 2 条及货物站台 3 座，建有 8 座仓库 8.2 万平方米、4 座雨棚 3.5 万平方米，主要开展成件货物中转集散服务。铁路口岸区占地面积 2.7 万平方米，包括海关监管区、检验检疫区和现场作业楼，海关及铁路合署办公，开展进出口货物监管、通关等服务。高端仓库区有 6 座 10.2 万平方米的高端仓库，开展公路货物集散分拨业务。配套生活区建有中鼎小镇、司机之家、铁路派出所等，开展吃、住、行、购等一体的生活服务，是典型的小镇特色园区。

（三）运营管理主体

山西中鼎物流集团有限公司是中鼎物流园的建设运营主体，成立于 2013 年 1 月 23 日，注册资金 11.14 亿元，是一家由国有企业合资组建的社会物流企业。公司下设综合部（党群工作部）、计划财务部、战略发展部、物流经营部、信息技术部、物业服务部、生产运营部、安全监察部 8 个部门，下辖山西中鼎寰宇物流、安顺物业、恒美物流、众创科技 4 个全资子公司，太原西、侯马、大同、介休物流、中鼎货装 5 个分公司，并参股山西晋欧物流有限公司、中鼎国储石油销售公司。

（四）业务开展情况

2016 年 11 月 7 日，园区正式开园运营，先后有 60 余家企业入驻园区。其中，港口类企业 5 家，仓储类企业 14 家，多式联运合作企业 15 家，商品车合作企业 5 家，装卸合作企业 4 家，运力加盟企业 10 家，配套服务企业 12 家。截至 2018 年 6 月，园区货物总吞吐量达到 381 万吨，就业人数超过 2000 人。

二、主要做法

中鼎物流园以打造多式联运综合型枢纽物流园，建成“山西龙头、国内一流”物流企业为战略定位和发展方向，秉持“开放共享、合作共赢”的理念，以客户为中心，以市场为导向，以充分联合配置资源、提高综合效能为抓手，致力于构建“通道+枢纽”多式联运体系。

（一）发挥铁路运输优势，打造多式联运枢纽

在太原局集团公司的积极组织与大力支持下，创新传统铁路货运组织方式，引入物流经济学理论，综合测算公司收益，开发多式联运等物流产品，打造综合物流体系。

（1）开行以铁路为主导的多式联运班列。园区优化升级原三晋快运列车，建立以中鼎物流园为转运中心，以临汾、运城、神头、平旺为中转中心，以 42 个原作业站为分拨中心，以南北同蒲线、12 条公路专线和末端配送为点线融合的省内公铁联运网络，推出了省内双向“一日达、次日达”等省内公铁联运产品。园区开通国内集装箱多式联运班列，推出了中鼎至天津、广州、上海、株洲、包头、乌鲁木齐等地的公铁联运产品。此外，园区还开通了直达俄罗斯、哈萨克斯坦等国家的中欧、中亚班列，成功构建了以中鼎物流园为枢纽，覆盖全省、联通全国、辐射全球的“米字形”多式联运骨干网络，集中承揽大中型企业的货源。多式联运作业实景如图 3 所示。

图3　多式联运作业实景

（2）补强不同运输方式供给能力。园区充分发挥无车承运人优势，创新多式联运的经营模式，依托中鼎物流云平台，成立公路物流公司，并设立公路物流调度系统，整合公路运力与公路货源，实现车货信息匹配，快速生成物流解决方案，建立覆盖全省143个网点的三级公路物流网络，与三晋快运列车形成运力互补。截至2018年6月，云平台已有注册会员13733个、累积成交订单65050单。园区充分发挥无船承运人优势，与唐山港、天津港、日照港等港口合作建立无水港，并与船公司开展订船、订舱、填发提单等业务，尝试签发铁水联运提单，极大地增强了园区的水运供给能力。此外，园区设立中远海运、MSC集装箱还箱场，组织开展洗箱、修箱及调箱、还箱等业务，增强了园区集装箱运输的供给能力。

（3）提高综合型枢纽转运效率。园区以标准铁路集装箱为主，配备自主研发的1.5吨小型箱和专用载具，以适应不同货物的装载运输要求。园区通过对龙门吊等设备进行技术升级改造，实现了每小时作业效率提高100%。通过完善园区智能管理综合服务平台系统，使车辆引导、装卸、出入库、办公管理等作业环节效率显著提高、衔接快速紧凑，提高了园区转运效率。

（二）优化关联资源配置，促进服务功能升级

发挥铁路资源优势，优化配置各种社会物流资源，打造多功能、多业态并存的物流生态圈。

（1）充分发挥区位优势。园区位于山西省的经济中心，地处山西转型综改示范区的核心，依托于良好的产业经济环境，充分吸引周围各工业园、科技城、产业集聚区的货流，大力招商合作，丰富园区货源结构与服务功能。园区充分发挥区位优势实现快速发展，同时有效带动了区域经济的发展，实现了多方共赢。

（2）升级集装箱场站功能。园区在集装箱场站设立铁路口岸，引入了海关等政务部门，实现海关、铁路合署办公，缩短了集装箱转场距离，建立集装箱还箱场，办理调箱、修箱、还箱等业务，扩大“海箱上路、铁箱下海”比例，促进铁水联运升级。

（3）开发园区特色服务。综合运用园区内多家专业装卸队伍，开发共享装卸产品，参与德邦、百世等物流企业的分包、拆包等六项业务，年装卸收入增加1000余万元。园区创新运用仓库市场规则，推出按时间、按面积、按空间、按流量等多种方式组合的柔性仓储产品，并纳入中鼎物流云平台的云存储体系，使园区仓库设施的效益最大化。截至2018年6月，中鼎物流云仓储体系共掌握仓储资源5279873平方米，可为供需双方提供仓储资源出租、求租信息以及质押、保险等配套金融服务。

（4）延伸增值服务链条。园区在布局中鼎创客村、交易展示中心等增值服务功能区的基础上，开展了酒店、餐饮、住宿、众创、交展、金融、保险等一系列配套服务，为客户解决后顾之忧，让客户足不出园，就能享受“物流+生活”一站式服务，实现物流产业与城市配套一体化，不断激活发展园区物流经济。

（三）创新体制机制，路地合资合作

中鼎物流园是中国铁路总公司在全国规划布局的33个一级物流基地之一，是山西省物流业中长期发展规划的重大项目和连续五年的重点工程。规划初期是为了缓解太原、晋中市白货集散压力，按照综合型货场设计。2015年年底，中国铁路太原局集团公司贯彻落实国务院、中国铁路总公司和山西省委、省政府关于发展现代物流的一系列战略部署，按照将综合型货场升级为综合型物流园区的思路进行园区的规划、设计、建设。

（1）省政府成立专门机构。项目从建设开始就得到了山西省委、省政府的大力支持与帮助，2015年年底，山西省委主要领导带领相关领导及人员到太原局集团公司调研物流工作。随后，成立了由一名省委常委任组长，18个厅局负责人及太原、晋中市市长任组员的“中鼎物流园建设服务协调领导小组”，定期召开推进会，研究解决建设运营过程中存在的问题，使得征地拆迁、周边道路等一系列重大问题得到解决。2016年11月，省政府主要领导亲临中鼎物流园调研指导工作，召开专题会议，研究建立全省物流体系，同时省政府在出台的物流融合发展、“互联网+”高效物流、现代物流发展等一系列重要文件中将中鼎物流园作为全省物流枢纽，并发放铁路口岸建设专项资金3000万元、省级技术改造专项资金2000万元，以及中欧、中亚班列补贴等用于园区项目建设。

（2）引入地方国企组建合资公司。按照中国铁路总公司统一安排，太原局集团公司与山西煤炭运销集团晋中公司、晋中市公用设施投资控股有限公司达成战略合作，合资组建山西中鼎物流集团有限公司，负责建设运营中鼎物流园。中国铁路总公司全力支持项目建设和运营，2013年8月27日批复可行性研究报告，2014年1月批复项目初步设计，2014年7月同意施工图审核报告，2018年1月批复项目清理总概算。自开园运营以来，中国铁路总公司鼎力支持园区先行先试、多创经验，将中鼎物流园内的北六堡站改为中鼎物流园站，先后将中鼎至广州班列、上海至中鼎班列纳入全国货物列车运行图，协调北京局集团公司提高中鼎至天津港铁水联运班列开行效率，有力支撑了中鼎物流园打造以多式联运为核心的综合型枢纽物流园建设。

（3）太原局集团公司全方位研究发展方向。太原局集团公司成立由主要领导任组长，相关领导任副组长，相关处室负责人任组员的现代物流推进领导小组，在集团公司设立现代物流推进办公室，优选全局40余名物流相关专业的优秀本科生、研究生全方位研究现代物流政策、标准、技术及管理等，有效提高了中鼎物流园的建设、运营效率。中鼎公司专门抽调人员成立攻关小组，针对国内多式联运相关难题，先后攻克多式联运运价模型、铁水联运一单制、全省社会物流统计算法、供应链解决方案线上运行等难点课题，推动了园区的全方位发展。

三、示范特色及经验参考借鉴

中鼎物流园遵循“创新、协调、绿色、开放、共享”五大发展理念，适应经济发展新常态，对接《“十三五”国家战略性新兴产业发展规划》，以建立供应链体系为目标，以转变山西省物流发展方式、调整物流结构、提高物流效率、降低物流成本为重点，助推山西省产业转型升级、业态融合、创新发展。

（一）产品开发资源整合，推动多式联运发展

中鼎物流园具有多种运输方式集成的综合运输网络优势，可以连接南北、横贯东西，实现长距离多式联运。同时，铁路拥有资产雄厚和信誉良好的优势，可以率先投资带动多式联运建设。另外，通过加强相关企业部门的合作联动，构建多式联运规则体系，创新多式联运组织方式。园区立足铁路货场，以高速、重载和普速三大铁路网为基础，依托公路、航空、水路等多种交通运输方式，推进“1+3+13+300+*N*”综合物流网络建设，统一联运规则和流程，推进各种运输服务的无缝衔接，打破运输方式间的联通壁垒，实现了不同运输方式的优势互补、资源整合、无缝衔接。在多式联运重要物流节点设立快速换装中心，建立多种运输方式自由换装、各类货物类型自由集散的综合服务枢纽，应用智能化监管手段，加强企业间联合，提高货物流转速度。构建全方位、一站式的多式联运实体网络体系新格局，突出“一站式”“一单制”“一体化”的多式联运特色，打造中国铁路太原局集团有限公司“中鼎物流”品牌。

（二）功能拓展服务创新，构建物流生态系统

园区规划建设“ABCD”四区十一港，“ABCD”四区位于不同位置，B、C、D区充分利用原有铁路货场设施，与A区优势互补、资源共享，发挥了铁路运输联动作用，打造全方位、多功能的综合物流园。“ABCD”四个区之间职能不同，分工明确，但又具有

很强的联动性，是资源相互整合、优势互补的整体，形成物流资源高度密集的物流集群，将运输、仓储、货物进出口、物流加工与配送及信息处理有机集成，形成物流产业链，提高物流运行效率。

（三）依托铁路资源优势，全面打造物流通道

依托铁路物流的坚实基础，紧跟“一带一路”倡议，重点加强国际物流大通道建设。“1+4+*N*”模式，以中鼎物流园区为中心，以“枢纽+通道”为根本，以精品线为依托，构建山西省国际物流大通道。“1”是一条省内南北运输大通道：运城站—中鼎物流园站—大同站；“4”是四条省外运输大通道：西北北部流通大通道，陇海兰新沿线流通大通道，联通东线沿海流通大通道、中线京港澳（台）流通大通道；“*N*”是多条国内国际精品线：中鼎物流园—阿拉山口—哈萨克斯坦直达中欧班列、中鼎物流园—二连浩特—莫斯科直达中欧班列、中鼎物流园—越南安员中亚班列、中鼎物流园—三眼桥公铁联运快速班列、中鼎物流园—天津港集装箱班列等多条精品线路。充分利用太原局集团公司以及全国铁路路网运能优势，打通东西向铁路运输大通道，对接中欧、中亚班列，使园区成为“一带一路”通道上重要货物枢纽。基于“1+4+*N*”模式，拓展国际货运业务，建设以中鼎物流园为中心的国际物流通道，为进入国际市场、引入国外资金创造条件。推进产业融合联动，构建多式联运网络化服务体系，推动山西省经济快速发展。

（四）路地合作政企协同，创新园区开发模式

园区从规划设计、工程建设到开园营业的全过程，均是在太原局集团公司与地方政府的深入协同、密切配合下不断推进落实的，是政企深度合作、共建共赢的范例。一方面，园区是铁路企业推动服务方式转变、货源结构升级、盈利能力提升的重点工程与重要平台；另一方面，园区也是地方政府推进供给侧结构性改革、产业结构升级、带动区域经济发展的重点项目与重要抓手。中鼎物流园的发展建设历程是我国企业与政府进一步实现深入合作、互利共赢的重要借鉴。

四、发展方向与未来展望

中鼎物流园在巩固现有设施功能的基础上，按照中央“调整运输结构，增加铁路货运量”的统一部署，继续学习国际先进经验和技术，结合实际不断探索，创新服务模式，进一步推动智慧型多式联运、枢纽物流园区、物流指数等方面的发展。

（一）构建多位一体的智慧型多式联运格局

园区推进建设基于“互联网+”、大数据、云平台的多式联运智慧物流系统，筹划与

周边区域合作协商，探讨建立多式联运信息共享和数据传输、交换标准，突破相互间信息壁垒，推动建立各种运输方式信息资源的开放共享机制。整合现有铁路、公路、水路运输相关信息系统，搭建多式联运公共信息服务平台，提高不同运输方式之间信息系统对接和数据协同开发的水平，满足货主和多式联运经营人获取船、货、车、班列、港口、场站、口岸等动态信息的需求，促进多种运输方式间的协同联动，建立中国首个铁路、公路、水路“多位一体”的多式联运物流信息系统。同时，充分发挥铁路经济高效的干线运输优势和公路机动灵活的支线运输优势，创新运营组织模式，协同国际保税港相关业务，为铁路运输需求客户、公铁联运需求客户、多式联运需求客户提供仓储、配送服务，协同铁路港与国际保税港，为客户提供一站式物流服务。

（二）打造以多式联运为特色的线上线下平台

在中鼎物流园区和智慧物流云平台的基础上，园区紧跟“新零售”发展趋势，在粮食、钢材、汽车等商品领域，构建区域性、行业性的商品电子交易平台。充分发挥中鼎智慧物流云平台的作用，进一步实现铁路、公路、民航、水运、邮政、海关、企业等主体的信息资源集成整合，鼓励区域间和行业内的物流平台信息共享。建设山西省供应链总部经济中心、物流大数据中心以及产业孵化中心，大力提升山西省现代物流业整体组织能力和运作水平。充分发挥自身规模、信息、网络、政策等优势，与国内其他物流园区合力打造以物流园区为主导、以政府部门为依托，开放、共享的物流信息平台，进一步打破地域、部门限制，实现物流信息共享、运输车辆共用、仓库设施共存，减少物流资源的重复建设和浪费，提高资源利用效率。通过云平台信息共享，实现全国范围内的“共同配送”，减少单一企业的仓储、运输成本，提高我国物流业整体运营效率，降低物流总费用，真正实现“物流无界限”，推动我国向物流强国发展。

（三）服务制造业供应链管理促进多业联动

园区将进一步加强与省内装备制造、冶金建材、新能源、新材料、煤化工、节能环保等重点产业的合作，共同构建制造业供应链服务体系，从原材料采购、产品制造、仓储管理、运输配送等角度，全方位推动装备制造物流、钢铁物流、建材物流、化工物流等专业物流与相关产业的深度融合发展。园区将进一步发展农产品、医药、快消品等生活物流，借助现代物流和跨境电商快速发展的契机，实现以电商物流为代表的生活物流与相关产业的深度融合发展。通过加强多业联动、促进产业融合，切实提升物流效率、降低整体物流成本。

荣誉专栏

颁发时间	荣誉名称	颁发单位
2018年	示范物流园区	国家发展改革委 国土资源部 住房城乡建设部
2017年	多式联运示范工程	国家交通运输部 国家发展改革委
	全国优秀物流园区	中国物流与采购联合会

（撰稿人：吴建文　山西中鼎物流集团有限公司　党委书记、董事长
贾俊飞　综合部（党群工作部）　部　长
王伟龙　综合部（党群工作部）　副部长
张化民　综合部（党群工作部）　业务主管）

集宁现代物流园区

集聚交通资源优势　打造商贸物流枢纽

乌兰察布市地处祖国正北方，内蒙古自治区中部，坐拥背靠呼包鄂、面向京津冀、北通俄蒙欧的优势区位，交通便利、物产丰富、风景秀美，被誉为“京郊草原、避暑之都”。随着国家“一带一路”建设、中俄蒙经济走廊、京津冀协同发展战略的深入实施，乌兰察布市以发展“大物流”为定位，变交通优势为经济社会发展优势，着力打造“东进西出、南联北开”的现代化国际物流中心。集宁现代物流园区位于乌兰察布市中心城区——集宁区，是市、区两级政府为全面贯彻国家、自治区发展战略，以打造我国内陆地区对接俄蒙欧的国际物流集散基地为目标而建设的现代化物流园区。经过多年的积极建设，园区在带动当地产业升级、服务区域协调发展、推动对俄蒙欧经贸交往等方面取得了重要成效，发挥了良好的示范作用。

一、园区概况

（一）立项背景

为促进地方经济健康快速发展，乌兰察布市市委、市政府审时度势，紧抓国家新一轮西部大开发和物流业振兴调整机遇，优先发展最具优势和发展潜力的物流产业，把发展现代物流业作为调整产业结构、转变发展方式、实现经济崛起的重要突破口。内蒙古自治区高度重视乌兰察布市现代物流业发展，在《内蒙古自治区 2007—2010 年现代物流业发展规划》中，乌兰察布市中心城区集宁区被列为自治区级物流节点城市，在税收、土地政策等方面享有政策支持。随着集宁区区位优势的日益突出及城市商贸物流业的不断发展，2011 年，经市、区两级党委政府研究决定，规划建设集宁现代物流园区，围绕现代物流全产业链打造华北地区具有较强辐射能力的综合性物流园区，同年获得《内蒙古自治区人民政府关于建设集宁现代物流园区的批复》（内政字〔2011〕58 号），正式启动建设。2015 年 4 月，经内蒙古自治区人民政府同意，自治区住房和城乡建设厅批复了

《集宁现代物流园区总体规划（2014—2030）》（内建规〔2015〕144号），明确集宁现代物流园区是以商贸、保税、加工、仓储、集散为主的自治区级物流园区。2018年2月11日，国家发展改革委、国土资源部、住房城乡建设部联合发布《关于做好第二批示范物流园区工作的通知》（发改经贸〔2018〕249号），集宁现代物流园区升级为国家级示范物流园区。

（二）运营管理主体

为保障园区建设顺利推进，乌兰察布市集宁区人民政府于2011年成立集宁现代物流园区管理委员会（以下简称“管委会”），由集宁区人民政府副区长兼任管委会主任，管委会为集宁区人民政府派出机构，负责整个园区的建设、招商、管理等工作。管委会下设综合管理部、招商与经济发展部、规划建设部、党政综合部，承担园区总体发展规划的编制和实施、协调园区内项目投资建设、园区土地整理储备和经营开发以及拟定园区有关配套政策、落实各项招商引资优惠政策等工作。管委会内部制度协调完善，职责分工明确，保障了园区日常工作稳步、高效的运行。为充分发挥园区的平台支撑作用，体现园区建设对产业发展的带动性，园区管委会积极争取市、区两级政策支持，出台了一系列优惠政策，为园区大力推进招商引资，深入开展与国内外各重点货源地及物流节点之间的合作提供了强有力的保障。

随着园区业务的不断丰富，2016年3月，由集宁区人民政府通过集宁现代物流园区管理委员会出资，分别在中国（天津）自由贸易试验区东疆保税港区和乌兰察布市集宁区注册设立国有独资的内蒙古集宁进出口贸易有限公司，业务管理由集宁现代物流园区管理委员会负责。公司积极开展与中国（天津）自由贸易试验区东疆保税港区及河北曹妃甸港、山东日照港等港口地区合作，加快园区进出口贸易的发展。同年6月，为更好地服务地区邮政业发展，集宁机构编制委员会同意成立“集宁区邮政业发展中心”，暂由集宁现代物流园区管理委员会管理，主要负责集宁现代物流园区“电商快递物流产业园”的运营。经过近七年的发展，集宁现代物流园区以承接产业转移、以布局产业链条为导向，以服务入驻企业需求为宗旨，不断完善管理体制机制和提高现代化物流水平，在更好地服务于企业日常经营、深度拓展园区业务的同时也为打造“一带一路”中蒙俄经济走廊上重要的国际物流节点奠定了基础。

（三）交通区位情况

乌兰察布市紧邻京津冀地区，属于京津冀协同发展战略范畴。其东部与河北省接壤，东北部与锡林郭勒盟相邻，南部与山西省相连，西南部与首府呼和浩特毗连，西北部与包头市相接，北部与蒙古国交界。乌兰察布市是内蒙古自治区东进西出的“桥头堡”、北开南联的“交会点”，是进入东北、华北、西北三大经济圈的交通枢纽，也是中蒙俄国际大通道的咽喉之地，中心城区集宁区东距北京320千米，西距呼和浩特120千米，北距陆路口岸二连浩特 300 千米，距天津、秦皇岛、曹妃甸三大港口的距离均不足 500 公里，是我国通往蒙古国、俄罗斯和东欧各国的重要国际陆路通道，也是西北地区向东南出海的必经之地。特别是借助京津冀协同发展的战略机遇，依托天津港，积极打造内陆港，提升贸易便利化水平，成为承接京津冀等发达地区产业转移的前沿阵地。

集宁现代物流园区地处城市外围区，周边路网密集、车辆通行便利，10 千米范围内有集宁机场及三个铁路场站。二广高速（G55）、京藏高速（G6）、京新高速（G7）、机场高速、绕城高速及 110、208 两条国道均穿过园区；京包、集二、集通、集张四条电气化铁路在此交会，乌兰察布中欧班列始发站七苏木站位于园区内部，而随着京呼高铁未来通车、七苏木中欧班列枢纽基地项目全面建成以及乌兰察布市集宁机场升级为国际货运机场，园区将构建起完善的立体式交通物流货运网络，使区域、国际物流通达水平进一步提升。园区交通环境如图 1 所示。

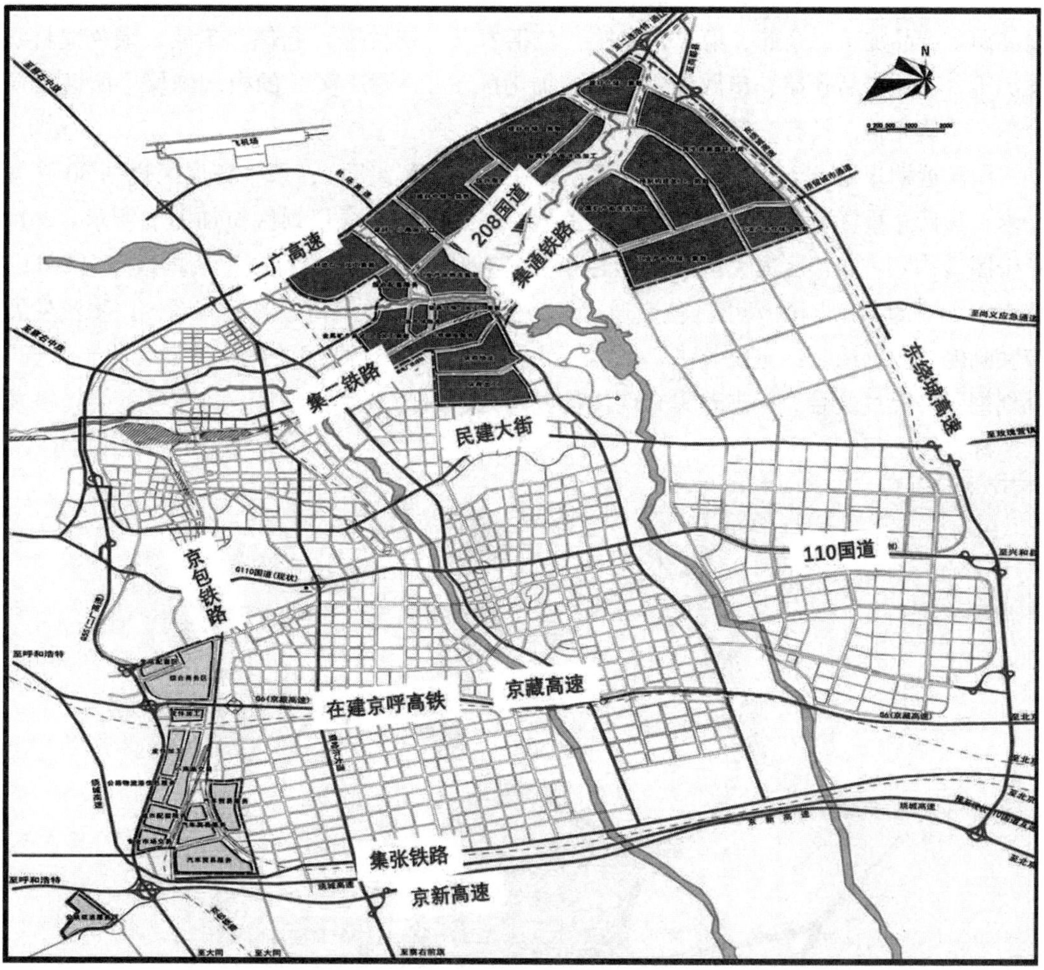

图 1　园区交通环境示意

（四）规划及建设情况

1. 规划情况

集宁现代物流园区建立之初，就园区的规划布局和产业定位委托国内知名机构和专家进行了充分论证，定位为集国际通道经济节点、区域物流转换枢纽、市域物流商贸核心、物流产业综合平台为一体的综合性物流园区。旨在通过物流园区这个平台，发挥物流产业的多元复合功能，向东、向南服务京、津、冀、晋制造业基地；向西连接呼、包、鄂、银经济带；向北畅通俄罗斯、蒙古国、东欧各国资源进口通道和国内产品输出通道，形成国际物流集散基地和转换枢纽。

集宁现代物流园区按照“一园三区”模式建设，分别为以总部经济、会展经济、信息服务、商贸物流、专业市场、汽车贸易、皮件加工与销售为主的综合物流区；以国际货物贸易、中转、保税、加工、集散、配送和国内货物对外出口集散为主的保税物流区；以能源矿产品加工、仓储、集散，建材（包括木材、钢材等）仓储、集散，绿色建材研发加工，工业产品仓储、集散为主的物流加工区。“一园三区”的模式确保了园区布局合理、功能完善，具有高度开放性和承载性。

园区近期规划了2.3平方千米的核心区（综合商贸组团），未来拓展区规划90平方千米，预计总投资512亿元。园区核心区（综合商贸组团）规划区位如图2所示。2011年按照《内蒙古自治区人民政府关于建设集宁现代物流园区的批复》（内政字〔2011〕58号）开工建设。园区“以区位交通优势为依托，建立现代物流服务体系，以物流发展带动其他产业发展”的定位与《乌兰察布市“十三五”规划纲要》《集宁区“十三五”规划纲要》高度契合，标志着集宁现代物流园区已成为乌兰察布市、集宁区社会经济发展的标志性工程。

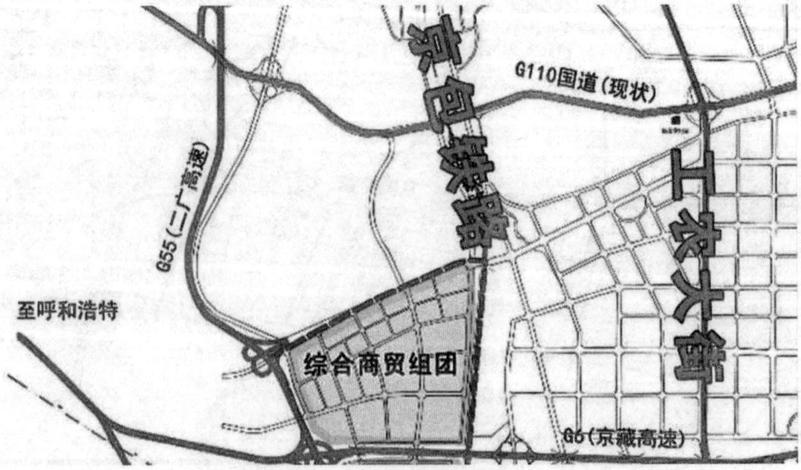

图2 园区核心区（综合商贸组团）规划区位

2. 建设情况

近年来，随着国内外经济形势的不断变化，能否适应新形势和新常态，在充分发挥自身优势的情况下，快速有效推进园区建设，从而满足国内外经贸活动对现代物流业的新的要求，是园区能否长效发展的关键。为此，管委会紧紧围绕“政府”和“市场”，采取以政府招商和管理为主导，以企业投资为主体，政企携手共创园区、多元化联合运营的方式，以现代物流业为核心，拓展物流加工、商品贸易、金融服务等现代物流上下游产业，努力打造现代物流全产业链。

物流项目和物流设施方面，集宁现代物流园区核心区作为一期建设区，经过七年的建设和发展，道路、水电、通行、热力等基础设施已基本完善，集宁国际皮革城、乌兰察布新雅宝路商城、内蒙古邮政物流配送中心、集宁古城、乌兰察布市电商快递物流产业园、集宁国际商贸城、五洲助康医药物流项目等一批重点物流项目均已建成并投入运营，对地方经济发展起到了积极的贡献，也为乌兰察布市全力构建国际物流集散基地奠定了基础。保税物流区作为集宁现代物流园区未来发展重点，正在加紧建设乌兰察布（集宁）七苏木中欧班列枢纽物流基地，该项目启动区已基本建成，作为乌兰察布中欧班列的始发点，已累计开行中欧班列 80 余列。保税物流区内部拟规划建设集宁综合保税区，目前申报工作进展顺利，已由国务院批转到海关总署，进入十部委联审阶段。物流加工区作为保税物流区的有效配套和衔接，先期围绕进口矿石产品和进口木材加工开展物流加工业务，打造浩通煤炭物流等重点物流项目，未来将以承接产业转移和促进产业融合发展为核心，全力建设国家级开发开放试验区，把乌兰察布市打造成为祖国北方重要的国际贸易、现代物流、进出口加工等开放合作集聚区。

（五）运营效率

截至 2017 年年底，园区固定资产投资累计完成 72 亿元，已建成仓储和各类堆场面积合计达 22.1 万平方米。2017 年园区营业总收入 81 亿元，同比增长 6%；货物吞吐量达 2100 万吨，同比增长 11.8%。入驻企业近 50 家，其中年营业额超 2 亿元企业数量 4 个，提供就业岗位 10000 余人。电商快递物流产业园内入驻顺丰、韵达、申通、中通、圆通等快递企业 15 家和苏宁、远成 2 家物流企业，使用面积约 16500 平方米，园区内拥有安检机 9 台，承担乌兰察布市所有进出港快件分拨和过机安检，业务旺季最高日处理量达到 10 万余件，2017 年业务处理量达到 2500 万件。

二、主要做法和取得的成效

（一）瞄准特色优势产业链，实现商贸物流联动发展

集宁现代物流园区始终坚持商贸与物流并重，以商贸发展扩大物流规模，用物流优

势带动商贸繁荣。以皮革产业为例，早在 20 世纪 90 年代，乌兰察布市特别是中心城区集宁区的皮革生产、加工就已形成一定的规模。但由于皮革制品本身价值高、季节性强且多以小作坊为主等特点，近十几年来皮革产业发展相对缓慢，没有形成完整产业链。在园区筹建之初，就把推动皮革产业发展列为了重点任务和目标。2012 年，集宁现代物流园区国际皮革城（如图 3 所示）正式开业，通过一系列优惠政策，吸引集宁区全部皮革皮件经销商及浙江海宁、河北辛集、辽宁佟二堡等地的生产、加工企业进驻，逐步形成了北方地区规模最大、产品种类最多的专业化皮革皮件产品经销市场，显著提升集宁皮革产业的影响力。集宁国际皮革城主营皮衣、裘皮、箱包、皮鞋、皮革饰品、毛绒制品六大品类，辐射京、津、冀、晋等省市近 3 亿消费人群，年平均客流量 200 万人次，带动就业 4000 余人，年营业额 20 亿元左右。2015 年集宁国际皮革城官方电商平台“集皮网”（http：//www. jipigo. com）正式上线，打造皮草专业 O2O（线上线下）网购平台，实现线上线下互动，不断延伸产业链条。与集宁国际皮革城配套建设的皮件加工产业园，已建成标准化厂房 14 栋共计 10 万平方米，现已签约内外贸生产企业十余家，皮衣、裘皮、小皮件等产品年产值达 3 亿元。

图 3　集宁国际皮革城

通过园区支撑与龙头市场带动的模式，一方面塑造了“草原皮都·乌兰察布”城市品牌，形成了“北有集宁、南有海宁”的国内皮革市场发展格局。集宁皮革城先后获得“国家 AAAA 级旅游景区”“国家五星级专业市场”“全国最受欢迎专业市场”“自治区级示范性创业园和创业孵化基地”“内蒙古最有价值品牌”（品牌估值 7.95 亿元）“2015·首届内蒙古企业成长百强”等荣誉称号。另一方面，皮革产业以“销售带动加工、加工带动制革、制革带动养殖”的“四位一体、三步走”战略目标加快推进，集宁国际皮革城与皮件加工产业园业务衔接紧密，产业园产成品中 60%直接在皮革城进行销售，已形成具有一定规模的皮革皮件产业链。依托皮革产业，承接产业转移，扩大对外开放，集宁现代物流园区成功引进北京雅宝路市场（以下简称“雅宝路”），配套建设保税仓库，提升对蒙、对俄、对欧皮革皮件经贸交往。集宁皮革皮件的规模化生产和产业链式发展，带动园区更好地承接京津冀转移项目，在把集宁皮革打造成一张亮丽的名片的同时，也为其余特色优势产业和物流产业协同发展提供了新思路。

（二）抢抓“京津冀”协同发展政策机遇，推动本地产业转型升级

把现代物流业打造成本地支柱产业，带动其他重点产业发展，从而促进乌兰察布市社会经济全面发展，是一直以来乌兰察布市、集宁区两级政府共同的愿望。物流园区具有吸收、培养、帮扶、带动等功能，在整合重点产业资源，扩大辐射范围，带动相关产业发展等方面有着突出的作用。随着乌兰察布市正式融入京津冀协同发展，园区作为乌兰察布产业融合发展的集聚区，在承接首都产业转移、对接京津冀物流需求等方面先行先动，抢抓京津冀协同发展战略所带来的重大机遇。园区与京津冀地区各大商贸市场、物流节点之间广泛开展交流合作，并通过举办合作论坛、商企对接交流会等多种形式学习京津冀地区商贸物流发展的先进经验，同时为园区入驻企业搭建合作共赢的良好平台。

自 2015 年起，北京市加快非首都功能疏解，这其中雅宝路就是一个典型范例。作为中俄、中欧贸易经济标志符号，雅宝路搬迁动向备受关注。雅宝路的产业链疏解由北京市朝阳区商务委牵头，力求将销售、批发、物流等业态迁出，这一动向引起了京津周边多个地区的极大兴趣。在雅宝路寻求新的发展空间之际，乌兰察布市的皮革服装贸易产业也正在寻求升级，双方发展需求的对接，创造了新的发展机遇。依托集宁独特的区位优势及持续出台的优惠政策（包含租金和收费政策、财政扶持政策、交通物流政策、金融扶持政策、配套服务及其他政策等），经过市、区两级政府与朝阳区商务委的积极对接，集宁成为了承接北京雅宝路产业外迁的重要目的地。2016 年 11 月，中国新雅宝路商城（如图 4 所示）在集宁现代物流园区正式营业，截至 2017 年年底，商城内共入驻外贸商户 167 户，共组织订货节 13 次，吸引国际采购商 3613 人，采购总额约 1788 万元，签订订单 1000 余份，订单总额 2. 5 亿元左右。双方原有业态的融合发展，成为通过产业转移促进产业融合进而实现产业升级的良好示范，促进了新产业竞争力的转化。雅宝路企业登陆乌兰察布市，为皮革内贸产业向国际时尚业的转型起到了积极的推动效应。通过持续开展针对俄罗斯、蒙古国、乌克兰、白俄罗斯等国家的外商推广活动，已实现境外客商订货、采购的常态化，推动乌兰察布皮革产业迈出国门，走向国际。

图 4　中国新雅宝路商城

2016 年 3 月，乌兰察布市与中国（天津）自由贸易试验区东疆保税港区签署战略合作协议，在集宁现代物流园区内建设中国（天津）自由贸易试验区东疆进口商品集宁直营中心和平行进口车直营中心（如图 5 所示），成为内蒙古自治区首家经天津东疆保税港区管委会批准设立的进口商品直营中心。中心承载着促进贸易便利化与促进区域合作共赢的重要功能，是大力推进开放合作、互利互惠的重要成果。目前，进口商品直营中心经营面积达 2 万平方米，经营来自 40 多个国家和地区的包含日化、文具、母婴用品、保健品、冷鲜、粮油、预包装食品、酒水、厨具、小电器等 1.2 万多种进口商品。平行进口车直营中心销售路虎、奔驰、玛莎拉蒂、奥迪、丰田等各类国际名品平行进口汽车。截至 2017 年年底，直营中心销售总额达到 5840 多万元。该项目充分结合了园区的区位资源优势和中国（天津）自由贸易试验区东疆保税港区的功能及政策优势，将自由贸易试验区改革开放红利率先辐射到乌兰察布区域内，与天津自由贸易试验区共同打造制度创新的新高地、转型升级的新引擎、开放经济的新动力、区域协同发展的新平台。

图 5　中国（天津）自由贸易试验区东疆进口商品集宁直营中心和平行进口车直营中心

（三）借力中欧班列中通道，打造国际物流重要节点

2016年，乌兰察布市作为唯一一个非省会城市与北京、天津、沈阳、南京等17个城市同批列为国家《中欧班列建设发展规划（2016—2020年）》“中欧班列枢纽节点”中的“主要铁路枢纽节点城市”，承担中欧班列集零成整、中转集散的功能，在国家综合交通网络中具有重要地位，标志着乌兰察布市（集宁）已由内陆腹地变为开放的前沿城市。“一带一路”的中欧班列陆路运输通道共有三条：西线由新疆阿拉山口（霍尔果斯）口岸出境，经哈萨克斯坦与俄罗斯西伯利亚铁路相连，途经白俄罗斯、波兰、德国等国，通达欧洲各国；东线由内蒙古、满洲里（黑龙江绥芬河）口岸出境，接入俄罗斯西伯利亚铁路，通达欧洲各国；中线由内蒙古二连浩特口岸出境，途经蒙古国与俄罗斯西伯利亚铁路相连，通达欧洲各国。而乌兰察布市（集宁）所在的中线通道，若以京津冀地区为止点的话，要比东线近约1100千米，非常有竞争力。充分发挥乌兰察布市在中欧班列中通道上的咽喉位置优势，通过中蒙俄经济走廊建设，实现京津冀与俄蒙欧之间的经贸结合，逐步推广连接到祖国内陆各地与欧洲各国，在实现乌兰察布市后发地区经济跨越发展的同时，也为祖国内陆特别是京津冀地区向北开放，推动“一带一路”深入实施提供了新的方向。乌兰察布—阿拉木图中欧班列首发仪式如图6所示。

图6　乌兰察布—阿拉木图中欧班列首发仪式

在此新形势下，集宁现代物流园区结合自身区位特点，依托乌兰察布中欧班列的资源集聚优势以及集宁海关恢复设立所带来的优质外贸营商环境，着力构建祖国内陆制造业发达地区与俄罗斯、蒙古国等欧亚各国销售市场之间的物流走廊。2016年，乌兰察布市（集宁）七苏木中欧班列枢纽物流基地项目在集宁现代物流园区保税物流区破土兴工，该项目采用PPP模式，由乌兰察布市国源公司（国有控股）与中铁一局共同组建特殊园的载体（SPV）公司，项目出资拟由中铁一局全部承担，目前已完成总投资70%以上，总体进展顺利。通过该项目的建设，为乌兰察布地区中欧班列开行及货运周转提供完善便捷的服务，带动集宁现代物流园区打造北亚、东欧地区矿产、木材等资源向我国

输入，京津冀、长三角、珠三角等地机械、轻纺、小商品等向国外输出的国际物流节点。2016 年 11 月 20 日，从乌兰察布首发的中欧班列（乌兰察布—阿拉木图）顺利开行。2017 年 4 月 25 日，首趟俄罗斯至乌兰察布中欧班列抵达乌兰察布市七苏木中欧班列枢纽物流基地，也是内蒙古自治区首次实现中欧班列重载返程。截至 2017 年年底，基地共开行中欧班列 70 列，总重量 60621.7 吨，其中出口 44394.7 吨，进口 16227 吨；总货值 17697 万美元，其中出口 17183.4 万美元，进口 513.7 万美元，带动园区国际物流集散吞吐量明显提升。

中欧班列的稳定开行不断强化着集宁现代物流园区对周边物流园区的辐射作用。一是通过公路、铁路、航空等多种立体化交通方式，将华北、华东、华中等地通过中欧班列中通道出口的货品集结到集宁现代物流园区，同时在莫斯科布点拓展返程货源，有效降低了物流成本，提高物流效率；二是加快物流园区与重点产业的有机衔接，如依托浩通煤炭进出口、洗选、仓储物流项目，将蒙古国以及集宁周边的原煤资源在集宁集散。

三、示范特色与经验参考借鉴

（一）延伸当地产业链

集宁现代物流园区在建设发展过程中，紧紧围绕“以物流发展带动其他产业发展”的定位，致力于以物流为引擎，助力本地传统特色产业转型升级。2016 年集宁现代物流园区被评为内蒙古自治区级服务业集聚区，充分发挥园区的资源集聚效应，提高产业集群发展水平。通过建设集宁国际皮革城和皮革产业加工园，在吸引周边皮革、皮件经销商入驻，改善地区皮革产业“小”“散”局面的同时引入国内知名生产加工企业和经销商，做大做强集宁皮革产业。充分利用互联网技术发展机遇，打造“集皮网”电子商务平台，帮助皮革产业更好地“走出去”。围绕“销售带动加工、加工带动制革、制革带动养殖”的发展思路招商引资，在吸引企业入驻完善皮件加工等产业链条的同时，也带来了本地动物皮毛需求的大幅增加，促进了相关畜牧业的发展。通过承接首都产业转移，共建中国新雅宝路商城，吸引国际采购商聚集，助力本地皮革服装贸易产业国际化发展，实现传统产业的转型升级。得益于园区清晰的发展思路和积极的发展策略，乌兰察布皮革产业链不断延伸，为物流业服务于本地产业提供了良好的经验借鉴。

（二）对接国家大通道

集宁现代物流园区结合自身区位交通优势、紧抓“一带一路”建设机遇，通过主动挖掘货源、积极开行班列等方式，实现与国际大通道的有效对接。一是搭建平台、挖掘市场，根据市场需求组织货源。园区利用得天独厚的区位交通优势，主动定位为南北市场之间对接的桥梁和纽带，在与国内外多地的合作交流中“主动出击”，挖掘南北市场所需，促进我国内陆与俄蒙欧市场之间、供需之间的有效对接。相继组织或参加乌兰察布北京、上海、深圳招商推介会，北京央企恳谈会，青洽会，2017 中国创业创新博览会，乌兰察布新雅宝路皮革皮草服装产业博览会，第六届中俄蒙美食文化节暨首届乌兰察布美食文化绿色食材招商洽谈会等活动，为不同主体间的经贸交流提供载体。二是积极开行中欧班列，吸引国际货物在园区集散中转。通过中欧班列进口俄蒙欧皮革原料、木材原料、矿产资源、有色金属，出口轻工业产品、电子产品等，满足国内外庞大市场需求。配合园区方便快捷、安全高效、绿色环保的全程物流服务，实现供给侧与需求侧跨地区、跨国界的协调与平衡，推动区域经济效益最大化。

（三）打造现代物流生态圈

目前，集宁现代物流园区内及周边建成运营的有集宁国际皮革城、恒信汽车产业城、察哈尔工业园区、恒发仓储物流、惠民园农副产品交易中心、木材综合加工循环经济产业园、兴福隆综合商贸城、集宁古城、电商物流园、众创基地综合体、创新体验中心、华为云数据中心、内蒙古西北煤炭交易中心、七苏木中欧班列枢纽基地等一大批有一定规模的专业园区、专业市场、专业项目，形成互为支撑、互为保障、互为依托的良好发展环境。依托完善的基础设施建设，园区集聚了大型企业及工商户 1341 家，产业涵盖商贸物流、皮件加工销售、会展经济、旅游餐饮、专业市场、汽车贸易、国际货物中转、能源矿产品加工等。在产业多元化建设的思路引领下，园区形成了以商贸物流为核心、以产业链延伸为手段的集群式发展模式。得益于该模式，园区企业间逐步实现共生共荣、互利互惠、合作共赢，现代物流生态圈规模已显。

四、园区发展方向与未来展望

近年来，现代物流的发展趋势呈现出全球化、多功能化、系统化、信息化和标准化的特征，对物流园区的要求也从简单的货物仓储配送集散地转变为提供高效、便利、全面服务的集生产、加工、仓储、配送为一体的现代化服务业集聚区。为此，集宁现代物流园区未来的发展要向更加现代化、信息化的方向迈进，着力提高物流效率和效益，推进传统物流业转型升级。

一是要加快先进物流技术的应用推广。加快推进云计算、物联网等技术在物流智能化管理方面的应用；推广数字终端设备、条码技术、电子标签技术、时点销售系统和电子订货系统等现代管理技术，提高物流供应链智能化管理水平；推进制造业与物流业联动发展，围绕木材、皮革等重点产业延伸产业链，打造供应链，提升价值链；大力发展公铁联运、道路货物甩挂运输等运输方式。

二是推进园区物流标准化和信息化建设。完善物流建设和服务标准，开展标准化设施、设备和器具应用，在农畜产品、药品、快速消费品等重点领域开展标准化托盘循环共用示范试点；引进国内外知名物流企业进驻园区，加强政策配套和支持力度，鼓励企业在现代物流的各个环节推动信息化、智能化、标准化；推动物流配送车辆标准化、标识化，建立健全配送车辆运力调控机制，完善配送车辆便利通行措施；加强综合性、专业性物流公共信息平台建设，衔接货物信息，提高物流企业运输工具利用效率，降低运输车辆空驶率。

三是加强与国内外各物流节点之间的联系合作。根据自身优势，加强与天津港、曹妃甸港、日照港等港口及华中、华东货源地区的协作，打造祖国内陆地区与俄蒙欧之间经贸物流交往的重要枢纽；充分利用乌兰察布（集宁）被设立为中欧班列铁路主要枢纽节点城市和中欧班列开行的契机，把园区定位为进口俄蒙欧矿产、木材等原材料的“上游”及向俄蒙欧出口轻工业产品的“下游”，以点连线，打造“丝绸之路经济带”上一条横跨东西、辐射南北的商贸物流大通道和“中欧班列中通道”上具有较强影响力和典型示范作用的运行线。

荣誉专栏

颁发时间	荣誉名称	颁发单位
2018 年	示范物流园区	国家发展改革委 国土资源部 住房城乡建设部
2016 年	自治区级服务业集聚区	内蒙古自治区发展改革委
2015—2017 年	全国优秀物流园区	中国物流与采购联合会

（撰稿人：郝建秀　集宁现代物流园区管理委员会，招商与经济发展部部长
刘薛梅　集宁现代物流园区管理委员会，招商与经济发展部副部长
白耀宇　集宁现代物流园区管理委员会，招商与经济发展部科员
李　鑫　集宁现代物流园区管理委员会，规划建设部科员
王冠华　集宁现代物流园区管理委员会，规划建设部科员
孟　君　乌兰察布市发展与改革委员会，经贸科科员）

香江物流园

物聚香江　流通天下

香江物流园（以下简称“园区”）位于“共和国汽车工业摇篮”、东北地区区域性物流节点城市、吉林省省会——长春。园区坚持“物聚香江　流通天下”的发展理念，历经六年的快速发展，开拓出一条以信息化、标准化为抓手，以供应链管理专业化建设和第三方物流解决方案定制化服务为核心，以现代大型智能化综合服务型物流园区为目标的创新发展道路，对于东北地区物流行业转型升级具有良好的带动作用和示范价值。

一、园区概况

（一）立项背景

随着我国经济社会发展进入新常态，城市化进程深入推进，生产制造业、商贸流通业面临转型升级的艰巨任务，物流行业作为第一、二产业的现代服务业战略性支撑，其地位与作用得到重大提升。吉林省作为东北重工业产业区域，受计划经济“重生产轻流通”观念的影响较深，物流业发展较经济发达省份差距明显，现代综合服务型物流园区市场供给不足。同时，物流业发展模式创新、降本增效、转型升级的市场需求和发展空间巨大，东北地区物流业发挥后发优势、实现跨越式发展，成为各级政府和物流业界聚焦的核心问题。吉林省省委、省政府及相关部门对物流行业发展高度重视，相继颁布关于支持现代服务业发展、物流园区建设、供应链体系建设等方面的多项政策，将物流园区视为物流行业发展重要的战略性、基础性、先导性设施，在立项审批、税收倾斜、服务配套等方面给予积极的引导与扶持。在本地区鼓励物流园区建设政策洼地的优越环境中，香江物流园建设全面启动。香江物流园地处长春东北方向国家级新区——长春新区物流规划重点区域，长春新区的加速发展与“长春—哈尔滨城市群”规划的逐步实施，进一步助力香江物流园创新发展向更高层面推进。

（二）交通区位情况

香江物流园位于长春新区规划的东北亚国际物流集散中心的核心区域，地处东北地区几何中心和交通运输干线通道交会节点，北邻 102 国道、南邻长德快速路，距离京哈高速公路出入口 3 千米、长春国际铁路物流港 5 千米、长春龙嘉国际机场 25 千米、长春市核心城区 20 千米。由于优越的区位条件，园区可以支撑大宗物资运输干线中转、区域分拨配送、城市终端配送、合同物流项目运营等物流行业全业态。周边区域东北亚国际机械城、长春通用机场、长春新能源汽车产业基地、德惠食品产业园建设全面启动，交通区位与经济区位优势明显。

（三）规划建设情况

香江物流园占地 51 万平方米，总投资 9 亿元，系国家公路货运主枢纽项目之一、吉林省物流业“十三五”规划重点项目之一和长春市工业企业“退城进区”指定承接地。园区聘请德国法布劳格等三家国际知名物流规划机构，经过长达一年时间的市场调研和六轮规划论证，最终形成集电子商务物流中心、快递快运转运中心、城市共同配送中心、公共信息服务中心、零担货运停车场、商业配套服务中心六大功能区于一体的综合服务型物流园区规划布局，如图 1 所示。

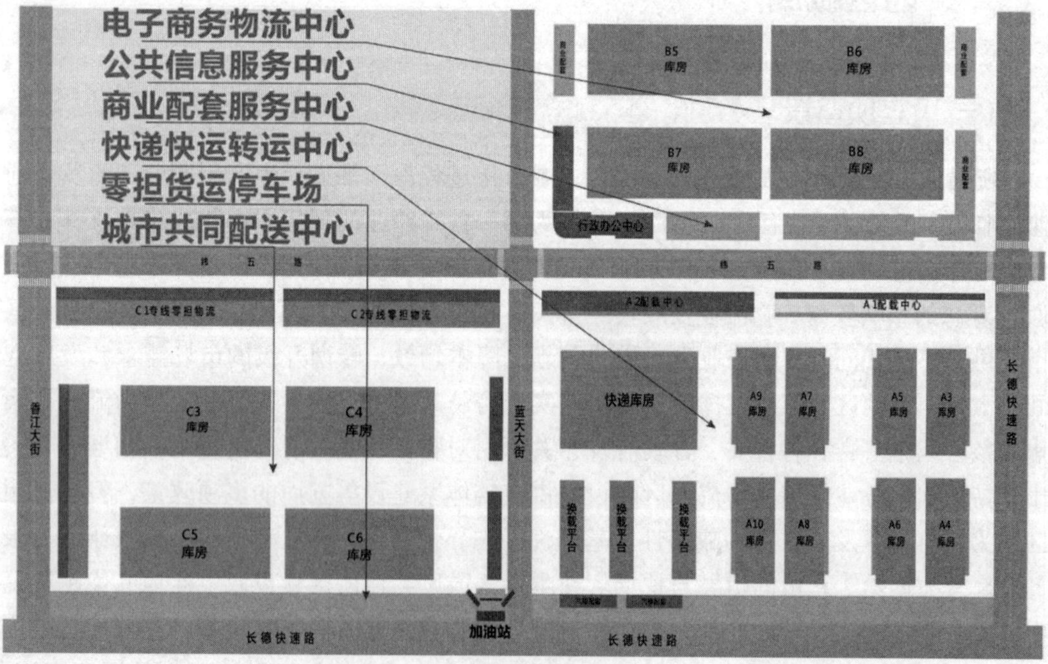

图 1　园区规划布局

截至 2018 年 4 月，园区建设完成标准化仓储库房 16 万平方米，物流配载办公楼 3

万平方米，货物堆场 8 万平方米，零担停车场 5 万平方米，物流信息交易大厅 6000 平方米，综合管理办公中心 1.2 万平方米，商业、生活配套 2 万平方米，总建筑面积达 35.8 万平方米。其中，标准化仓储库房单体面积 2 万平方米，配套建设 1.3 米高装卸平台，安装电动液压升降平台，采用金刚砂无尘地面，每个消防功能区配备透明式库内办公区域，满足普通货物全品类立体仓储、分拨、集散要求。物流信息交易大厅内配有大型 LED（发光二极管）显示屏、定制化交易席位、自助交易触摸屏幕、资质认证设备、培训拓展等设备，充分满足现代物流信息交易需求，在东北地区引领物流信息实体交易先河。

（四）服务能力

先进的园区经营理念，现代化的商业模式，极致追求的服务品质，优越的经济、交通区位，科学的园区功能布局，智能的物流设备设施，共同支撑香江物流园完善的服务体系和强大的服务能力。园区建设完成集聚仓储集货、干线运输、区域配送、城市配送、装卸搬运、流通加工、信息交易、创业孵化、金融保险、司机之家等物流业态和园区功能的现代物流生态体系，满足入驻园区客户一站式服务需求。公路干线运输辐射全国 30 个省级行政区域，区域配送覆盖吉林省全境及辽宁省北部、黑龙江省南部、内蒙古自治区东部，城市配送实现长春市城乡无死角覆盖。

园区经营突破了传统物流园区场地出租的单一模式，全面启动仓储配送一体化、第三方物流托管服务。通过提供仓储管理、系统操作、车辆调度、运输配送等增值服务，提高客户黏合度，提升园区收益率，实现第三方物流服务与第四方服务平台整合发展。此外，园区提供全面、先进、方便、快捷的商务服务，拥有汽车修理厂、地磅、标准化设备租售、餐饮、购物、休闲娱乐等生活配套及娱乐设施。园区内实行一卡通消费服务，采取人防与技防相结合的安全管理，安保人员全天候巡查，360 个数字高清摄像头实时监控，确保车辆、货物、人员安全。

园区成功引进 200 余家生产制造、商贸流通、电子商务、快运快递、零担物流等各类企业，同格力电器、长虹电器、澳柯玛电器、西门子电器、小鸭电器、徐福记食品、泉阳泉饮用水、齐鲁医药、固特异轮胎、中石油、欧亚集团、中商惠民网络科技、微澜集团、中国邮政、佳吉快运、韵达快递、壹米滴答等知名客户建立起战略合作关系。截至 2017 年年底，园区实现物流强度 500 吨/平方千米·年，仓储能力 46 万吨，日均到发车辆 800 辆（次），全面建成汽车配件、家用电器、快消品、食品等领域的吉林省重要货物集散平台、物流交易中心和长春市城市配送基地。

（五）社会贡献情况

香江物流园在快速发展的同时，始终坚持经济效益与社会效益并重、先导性与公益性兼顾，积极承担业内领军企业的社会责任，为本地区经济建设和社会发展持续贡献力量。现代市场竞争已由单一企业竞争转变为核心企业主导的供应链竞争，现代物流园区作为物流行业基础性支撑主体，客观层面必然要求流通领域供应链体系核心企业承担更多的社会责任。园区自建设经营以来，累计完成物流交易额 50 亿元，贡献税收 7.2 亿元，减免小微企业费用 700 余万元，2017 年直接解决就业 3000 人，吸纳残障人士就业 32 人；建立完善的园区统计体系，为发改、税政、统计部门提供行业数据支撑，参与本地区物流业规划论证；承接长春欣盛医药仓储配送物流项目、清洁能源配送车辆推广项目等政府指定物流项目六项；作为核心企业组织发起长春市、吉林省、东北地区三省四市标准化物流企业联盟，积极推进商贸物流标准化建设；连续三年无偿管理吉林省红十字会备灾救灾物资仓储基地，2016 年“狮子山”超强台风登陆吉林省珲春市，香江物流园全力组织运输车辆，第一时间运送 120 吨救援物资抵达灾区；持续六年对长春市特困家庭群众开展帮扶，累计帮扶群众 120 人（次）。

二、主要做法

（一）优化网络布局，打造城市共同配送精品业务

香江物流园作为商务部“城市共同配送”试点项目，以仓储配送一体化第三方物流服务为业务重心，重点通过以标准化托盘、周转筐循环链条为核心的物流设备设施共享模式，以园区 14 万平方米城市共同配送中心为实体集货平台，完成长春市市区 4 处二级配送中心及 122 家终端配送网点网络化布局，2015 年增购 50 辆标准化城市配送清洁能源车辆，搭建长春市城市共同配送指挥中心信息系统，与生产制造业、商贸流通业领域试点企业协作共赢，携手打造城市共同配送精品业务。

长春欧亚商业连锁、徐福记食品、泉阳泉饮用水三家企业为长春市城区 46 家商业门店提供生鲜果蔬、糖果、饮料配送业务，在开展城市共同配送项目前，配送时段、配送线路、作业模式等方面存在极大的重合特征和充分的整合空间。各家企业均独立管理项目库房、调度配送车辆，根据各自企业标准采取单一的企业统一配送模式，存在配送成本居高不下、配送车辆满载不足、逆向物流车辆空驶现象普遍、作业人员工作饱和度偏低等难以解决的问题。城市共同配送项目开展后，香江物流园作为上述三家企业的第三方物流配送供应商，全面接管仓储业务，提供统一的物流管理系统和标准托盘、周转箱，采用仓储、搬运、装卸、配送共同调度和全程不倒托作业，整合三方配送业务，合并优化配送线路，合理配载配送货物，重组配送管理团队，在确保配送时效和货物安全的前提下，使三家企业原有的 110 条配送线路优化为 42 条，配送车辆满载率实现 100%，作业人员由原来的 90 人减少为 36 人。该项目的开展，有力地带动了当地城市共同配送业务水平提升，展现出城市共同配送的广阔发展前景。

香江物流园将城市共同配送模式复制扩展到整合多品类家电（黑电、白电、小家电

等），汽车配件（轮胎、内饰、车载电子产品），家具（多品牌瓷砖、卫浴、软体、板式家具）等产品领域，现已承接园区内外城市配送项目22项，配送车辆日均到发210辆（次）。针对上述项目，整体实现配送线路优化60%、货损率降低70%、配送时效提高80%、综合物流成本减低10%。

（二）“香江物流”平台复合，开展“无车承运人”运营

香江物流园于2017年9月取得交通部“无车承运人”试点企业运输资质，自主研发“无车承运人”公共服务平台——“香江物流”平台，如图2所示。围绕平台的搭建和运营，园区坚持两方面不动摇。一是坚持复合型模式不动摇。“无车承运人”公共服务平台坚持建立在2012年研发的“车货匹配”物流信息平台的基础上，实现“车货匹配+无车承运人”复合型物流平台模式。整合后的“香江物流”平台，充分发挥移动端接口优势，采用大数据、云计算手段，植入射频识别（Radio Frequency Identification，RFID）、全球定位系统（Global Positioning System，GPS）、地理信息系统（Geographic Information System，GIS）、仓库管理系统（Warehouse Management System，WMS）、运输管理系统（Transportation Management System，TMS）技术终端，以“无车承运人”合同物流模式集聚上游货源，结合“车货匹配”平台会员注册模式整合社会运力，实现了功能更为强大、模式更为全面、资源充分集聚、运力高效整合的平台升级。“香江物流”平台的用户，包括货物委托方和实际承运方，也包括企业会员和司机会员。用户可以根据业务需要自主选择“车货匹配”和“无车承运人”模式，采取“背靠背”方式自行交易，也可以同平台运营主体签订线上物流合同，使平台用户享有更多选择、享受更优服务，使物流电子商务平台实现效能最大化。二是坚持O2O（线上线下，Online to Offline）模式不动摇。“香江物流”平台始终以实体为依托，高度聚焦园区业务，保证“无车承运人”项目安全、稳定、有序推进，保证上传运单、货量、车辆、现金、位置真实有效，使“无车承运人”的真实承运业务不走样、不变形、不“刷单”，完成平台主体上传货物信息、车辆信息、税收信息的试点任务，发挥实体园区业务与线上平台集聚协同发挥效能的运营优势，打造O2O模式物流服务的过硬品牌。

截至2018年4月，“香江物流”平台向部、省两级监管平台上传运单约22000单、运量约33600吨，整合社会车辆620余辆，平台数据异常率小于0.25%。同时，平台经营积极启动云物流模式的设备设施共享服务，取得受托为中小企业及个体营运车辆代开3%税率增值税专用发票资质，有力地促进了“无车承运人”新型运输组织方式建设发展。

图 2　“香江物流”平台界面

（三）建设标准化体系，有力支撑园区创新发展

长期以来，传统物流行业市场主体“小散乱差”问题严重，物流作业仍未摆脱劳动力密集型模式。为供应链管理模式和园区创新发展，提高物流中小企业组织化、物流作业机械化、物流标准化是必由之路。香江物流园全面打造服务标准化、管理系统标准化、物流标准化三位一体的园区标准化体系，为园区建设发展提供有力支撑。

1. 服务标准化建设

香江物流园以“和谐高效、开放竞争、安全有序、节能环保、诚信创新”为总体目标和导向，成立标准化工作领导小组，由总经理担任组长，配备专兼职标准化工作人员，制订标准化实施方案、工作规划、管理办法，召开标准化工作动员宣讲会议，工作扎实，保障有力，使园区管理、技术、信息、服务和安全等各环节有标可依、按标实施，实现现代物流效率和服务能力的提升。为全面实现服务质量目标化、服务方法规范化和服务过程程序化，在参考国家标准 30 项、行业标准 16 项、企业独立编制 116 项的基础上，建立了包括 162 项服务通用基础、服务保障和服务提供的标准文本。园区从组织、环境、安全、健康、质量、控制等企业经营管理全角度建立了具有香江物流园鲜明特色的服务标准化体系，构成园区标准化体系的柔性组成部分，实现了服务形象、服务行动、服务用语、服务跟踪的全程标准化。

2. 管理系统标准化建设

在供应链上下游合作伙伴面临不同的障碍与阻力的难题下，园区持续发力推进物流管理系统标准化工作，免费提供物流管理系统，通过共用管理系统实现物流业务集约化、规模化、标准化转型。上游大型生产制造型、商贸流通型企业既有的管理系统功能完备、运转成熟、架构垂直、环境封闭，很难实现系统更换和开放，香江物流园通过提供优质、优惠的仓储配送一体化第三方物流服务，主动让利，实现上游企业的系统开放；考虑到物流行业下游运力供应主体大多是小微企业和个体司机，存在对管理系统认识模糊、不懂操作的实际问题，香江物流园为园区内的下游企业提供充分的承运业务，组建专业团队为下游企业代管管理系统，获得小微企业的高度认同。作为商贸流通领域中供应链管理体系的核心企业，香江物流园历时两年的持续统筹规划，最终借助 GS1 编码和统一的仓储管理系统（WMS）实现了供应链上下游企业管理系统共享、数据标准统一以及信息的全面对接，通过物流管理系统标准化突破物流园区供应链管理体系建设障碍。

3. 物流标准化建设

为进一步加快本区域物流标准化建设，更加有效地服务于供应链体系建设，园区全面启动物流标准化建设。园区二期工程投入 9000 万元，完成仓储库房全面升级，配备电动液压卸货平台、配送车辆、叉车、高位货架等物流设备。物流标准化建设紧紧围绕标准化托盘循环链搭建，完成以物流设备设施集聚整合、共享共用为纽带和杠杆的物流标准化体系建设。园区同安东供应链达成全面战略合作，在园区内建设吉林省标准化托盘服务中心，承担标准化托盘仓储、维护、保养、调配业务，安东供应链承担标准化托盘供应、租赁、回收业务，组织供应链上下游企业共同推进物流全程“应托带托”“整托”“不倒托”的循环模式，如图 3 所示。在推进物流标准化过程中，园区通过托盘租赁价格优惠、第三方物流解决方案设计、中小企业物流设备集中采购等方式调动上下游企业参与积极性，以带托作业实际成效提高物流标准化项目黏合度，最终实现以标准化托盘为杠杆，撬动广大企业分拣线、配送车辆、作业模式同标准化托盘相适配的物流标准化进程。截至 2017 年，园区内完成集聚 1200 毫米×1000 毫米标准托盘逾 10000 片，日均周转 6000 片，构成园区标准化体系的刚性组成部分。

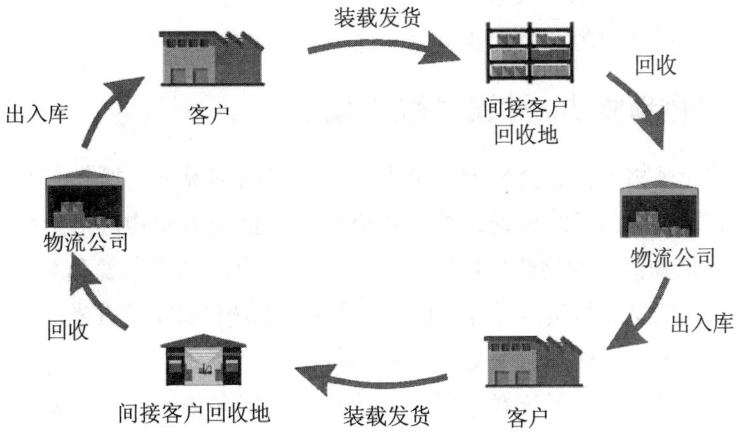

图 3　香江物流园标准化托盘循环链示意

（四）紧跟发展战略，提供小微企业创业孵化服务

为服务于国家“大众创业 万众创新”发展战略，香江物流园创建香江物流创业孵化

基地，集中为大学生和有志于物流行业创业的社会人员提供包括中小企业生存、成长所需的共享服务项目和“创客空间”的孵化组织。基地以扶持物流业中小企业创业为核心目标，以公益性、示范性、专业性为主要特征，以物流产业为主体，搭建集商业模式研究、创业指导培训、综合配套服务为一体的创业孵化平台，全力打造“大企业资源支持+内外部孵化结合”的O2O模式企业平台型创业孵化基地。按照基地管理要求，在对入孵企业个性化、定制化、差异化创业指导的同时，每季度组织全体在孵企业进行创业指导、项目对接、融资辅导、创业能力测试、政策咨询和信息服务，提供法律、会计、审计、评估、专利申请、企业管理、人才培养、战略设计、市场营销等系统孵化服务。经过三年的孵化，在孵企业从无到有、从弱到强，同香江物流园共同成长、共同壮大。

吉林省智盛物流有限公司是一家成立于2015年的小型第三方物流企业，成立初期无场地、缺资金、少业务，在企业资源导入、税务财务管理、管理制度建设、形象包装设计等方面缺少相应的知识储备。香江物流创业孵化基地（以下简称“基地”）向该公司全面介绍基地功能与孵化模式，引入该公司使之成为入驻基地的第一家孵化企业。基地同该企业签订三年孵化协议，给予免收三年场地租金、指定承接香江物流园第三方物流业务、无偿提供物流管理系统等孵化政策，围绕该公司痛点采取基地代管财务、审计、人力资源、企业策划模式开展孵化。

截至2017年，该公司年利润突破100万元，年货物周转量1.2万吨，成为积极参与香江物流园共同推进物流标准化、信息化建设，采用“无车承运人”模式、应用GPS/GIS、PFID先进技术的代表性企业。基地内同该公司情况相似的小微企业逾20家，基地针对这些在孵企业的需求采取个性化孵化服务，在孵企业整体实现业务增长110%，就业人数增加79%，为当地贡献税收累计400万元，香江物流创业孵化基地也于2016年被吉林省工业和信息化厅认定为省级创业孵化基地。

（五）坚持创新驱动，建设“智慧香江”

在经济发达地区物流信息交易大厅呈现业务停滞的情况下，抓住东北地区物流信息化起步较晚，后发优势凸显的机遇，香江物流园适时推出多项物流信息服务，全力打造“智慧香江”。香江物流园的物流信息化建设始于2012年，香江物流信息交易大厅是东北地区首家现代物流信息交易实体设施。信息大厅建筑面积6000平方米，通过线上的物流信息公共服务及线下的实体综合服务，有效地解决了物流信息不对称、诚信缺失、物流成本居高不下等难题，促进了长春地区物流信息化发展和物流行业转型升级。园区根据物流行业发展趋势，不断完善信息化服务模式，坚持智慧发展方向，通过大数据、云计算手段，将“车货匹配+无车承运人”物流平台同实体交易大厅有效结合。

1.“香江征信”

“香江征信”是香江物流园针对物流行业诚信缺失行为，推出的独立的第三方信用评估及信用管理平台。“香江征信”依据基础系统采集信息和业务系统上传的信息，运用大数据计算客观呈现个人及企业的信用状况，作为评判信用度的标准，为物流交易提供一个可靠的信用凭证。“香江征信”包含物流企业信用标普、席位信用标普、驾驶员信用标普等板块，实现从源头上解决信息不对称，交易纠纷，信用缺失等问题。征信信息在“香江物流”平台电脑（PC）端、移动端和实体交易大厅同时发布，平台与实体协同发展，满足不同客户群体的个性化信息需求。

2. “香江班车”

2016 年，园区推出“香江班车”服务。“香江班车”是一款集快速找车、找货、智能匹配、平台担保、平台公证、信用保险、线上交易于一体的物流配货软件。通过整合园区内配送车辆，面向平台、实体需求客户，“香江班车”为物流交易的双方提供业务接口，实现园区配送车辆定时发车、定时回程，提高了配货效率，降低了返程空载率。“香江班车”的出现，提高了交易效率，缩短了交易双方的时间成本，降低了货车空载率，有效地调动了闲置车辆，节约了大量的运营成本，是共享经济模式在物流配送领域的成功运用。

3. “香江货的”

在不断创新园区内经营模式的同时，香江物流园积极开展管理输出、业务输出、平台输出服务，“香江货的”就是一款面向社会配送市场的智能化信息系统。“香江货的”系统是基于 GPS 定位的同城货运配送手机应用程序（App）。通过货主一键下单、订单推送附近车源、系统给空车或已装车但未满载的司机进行派单、司机快速抢单并在线为购买货物追加保险、配送完成后货主确认时效完成与安全完成、线上结算运费等一系列智能操作，“香江货的”为各大货主提供快速安全的城市配送服务，不仅高效地利用社会车辆，而且让已装载货物的车辆提高满载率，实现了同城配送的降本增效。

同时，多款物流线上产品的市场推送和成功运营，实现了香江物流园由传统地产项目和实体服务向 O2O 模式第四方物流平台的完美转身，模式创新成为香江物流园向更高层面发展的强大引擎。

三、示范特色与经验借鉴

香江物流园的创新发展，始终以东北地区产业结构和行业趋势为出发点，坚持以建立现代企业供应链管理体系为核心，以标准化、信息化为途径，通过 O2O 模式完成第三方物流与第四方平台模式结合，发挥现代综合服务型物流园区示范作用，带动区域性物流产业转型升级。

（一）仓储、运输、配送集聚协同的园区生态模式创新

在电子商务蓬勃发展、新零售业态方兴未艾、城市规模持续扩张的商业环境下，城市配送实时化、精准化、碎片化需求旺盛，而大型城市车辆拥堵，尾气排放超标，交通

管理日趋规范严格，与城市配送需求存在很大的适配错位。香江物流园在国家鼓励城市共同配送项目建设的政策利好环境下，乘势而上，依托综合服务型园区规模优势，以标准化、信息化为抓手，打造仓储配送一体化精品服务，集聚货源，整合运力，并通过建立物流园区内外多业态协同发展的物流生态模式，破解城市配送“最后一公里”困局。模式创新主要包括三个方面，一是打破园区界限，先行先试，做大规模。香江物流园开展城市配送业务初期，对长春市内未入驻园区的欧亚商业连锁、格力电器、君汇商贸、通辉商贸等配送需求客户进行管理输出，承接上述企业仓储管理、运输组织、城市配送业务，通过优质服务和良好的客户体验，找到精准客户群体并营造城市共同配送良好氛围。在取得城市共同配送试点资质的半年内，共接管六个配送项目，完成 32 个配送网点布局。二是通过商业模式创新促进行政管理机制调整。长春市城区交通实行重要街路、高峰时段车辆限行管理，园区在进行配送车辆同一车型、统一标识、优化线路、统筹时段的规范化整顿后，积极向发改、商务、交通、交警相关部门反映配送车辆路权诉求。经过努力相关部门高度认同园区的工作成绩和实际需要，给予香江物流园指定车辆、指定线路开放路权的扶持政策，在行政管理机制层面保证了城市配送项目顺利实施。三是园区改造，服务升级，业态集聚，建立良性生态模式。园区建设完成城市共同配送功能区域，成功引进城市配送需求客户入驻园区，实现商家、货源、业态充分集聚，采取多个配送项目统一作业区域、统一 WMS/TMS 管理系统、统一物流标准化模式、统一管理团队的模式，最终形成以仓储货源集聚为基础，仓储配送一体化服务为核心，以干线运输、城市配送为业务支撑的集聚协同的生态模式。

（二）以市场为导向，坚持服务创新

香江物流园创建至今，坚持以市场为导向，根据市场需求不断调整经营思路，始终引领本地区行业发展趋势，在园区建设、项目试点、平台经济等方面实现迭代创新。香江物流园一期工程于 2012 年竣工并投入使用，重点着眼于物流零担市场方向，目标客户定位于专线物流企业，建设了仓储设施 6 万平方米和配套办公楼 3 万平方米。随着长春地区第三方物流市场需求不断扩大，香江物流园调整业务结构，二期工程重点建设 10 万平方米智能化仓储设施，完成由单一物流市场向“物流项目基地+物流市场”的升级。为顺应清洁能源货运车辆运营的发展趋势，园区前期单一加油站项目改造升级成为燃油天然气混合站，并在园区内增设八柱大功率充电桩。此外，园区坚持探索物流行业新型发展模式，积极参与物流行业国家、地区重点发展试点项目，连续取得城市共同配送、无车承运人、商贸物流标准化行动等项目试点资格；积极推进“物流园区+互联网”建设，连续研发并投入市场的“车货匹配+无车承运人”模式、“香江物流”公共服务平台、“香江征信”“香江班车”“香江货的”等网络产品和 WMS/TMS 管理系统、RFID 终端、GPS/GIS 技术设备，实现了物流园区有边界经营与平台经济无边界拓展、“钢筋水泥同滑块鼠标”的完美结合。

（三）“创造”客户，形成供应链管理体系内部创生机制

物流行业小微企业群体占物流运力市场比重超过90%，具有物流行业活跃度高、稳定性差的特点，不仅是承运的主要群体，而且也是综合服务型物流园区不可或缺的客户群体。东北地区传统的物流运营以能源、资源物资“大进大出”模式为主，物流零担市场发育不充分，中小企业、民营经济不发达，物流行业小微企业生存空间受限，组织化程度亟待提升。香江物流园通过“中小企业公共服务平台”和物流产业创业孵化基地建设，大力开展小微企业创业孵化工作，主动“创造”园区客户，培育园区运力市场。创业孵化工作在吸纳社会就业、增加当地税收方面取得的成绩，扩大了香江物流园在社会各界的影响力和物流行业的号召力，更为香江物流园供应链管理体系提供了一批黏合度高、忠诚度高、服务品质优良、创新意识突出的下游合作企业，这进一步完善了供应链管理体系、增强了供应链管理体系的市场竞争力、巩固了物流园区在供应链管理体系中的核心企业地位。香江物流园通过小微企业创业孵化内部创生供应链管理体系的模式创新，得到物流行业的广泛认同，已在长春市六家物流园区进行复制推广。

四、园区未来展望

香江物流园在既有成绩的基础上，聚焦物流行业运营模式创新、物流园区增值服务创新和网络化建设创新等方面，全面提升综合服务型物流园区智能化水平，更好地发挥示范带动作用，为本区域物流行业降本增效、转型升级作出重要贡献。

一是将着力打造完整高效的公路、铁路、航空、水运多式联运物流体系，适时引进铁路货运专线，建设园区机场快速“通道”，深度连接营口港、大连港，实现单一公路运输向多式联运跨越发展。

二是进一步完善行政审批、工商管理、报税完税、物流金融、货运保险、法务咨询等服务功能，实现园区现代服务体系全面升级，形成吉林省示范效应显著的现代服务业集聚区域。

三是发起长春市、吉林省及东北地区三省四市物流标准化企业联盟，搭建东北地区省级、省域、城市配送“零缝隙”链接平台，辐射带动东北地区物流行业转型升级、创新发展。

四是围绕吉林省“长满欧”国际货运班列和“一带一路”倡议的北方窗口地位，充分发挥香江物流园货源集聚规模优势，打造吉林省跨境电商主要集聚区域，形成吉林省国际物流大通道的主要节点。

五是将同广州林安物流、江苏志宏物流、北京宝特物流、内蒙古方方国际物流、江西正广通供应链等六家大型物流园区建设单位共同发起“百驿网”物流园区互通互联、资源共享服务平台，通过“互联网+物流园区”模式实现物流园区共享信息查询、信息

发布、配套服务优惠，突破“孤岛”瓶颈，实现大型物流园区互通互联，完成O2O模式网络化布局。

荣誉专栏

颁发时间	荣誉名称	颁发单位
2018年	示范物流园区	国家发展改革委 国土资源部 住房城乡建设部
	AAAA级物流企业	中国物流与采购联合会
2017年	无车承运人试点企业	交通运输部
2016年	吉林省创业孵化基地	吉林省工业和信息化厅
	吉林省商贸物流标准化重点推进企业	吉林省商务厅
	全国优秀物流园区	中国物流与采购联合会
2015年	城市共同配送试点企业	商务部

（撰稿人：翟启智　吉林省香江物流有限公司　总经理
于大光　吉林省香江物流有限公司　副总经理
黄红及　吉林省香江物流有限公司　企划部经理）

中国（上海）自由贸易试验区洋山保税港区（陆域）物流园区

依托国际航运综合试验区　打造国际航运服务新载体

上海市是我国首批沿海开放城市，2017 年生产总值首次突破 3 万亿元，成为我国首个经济总量超过 3 万亿元的城市。上海市设有中国首个自由贸易试验区（以下简称“自贸区”）——中国（上海）自由贸易试验区，包括上海市外高桥保税区、外高桥保税物流园区、洋山保税港区和上海浦东机场综合保税区四个海关特殊监管区域。中国（上海）自由贸易试验区洋山保税港区（陆域）物流园区作为洋山保税港区的核心部分，自开园以来，充分利用区位优势及交通优势，发展大宗商品国际保税交易、引入国际分拨中心、创新监管模式，不断探索提供优良的国际航线船舶供应，为大型设备生产企业提供全方位保障服务。在创新管理服务、拓宽新型贸易业态、紧抓贸易便利化政策等方面起到了示范带动作用。

一、园区概况

洋山保税港区陆地区域位于临港物流园区南部，由芦潮引河—规划二号河—E1 路河—海港大道—芦潮港—顺翔路所围合的区域组成，总用地面积约 1144 万平方米。2017 年年底，已开发范围为 E1 路河以东区域，面积为 694 万平方米，其中封关面积为 685 万平方米，已开发建设 609 万平方米，约占总面积的 87. 63%。E1 路河以西区域为发展备用地，面积约 450 万平方米。

（一）区位交通

洋山保税港区由陆域和岛域上的集装箱码头所组成，如图 1 所示，自由贸易港区的实质是由“港”带动“区”的发展，“港”是“区”的配套，是一个载体。洋山保税港区陆域部分承担了以“港”带“区”的重大使命，也是上海自由贸易港区的实质性政策承载区。作为中国（上海）自由贸易试验区的核心区域，洋山保税港区（陆域）物流园区已打造集国际物流、国际贸易、国际中转、生产服务业于一体的功能布局。

园区拥有完善的配套交通设施。水上交通方面，国际集装箱港口洋山深水港距离国际远洋航线 104 千米，作为洋山保税港区（陆域）物流园区的依托性交通枢纽，可实现与上海市区、长三角、沿海港口的中转联通。内河码头拥有丰富的内河航运资源，是洋山深水港的重要补充，距离园区距离不足 5 千米。空中交通方面，园区距浦东国际机场 25 千米，距离虹桥国际机场 58 千米，为下一步实现空海联运等立体交通运输体系提供条件。陆路交通方面，东海大桥起始于临港物流园区，跨越杭州湾北部海域，直达小洋山，实现深水港区陆地与海上的通道畅通如图 1 所示。沪芦高速（S2）是连接洋山深水港、临港产业区和中心城区的快速交通干道。两港大道贯通浦东国际空港和洋山深水港，连接区内各功能区块主要快速交通干道。临港大道连接滴水湖、临港产业区和 G1501 郊环线，是展示区域形象的重要窗口。

图 1 东海大桥实景

（二）运营主体

为了充分促进三港三区的联动发展，临港集团、外高桥集团、浦东现代产业、益流能源集团等上海市属、区属国资体系著名园区开发集团共同组建了上海综合保税区联合发展有限公司（以下简称“综合联发”），注册资本 66666 万元。2013 年，随着上海综合保税区被国家升级为中国（上海）自由贸易试验区，上海综合保税区联合发展有限公司更名为上海自贸区联合发展有限公司（以下简称“自贸联发”），在中国（上海）自由贸易试验区管理委员会（以下简称“自贸区管委会”）的支持下，主要负责自贸区（洋山陆域）的开发建设、产业引进、功能创新及招商引资等工作，成为自贸区建设与开发的最重要平台之一。

（三）服务能力

为应对上海市政府、浦东新区政府及自贸区管委会对园区提出的招商、稳商、留商要求，园区开发公司对园区企业的服务，从最初的政策服务转向专业咨询，即从只向企业推荐财政补贴政策，转变深入企业运营的各个层面，为企业提供专业的咨询式服务，协助企业解决运营过程中遇到的问题，使企业的运营更顺畅，节约运营成本。利用园区提供的咨询式服务，企业解决了运营中遇到的难题，这使企业决心在洋山落户投资、留在洋山发展壮大，与洋山共进退。

仓库租赁方面，在符合土地规划指标的前提下，可为客户定制个性化的物业设施，或按照客户个性需求，改建标准物业，如冷链仓库（冷冻及冷藏）、危险品仓库。2017年年底园区拥有169.02万平方米高质量、多规格、多用途的自建仓库资源，到2018年，实现地区仓储资源储备超过200万平方米的目标，并建成面积为1.9万平方米的堆场，28.4万平方米的重载金属仓库，面积为74.32万平方米、层高超过9米的保税单层仓库，面积为78.86万平方米、带坡道的标准双层仓库，15.84万平方米的立体仓库。

物流服务方面，上海自贸区联合发展有限公司于2009年投资成立全资子公司——上海综合保税区国际物流有限公司，主要从事第三方物流管理及保税物流解决方案，通过资源整合承担起多种保税功能开拓和实践的职责，为园区入驻货主和第三方物流企业提供灵活、便捷的服务。

营运服务方面，上海自贸区联合发展有限公司于2013年投资成立全资子公司——上海洋山保税港区企业营运服务有限公司（以下简称“营运公司”），拟在完成洋山进口商品展示贸易平台建设的基础上，进一步打造B2B（企业对企业，Business-to-Business）贸易平台、服务平台和创新孵化平台三大功能平台。2016年，营运公司完成了增资扩股计划，业务规模进一步扩大，公司旗下拥有“Yesfood洋山进口食品”品牌，拥有来自二十多个国家的数千余种进口食品，旨在打造安全可追溯的进口食品供应链，为中国企业及消费者提供新鲜海外货源。

（四）运营效率

2017年，洋山保税港区（陆域）物流园区货物吞吐量达到15163.80万吨，集装箱吞吐量为1653.10万TEU，园区车流量622.2万辆，其中集装箱卡车497.1万辆。实现经营总收入3060亿元，同比增长9.5%；商品销售额1860亿元，同比增长3.5%；航运物流收入1156亿元，同比增加20%；进出口总额770.29亿元，同比增长1.1%；税务部门完成税收105.24亿元，全年共实现新增外商投资额33.85亿美元，其中合同外资12.48亿美元，新增合同内资22.94亿元。2017年洋山保税港区（陆域）物流园区共吸引企业101家，区内累计入驻企业达2089家。

二、主要做法

（一）开展大宗商品交易，发展供应链金融

受2008年国际金融危机严重影响，洋山保税港区航运业的萧条连带导致了园区招商工作困难。如何在国际大环境中逆势而上，促进洋山保税港区的正常发展，成为了首要难题。为此，2010年开发公司在自贸区管委会的指导下，召开了数次头脑风暴，在各行业专家、企业家的共同努力下，洋山保税港区调整产业发展定位为：产品要具有大批量进出口特性，并对口岸及口岸保税仓库有巨大需求，周转率比较低，产品无污染、附加值高且最好有金融属性。根据以上定位，园区首次把目光聚焦在大宗商品上。大宗商品种类繁多，经过细致分析考虑，园区最终选择铜来开展国际保税交易，为此洋山进口铜保税仓库应运而生。园区第一批入驻企业的目的并不在于享受任何政策，而在于洋山可以提供一个回旋的余地，等到上海期交所的价格高于国际价格（即所谓的窗口期出现）再进行销售。如果窗口期迟迟不出现的话，企业可以把存放在洋山保税仓库里的精炼铜，在英国伦敦的金属交易所再次生成可流通的仓单，转出到其他国家，大大规避了资金的风险。经过数年的发展，洋山集中了生产系、贸易系、银行系、物流系、代理机构系各类企业400余家。

洋山地区大宗商品产业发展迅速，从金属产品扩展到石化产品和农产品，2017年区域大宗商品产业收入已接近航运物流产业。2017年年底，洋山保税港区（陆域）物流园区内已有上海有色网金属交易中心、上海钢联金属矿产国际交易中心等五家大宗交易现货市场，上海自贸区联合发展有限公司参与成立的自贸大宗公司实现与自贸区五个大宗商品交易平台的系统对接。

2017年10月，自贸大宗与万事达、惠付金融、马来西亚联昌银行、新加坡星展银行、上海银行达成战略合作，共同推进基于电子仓单的跨境贸易及跨境融资业务，自贸大宗电子仓单首次被外资银行认可，有力地推动了国内大宗商品与国际市场的接轨。截至2017年年底，洋山已集聚大宗商品贸易商400余家，2017年全年实现交易规模1765亿元。洋山已成为亚太地区重要的大宗商品集散地，并助力上海成为全球黑色和有色金属的最大交易中心，形成了有色大宗的洋山价格。洋山价格是一系列反映洋山保税港区大宗商品保税价格的一项产品创新。

（二）拓展服务功能，引入国际分拨中心

园区引进澳大利亚TOLL（招领）亚洲分拨中心、上海汽车零部件分拨中心、法国乔信亚洲分拨中心等，拓展园区服务功能。企业借助国际贸易便利化政策和金融优势，全面降低运营成本，提升业务效率。

1. 澳大利亚 TOLL 亚洲分拨中心

澳大利亚 TOLL（拓领）集团拥有 120 年历史，是澳大利亚最大的运输和物流供应商，TOLL 的服务范围涉及公路、铁路、航空、海运，以及仓储、配送和搬运，是澳大利亚唯一的一体化完全物流供应商。TOLL 于 2013 年 9 月 2 日进入洋山，成立了其全资子公司拓领物流（上海）有限公司，并与乐高集团（以下简称“乐高”）共同设立乐高亚太区分拨中心，初期仓储租赁面积为 2 万平方米，年吞吐量达到 1.3 万 TEU，该分拨中心在 2016 年已成为乐高集团在亚太地区最大的仓储转运及仓储物流基地之一，对加快上海国际航运中心建设、实现自贸区（洋山）“又好又快”的发展目标，产生了积极的示范和带动作用。为吸引乐高进园，园区相关人员实地探察洋山自贸区物流现状，主动梳理自贸区玩具业务政策，从检验检疫实际出发，在极短时间内为玩具进口设计了一套专业流程，提供了一揽子解决方案。用坦诚的态度、专业的知识，从检验检疫人的角度向乐高推荐了洋山自贸区，并使乐高洋山亚太区域分拨中心项目在短短的 5 个月内取得了保税进口流程从最长的 18 天缩短至 2 天的成绩。拓领-乐高亚太分拨中心开业标志着代表国际先进水平的现代化仓储分拨项目正式落户洋山，是把园区建设成为全国领先、世界一流的多功能、综合性的创新型物流园区的又一个重要的里程碑。

2. 上海汽车零部件分拨中心

上汽国际是上汽集团的全资子公司，于 2013 年 9 月 29 日上海自贸区设立的当天正式成立，是上海自贸区内首批获得营业执照的企业之一。上汽国际公司的定位是探索上汽通商模式，成为上汽集团国际化战略的实施者和急先锋。上汽国际分拨中心与运营总部建设项目，将成为上汽集团国际化战略实施过程中的重要助推器。上汽国际分拨中心与运营总部位于中国（上海）自由贸易试验区洋山保税港区 A3802 地块，总用地面积达 10.2 万平方米。该基地以洋山深水港为依托，邻近浦东国际航空港与上汽临港生产基地，在发展汽车零配件仓储物流业务方面具有得天独厚的优势。

上汽国际分拨中心与运营总部是上汽集团的零部件集散中心、供应中心和创新中心，集进出口、分拨、加工、运营等功能于一体，融合多种国际贸易业务形态，为集团内的国内整车及零部件企业，国外生产基地、销售公司及经销商提供全方位、一体化的国际经营综合服务。此外，上汽国际分拨中心与运营总部还可以充分利用自贸区内“分送集报”“入区即退税”“集中汇总纳税”等国际贸易便利化的效率优势、多种物流业态集聚的互补优势、低成本资金与汇兑便利等金融优势，全面降低运营成本，提升业务效率，为上汽集团国际化战略的实施提供独特的服务平台。

3. 法国乔信亚洲分拨中心

乔信国际物流（上海）有限公司（以下简称“乔信国际物流”）隶属于法国乔达国际集团，而乔达国际集团是法国物流龙头企业，由法国国营铁路集团集团控股，欧洲同行业排名第四，并在巴黎上市。乔信国际物流作为乔达国际集团落户洋山的依托，于 1996 年 2 月 2 日成立，从 2012 年开始发展至今，租赁物业面积从最初的 0.3 万平方米拓展至 1.8 万平方米，业务覆盖广阔，主要有全球知名日用品、服装、箱包、童车以及宝马汽车等，可为客户提供无缝的、专业的物流服务，并成立了国际供应链亚太分拨中心。

园区与国际领先的“四大行”、中金等机构保有长足的商务合作关系，为区内企业和合作伙伴提供企业投资注册咨询，协助解决操作，协助解决项目审批，协助制订物流方案，人力资源服务等战略管理和投资咨询服务。乔信国际物流在开展转口业务之初，为进一步促进企业发展，园区为企业提供综合政策解读，结合企业业务特点，制订个性化的“服务计划”，并通过进入企业面对面宣传、业务研讨等措施，打造立体化精准服务体系，切实解决了乔信国际物流原产地签证“最后一公里”问题。

（三）配合上海国际航运中心建设，服务港航产业

上海港已经成为全球最大的集装箱港口，无论是集装箱吞吐量还是船舶进出港密度均处在世界前列，国际航运中心的资源配置能力已基本成形。由于国际航线船舶的国际性流动特点，供给的选择具有极强的国际化要求，国际航线船舶所需的进口物料及备件供应仍然存在关境查验等各种手续和程序，还无法完全将所有进口物品直接供应给船舶，国内产品的出关供应也存在费用和成本问题，没有形成系统性的制度体系，极大地影响了上海国际航运中心持续、高效的发展。为助力上海成为全球国际航运资源配置中心，洋山保税港区（陆域）物流园区发展建设了快捷、高效、成本低的国际航线船舶物料及备件物料及备件供应能力。其中国际航线船舶物料及备件供应包括了供油、船舶生活补给品供应（包括邮轮物品供应等）、船舶维修备件供应等，并涉及相关企业的经营运作。

上海自由贸易港的建设给这一业态问题的解决带来了新的机遇，在上海自贸区管委会、洋山海关、洋山商检及自贸联合的合作下，经过三年的努力终于攻克了这一难题。

以曼恩的有航维修及船供业务为例。曼恩的有航维修及船供业务是最具代表性的一项集准确、快速、无等待特色为一体的高端船舶维保修理服务，需要企业具备全球维修备件高效调拨、替换，维修件及时、精准修理的快速响应能力，才能在船舶短时间靠泊的时间内完成一系列专业服务，其严格的服务标准丝毫不逊色于方程式赛车的途中检修。按照保税港区政策规定，区内企业所维修产品仅限于我国出口的机电产品售后维修。曼恩对国际船舶备件开展维修服务时，只能先通过一般贸易方式完成船舶备件的征税进口，缴纳平均 8%的进口关税和 17%的增值税后，才能将其运送上船。维修成本高、且需 2~3 天的通关时间，无法满足国际班轮短时间的维修要求，极大限制了企业的境外维修业务。在境内外维修制度出台之前，曼恩的这项专业维保业务始终无法实质运作。

海关针对曼恩的业务需求，基于现行政策，在推广自贸试验区保税维修创新业务过程中，一方面严格按照现有文件规定执行，另一方面坚持政策“用足用活”的原则，根据海关总署令第 105 号《中华人民共和国海关对保税仓库及所存货物的管理规定》和海关总署令第 124 号《中华人民共和国海关进出口货物征税管理办法》等有关规定，对船舶备件保税维修业务模式进行了探索和研究。园区采用了船舶物料供应的方式办理物流

作业和监管手续，分两步开展船舶备件保税维修业务：一是以船舶物料供应监管模式监管船舶备件上下船；二是以保税维修监管模式监管船舶备件维修。这种监管模式利用了现有的船舶物料供应监管和保税维修监管两种方式的叠加完成整个船舶备件保税维修的物流和监管需求，不仅实现了海关严密监管，而且促进服务贸易的发展，发挥了海关制度叠加使用，体现“1+1>2”的改革创新红利。

优良的国际航线船舶供应系统改善了自由贸易港服务环境、增强了对全球航运资源的配置能力、提升了自由贸易港的综合竞争力和国际贸易服务辐射能级，吸引了德国曼恩柴油机（MAN）、中国船舶、中船重工集团、ABB 工程等企业纷纷入驻园区，服务港航产业的成功为上海自贸区、上海国际港运中心的建设做出了贡献。

（四）立足中国制造 2025，为大型设备生产企业提供全方位保障服务

为打造“中国制造 2025”的愿景和使命，实现建设“三区一堡”的目标，园区充分利用自贸区的政策优势，进行体制创新，将洋山打造成为生产服务业的创新基地。在洋山保税港区内专门划出两块土地，建设“洋山大型设备全球检测调试基地”项目和“洋山全球维修暨综合保障基地”项目，帮助大型机电设备制造及出口企业开拓国际市场，节约维修调试成本，加快物流时间，从“中国制造”向“中国智造”“中国品牌”“中国服务”转型升级，为战略性新兴产业提供全方位增值服务的重大项目，帮助企业以低风险与低成本通过“一带一路”倡议“走出去”。

为进一步发挥中国连接世界的桥头堡作用，成为中国智造、中国技术、中国人才、中国资金的综合管理平台，洋山大型设备全球检测调试基地依托信息化技术整合各部门资源，搭建便利性服务平台，着眼于多模式创能集成平台，同时配合政府部门提供资源支撑，打造标杆性产业平台。通过洋山大型设备全球检测调试基地的先行先试，将成功地改变目前已有的大型成套设备出口运营模式，大大降低成本，以改善贸易便利化营商环境为基础，推动贸易体量的增长，助力形成一个以贸易体量驱使，倒逼便利化营商环境改革发展的良性循环。为以电站、高铁等为主的关系国计民生和中国产业发展的大型成套设备占领国际市场，将中国由制造业大国向制造业强国转变，由中国制造发展为中国智造作出应有的贡献。

全球维修暨综合保障基地的功能是为中国战略新兴产业制造商或者海外工程项目承包商提供综合保障业务，具体是指战略性新兴制造企业承担国外工程承包项目结束后的剩余建设物资物料等，经过近洋、远洋国际航线运至上海洋山综合保障基地内做修整，修整期间还可以进行设备维修、保养、简单翻新、系统升级、人员培训、试运行等工作；在与其他进口货物进行拆箱再分拣和包装，并根据新的工程目的地，根据不同目的港或不同客户，与中国其他出口产品一起重新装箱后再次运送出境，抵达下一个工程建设场地的一种港口物流业务；可以为承接海外工程建设项目的企业提供必要的增值服务，不仅可以大大节约企业的成本、提高企业的国际竞争力，而且可以提升中国企业在国际上

的社会责任感和认同感。

洋山大型设备全球检测调试基地、全球维修暨综合保障基地已开工建设，用地面积分别是76840平方米和66100平方米、总投资额约12亿元，拟规划建设总建筑面积20万平方米的现代化高端运营设施和附属设施。洋山保税港区在建的这两个全新项目将对洋山保税港未来十年从补给港转型升级至国际中转港起到重大的推进作用，是承前启后的重大项目，成为洋山自贸区贸易便利化、海关通关便利化政策的试验田和助推引擎，将集聚大量的国内从事战略新兴产业制造的龙头企业共同推进洋山自贸区的发展。

（五）依托国家战略新兴产业综合保障基地，创新监管模式

洋山保税港区作为上海自由贸易港的核心部分、国际航运中心和“一带一路”桥头堡，除了针对货物的基本物流服务外，还要提供与产业相关的增值服务，从深层次进行改革实践，开放思想，简化操作及监管流程，把上海发展为一个集货物进出、国际中转、船舶贸易、航运指数、在航维修、船舶物资供应等为一体的真正意义上的国际航运中心、国际工程建设物资转运中心。

推进实施“一线放开”，允许企业凭进口舱单将货物直接入区，再凭进境货物备案清单向主管海关办理申报手续，探索简化进出境备案清单，简化国际中转、集拼和分拨等业务进出境手续；实行“进境检疫，适当放宽进出口检验”模式，创新监管技术和方法。探索构建相对独立的以贸易便利化为主的货物贸易区域和以扩大服务领域开放为主的服务贸易区域。在确保有效监管的前提下，探索建立货物状态分类监管模式。2017年，海关凭进口舱单将货物直接入区政策已经落地，货物状态分类监管，中转集拼中心建设等均已出台相关办法，促进中国企业承揽大型海外设施设备、大型海外基础设施建设工程的剩余物资有效利用、降低建设成本和风险，使中国企业在参与战略型新兴产业的国际竞争中更有优势、方案更灵活。

洋山保税港区在建的“洋山国家战略新兴产业综合保障基地”项目是以提高国家战略新兴产业在国际市场的服务竞争力为愿景和使命，结合自贸区的政策优势，为洋山自贸区贸易便利化、海关通关便利化政策的试验田和助推引擎，将集聚大量的国内从事战略新兴产业制造的龙头企业共同推进洋山自贸区的发展。该项目已开工建设，用地面积76840平方米、总投资额预计约5.58亿元，拟规划建设总建筑面积108905平方米的现代化高端运营设施和附属设施（仓库面积81420平方米）。

三、示范特色与经验借鉴

园区是中国（上海）自贸区改革的试验田和前沿阵地，融合自贸区、保税区、物流园区等多功能于一身，具备独一无二的区位和交通优势，在大宗商品交易、国际分拨、仓储物流、保税展示和交易等方面已形成一定的产业集聚效应，具有示范和推广作用。

（一）不断创新管理服务

园区坚持问题导向和企业需求导向原则，不断创新管理服务，实施以简政放权为核心内容的商事制度改革，全面取消非行政许可审批事项，清理公布政府部门的权力清单、公共服务事项清单和责任清单。

（二）进一步拓宽新型贸易业态

园区积极拓宽新型贸易业态，在跨境电子商务、保税展示交易以及融资租赁方面取得了显著成效。2016 年园区发挥洋山口岸优势，引进京东跨境电商项目，积极争取洋山海关、商检等部门对该项目全方位支持，探索与松江天猫、机场跨境通不同的“跨境电商洋山模式”，在京东周年庆中实现日单 15 万交易量的上海历史纪录。2017 年，园区在沪上跨境电商保税进口贸易量中占比超过 50%，被列为“上海市跨境电子商务示范园区”。

（三）紧抓贸易便利化政策

积极抓住“货物状态分类监管”“内外贸一体化”等一系列贸易便利化政策试点机遇，继续加快亚太物流分拨中心建设，洋山亚洲供应链枢纽地位不断得到巩固，2017 年，全年完成航运物流服务收入 953 亿元。形成以汽车零部件、高端消费品和通信电子产品为核心的产业集群效应。新引进物流分拨中心业务开展情况良好，全年手机及零部件出口额 114. 4 亿元，同比增长 29. 7%；车辆及零件出口额 50. 8 亿元，同比增长 54. 7%；玩具出口额 24. 4 亿元，同比增长 2. 3 倍。

四、发展方向与未来展望

积极探索与国际接轨的自由贸易园区发展模式，逐步建设成为功能创新领先、增值服务发达、国际贸易便利、外汇管理宽松、区港运作贯通、物流监管便捷、具有国际竞争力的海关特殊监管区。依托贸易带动物流、以物流促进贸易、贸易对先进制造业的促进，走上复合型发展之路，最终成为世界一流水平的综合性保税区。

（一）优化产业结构，促进发展方式转变

为实现自由贸易试验区（洋山）“十三五”发展目标，夯实“四大基础服务”，包括引导物流产业升级发展增值物流，依托设施节点优势发展港口物流，服务制造业园区发展生产性物流以及利用区位条件发展特种物流。争取尽快建成物流综合服务中心，包括提供领先供应链管理服务、进出口分拨集拼服务、保税交割仓储服务以及物流金融服务的“增值物流核心区”；汇聚三港三区物流需求、水水海铁中转联动、连接内陆物流园

区的“区域性物流枢纽”；突出产业物流与特种物流优势的“区域性专业物流中心”。

（二）推动区域联动，带动发展模式转型

以规划为引导，积极推进园区与周边区域的产业联动。发挥辐射带动作用，加强开发模式创新，形成于周边区域协调发展新机制和空间规划新格局。推动园区与周边产业一体化发展，实现保税区与非保税区的产业联动和功能互补。

（三）坚持低碳环保，推进生态园区建设

促进区域产业结构持续升级，发展低碳产业体系。园区将充分利用并拓展自由贸易试验区（洋山）现有的产业能级优势，结合产业特点，积极推进产业生态化和低碳化改造；进一步完善企业能源管理标准国际认证激励机制，继续推进企业能源审计和能源管理体系建设；加快推进绿化景观、户外广告、环卫设施等专项规划编制，建立完善环保管理机制，提高行政服务效率。

荣誉专栏

颁发时间	荣誉名称	颁发单位
2018 年	示范物流园区	国家发展改革委 国土资源部 住房城乡建设部
2017 年	上海市跨境电子商务示范园区	上海市人民政府
2014—2017 年	上海市文明单位	上海市人民政府

（撰稿人：孙仓龙　上海自贸区联合发展有限公司　总经理
周逸雯　上海自贸区联合发展有限公司　副总经理
阮海一　上海自贸区联合发展有限公司　战略投资部副总监）

南京龙潭综合物流园区

发挥物流集聚优势　打造现代物流园区

南京市是长江三角洲地区特大城市、长江经济带门户城市、重要的全国综合交通枢纽城市、全国性商贸物流节点城市，具有承东启西、贯通南北的重要战略地位。南京龙潭综合物流园区位于国家级开发区南京经济技术开发区内，是南京市重点打造的集仓储、配送、贸易、信息、金融、保税等功能于一体的以国际航运为主的物流园区。园区以其良好的区位交通优势及经济发展环境为依托，充分发挥港口岸线资源、综合保税区政策优势、发达的制造业基础等潜能，具备要素集聚、创新引领和产业辐射的功能，不仅提升了本市物流产业发展水平，还带动了宁镇扬（南京、镇江、扬州）三地的协同发展，加快了三地一体化发展进程，更成为了辐射全国、面向国际市场的上海—江苏—安徽长江下游经济带中的重要物流平台。

一、园区概况

（一）建设背景

2012 年 11 月，南京市委、市政府提出打造航运（空）与综合枢纽名城，龙潭片区作为扬子江城市群的重要节点、宁镇扬三市交界的核心区以及海港枢纽经济区的重要载体，具有广阔的经济腹地和较强的经济实力。2015 年 12 月南京海港枢纽经济区发展规划获批，南京龙潭综合物流园区地处龙潭海港枢纽经济区的核心区，具备建设公铁水无缝衔接和综合运输体系的国际航运物流功能集聚区、核心门户区的条件。

南京龙潭综合物流园区（以下简称“园区”）距宁、镇、扬三市市中心分别为 30 千米、35 千米、40 千米，地理位置极其优越。公路方面，园区内及周边拥有长江二桥、长江四桥、G36、G25、312 国道、绕城高速等多条快速化通道；铁路方面，紧邻园区建有龙潭铁路货运站、栖霞山货运站、尧化门编组站，与津浦、沪宁、皖赣等通往全国各地的铁路干线相连；水路方面，园区紧邻长江中下游地区最大的内河港口——龙潭港，直线距离仅 1 千米，具有得天独厚的水陆交通运输资源。龙潭港长江南京以下 12.5 米深水航道于 2016 年 7 月贯通，江海联运已实现。扬州仪征港与龙潭港区隔江相望，龙潭港区下游即为镇江港。园区所处的国家级经济技术开发区，在全国开发区排名前列，制造业发达，产业基础雄厚，对物流业发展具有强大的产业支撑作用。区内还建有国家级综合保税区，综合保税区独特的保税、免税、减税等政策优势，对发展国内国际保税物流、综合物流、金融物流等起到极大的政策支持作用。

（二）选址规划

南京龙潭综合物流园区于 2003 年由南京市市政府批准设立，位于南京经济技术开发区东区。规划用地面积 265 万平方米，其中核心区 240 万平方米建设已基本完成，园区四至范围为：东至龙潭过江通道，南至疏港大道，西至三江河大道、北至龙北大道。规划到 2020 年园区建设全部完成。园区总体鸟瞰如图 1 所示。

图 1　园区总体鸟瞰

（三）基础设施

2009 年，龙潭片区整体纳入南京经济技术开发区管辖范围，为进一步提升园区承载能力和对外形象，更好地促进物流产业的集聚发展，开发区对园区进行了科学有序的规划编制，由南京开发区东区建设有限公司负责实施园区开发建设工程，进一步对园区进行提档升级。

（1）在集疏运体系建设方面。园区加快龙潭地区路网规划及建设，拉开发展框架，进一步提升通行能力。先后建设完成了汤龙路、花园路、龙潭北路等数十公里的主干道路；总投资 50 亿元的疏港快速通道正在全力建设，预计 2018 年年底通车，建成后将极大提升整个地区的运输承载能力；346 国道改扩建工程等一系列道路工程也在紧锣密鼓地加紧推进。

（2）在港口建设方面。园区目前拥有泊位 18 个，总靠泊能力约 60 万吨。2018 年 5 月 8 日，长江南京以下 12.5 米深水航道二期工程正式试运行，对国内外船舶开放航行。工程建成后，长江南京以下航道水深从 10.5 米提高到 12.5 米，通航海轮从 3 万吨级提高到 5 万吨级，航道通过能力提升一倍，是长江黄金水道建设与发展的一个重要里程碑，将为高质量发展长江航运，构建高效畅通的水上高速公路，深化水运供给侧结构性改革，推动长江经济带发展发挥重要作用。

（3）在市政设施建设方面。园区按“七通一平”标准建设。同时，消防联控管理体系、供配电系统维保体系等均已构建完善。园区还加大环保基础设施建设力度，将生态文明建设融入经济建设全过程，建成了日处理能力各为5万吨的龙潭和东阳两座污水处理厂一期工程，相关配套管网也一并建成，并且新开工建设了龙潭物流基地污水管道工程等一批环保基础工程，同时，推进了供电、供水、供气等重大工程。

（4）在配套设施方面。总建筑面积约68万平方米、8100户的龙岸花园经济适用房项目已交付使用，配套餐饮、超市、银行、医院、酒店等生活设施也在逐步完善投入使用中。

（四）功能定位

园区通过国际公开招投标，与具有丰富产业新城建设经验的华夏幸福集团合作，聘请美国SOM、德国FTA、中国台湾华汇设计、上海同济城市规划设计研究院四家国内外知名设计公司进行高标准的规划设计，既大力发展高端产业，又同步引进五星级酒店、国际学校、医院等高端城市配套和公共服务资源，实现现代产业、现代生活、现代都市的有机结合，建设产城高度融合的新城。园区强化基础功能建设、提升综合服务能力、引导产业集聚发展，重点发展多式联运、保税物流、供应链物流、跨境电商物流等产业，着力打造国际航运物流平台和跨境电商物流中心。园区功能空间规划如图2所示。

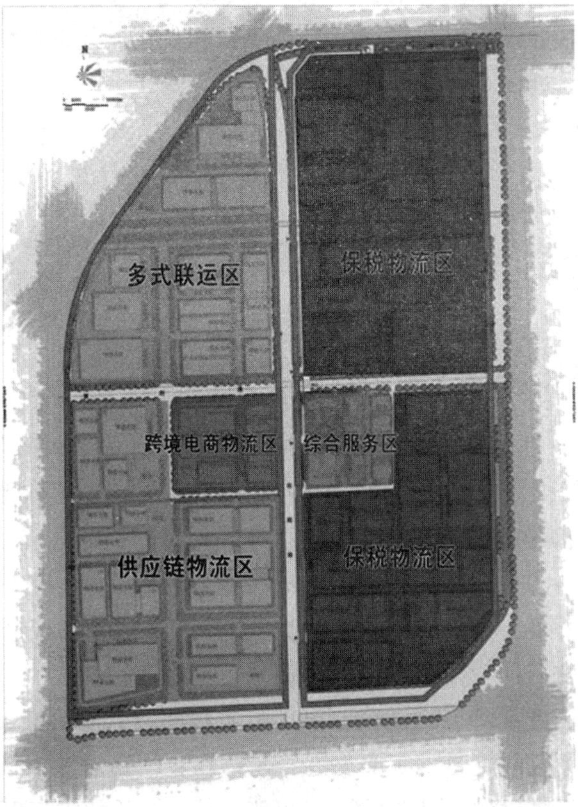

图2　园区功能空间规划

（五）运营效率

在物流运营效率方面，2017 年园区货物吞吐总量约为 870 万吨，其中散装货物吞吐量达到 370 万吨，件杂货物吞吐量 56 万吨，集装箱吞吐量 39 万 TEU，快递包裹收发量 500 万件。截至 2017 年年底，园区内已入驻各类企业共计约 258 家，其中物流企业 154 家，注册资本 500 万以上的 36 家，建有仓储面积（包含堆场和仓库）近 60.8 万平方米。

在基础设施投资和税收方面，园区累计投资 128 亿元，2017 年园区实现投资额 21.24 亿元，同比增长 14.8%；营业总收入 2.29 亿元，同比增长 0.96 %。同时，园区为社会人员提供就业岗位近 6000 余人，其中物流业岗位数 2000 余个，有效缓解了就业压力。

在节能减排、绿色环保方面，园区积极鼓励物流企业低耗高效运营，2017 年园区共计使用清洁能源 11105 千瓦时。太古冷链仓储（如图 3 所示）采用美国冷库设计经验，先进的控制系统能保证制冷系统节能环保运行，采用氨双级压缩制冷系统设计、变频+滑阀组合控制，使压缩机高效运行蒸发式冷凝器的选用，使制冷系统的效率成倍提高。合理利用余热，使能源得到充分利用（地坪加热系统），获得 LEED（评价绿色建筑的工具）认证。

图 3　太古冷链仓储

二、主要做法

（一）立足龙潭港优势，大力发展多式联运

园区具有良好的国内和国际多式联运基础条件，长江以下 12.5 米深水航道现已通达南京，5 万吨级海轮可全天候直达南京、10 万吨级散货船乘潮通航至南京，南京港真正实现了由江港向海港的跨越。龙潭港作为南京市规划的五个江海转运港区之一，处于长江内河港和海港的分界点，也是南京港中以集装箱为发展重点的港区，承担更多的国际航运物流功能。“十三五”期间，为了加快长江港口集疏运体系建设，提升货物中转能力和效率，提高运输服务质量，南京市围绕南京区域性航运物流中心建设，重点推进了龙潭港区铁路专用线，龙潭港区疏港公路改扩建工程建设，加快推进铁路、高等级公路等与龙潭港区的连接线建设，进一步实现港口与铁路、公路运输衔接互通。2017 年，龙潭港货物吞吐量达到 2.42 亿吨、同比增长 6.4%，其中：长江港口完成货物吞吐量 2.36 亿吨、同比增长 7.6%；集装箱吞吐量 317 万 TEU、同比增长 2.7%；商品汽车滚装运输

量13万辆。龙潭港实景如图4所示。

图4 龙潭港实景

园区周边除了拥有龙潭港以外，还具有铁路货运站及多条高等级公路，可发挥龙潭港江海中转港的区位优势和公铁水多方式通道密集优势，以码头港口和专业化仓储为作业节点，开展铁水联运、公水联运、江海转运、公铁联运等多种业务模式，促进货物的快速化和便利化流动。其中，铁水联运：重点依托南京港作为“中国最深入内陆的深水海港”的区位优势，结合龙潭铁路货运站可与京沪、宁启、宁合、北沿江、宁芜、宁杭六条普速铁路相连接入全国铁路网的良好条件，积极发展大宗商品及原材料的进口联运业务。公水联运：积极发挥海港枢纽优势和公路干线密集优势，结合龙潭集装箱办理站建设契机，在南京及周边内陆地区积极建设内陆集装箱货场，承揽集装箱水背运输业务和汽车滚装运输业务。江海转运：南京港是万吨级以上大型海船进江的终点港，具备发展长三角和长江中上游地区能源、原材料等物资江海转运的先天条件。园区还建立了多式联运公共服务平台，已初步形成一套多式联运操作规程，货主可依据实际情况选择运输方式和路径，从而极大地降低了物流成本。

通过打造国际水平的航运服务环境，完善公铁水多式联运设施和江海中转设施，园区将建设成为面向亚太地区，参与全球资源配置的国际物流运作平台。园区物流服务对象主要包括全市乃至全国的贸易型企业、国际物流公司、国际货代、报关行、船公司、多式联运承运人等。面向客户主要提供保税仓储、简单加工、国际配送、国际中转贸易、保税展示服务、检测维修服务、“一关三检”等国际物流服务。

（二）利用综保区政策，带动电商协同发展

近年来，南京综合保税区在推进特殊监管区政策创新、复制推广上海自由贸易试验区先进政策等方面取得了积极进展。一是采取了仓储货物按状态分类监管政策。按照

“管得住、通得快、区内区外无差异”的思路对货物进行管理，实行事先备案、提前申报、分批发运、通道分离、快速验放、后续管理的管理模式，高效联动境内外两个市场，有效地提高了企业仓储效率，降低了企业运营成本，提升了企业市场竞争力。园区监管仓库如图5所示。二是园区对标先进园区积极推进各项创新做法和经验，推进无纸化通关进程，启动“掌上物流”模式，实现卡口集约化升级通关，使智能卡口高效快捷地运行，确保进出口货物通关效率。同时，配合一体化通关改革，完成查验现场布控实时传输。三是综合保税区还在积极争取区内企业一般纳税人资格等创新政策落地实施。随着综合保税区功能政策的进一步创新和完善，区内物流发展空间将得到更大的提升。自综合保税区2015年封关运行以来，截至2017年年底，累计实现监管总货值152.4亿美元，货物总重量79.03万吨，进出综合保税区20尺集装箱5715个，40尺集装箱13135个，散货车次9.19万次。2017年，综合保税区分类监管进出区货值合计7.14亿美元，货重9.71万吨，散货车次3.26万次。

同时，综合保税区还主动对接企业物流需求，开展了多种形式的国际保税物流服务。一是服务南京市及周边地区外向型经济发展，主动梳理、对接原材料、部件及成品进出口需求旺盛的制造企业，承揽制造企业的保税物流服务，实现园区增收与制造企业减税共赢的有利局面。重点开拓保税仓储、国际物流配送等业务。二是重点发展第三方物流企业自主管理的保税仓储业务，将保税仓扩大到保税区外，保税仓每月向海关申报一次货物进出口清单，并与海关系统核对保税货物的库存，一次完税，此种管理模式特别适用于对时间和库存要求比较高的维修备件的保税库存业务。三是重点发展国际配载、包装、简单加工业务，根据多顾客的订单，整合同一目的地或同一采购方的多个商品，进行统一加工，实现生产延迟和物流延迟功能，缩减包装，最大化提高集装箱空间利用率，节省包装材料。

图5　园区监管仓库

南京龙潭综合物流园区作为省内首个完成海关总署跨境出口和进口系统对接的跨境园区，以南京综合保税区进口商品保税展示中心和南京龙潭跨境电商产业园为基础，结合龙潭国际海运快件中心和跨境电子商务公共服务平台建设的契机，集聚全市各类跨境电商企业，为跨境商品交易提供仓储、金融、商品展示、集散分拨、城市配送等服务功能，促进电子商务与物流业、电子商务与金融、电子商务与制造业协同发展，积极做大跨境电商业务，已初步探索出一套符合监管要求、操作便捷、效率高的跨境电商业务导则，最终构建起了一站式、综合性跨境电商物流高地。

南京综合保税区进口商品直销中心和龙潭跨境电商产业园为龙潭综合物流园开展跨境电商业务提供了展示窗口和载体平台，园区重点发展 B2B、O2O 两种模式。其中，B2B 模式重点帮助南京市周边区域国际贸易企业、出口型制造企业在线开拓国际贸易业务，在园区建立跨境贸易备货仓库。O2O 模式依托南京综合保税区进口商品直销中心这一线下展示平台，进一步扩展产品门类，提升线下展示体验功能。园区跨境电商服务对象主要是全市各类电商企业、企业电商部门、第三方支付机构、互联网平台、软件设计类企业、平台维护类企业、电子商务培训类企业、电商仓储物流类企业、供应链管理企业等。面向客户主要提供金融服务、仓储物流服务、分拨配送服务、商品展示交易服务、电商人才培训等综合服务功能。2017 年，跨境电商产业园共新引进注册企业 97 家，累计完成 43491 票，货值 60.37 万美元。园区跨境电子商务流程示意如图 6 所示。

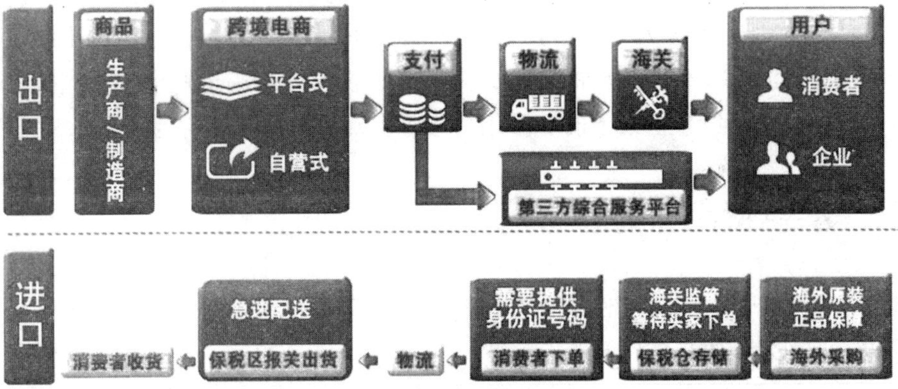

图 6　园区跨境电子商务流程示意

（三）瞄准先进制造业，开发供应链服务需求

园区所在的国家级南京经济开发区制造业发达，产业基础非常雄厚，已形成了光电显示、高端制造、生物医药和现代服务业四大支柱产业。园区借助普洛斯的物流中心网络投资管理平台和 G7 首屈一指的运力资源管理技术平台，以南京经济开发区为基础，探索区内制造、商贸企业原材料、产品物流需求和物流企业仓储、运输资源供给的有效匹配，已初步建立了一套优化开发区内物流成本的供应链物流服务操作指南。

园区面向客户主要提供原材料仓储、库存管理、流通加工、入厂配送，产品仓储、区域配送、逆向回收，供应商库存管理（Vendor Management Inventory，VMI）、及时制生产（Just In Time，JIT）和连续库存补充计划（Continuous Replenishment Program，CRP）

等一体化物流服务。供应商库存管理重点依托南京市汽车、光电显示等行业关键零部件进口需求旺盛、产品附加值高等特点，积极承揽国外零部件供应商库存管理业务。在备货环节，园区物流企业和其上下游厂商共享库存，打破以往按照预测和依靠大量库存备货来满足企业要求的模式，可保证生产企业及时、有序的制造出合格产品发送给客户，物料补货周期大大缩短，从而有效避免急料或断线带来的额外成本，帮助国外供应商降低库存成本，保障国内制造厂商生产需要。及时制生产和连续库存补充计划重点依托南京市汽车、机械设备制造行业总成件进口需求，在物流园区内开展生产延迟服务，对进口的全散件组装（CKD）零件根据整机厂生产计划进行散件组装（KD），重点根据供应链下游零售网点库存信息和预先规定的库存补充程序开展补货和配送服务。

同时，园区发挥港口大进大出优势，吸引先进制造业企业在园区建设原材料仓储基地、流通加工区、产品分拨中心和售后服务中心，打造为先进制造业服务的综合物流中心，园区内乐金显示、乐金化学、夏普电子、AO史密斯、博西华电器、康尼机电、阿特拉斯、圣和药业等行业龙头企业取得飞跃发展。截至2017年，开发区内共拥有各类生产型企业4000余家，其中世界500强企业73家，2017年实现工业生产总值3086亿元，占全市比重达到26.34%；进出口总额769.8亿元，占全市比重达到19.89%。这些企业大都在供应链上处于核心地位，并对港口具有一定的依赖性，随着供应链的不断优化，企业对既有制造业物流体系提出新的要求，为了实现物流业与制造业全程供应链一体化联动发展，基于供应链管理框架下的一体化制造业物流体系在园区应运而生。

三、示范特色与经验参考

园区积极贯彻供给侧结构性改革方针，在功能定位、项目引进、企业服务等方面已初步形成一批可示范推广的经验。

（一）明确功能定位，持续建设载体新平台，拓展发展新路径

园区以《物流业发展中长期规划》《全国物流园区发展规划》《江苏省物流园区发展规划》《江苏省“十三五”物流业发展规划》等一系列物流业规划和政策的出台为引导，以良好的区位优势及枢纽型经济发展环境为依托，充分发掘港口岸线资源、综合保税区政策、发达的制造业基础等潜能，着力打造成为参与全球资源配置的“一平台一高地一中心”，即国际航运物流运作平台、长江经济带上的跨境电商物流高地、长江三角洲城市群先进制造业综合物流中心。

（二）产业转型升级，坚持高标准引进项目，培育产业新特色

近年来，南京开发区逐渐形成了新能源汽车制造、集成电路和人工智能三大产业发展方向。尤其是新能源汽车制造产业，作为新兴产业，南京开发区利用龙潭地区得天独

厚的交通和口岸优势，大力推进新能源汽车产业布局。下一代汽车产业规模初具，先后引进了总投资 30 亿元的蔚来汽车、总投资 50 亿元的长城华冠、总投资 116 亿元的 FMC（拜腾）三大整车及车关键零部件制造及研发项目。而且，为适应汽车产业运输格局发展趋势，充分发挥南京江海转运枢纽优势，加快南京航运物流中心建设，3 万吨级和 1 万吨级汽车滚装码头及相应配套设施的龙潭港区汽车滚装码头工程建设也正在进行中，该项目使用岸线 418 米，设计年吞吐能力 41.8 万辆，建成后将为园区汽车产业提供滚装运输功能和装卸、堆存、中转等综合服务，从而拓宽园区业务范围，带动南京及周边地区经济发展。

（三）服务提质增效，进一步提升服务效能，加速园区新发展

园区帮助驻区的物流企业建档归类，开拓市场，编撰了龙潭片区物流企业调研报告，进一步加强企业服务意识，根据企业自身情况，鼓励并协助企业增加口岸服务、融资租赁、货物结算等业务功能；园区设有金陵海关新生圩办事处、南京国检开发区办事处和龙潭港办事处、南京海事局龙潭海事处、南京港边检站报检室，为国际物流业务的开展提供了便利的服务；园区成功协助物流企业申报运营“南京市进口肉类指定口岸”；园区推动企业标准化托盘循环共用体系的建设，成功获批“2017 年度南京市物流标准化试点项目”使用标准化托盘，节省了装卸和运输时间，进一步提升了物流效率，降低了物流成本。

四、园区发展方向与未来展望

（一）强化基础设施建设

加强园区内电商仓储、企业基地、区域配送服务平台等基础设施建设，通过优越的基础资源吸引跨境电商、第三方物流、第四方物流、城市配送、进出口贸易企业进入园区集聚，构建标准化、智慧化城市配送体系，实现园区产业集聚效应，推进产业联动发展，构建智慧物流体系，强化物流增值服务、跨境电商物流服务功能，进一步拓展园区功能服务半径。

（二）强化综合服务功能

加快构建公共综合服务信息平台，为园内企业打破信息不对称壁垒，同时提供产业配套服务及优质的生活配套服务。通过提升技术支持能力，实现物流运输线上全程监控、路径优化、风险防控等智能化物流服务功能。通过平台的全方位对接，提升金融、保险、检验检疫、报关通关等综合服务功能。

（三）强化产业集聚发展

园区将在现有产业基础上以优越的交通环境、丰富的基础设施资源、多样化的产业及生活服务功能吸引更多主导产业内的优势企业入驻。充分发挥园区的集聚效应，实现规模集聚化、发展集群化、土地集约化的总体目标。全面建成基础设施完备、信息平台功能齐全、技术手段先进、运作环境优越、产业规模集聚的智能化、现代化物流园区。

荣誉专栏

颁发时间	荣誉名称	颁发单位
2018 年	示范物流园区	国家发展改革委 国土资源部 住房城乡建设部
2017 年	全国优秀物流园区	中国物流与采购联合会
	江苏省示范物流园	江苏省发展改革委
2016 年	江苏省跨境电子商务示范园	江苏省商务厅
2015 年	江苏省进口商品交易中心	江苏省商务厅

（撰稿人：计　红　南京综合保税区（龙潭）管理局产业发展处　处长
王　晶　南京综合保税区（龙潭）管理局产业发展处　科长
王　羽　南京综合保税区（龙潭）管理局产业发展处　科员）

上合组织（连云港）国际物流园

共建共享上合组织出海基地 打造东西双向物流集散枢纽

江苏省连云港市作为新亚欧大陆桥东桥头堡，南临长三角、北接渤海湾，是国家“一带一路”倡议明确的新亚欧大陆桥经济走廊重要节点城市，被江苏省定位为“一带一路”建设的战略支点。借助连云港港口贯通东西、连接南北的区位优势，园区高起点、高标准规划，重点打造基础物流、增值物流、公共物流三大功能体系，发展多式联运、国际商贸、保税物流、加工增值、智慧信息、商务金融六大服务功能，着力打造服务于“一带一路”沿线国家和地区过境运输、仓储物流、商贸物流、产业合作的重要国际物流平台，在共建共享上海合作组织（以下简称上合组织）出海基地、构建东西双向国际物流通道、打造西出东进物流集散枢纽方面具有一定示范带动作用。

一、园区概况

（一）建设背景

随着中国外向型经济的蓬勃发展和“一带一路”合作倡议的深入实施，“一带一路”沿线区域经济合作正处于黄金发展期。作为国家“一带一路”倡议中新亚欧大陆桥经济走廊重要节点城市，连云港全面积极抢抓中国加强与上合组织成员国、“一带一路”沿线国家双边以及多边经贸合作发展的有力契机，全力打造“上合组织出海基地”和“中哈物流合作基地”两大国际物流合作平台。

2013 年 11 月，李克强总理在上合组织成员国总理第十二次会议上提出：“中国愿在新亚欧大陆桥东端的连云港，为成员国提供物流、仓储服务”；2015 年 12 月 15 日，李克强总理在主持上合组织成员国总理第十四次会议时，提出上合组织重点打造六大合作平台，在加快建设互联互通合作平台中明确提出，在连云港建设国际物流园；2016 年 3 月，国家公布国民经济“十三五”规划纲要，再次将建设上合组织物流园和中哈物流基地列入重点项目；2017 年 6 月 8 日，中国国家主席习近平和哈萨克斯坦总统纳扎尔巴耶夫在中哈跨境运输视频连线仪式上提出“将连云港—霍尔果斯串联起的新亚欧陆海联运通道打造为‘一带一路’合作倡议的标杆和示范项目”。

随着上合组织区域经济一体化建设进程的加快，上合组织国家间与环太平洋沿岸国家间多领域经贸合作为国际物流深层次广泛合作创造了有利条件，连云港作为新亚欧大陆桥经济走廊与环太平洋沿线海域的重要海陆联运枢纽，以能源、粮食、矿产品、汽车等为主的上合组织国家东向出口物流，以电子产品、汽车零配件、新鲜果蔬等为主的西向进口物流在此交汇集聚，具备巨大的物流需求。共建共用上合组织（连云港）国际物流园区，探索建立国际物流合作新模式及多边贸易新规则，成为上合组织国家探索共同经济增长点的现实需要和向东寻找国际物流服务的重要载体平台。

为进一步顺应国家“一带一路”倡议海陆双向合作发展的宏伟蓝图，连云港市委、市政府于 2015 年 7 月正式成立上合组织（连云港）国际物流园管委会（以下简称“管委会”），从市级层面加大力度服务园区的建设发展。作为上合组织成员国东向出海口，近年来园区与哈萨克斯坦、土库曼斯坦等上合组织国家驻华机构间保持良好的交流合作关系，在全方位拓展与上合组织国家国际物流领域开放、务实合作方面取得阶段性成效，中哈物流合作基地、国际货运班列辐射效用日益凸显，逐步成为上合组织国家所信赖的互联互通重要载体平台。共建共用上合组织（连云港）国际物流园区，必将有利于带动和辐射“一带一路”沿线国家地区共同打造开放、包容、均衡、普惠的区域物流合作平台。

（二）区位交通

上合组织（连云港）国际物流园（以下简称“园区”）位于中国外向型经济较发达的经济强省——江苏省东北部地区的连云港市。连云港市是长三角地区国家级综合运输枢纽，位于新丝绸之路经济带与海上丝绸之路的交汇点，是新亚欧大陆桥东方桥头堡，向东与日韩等东北亚国家隔海相望，向西通过新亚欧大陆桥联结中国广阔的中西部地区、中亚乃至欧洲国家，是连接太平洋西岸与大西洋东岸大陆桥运输的重要枢纽。

上合组织（连云港）国际物流园毗邻江苏省唯一深水大港——连云港港，连云港港口是国家区域性中心港口、集装箱干线港，与世界 160 多个国家和地区的港口开展通航业务，开辟了至美西、地中海、澳洲、南美、东南亚、中东等地区的集装箱班轮航线近 60 条，至红海、非洲、欧洲等地区的散货班轮航线 13 条，至韩国仁川、平泽客货班轮航线 2 条，是中韩之间唯一“一港两线”港口。截至 2017 年年底，连云港港已建成进港 25 万吨级航道，30 万吨级矿石码头和第六代集装箱码头为代表的万吨级以上生产性海港泊位 71 个，设计能力超 1.6 亿吨，集装箱通过能力 309 万 TEU。2017 年全年，港口全年完成货物吞吐量 2.28 亿吨，集装箱运量 471.07 万 TEU。

上合组织（连云港）国际物流园距离连云港区 5 千米、徐圩临港产业区 10 千米，园区具有较为完备的交通和集疏运体系，公、铁、海、河多种集疏运方式在此汇聚，也是国内为数不多的可同时利用海公、海河、海铁等多种多式联运模式实现货物快速集散的综合型港口物流园区。公路方面，园区周边和境内分别有连霍高速、沿海高速、沿海高等级公路、G228、S242、S226、东疏港高速公路等，其中，通过东疏港公路直接连接主体港区，服务于铁矿石运输的皮带机廊道工程（总长13.9千米）全线贯通，可直通港区的30万吨级矿石码头；铁路方面，园区规划有全长19千米的铁路专用线，建成后可连接连盐铁路和新亚欧大陆桥，计划于2019年建成使用；水路运输方面，连云港疏港航道引入园区，贯穿园区7千米，可通行1000吨级的内河船舶。园区内烧香河两岸布置内河港区，可形成5000万吨以上设计吞吐能力，经疏港航道可直接与淮河、京杭运河、长江水系相连。园区实景如图1所示。

图1　园区实景

（三）规划情况

园区核心区规划总占地面积218万平方米，共分三期建设，计划建设周期为2014—2025年。其中：一期建设内容为公路物流区、保税物流区和多式联运区（海河联运）。一期初步完成国际物流联动基地建设，形成较为完善的港口集疏运体系，实现保税物流、海河联运功能。二期建设内容为多式联运区（公铁联运）、大宗商品交易区，完善跨境电商发展环境，全面提升园区综合服务能力，目前已开工建设。三期建设内容为智慧商务区，通过拓展智慧物流信息功能，助推园区智能化、信息化发展。园区功能分区布局如图2所示。

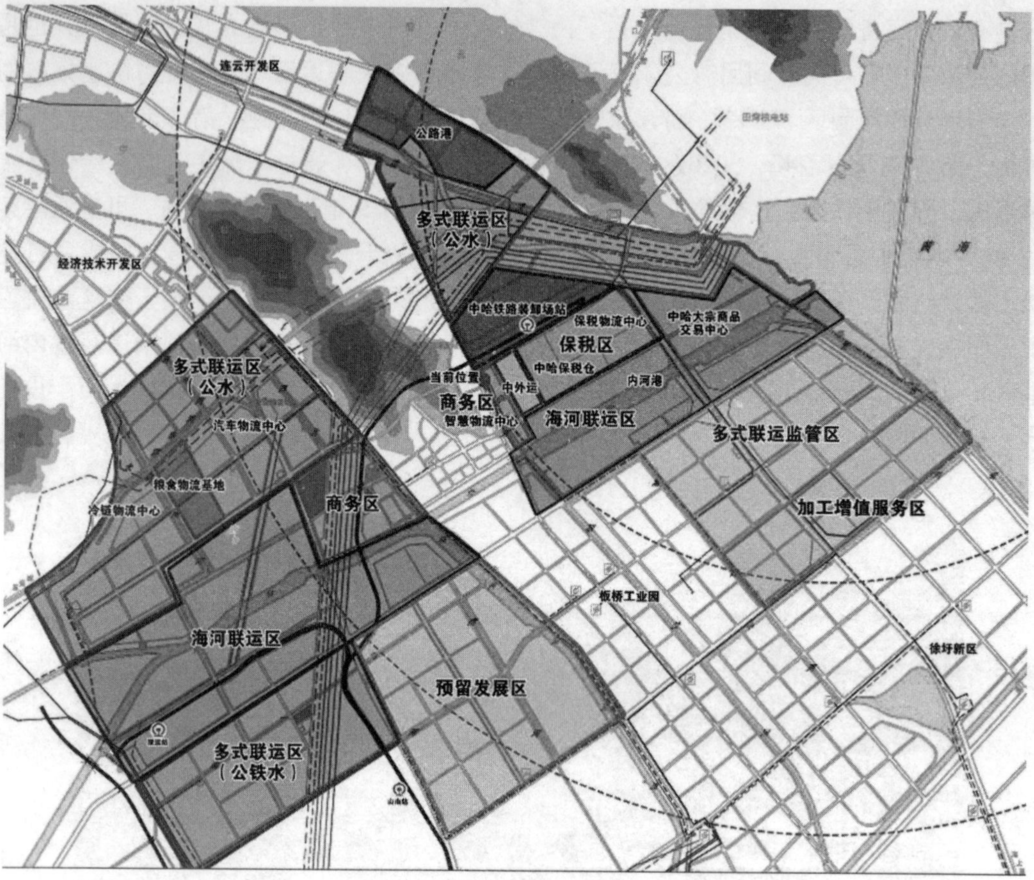

图 2　园区功能分区布局

（四）运营效率

2017 年，园区实现大宗散货吞吐量 3120 万吨，件杂货吞吐量 164 万吨，集装箱吞吐量 5.21 万 TEU。2017 年园区年度投资额达到 9.82 亿元。截至 2017 年年底，园区入驻企业达到 43 家，带动就业人数 1630 人，入驻企业营业总收入达到 37.37 亿元。入驻企业主要包括物流类企业（运输型、仓储型）、贸易类企业、建设开发类企业等。

二、主要做法

（一）高起点规划建设，政企合力助推发展

上合组织（连云港）国际物流园自建设运营以来，从规划着手，坚持高标准建设和高效率推进，着力打造由政府主导、专业开发公司参与、市场化运营的现代化国际物流园区。先后委托国内知名专业研究机构，通过分析中国物流行业概况、园区所在地第三

方物流市场容量、现实和潜在的物流客户群状况、物流市场竞争情况、价值贡献和运作能力等综合情况，主要秉承做强功能、优化平台、融合创新、联动发展等规划理念制定相关规划。目前，园区已经制定了《上合组织（连云港）国际物流园发展总体规划》《上合组织（连云港）国际物流园“十三五”发展规划》《上合组织（连云港）国际物流园“十三五”产业总体规划》《上合组织（连云港）国际物流园控制性详细规划》《上合组织（连云港）国际物流园粮食物流基地规划》等多个规划，对园区建设发展起到良好的引领作用。

2016 年，江苏省政府办公厅出台《关于支持上合组织（连云港）国际物流园和中韩物流合作基地建设发展的意见》（苏政办发〔2016〕90 号）精神，将园区发展目标定位为：中亚—环太平洋的商贸物流集散中心、服务“一带一路”沿线国家和地区的国际物流合作基地、现代物流业创新发展的试验示范园区。

园区目前采用政府规划、企业主导的形式投资开发，运用管委会+开发公司的模式进行运营。其中，管委会是由市政府设立的专门机构，主要从事园区规划建设、业态培育、招商引资等统筹管理工作；开发公司由连云港港口控股集团成立上合开发公司，是园区的主要开发平台，承担园区的投融资、公共基础设施、物流平台项目的建设开发运营职能。

（二）完善园区服务功能，促进物流平台集聚发展

园区积极营造良好的服务环境，致力于打造基础物流、增值物流、公共物流三大服务功能体系，发展多式联运、保税物流、公路物流、大宗商品交易、国际商品展示分销、智慧商务服务等综合物流功能，培育物流实体业务平台集聚发展。目前，园区公路港、内河码头、保税物流中心等重点项目运营投产，哈萨克斯坦国有铁路公司、中外运长航集团等物流企业纷纷聚焦园区，掀起合作发展的新热潮。目前，连云港已形成海铁、海河、甩挂等多层次多式联运格局，海铁联运主要是日韩、东南亚、东南沿海地区的货物经海上航线从连云港上岸后，搭载连云港中亚、中欧班列经新亚欧大陆桥运输至丝绸之路经济带沿线国家和地区；海河联运主要是苏北、鲁南、皖北、豫东等周边省市经内河转运至连云港港口，从而实现大宗货物、集装箱货物的进出口。

1. 公路港

公路港是连云港港口公路货运的枢纽场站，重点打造成为进出港车辆集散中心、公路集装箱分拨配送、甩挂运输和公路货运交易平台等功能性服务平台。目前，公路港共有来自苏北、鲁南、山西等地 20 余家物流企业入驻，开展集疏运车辆调度、货物配送运输、货车展览展示、甩挂联盟合作等业务，打造了新海电厂精品专线，赣榆镔鑫特钢专线，灌南亚鑫、兴鑫专线以及铁矿石短倒等业务，全年累计进出港车次 59.45 万辆。2017 年，公路港围绕提升公路服务功能，形成业态汇集聚焦，主动拓展区域物流业务，完善公路集疏运中转交易中心。2 月，港口公路货运交易平台成功实现上线运营，车辆

进港一站式自助系统即将投入使用，公路运输车辆管理及汽车后市场服务系统调试完毕，苏浙沪联盟依托公路港实体业务稳健开展，港内公路货运综合服务体系不断完善。

2. 内河港码头

内河港码头主要功能是服务于连云港与京杭运河、长江等内河水系通达区域的物资交换，以装卸金属矿石、矿建材、煤炭、钢材、木材、水泥、件杂货等为主。内河港码头位于连云港港口疏港航道的起点处，是疏港航道的龙头，共建设35个码头泊位，其中1000吨级多用途泊位26个，500吨级多用途泊位9个，年设计通过能力1700万吨。目前，已建设完成全部35个泊位的水工部分，其中6个泊位已于2011年投入运营。内河港吞吐量整体呈现快速增长态势，园区内河港码头全年完成吞吐量787万吨，其中海河联运量542万吨，同比增长34.5%。全面落实内河港集装箱过闸费免收和散杂货优惠政策，加快推进开发内河港集装箱航线，开通至淮安、蚌埠内河港集装箱航线，累计开行内河港集装箱运输45个航次，完成内河集港装箱运量1082TEU。

内河港码头加大基础设施投入力度，不断完善码头硬件设施，累计投入1600万元，新建栈桥皮带装船机、集装箱轨道吊、正面吊和10吨装载机等机械设备，建成1万平方米集装箱堆场，码头智能化、作业信息化水平不断提升。2017年，全年营业收入完成6503万元，利润实现600万元，超集团下达年度计划指标的8.11%。2017年，内河港码头联手海港公司形成一体化市场竞争优势，内河港码头积极克服常态水位不稳定、部分航道存在浅点等困难，建立内河港水位常态化机制，加大货源市场分析，形成货源集聚效应，加强与腹地港口的沟通对接，建立战略合作联盟，有效争揽了钢材、化肥、轻碱、煤炭、粮食、水渣等新货源、新客户22家，在发展苏北内河港节点城市集装箱运输业务的同时成功拓展了河南、安徽和鲁西南地区腹地市场，与河南漯河、山东济宁、徐州圣戈班建立了友好的合作关系，为后续的市场拓展奠定了坚实的基础。

3. 连云港保税物流中心（B型）

连云港保税物流中心（B型）（如图3所示）是江苏省第五个保税物流中心，自2009年封关运营以来，园区已经有15家以上的企业利用保税物流中心开展保税业务，园区利用海关特殊监管政策开展保税仓储、流通加工及增值服务、国际采购、国际分拨配送、转口贸易、国际中转等业务。保税中心着眼国际货源市场需求变化的特点，力求保税功能拓展，中心转型升级，委托苏州一诺公司加大功能优化提升研究，并充分借鉴、利用研究成果，坚持“固本拓新”总基调，谋求创新发展。2017年，保税中心在做好大宗散货基础上，丰富货种结构，成功实现了中心货种从低货值大宗散货向高附加值货种过渡、转移。同时，保税中心充分发挥保税功能的丰富性，推进开展海运快件、芯片转口、红酒的保税仓储与分拨、“保税商品体验馆运营”等业务，成功将保税商品延展至中心以外的城市中心商业圈进行展示与交易，打造完整的“线上线下、前店后仓”的保税新模式。2017年全年完成申报进出货量71.16万吨，同比减少33%，集装箱进出库6035TEU，同比上升13.78%，监管货值7.24亿美元，同比增长3.58%。

图 3　连云港保税物流中心（B 型）

（三）推动中欧班列发展，构建国际物流大通道

作为新亚欧大陆桥东桥头堡，园区积极依托港口优势发展多式联运。自 1992 年新亚欧大陆桥开通运营以来，连云港就在全国沿海港口中率先开展集装箱国际联运业务，是我国沿海过境运输第一大港，每年承担着 60%以上的新亚欧大陆桥过境运输业务，辐射国家和地区超过 20 个，运输货物超过 10 大类、400 个品种，市场覆盖日韩、东南亚、中亚以及国内沿海、陇海兰新沿线。

2015 年 2 月和 12 月，连云港中亚和中欧班列（如图 4 所示）相继开行，形成“过境+出口”的特色国际班列产品。连云港过境班列最多时达到每天 3 列，西行货物主要从日韩经连云港过境至中亚，哈萨克斯坦占 36%、乌兹别克斯坦占 38%、吉尔吉斯斯坦占 24%、塔吉克斯坦和土库曼斯坦共占 2%，主要货物品类为二手汽车、汽车配件、电器产品、工程机械、日常用品、家具、塑料等。东行货物主要从哈萨克斯坦经由连云港运往日韩、东南亚、澳大利亚、印度等，主要货物品类为铁合金、尿素、电解铜、铝锭、铜铍合金、锌锭、甘草根、电信设备等。

图 4　连云港中亚、中欧班列

1. 中亚班列

连云港中亚班列于2015年2月25日开行，目前开行密度已达到每天2.1列，可直达哈萨克斯坦阿拉木图、乌兹别克斯坦塔什干等中亚国家主要站点。目前，中亚国际班列按运输方向及贸易，可划分为中亚西行出口班列、中亚西行过境班列、中亚东行国际班列。其中，中亚西行出口班列主要服务长三角、华南以及鲁西南等地区向中亚地区出口；中亚西行过境班列主要服务日韩和东南亚等地区向中亚地区出口，中亚东行国际班列主要服务哈萨克斯坦向日韩和东南亚等地区出口。2017年，连云港中亚国际班列累计完成7.29万TEU，同比增长55.6%，中亚方向整体运量位居全国前列，主要产品以日常生活用品、建筑用品、电子电器产品、机械设备、医疗器械、汽车配件为主。同时，中亚东行班列方面，成功开行哈萨克斯坦小麦过境班列和乌兹别克斯坦通用汽车整车东行班列，在开发东行货源、优化班列结构方面积极进行了诸多探索和有益尝试。

2. 中欧班列

连云港中欧班列于2015年12月开行，目前已形成“一主一辅”两条通道：一是以中欧铁路南通道为主线，培育连云港—霍尔果斯/阿拉山口—哈萨克斯坦（阿克套港）—里海—阿塞拜疆（巴库港）—格鲁吉亚（波季港）—土耳其等黑海沿岸国家的精品通道，全程运行时间约15天；二是以中欧铁路北通道为辅线，打造连云港—霍尔果斯/阿拉山口—哈萨克斯坦—俄罗斯—白俄罗斯—波兰—德国等沿线的辅助通道，全程运行时间约12天。运送的主要产品为汽车部件模具、铝制镶块、机座、电子产品等高附加值产品。

当前，依据陆桥沿线产业发展、对外贸易的特点与需求，连云港港口正全面强化中亚班列的主导地位，重抓哈萨克斯坦阿拉木图、乌兹别克斯坦塔什干、吉尔吉斯斯坦阿拉梅金三大关键节点，实现6列/天的运营频次，其中将着力培育返程班列，以哈萨克斯坦小麦、乌兹别克斯坦通用汽车等特色货种为先导，新辟开行冷链食品、棉纱、铁合金、锂电池等货物专列。创新发挥中欧班列的战略作用，重点培育发展连云港—伊斯坦布尔方向中欧班列通道，实现对里海、黑海地区的广覆盖；以德国杜伊斯堡、拉脱维亚里加为中心，辐射东中欧、北欧及波罗的海地区。

（四）依托中哈物流项目，深化上合组织经贸合作

2013年9月7日，连云港市与哈萨克斯坦国家铁路公司（以下简称“哈国铁”）在阿斯塔纳签署了中哈连云港过境货物运输通道及货物中转分拨基地项目合作及协作协议，标志着中哈物流合作项目应运而生。2014年5月19日，中哈两国元首在上海通过远程视频见证启用了由连云港港口集团与哈国铁合资的中哈（连云港）物流合作项目一期，这是哈萨克斯坦在华投资建设的首个国际物流项目，也是习近平总书记提出“丝绸之路经济带”战略构想后落地实施的首个实体项目。之后，连云港又积极联合中远海运、哈国铁等国际知名企业，加快推进中哈合作项目双方互投共建。其中，中哈二期合作项目中

铁路装卸场站、保税仓库、大宗商品交易中心均位于上合组织（连云港）国际物流园内。

中哈一期项目由连云港港口与哈国铁按51%、49%出资成立连云港中哈物流国际公司，主要经营国际多式联运、拆装箱托运、仓储等国际货物运输业务。工程总投资6.06亿元，建设集装箱堆场22万平方米、1763个集装箱位，铁路专用线3.8千米，日均装卸能力10.2列，年最大装卸能力41万标箱。项目2014年投产运营至2017年年底成效凸显，累计完成进出货物951万吨、集装箱运量63万TEU，为哈国铁合金、粮食等货物和过境中国的日用消费品提供了高效的中转服务，被国家质检总局赋予“哈萨克斯坦出口粮食过境中国唯一离境口岸”资质，享有海关特殊监管政策和哈铁快运在中国的集装箱业务代理权，被相继写入《中哈政府联合公报》和国民经济“十三五”发展规划纲要，取得了良好的政治、社会和经济效应，成为中哈两国经贸物流合作的示范平台。2017年全年，中哈一期物流场站完成货物进出库量424万吨，同比增长32%；集装箱空、重箱进出场量25.7万TEU，同比增长46%。

中哈二期合作项目包括散粮筒仓扩建以及上合物流园铁路装卸场站、保税仓库、大宗商品交易中心四个子项目，其中散粮筒仓项目已建成投产。散粮筒仓项目投资4.17亿元，将一个集装箱泊位改造为散粮泊位，新建10万吨存储能力的筒仓，并增加两条铁路专用线，设计能力新增250万吨。项目于2017年7月投产运营，被纳入省“十三五”粮食仓储物流设施建设规划，粮食特色物流服务能力进一步提升。铁路装卸场站项目规划用地面积约145万平方米，建设铁路作业线6条，分为铁路装卸作业区、堆存区、生产辅助区、仓储区四大功能区，主要为上合组织（连云港）国际物流园提供铁路货物装卸服务，是园区综合交通运输体系中的重要组成部分，将构成园区海铁联运、公铁联运等多式联运体系的基础环节。保税仓库项目规划占地面积约43万平方米，主要包括仓储区及堆存区，发展保税仓储、流通加工及增值服务、国际采购、国际分拨配送、转口贸易、国际中转等业务。大宗商品交易中心项目规划用地面积约106万平方米，包括皮带输送机工程、烧香河内河港码头14个千吨级泊位和大宗散货堆存区。

（五）构建综合信息化平台，助推智慧绿色发展

园区坚持以信息化为主要手段，加强先进智能技术和大数据分析的应用与推广，建设园区专业化商贸、物流信息平台。联合“一带一路”沿线重点节点城市，加快形成相互链接的覆盖“一带一路”沿线国家和地区的物流信息网络，并实现与商贸、口岸等信息平台的互联互通，争取实现“国际化+区域”的智慧协同发展，形成“一带一路”国际物流大数据中心。

1. 公路货运信息交易平台

2017年，连云港公路货运信息交易平台（简称“蓝宝星球”）成功上线，旨在实现车辆、货物信息数据的互联互通、双向自由选择和匹配，降低物流企业乃至整条物流链上各相关节点的成本，形成连云港港口岸集装箱双重运输格局。连云港公路货运交易平

台，整合了电子数据交换（Electronic Data Interchange，EDI）信息中心、集装箱码头、场站以及海关、商检等部门数据，加强信息资源的互联互通，平台的核心功能是实现公路货运货盘运力交易的信息化、公开化、透明化。“蓝宝星球”平台界面与业务流程如图 5 所示。

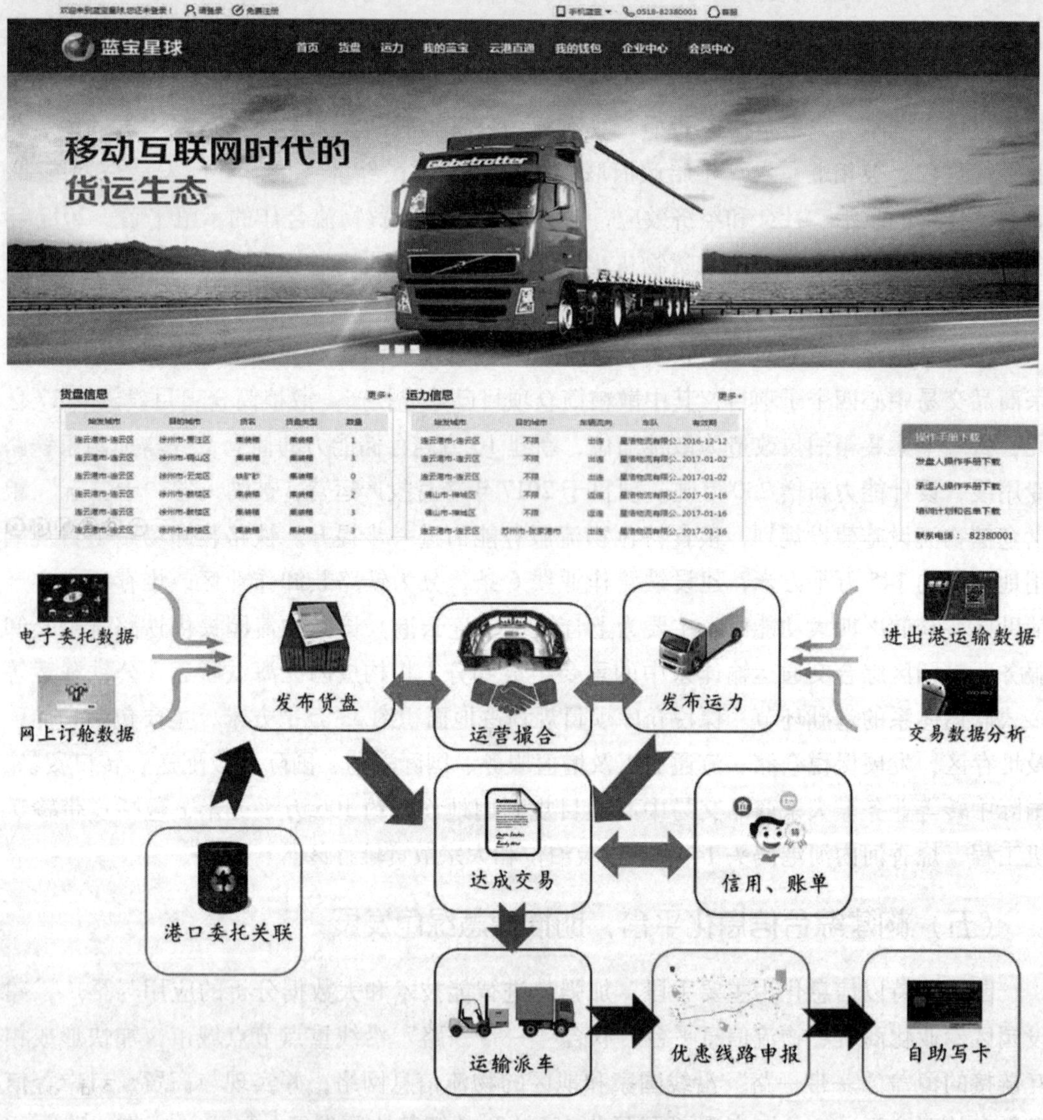

图 5 “蓝宝星球”平台界面与业务流程

第一，信息全面公开，从货主可以直接找到承运人，告别了中间商层层转包的差价，降低物流费用，而且平台会积累、分析数据，帮助双方建立经济、便捷、保障的交易，不但降低了平台初期客户上手难度，更能集中处理双重撮合的问题，降低空载率；第二，加入了评分机制、外部信用引入、支付手段保障、在线合同统一，即使是陌生人在平台交易也能得到充足的信用保障；第三，实现了信息资源的统一管理、整合，反向为集团、港口局、公安、税务等单位进行流程监管、数据分析、决策支持提供保障。

2. 园区公共物流信息平台

2017 年，园区围绕园区内企业信息化需求与园区长远发展需求，委托上海美华系统有限公司形成《上合组织（连云港）国际物流园公共物流信息平台总体规划方案》，对园区公共物流信息平台的建设内容、建设步骤进行科学规划和顶层设计，并顺利通过专家评审。

根据建设计划，2018 年园区将启动并完成公共物流信息平台一期工程建设，具体建设多式联运信息系统、公路运力交易系统、通关服务系统、园区展示系统、园区在线业务办理系统、园区视频监控系统、门户网站等应用系统及共享共用的基础支撑系统等，主要目标是通过信息化手段的应用和信息系统的开发，实现连云港内河港码头与海港码头之间业务高效协同，促进内河港领域货源、运力资源共享、运输匹配、磋商交易，打造电子化交易业务新模式；实现公路运输的电子化交易业务模式；打通与关检信息通道，实现园区业务电子化通关，提高政府监管水平；实现园区业务办理流程化、监管智能化、展示集成化，提升园区管理水平及形象。

三、示范特色与经验参考借鉴

上合组织（连云港）国际物流园作为连云港乃至江苏省“一带一路”倡议的重要国际物流枢纽和载体平台，通过不断探索，逐渐形成了自身发展的特色和经验，主要体现在以下四个方面。

（一）大力开展国际物流合作，打造综合性国际物流枢纽

园区以中哈物流合作项目为突破口，大力发展中哈物流设施双向投资合作，以缔结利益共同体为桥梁纽带，进一步深化和拓展物流合作领域；重点加强与中远海运集团、哈国铁、欧亚资源、里海联盟等“一带一路”沿线重点物流企业与协会组织合作，加强与上合组织国家沟通交流与协作，进一步凝聚合力达成物流合作共识；以开行连云港至哈萨克斯坦阿拉木图、乌兹别克斯坦塔什干的中亚班列和至土耳其伊斯坦布尔、德国杜伊斯堡的中欧班列为重要载体，进一步畅通新亚欧大陆桥国际物流通道，实现港、航、路、园协同发展，提升国际货物中转、国际贸易、保税通关等物流服务水平，实现由物流带动商流，商流反哺物流的良性发展格局，进一步打造“一带一路”的国际物流枢纽，构建“一带一路”特色要素集聚发展平台。

（二）充分发挥多式联运优势，深化区域物流合作新模式

园区充分发挥多式联运基础设施和运营组织优势，大力发展以海铁、海河、甩挂等

为代表的多式联运模式，加强多种运输方式的有效衔接，完善与服务能力匹配的集疏运系统，构建园区多层次的对外物流通道，拓展区域物流合作网络新模式。以大宗商品、保税通关、信息服务为核心，集聚区域资源，强化与“一带一路”和长江经济带沿线区域的一体化协作发展。加强“无水港”等模式的推广，实现区域物流的设施共建、信息共享。遵循“海陆并举、双向开放”的思路，进一步拓展物流业合作空间，努力构筑区域合作新格局。

（三）积极拓展新兴物流业态，推动园区绿色生态发展

园区积极招引大宗商品交易和海运快件等专业型跨境电商产业，通过产业资源和产业链环节在园区的空间集聚，进一步延伸和吸引产业链上下游企业，拓展完善物流服务功能，促进产业发展向高附加值服务升级，实现资源集聚、土地集约、规模集中、服务集群化发展效应。在装卸、仓储的基础功能上，大力开展国际中转、分拨配送、流通加工、商品贸易等物流增值服务，集聚电商物流、冷链物流、化工物流等新兴物流业态；采用甩挂运输等先进物流技术，利用清洁能源设备设施，加强空间环境的整治提升，推进物流产业绿色低碳和生态发展。

（四）加快资源统筹利用和信息化建设，推进港产城协同发展

园区位于毗邻港口、产业、城市的中心位置，围绕大客户、大项目、大平台的引进和培育，促进资源有效整合、要素优化配置、产业集聚延伸、优势联动互补，促进物流园区与港口、产业、城市的联动协同发展，实现区港联动、港城联动、港产联动的可拓展、可持续发展机制。加强以物流园区为纽带的区域物流合作，建立网络化的区域合作模式；定位于国际供应链节点，推动物流优势转化为产业集聚优势，培育和发展临港产业和城市现代服务业，通过综合物流实现经济资源的统筹配置和整合利用，以“互联网+物流”为引领，关联“互联网+贸易”和“互联网+产业”，推动智慧园区与智慧产业、智慧城市的融合发展，从而与临港产业、城市经济实现融合、互动的一体化发展。

四、未来展望

“十三五”期间，连云港将紧扣“一带一路”沿线各国开放合作的宏大经济愿景，进一步加快上合物流园区的开发建设，计划投入90多亿元，全力推进公共基础设施和经营性设施建设，提升国际物流承载能力和出海口服务功能；围绕现代物流业发展，积极整合海港、内河港、公路港、保税物流中心等资源，加快推进大宗商品交易中心、铁路装卸场站、中哈保税仓、智慧物流信息中心和上合组织国家特色商品展示中心的建设，综合运用“互联网+物流”打造跨境贸易服务平台，强化与“一带一路”沿线国家和地区之间的物流合作，把园区建设成为中亚—环太平洋的商贸物流集散中心、服务上合组

织国家的国际物流合作基地、现代物流业创新发展的试验示范园区，为“一带一路”沿线国家和地区提供更加便利高效的仓储、物流服务。同时，我们也在借鉴上海自贸试验区成功经验，坚持体制机制创新，促进投资贸易便利化，在深化行政管理体制改革、扩大服务业开放、实行负面清单管理模式、增强金融服务功能等方面积极探索，力争成为“一带一路”国际物流合作的典范。

荣誉专栏

<table>
<tr><th>颁发时间</th><th>荣誉名称</th><th>颁发单位</th></tr>
<tr><td>2018 年</td><td>示范物流园区</td><td>国家发展改革委
国土资源部
住房城乡建设部</td></tr>
<tr><td>2017 年</td><td>江苏省重点物流基地</td><td>江苏省经济和信息化委</td></tr>
<tr><td>2016—2017 年</td><td>全国优秀物流园区</td><td>中国物流与采购联合会</td></tr>
<tr><td rowspan="2">2016 年</td><td>江苏省示范物流园区</td><td>江苏省发展改革委</td></tr>
<tr><td>江苏省海洋经济创新示范园区</td><td>江苏省发展改革委
江苏省海洋与渔业局
江苏省沿海地区发展办公室</td></tr>
</table>

（撰稿人：王国超　上合组织（连云港）国际物流园管委会 副主任
郭玉静　上合组织（连云港）国际物流园管委会 物流发展部副部长）

义乌港物流园

服务义乌“买全球，卖全球”打造国际一流内陆枢纽港

义乌位于浙江省中部，是全国首个县级、国家级国际贸易综合改革试验区，是目前全球最大的小商品集散中心。义乌港物流园坐落于义乌市核心区域，紧邻义乌国际商贸城，是义乌国际贸易综合改革试点的重要载体。多年来，义乌港物流园依托义乌市场独特的货源、政策优势及义乌区位优势，通过创新仓储集拼模式，深化港口合作，发展多式联运等手段，逐步发展成为服务区域、辐射全球的内陆枢纽。为义乌市场实现“买全球，卖全球”及“一带一路”建设提供了重要支撑，具有良好的示范作用。

一、园区概况

（一）发展历程

义乌地处浙江省中部，是一座以市场而享誉全球的国际性商贸城市，物流业十分发达，是联合国亚洲及太平洋经济社会委员会确定的我国首批 17 个国际陆港城市之一，也是国内贸易流通体制改革发展综合试点和国际贸易综合改革试点的双试点城市。2017 年，义乌市有国内物流企业 1939 家、国际物流企业 1056 家、快递企业 134 家、国内快递总量 18 亿件、跨境快递通关总量 7000 万件，有各类电商主体 25 万户，建成 28 个总面积 200 多万平方米的电商产业园，内贸网商密度位居国内城市第一、外贸网商密度位居全国第二，快递业务量位居全国第四。

义乌市场经营面积达 550 余万平方米，有经营商位 7.5 万个，出售各种商品 26 个大类、180 多万种。2017 年义乌出口贸易总额 2304 亿元，增长 4.7%，其中市场采购贸易模式占总出口额的 83%。

2008 年，随着义乌市委、市政府对出口外向型经济的扶持，义乌商贸流向已逐渐从国内转向国际，市场外向度达到 60%。同时，原来承载义乌口岸功能的义乌国际物流中

心已不堪重负，排队等候查验的集卡甚至将城市主干道压出了两道车辙。在这种形势下，义乌亟须建设一个专业化的通关口岸来与市场进行配套，义乌港物流园项目应运而生。义乌港物流园实景如图 1 所示。

图 1　义乌港物流园实景

（二）交通区位及功能布局

义乌港物流园地处义乌市国贸大道与西城路之间、诚信大道两侧，周边临近国贸大道、疏港高速等交通主干道以及义东北福田物流中心、义乌保税物流中心等重要物流园区，距离义乌国际商贸城直线距离仅一千米，区位条件优越。（如图 2 所示）

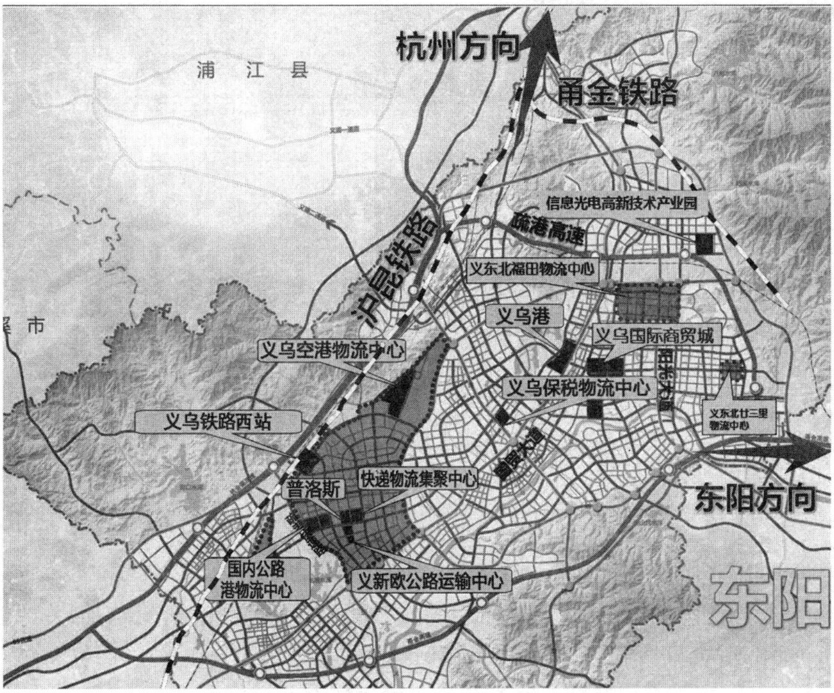

图 2　义乌港物流园区位

园区规划占地 70 万平方米，设计年货运量 110 万标准集装箱，分两期建设，功能布局如图 3 所示。

一期工程占地 26.3 万平方米，建筑面积 43 万平方米，投资 14.5 亿元，于 2009 年 5 月开始建设，2011 年 7 月建成并试运营，2011 年 10 月正式投入使用，主要建成海关及商检办事大厅、综合写字楼和外贸仓库。其中，海关办事大厅设置了单一行政审批受理窗口，可一站式受理义乌海关所有行政审批事项；综合写字楼已有 300 余家企业入驻；三层立体式外贸仓库 34.9 万平方米，能容纳 494 个集装箱同时装柜。

二期工程占地 43.7 万平方米，概算投资 10 亿元，主要包括海关监管场及集装箱堆场、停车场等设施。其中，海关监管场和两层 416 个车位的施封等待区已于 2013 年 11 月建成投用，占地 17 万平方米，建筑面积 7.6 万平方米，拥有 H986 机检平台和 56 个查验平台；集装箱堆场占地 12.3 万平方米，已于 2014 年 12 月 28 日建成投用，拥有平面集装箱堆位 2000 余个。

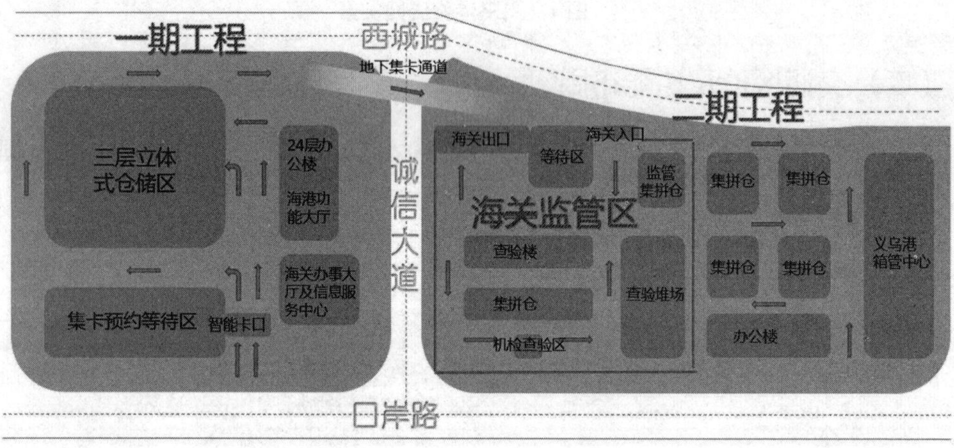

图 3 义乌港物流园功能布局

园区一期工程与二期工程间通过地下集卡通道连接，集装箱卡车在一期仓库完成装箱作业后，可通过地下通道前往二期海关监管查验区进行查验施封，避免占用城市主干道，大大提高了作业效率。

（三）运营主体及战略定位

浙江义乌港有限公司主要承担义乌港物流园的建设与经营管理工作。2016 年 11 月 14 日，为推进浙江省海洋港口一体化战略，浙江义乌港有限公司成为浙江省海港投资运营集团有限公司旗下全资子公司。整合后的义乌港成为具备完善海港功能的内陆港，可视同为宁波舟山港的一个港区，同时承载了多重战略定位，成为省“一体两翼多联”港口格局的多联龙头，义甬舟开放大通道“双侧核心”的陆核一侧，践行“一带一路”倡议、探索建设自由贸易港的重要平台。

（四）运营效率及社会贡献

截至2017年年底，园区完成集装箱作业量107万TEU，货物主要通过公海联运、公铁联运销往世界各地。园区内已集聚外贸企业、国际物流企业359家，其中有2家5A级物流企业，5家4A级物流企业，27家3A级物流企业，包括中远海、法国达飞、东方海外、长荣等国际知名船运公司以及鲲鹏、金士顿、物产中大等省内知名物流企业。2017年园区入驻企业运营总收入457.5亿元，同比增长1.60%；税收总额1.49亿元，同比增长1.51%，就业总人数5600人。

园区仓库的建筑形式是目前国内比较先进的三层立体式仓库，集装箱卡车可直接上楼，节约用地500余亩，获国土资源部全国节约集约用地示范项目。2014年园区对公共区域照明进行LED灯光改造，一年节能约30万度；2015年引进光伏发电项目，在建筑屋顶增设太阳能光伏发电设备，为节能减排做出了贡献。此外，园区还建设了一座微型消防站，并组建了义务消防队。

二、主要做法

在改革开放的头三十年里，义乌用全球最大的小商品市场培育了义乌发达的物流行业；但随着国内外贸易形势的影响和义乌自身的限制，市场的发展势头正在逐渐消退，已逐渐形成物流行业反哺市场的新业态。

（一）创新特色仓储集拼新模式

义乌出口商品最大的特点就是以百货杂件为主，2014年以前，外商采购商品在海关申报环节采用“0139”模式，即所谓“旅游购物商品”贸易模式，是指外国旅游者或外商采购货值在5万美元以下（含5万美元），以货物运输方式出口的小批量订购的货物。为支持义乌市场发展，推进出口贸易便利化，2014年7月，海关总署发布第57号公告，增列海关监管方式代码“1039”，全称“市场采购”，仅限于在义乌市市场集聚区（范围为义乌国际小商品城、义乌市区各专业市场和专业街）内采购的出口商品。所谓“市场采购”贸易方式，是指由符合条件的经营者在经国家商务主管部门认定的市场集聚区内采购的、单票报关单商品货值15万（含15万）美元以下、并在采购地办理出口商品通关手续的贸易方式。2014年11月，首票以“市场采购”贸易方式（海关监管代码1039），申报出口的小商品货物在义乌港物流园海关监管区办结通关手续后顺利出口。这标志着为义乌小商品量身定制的“市场采购贸易模式”正式落地。

但是受义乌市场的特殊性影响，义乌企业在实际出口流程上还是存在诸多限制。其一，义乌并无成熟开放的集拼市场和监管模式，在“先拼后查”的模式下，退单风险由箱内货主共担，使得货主不敢参与拼箱出口业务；其二，义乌商品的“无票”属性使得其在宁波进行监装拼箱的可行性几乎为零，买单出口和灰色拼箱成为行业灰色地带；其三，近年来义乌出口订单呈现“碎片化、小金额、多批次”的情况，单个商家货物基本无法满足独立装柜的需求，而选择在宁波等地拼箱又存在成本高、时间长诸多问题。为此，义乌港物流园从 2017 年开始依托园区仓储逐步开展“义乌特色”集装箱拼箱业务。

1. 海关 1039 模式拼箱

在 1039 模式（即“市场采购”贸易模式）下散货集拼业务。在义乌进行采购的各国采购商主要从事小商品批发零售贸易，从义乌批量进货回本国零售。为缓解资金压力，采购商一般采用少批量多批次“零碎化”采购方式，所以义乌散货集拼业务需求很大，例如，以义乌公司主体为申报单位在杭州关区散货集拼出口的数量为 8.3 万 TEU/年，贸易额达 44.5 亿美元，而且在宁波、上海等地拼箱又存在成本高、时效性差诸多问题。义乌港物流园依托海关监管口岸的便利性，可以在拼箱环节为采购商提供理货服务，将极大提升拼箱效率，降低物流成本，提高出口时效性。

以义乌到迪拜出口货物为例，从义乌采取外贸进仓的模式运输至宁波拼箱仓库，货物需要分批运至拼箱仓库，且宁波的仓储费用整体较义乌高，货物平均运费可高达 450 元/立方米，而在义乌拼箱，可将费用压缩在 350 元/立方米左右。另外，在时间成本上，一批货物有时无法整箱拼装，需要联系等待其他货物共拼以降低成本，平均拼箱周期为 7 天左右，由于同类商品订购较为集中，在义乌拼箱很容易找到拼箱货源，平均等待时间可缩减至 3 天甚至更少；由于在宁波查验只能采用一般贸易模式查验，查验耗时较长，因此对于市场采购货物品名较多的情况，可以采用市场采购贸易模式申报，出口货物实行按大类方式申报和认定查验，平均通关时间可缩减至 90 分钟。

2. 海关监管模式下的拼箱

依托义乌国际贸易市场货源优势与海关国检口岸优势，义乌港物流园与义乌商城集团合作开发建设海关监管仓业务，为杭州关区下首创。

义乌港物流园海关监管仓较一般仓库的特点是海关在装箱之前完成货物的查验工作，一方面可以避免货物在后续查验过程中二次装卸对货物造成的破坏，确保货物的完整性；另一方面由于仓库与商城集团合作开发建设，拼箱货源可易于检测和追溯，货物的真实性更高，可进一步降低查验率，有利于提高时效。

主要业务模式是对仓库实行线上操作人工核查的辅助监管方式，保证单、货一致，减轻海关监管压力。该模式主要有以下特点。

一是跨境电商市场采购货物在海关认可的服务平台登记包括商品属性、高清照片、包装、采购商、采购店铺、商品开票工厂等信息。

二是货物的电子信息都会以条码的形式标记在外包装上，同时对接仓库管理系统。

三是货物在经过库检查验时，信息数据及仓库监控数据也将存入管理系统中。

四是送货车辆凭送货单通过卡口时，送货车辆的车牌与高清照片会留存在信息系统内。

五是在卸货区内仓库管理人员利用手持设备扫描货物条码进行理货，核对货代报送的电子信息以及货车司机的送货单，三者信息相符才可进入仓库监管。

（二）对接海港功能延伸，搭建内陆港物流大平台

所谓海港功能的延伸，就是将义乌港作为海运始发港和目的港，货物进入义乌港物流园区内即视同进入宁波舟山港的港区，这样货物在“义乌—宁波”运输过程中可以简化报关、查验、放行等手续，减少时间成本和综合物流成本。海港功能的延伸需要几个前提，主要是服务前移和信息对接，义乌港物流园目前正在打造的就是集合集装箱、车队、港口信息、单证信息于一体的综合服务平台，取得船公司认可，持续推进“CY 义乌”公路出口全程运输。

1. 建设箱管中心

海运服务中最重要的内容就是箱源的提供，拥有集装箱的种类与数量是衡量一个港口繁荣程度的标准之一。园区箱管中心（如图 4 所示）于 2017 年 3 月成立，成立伊始，园区就与长荣、马士基、中远海、以星等十四家船公司积极对接，协调提高各家在义乌港物流园堆场堆存的集装箱数量。自 2017 年二季度开始，园区箱管中心业务呈现季度翻番增长的态势，至 2017 年年底提还箱量达 1.7 万 TEU。

图 4　义乌港物流园箱管中心

2. 建设海港功能大厅

园区海港功能大厅位于义乌港商务楼一层主厅，厅内设订舱、签单、码头功能、箱管中心、商务收费等窗口，滚动播放码头船期、堆场空箱等信息，于 2017 年 12 月底正式启用。在园区内从事出口贸易的各家单位和企业可以在大厅内直接办理订舱、签单、换单、运输、商务、金融等原本由港口、船公司、船代提供的服务功能，实时了解宁波口岸咨询和码头信息。

3. 搭建集装箱运输平台

集装箱从义乌港运至宁波码头，平均需要 4~5 小时，平均每天约有近三千辆集装箱卡车往返，运输规模较大，在企业自主寻找车辆运输的模式下容易对仓库、码头和城市交通造成一定压力，在 2015 年就出现过出货旺季数百辆集卡同时从园区驶出，从高速入口延绵拥堵数千米的情况。

针对上述情况，同时出于把控集装箱运输时效、安全、运价等方面的需求，园区在

2017 年年底着手搭建集装箱运输平台，充分利用义乌港条件进行仓储货运联动，引进国联、佳创、天翔、卓飞、佳创、陆驰、华讯、东岸、巴米 9 家合作车队，与长荣，马士基，太平，中远海，以星，地中海等 14 家船公司合作，通过对提箱、还箱、甩挂、堆场等信息进行综合判断，对合作集卡车进行调度，引导企业进口箱源分拨、拆空后，将空箱还至义乌港，形成双重运输，提高进口还箱周转率，通过对将运输效率最大化，形成一个“线上虚拟无水港”。

2017 年年底，双重运输量达 2. 5 万 TEU，同比增长 59. 4%，2018 年第一季度，甩挂运输量已达 3000 余车次，较同期翻两番，业务总体呈现快速增长态势。

（三）大力发展海铁联运，增强口岸功能，打造国际枢纽港

1. 积极开展海铁联运

自 2016 年 8 月义乌海铁平台搭建后，园区先后引进国联、巴米、华讯、联洋、东南、兴港、陆驰、中远海、亚细亚等客户，目前义乌海铁平台下属客户已达 12 家。2016 年，海铁业务量累计完成 2. 4 万 TEU，2017 年完成 5 万 TEU，同比增长 108. 5%，占宁波港海铁运输总量的 1/8，是宁波海铁联运线路上重要的喂给港。

2016 年 12 月 29 日，义乌班列升级为“点对点”循环班列（周一到周五每天 42 车）。2017 年 4 月 1 日将循环班列再次升级为“天天班”，有力保障了客户的出货需求，同年 8 月成功试运行一次一天 2 趟班列到发，一次 2 趟单发送。9 月 19 日，义乌港马士基海铁联运周班列首发仪式顺利完成，标志着“CY（集装箱堆场）义乌”已逐步得到船公司的认可，义乌港真正实现全程运输。11 月 22 日中远海海铁专列与 11 月 24 日地中海海铁专列分别相继顺利开通，实现了海运提单签发至义乌港、无缝物流服务的突破。义乌港物流园海铁联运班列首发仪式如图 5 所示。

图 5　义乌港物流园海铁联运班列首发仪式

2. 强化陆港口岸功能

建设海关监管区，海关、商检办事大厅，建筑面积 7.6 万平方米，内配有两层共计 3.4 万平方米的停车待检区，集装箱停车位 416 个，人工查验月台 56 个，还配套建设了现代化的智能信息系统，配置了先进的 H986 集装箱机检查验系统，使园区内的业务流程、管理方式、技术手段得到全面提升，目前义乌海关已全面进驻，可以为外贸企业、报关行提供“三个一”（一次报关、一次查验、一次放行）的通关服务。

3. 与电子口岸合作，应用第三方电子锁

应用第三方电子锁较传统机械锁相比具有两大优势：第一，可实现集装箱陆路运输全程监管，可通过 GPS 实施定位追踪。第二，在通过口岸海关时可通过信息自动识别，从而实现 24 小时自动转关，不受作息时间限制，同时识别时间较人工识别也大为缩短。可以说，电子关锁的应用为实现公路海运全程运输创造了决定性条件。

三、示范特色

（一）结合地区发展完善物流服务

义乌小商品市场是全球最大的小商品出口基地和全球最大的小商品集散地，义乌海关每年出口量约占义乌出口总量的 70%，而其中约一半在义乌港物流园进行施封。园区根据市场需求特点，创新服务模式，进一步满足义乌市场需求。一方面，针对小商品的物流特点，大力发展仓储业务，一期仓储区拥有全国首座大体量三层立体式外贸拼箱仓库，二期拥有 6 万立方米特色仓储。另一方面，针对义乌市场的特点，依托海关优势，不断探索尝试，创新海关监管模式拼箱、1039 模式集拼等多种特色仓储服务。

此外，随着浙江省港口融合工作的深入推进，义乌港将宁波舟山港的港口功能和优质服务延伸并辐射到内陆腹地。义乌物流企业在义乌港内即可实现海运订舱、签单、运费结算、箱管服务、物流配载、商务费收等业务服务，即时了解码头船期、堆场空箱等信息。进而实现了义乌港与宁波舟山港“同关同检”“同港同策”，进一步丰富了义乌港物流园的服务体系。

（二）多措并举构建国际物流通道

义乌港物流园作为具有海关、商检等口岸功能的内陆枢纽，通过完善口岸功能、发展多式联运、加强国际港口合作构建了国际物流通道，为义乌实现“买全球，卖全球”及“一带一路”建设提供支撑。

一方面，完善通关服务模式。园区可提供“三个一”（一次报关、一次查验、一次放行）的通关服务；一般贸易转关，通过电子关锁可实现与宁波港无缝转关。另一方面，园区通过义乌海铁平台，开行海铁联运班列，建立国际海铁联运体系。此外，园区还通过加强与迪拜港等国际港口合作，构建了国际物流通道，为不同需求的客户提供多种服务产品。

四、园区未来展望

按照全省海洋港口发展“十三五”规划及义甬舟开放大通道建设等相关规划要求，义乌港物流园将按照“四个一流”目标，延伸港口功能，提升服务价值，发展海铁联运，打造智慧物流，拓展国际合作，使义乌港成为功能完备、设施先进、效益显著，具有国际影响力的枢纽港，为“一路一带”建设提供有力支撑，使义乌在促进沿海、沿边与内陆互动开放格局中发挥更大作用，愿景如下。

1. 成为内陆始发港与目的港的构建者

进一步与宁波舟山港融合，以“一港两区”模式实现集装箱“港内移泊”。与监管部门协商，形成港内“移泊”海关监管方案，依托电子关锁应用建设海关认可的疏港车队，发展海铁联运，提升通关效率；培育“无船承运人”，签发国际全程提运单、承办国际多式联运、负责国际运费结算，使义乌港物流园不仅仅是一个内陆物流场站，而真正成为国际公认的目的港和始发港。

2. 成为海港功能向内陆延伸的践行者

进一步深化海港功能辐射和货物集聚。延伸引进国际航运中心功能，持续吸引义乌周边及浙中西、赣、皖等地的腹地货源，同时将“港口内移、就地办单、多式联运、无缝对接”的特色功能持续向内陆腹地延伸，成为海港功能向内地辐射的桥头堡。

3. 成为绿色、智慧、国际化港口的创建者

加快园区发展向智能化转型升级，实现“信息靠港”，搭建线上“虚拟义乌港”，推动国内各沿海港口及边境口岸的车船信息共享至“虚拟义乌港”平台，通过应用机械化装备和信息化技术，切实提高港区运行效率和资源利用率，打造国际航运信息中心。

通过与国外铁路、港口合作不断推进国际化。义乌港物流园就海关关检互认、清关便利化等方面与俄铁公司开展谈判，拟在义乌港建立中俄国际集装箱物流园区，建设具有示范性的一体化智能仓储，依托海铁联运，打造至俄罗斯、欧洲货物的集散中心。拟与迪拜龙城市场（Dragon Mart）合作，为当地采购商进行服务，建立起从中国内地工厂到国外零售商店的全程物流服务并进行延伸，为客户提供包括运输、拼装、仓储、分拨、贸易便利和增值加工服务在内的完整的服务体系。与迪拜环球港务集团成立合资公司开展义乌—迪拜门到门双清业务，提供迪拜专线物流国内端的仓储、理货、货物代理、订舱和国外端的物流配送等服务。

4. 成为港口物流供应链平台的开拓者

大力发展航运金融、保险、租赁、信息咨询、口岸通关、航运代理、海运结算等临港经济新业态，形成航运交易、航运金融、航运保险等增值服务体系，打造以义乌港为核心的“商流、物流、单证流、资金流、信息流”五流合一的贸易枢纽。

荣誉专栏

颁发时间	荣誉名称	颁发单位
2018 年	示范物流园区	国家发展改革委 国土资源部 住房城乡建设部
2017 年	AAAAA 级物流企业	中国物流与采购联合会
2012 年	甩挂运输试点企业	交通运输部 国家发展改革委

（撰稿人：鲍卫东　浙江义乌港有限公司　总经理、党委副书记
吕以强　浙江义乌港有限公司　党委书记、副总经理
吴硕烁　浙江义乌港有限公司　综合部主管）

衢州工业新城物流园区

打造一流陆路港　构建危化品物流全新生态圈

衢州是闽、浙、赣、皖四省边际中心城市，交通区位优势明显，同时也是国家化学工业基地，化工产业是其支柱产业之一。衢州工业新城物流园区位于国家级经济技术开发区——衢州绿色产业集聚区内，由浙江巨化物流有限公司负责经营管理。园区以基础物流为起点，以化工物流为特色，通过创新“公路港”整合、“孵化器”发展、“一站式”服务三大发展模式，创建“信息、配载、交易、配送、仓储、研发”六大平台，解决了危险化学品（以下简称“危化品”）运输监管难、物流企业创业创新难、工商企业物流业务外包难、社会车辆停车配货难的困扰，为危化品物流园区建设运营树立了典范，提供了值得借鉴的经验。

一、园区概况

（一）规划建设背景

衢州是国家历史文化名城，位于钱塘江上游，地处闽、浙、赣、皖四省交界处，素有“四省通衢”“五路总头”之称，陆、水、空交通网四通八达。化工产业是衢州市的支柱产业，全国最大的氟化工制造业基地和浙江省最大的化工基地便坐落于此。2010 年全市化学工业总产值便已达 234.66 亿元（2017 年全市化工行业产值已经达到 324 亿元），共有危化品企业 351 家，其中仅巨化一家企业年危化品进出总量就达 350 多万吨，整个衢州绿色产业集聚区年物流总量达 2000 余万吨。

随着区域内化工企业的不断发展壮大，衢州工业新城周边集聚了许多危化品物流公司。一方面，这些新增物流企业规模大多较小，且缺乏有效的管理，给周边安全环保带来极大隐患；另一方面，由此衍生出的停车、清洗、检测等服务需求日益突出。浙江省、衢州市两级政府高度重视，经多方论证，于 2011 年实施“衢州—巨化一体化”发展战略，指出巨化对衢州的贡献要从工业发展带动转向绿色产业新城建设带动，并提出“十二五”期间，衢州市要加快发展现代物流业，获取危化品物流行业领先优势，把区位、交通、资源等传统优势转化为产业、物流、市场等综合竞争优势，打造四省边际特色现代化工物流集聚区，衢州工业新城物流园区应运而生。园区实景如图 1 所示。

图 1　园区实景

（二）交通区位

衢州工业新城物流园区位于国家级经济技术开发区——衢州绿色产业集聚区内，东起衢化路，西至高新园区大道，南邻环城南路，北靠沙金大道，交通条件优越。厂前路、巨化西路、物流大道三条城市主干道、快速路，是连接园区内部道路和省际物流通道的主要道路。园区东、西、北三个对外出口分别与杭金衢、杭新景、黄衢南高速以及 46 省道相连，构成“井”字形对外辐射的联运网络。（如图 2 所示）

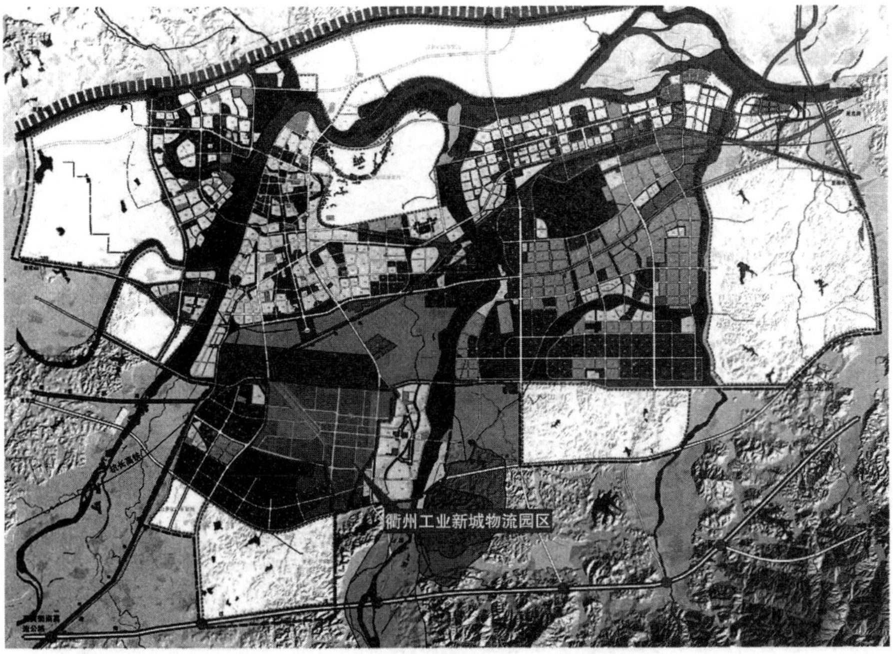

图 2　衢州工业新城物流园区交通区位情况

园区铁路专用线（如图3所示）与浙赣复线衢州站接轨。内部铁路专用线长33千米，拥有13条危化品专用铁路卸车线，20个危化品装卸车单元，桥面吊、正面吊等吊装设备、轨道过磅设备、集装箱堆场等设施齐全。同时，园区运营主体拥有4台内燃机车，200余辆自备铁路槽罐，168辆自营危化品道路运输车辆，可以快速实现公铁转运、装卸、配送等物流服务的对接。

图3　园区铁路专用线

（三）功能布局

衢州工业新城包括综合物流园区和工业新城物流园区两个物流功能区。以乌溪江为界，工业新城分为东西两片，综合物流园区位于东片区，并处于城市规划区东侧边缘；西片区包括“一企两园”（巨化集团有限公司、高新技术园区、金属制品园区），工业新城物流园区位于西片区的中心区，该区域是化工产品生产基地，区域内有巨化集团有限公司、元立金属制品有限公司和高新技术产业园区内相关企业，细分为一基地（制冷剂罐储基地）、两中心（车辆服务中心和物流商务中心）、三大仓储区（液体危化品罐储区、大宗散货仓储区、普通货物仓储区），如图4所示。园区总规划面积207.4万平方米，总投资约10亿元，目前已开发用地面积58.3万平方米，已建成物流运营面积56.7万平方米。

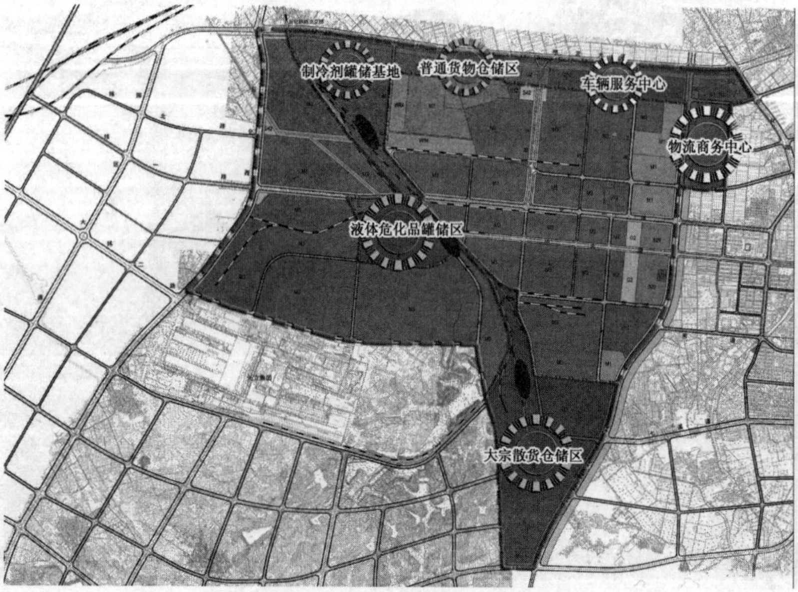

图4　衢州工业新城物流园区功能布局

（四）运营主体

园区的运营主体浙江巨化物流有限公司成立于 2012 年 3 月，注册资金 5000 万元，是浙江省大型国有化工企业巨化集团有限公司全资子公司，中物联 4A 级综合型物流企业，浙江省重点扶持物流龙头企业，衢州市物流协会会长单位、浙江省物流与采购协会危化品分会发起人。

公司通过 ISO 9001 质量管理体系认证，为国家高新技术企业。目前掌握 16 项软件著作权，同时拥有普通货物运输、危险化学品运输以及铁路危险品运输代理人三大资质，取得交通部道路危险货物运输企业安全生产标准化一级资质。

（五）运营效率及社会贡献

随着园区功能的不断完善，通过货主、承运商、政府部门互联互通的多平台运作模式，开启一站式服务，区域产业集聚效应逐步显现。2017 年，园区实现货物吞吐量 1250 万吨，园区入驻企业 69 家，就业总人数达 4532 人，实现运营总收入 75.53 亿元，税收 1.27 亿元。

园区首创省市两级危化品物流企业联合工会、危化品驾驶员之家，通过提供相关法律援助、民事调解、技能培训、网上服务、心灵港湾和关心关爱的具体举措，协调企业与驾驶员之间的关系，主动探索危化品物流园区新领域工会工作；利用园区物联网危化品停车场智能管理系统、危化品智慧仓储系统、危化品车辆驾驶模拟系统，成立“两客一危”驾驶员培训基地，在开展各类产学研项目合作的同时，承担全省危化品物流基地的教育、培训、实训义务，彰显社会责任。

二、主要做法

园区紧紧围绕高水平全面建成小康社会，以“创新、协调、绿色、开放、共享”为发展理念，以“强创新、促改革、创机遇、聚合力”十二字为方针，按照“干在实处、走在前列、勇立潮头”的目标要求，推动衢州物流产业由高速度向高质量发展，打造国内专业化、特色化、高端化的危化品物流名片。

（一）多措并举　打造安全高效型物流园区

危化品在仓储、道路运输、装卸等作业过程中，由于设备缺陷、撞击、挤压以及司机违章驾驶等原因，稍有不慎，便可发生火灾、爆炸、中毒和重大交通事故，对行人及周围环境构成重大威胁。为此，园区协同地方政府引导危化品车辆入园集中管理，通过开发建设监管系统、建立健全管理制度、加强对从业人员教育培训力度、重点岗位可视化覆盖等手段，极力打造安全高效的物流园区。

1. 开发监管系统 实现信息互通互联

针对监管部门在危化品运输过程中货车货物信息难以管控，车辆速度、运输轨迹等信息难以知晓的情况，园区借鉴先进经验，开发建设危化品道路运输综合监管系统，交通运输、安监、公安等职能部门可与危化品充装企业、运输企业通过该综合监管系统实现数据与信息的互联互通。

在实际应用中，入网车辆运输途中，交通运输、安监、公安、质监等部门可实时在地图上监控该车辆运行状态、货物信息、驾驶员押运员信息等，为企业和行业管理部门日常监管及第一时间处理异常突发状况提供依据；园区还可以通过信息系统检查运输车辆罐体是否合格，并在充装后将实际充装品名、数量推送给运输企业和政府部门，为后续管理和应急处置提供数据；在运输途中，该系统通过智能设定禁行线路，加强车辆运行管理，对违反规定的车辆自动报警，一旦危化品企业车辆、从业人员资质等数据存在超期等异常情况，便可以在第一时间要求运输企业进行整改。

2017 年 10 月起，园区启用了道路危险货物运输电子台账管理软件。园区内的道路危险货物运输企业每月将安全管理台账通过软件上传至各辖区行业管理部门审核，让数据代替人工“跑腿”。2017 年，园区监管平台协助交警部门累计处理违章车辆 386 辆次。

2. 制定行业准则 杜绝行业违规乱象

为进一步加强危化品物流安全管控，规范运输秩序，衢州市出台了《衢州市危险化学品道路运输安全管理办法（试行）》，同时配套制定危化品物流安全防控联席会议制度、协同联合执法常态化等机制。在此基础上，园区规定，在系统注册的承运商必须提供其企业、车辆、人员的资质材料进行审核备案，审核未通过的一律不得通过配载平台承接运输业务；在业务配载过程中，系统将自动对资质进行核实，任何必需的证明文件过期均将无法进行配载应约；园区对承运车辆的技术状况、标牌标识、劳动防护用品、消防设施等设定安检标准，不符合要求的，也一律不准上路。

随着园区快速发展，新增项目也越来越多，为此，园区立足健全经营管理体制和服务功能，创新化工物流组织方式，重塑园区物流行业标准。2016 年，园区经营主体依据 GB/T 15496、GB/T 15497、GB/T 15498 的标准要求，参照美国、欧洲等发达国家和地区物流企业运作模式并结合自身的质量管理体系，从服务、技术、作业规程等方面对传统物流作业不规范、不完善、不科学的地方进行了梳理优化，耗时一年，制定了《物流园区服务标准》，并于 2017 年 1 月正式实施。其中，《商品融资质押监管规范》现已成为衢州市地方标准，并纳入省级标准化体系试点。

同时园区还制定了《外配承运商安全服务考核细则》。该细则使用扣分制，每单位每月满分为 100 分，从承运商 1 年内无重大事故、车辆车厢无明显质量或安全（故障）隐患、不得擅自将整板运输的货物拆散运输等方面，细化了 30 个小项为入园的运输企业进行打分，月末或季末根据最后得分评出服务质量等级，作为各承运商承运配额与承运资格重新审定的依据，等级高的可以优先选择配送权利，等级低的少配甚至取消配送资格，以此鼓励各运输企业重视安全、拒绝违章。

3. 加大培训力度　提高安全技能水平

园区在汽车运输公司驾押人员待命室配备了电视机，专业安全管理人员剪辑制作了数十起事故案例以及应急处理措施内置其中，实行敞开式案例学习，从业人员可利用工作间隙，单独观看或开展集体学习讨论；同时园区每年还会为从业人员量身定做各种应急演练、法律法规培训，园区内的“两客一危”驾驶员们通过预约便可参加形式多样的安全教育培训活动。

2017 年，园区又花费 200 多万元引进危化品车辆驾驶模拟系统，该套系统能内置 150 起交通事故经典案例、40 起突发情况、10 种路况条件下总计近 300 千米的 3D 道路等四个数据库，可以完美模拟阴雨天气、城市道路、乡村道路等各种路况。2017 年 12 月 2 日是我国第六个“全国交通安全日”，在这一天园区借助先进的培训设备以及完善的培训体系，成为衢州市“两客一危”驾驶员培训基地。

4. 推进天眼布控　防范岗位安全风险

实践证明，如果能在事故发生的第一时间采取有效措施，就可以极大地减少重大事故的发生。为此，园区不断推进“雪亮工程”建设，对所有纳入平台的危化品车辆运用物流网技术开展大数据分析，实现了对运输途中的危化品车辆进行全过程的跟踪监管。监管包括：对液体危化品灌装点的监控；对危化品车辆驾驶员不规范作业的监控，如行驶路线、超速驾驶、疲劳驾驶等，一旦发现，会及时发送短信提醒，给予警示，直至作业人员纠正错误作业方式；质押监管信息系统采取异地远程集中管理控制，降低业务运作风险。同时，园区内的仓储、车辆维修、危化品槽罐清洗等所有重要岗位均有可视化报警设备，并针对有可能发生的异常情况设定了应急预案。这一举措，在衢州市危化品物流防控体系建设中扮演了重要角色，构筑了园区协同监管的“衢州经验”，有效解决了区域危化品车辆的重大安全环保问题，并得到了专家及政府部门的肯定。

（二）政企联动　打造绿色环保型物流园区

园区采用政府主导，企业建设、运作的模式。建设之初，省、市两级政府多次组织专家进行论证调研，最终把衢州工业新城物流园区确定为衢州市货运枢纽站场，在《衢州市国民经济和社会发展第十二个五年规划纲要》中确定衢州工业新城物流园区为重点物流项目和浙江省现代服务业集聚示范项目。2012 年 6 月，衢州市人民政府常务会议通过《衢州工业新城物流园区控制性详细规划》和《衢州工业新城物流园区建设发展规划》，同时成立衢州工业新城物流园区领导小组，领导小组下设办公室。衢州市政府对园区的建设高度重视，由分管副市长挂帅担任园区领导小组组长，市发展改革委、财政局、交通运输局、安监局、规划局等 15 个职能部门为成员单位。园区建设领导小组统筹协调园区规划、研究决定园区政府管理职能设置、制定园区扶持政策、明确服务主体、推进集中管理、协调解决园区建设和运行中遇到的重大问题，为园区的建设保驾护航。

1. 科学合理的园区规划

园区按照立足当前、适当超前的原则，围绕打造全国一流危化品集散中心，构建危化品物流全新生态圈的定位，深入基层调研，主动走访相关部门，广泛听取意见。一方面先后对上海化学工业区物流产业园、成都西部化工市场、宁波化学品交易市场、传化物流等国内先进物流园区进行实地考察，与浙江通创供应链咨询公司探讨物流园区发展方向；另一方面积极向交通运输部，省、市物流主管部门汇报建设思路。

通过调研、考察逐渐形成和确定了园区“一基地、二中心、三大仓储区”的发展思路。之后在交通运输部科学研究院的专业指导下，由浙江省发展规划研究院编制了园区总体规划。规划经市发展改革委组织省内物流专家以及各城区政府、高新园区、公安、国土、环保等部门召开规划评审会，广泛收集意见后，经修改多次最终确定。

根据规划，制冷剂罐储基地，“十三五”末实现2000万罐充装规模，成为全球制冷剂配送中心；车辆服务中心占地面积达200余亩，内设危化品车辆清洗厂房、危化品车辆维修厂房、特种设备检测厂房、危化品停车场、加油站等配套设施；物流商务中心设计年货物吞吐量382万吨；三大仓储区总规划面积1500余亩，总投资3.13亿元，包括液体危化品罐储区、大宗散货仓储区、普通货物仓储区，其中，大宗散货仓储区设立规划功能区货场、仓储、流通加工、车辆服务、商贸配套、办公服务等服务板块。

2. 有序推进的园区建设

园区围绕目标规划，循序渐进，高质量推进园区建设。施工、监管单位均为实力雄厚、在业内有着极好口碑的一流企业。园区所需的水、电均由巨化集团有限公司供给，消防、环保设施均按国家最高标准规定配备。园区的建设时序按“三阶段”有序推进。

第一阶段：重点建设物流商务中心、车辆服务中心和制冷剂分装项目。物流商务中心项目主要建设融运输交易大厅、商户入驻和政府相关职能入驻为一体的配载、信息交易大楼。车辆服务中心内设停车、清洗、检测等功能板块，其中危化品停车场（如图5所示）根据场内通道和周边建筑物的性质，设置防火间距，按易燃易爆品、有毒品、腐蚀品三类划定车位停放，避免了交叉污染；车辆清洗服务按专业化要求建设水洗、蒸洗和氮气置换等技术运用，四套污水处理池实行集中处理和循环使用的方法，采用酸碱中和、沉淀、过滤和清水回收利用等手段，确保环保达标。

第二阶段：物流商务中心和车辆服务中心全部建设完成，成为衢州工业新城物流园区的核心功能区块。制冷剂罐储基地建设基本完成，液体危化品罐储区、大宗散货仓储区和普通货物仓储区的建设有不同程度的进展，工业新城物流园区基本建成。同时，围绕巨化建设发展情况，同步做好三大仓储区中20万吨中转油品罐储，盐酸、硫酸及制冷剂液体储罐等项目的前期调研工作，为仓储区的建设创造有利条件。

第三阶段：衢州工业新城物流园区“一基地、二中心、三大仓储区”建设内容全部完成，六大功能区块的业务功能和服务能力充分发挥。园区以商业模式管理输出及多元合作方式，通过巨化集团有限公司的雄厚产业发展基础以及衢州工业新城物流园区的物流核心能力完成沿海、沿江、沿河和沿路物流节点布局，全国化工产业基地物流服务网络基本形成。

随着园区车辆服务中心、物流商务中心、普通货物仓储区等建成并投入使用，使区域危化品运输管理日趋规范，危化品运输途中的废油、废弃物也能得到合理回收，区域内“散、小、乱、差”的物流状况得到了明显改善。

图 5 园区危化品停车场

3. 高效协同的园区管理

园区建立了以物流信息为枢纽的前、中、后台相互支持的管理架构。前台由入驻园区相关企业和公共服务平台组成。中台由市政府派驻部门，巨化物流公司等单位组成。市公安、安监、税务、交通运输、环保、综合执法等相关部门人员入驻园区，实行“一站式”服务。巨化物流公司作为园区运营管理商，下设招商管理部、综合管理部、工程管理部、物业管理部、信息中心等八大部门，负责招商引资、园区管理、基础建设、平台服务、项目建设等日常事务，为物流企业提供无差别的公共服务。后台为衢州工业新城物流园区建设领导小组。

（三）整合资源　打造产业集群型物流园区

衢州工业新城物流园区全面融入四省九市边际城市物流体系和国家公路运输枢纽体系，园区借助优越的地理优势，依托衢州高新园区主导产业，通过不断完善基础设施，增强功能建设，着力引进管理规范、专业化程度高的大型物流企业，培育发展势头强劲的本地物流企业，促使物流资源向园区聚集。

危化品业务方面，园区已集聚了危化品生产高度集中的氟化工、煤化工、石油化工、氟硅产业等一系列企业。2017 年，园区内的氟化公司年营业收入达 13 亿元，氟聚公司、联州制冷剂有限公司、设备材料公司等 8 家企业年营业收入在 2 亿元以上；集聚了宁波金洋化工物流有限公司、衢州市岳洋物流有限公司、上海赛瑞丝国际物流有限公司等国家 A 级物流企业 33 家，整合社会货运车辆 5462 辆，承担着衢州地区 65%的危化品发送量，园区产业聚集效应逐步显现。

配套服务方面，园区车辆服务中心内有车辆维修企业 8 家。其中，巨化汽运公司汽车修理厂为浙江省汽车维修行业协会理事单位，2017 年获颁“省优十佳”优秀综合类维修企业称号，东风天龙、重庆庆铃、柳汽、江淮动力等车辆生产厂家在此设立特约维修点。园区车辆维修服务秉承“绿色维修”理念，通过集中采购新型环保维修设备设施、建立科学维修体系、实施废旧物品分类回收利用等有效措施，大力推进绿色环保工作，为聚集资源打下扎实基础。园区还与中国石油股份公司合作，设立加油站；引进了浙江省特种设备检验研究院、衢州市检测中心和巨化检测中心，并与之合作开展移动式压力容器、常压罐以及化学成分的检验，将车辆服务项目向特种增值服务延伸；引进的力乾车辆检测站，拥有两条机动车安全技术检测线、四条环保尾气检测线，能够公正快速地为广大车主提供车辆检测年审服务。同时，园区还开设了保险服务窗口，打造检测、年审、保险一站式服务，努力降低区域危化品运输企业的运营成本，为衢州及周边地区危化品运输企业提供更优质便捷的服务。

（四）搭建平台　打造公共服务型物流园区

园区立足用互联网思维来考量传统化工物流企业转型，通过平台化战略推进物流业态发展创新，通过加强园区与化工产业链上下游企业的信息资源共享，有效推动衢州市及周边区域现代物流向专业化、规模化、集约化发展。

1. 中国化工云商网电商平台

中国化工云商网的成功注册投运，为园区打造化工行业领先的供应链电子商务一体化解决方案奠定了基础。该平台以服务专业化、价格发现敏捷化、互联引擎广泛化为核心内容，为业主单位提供了一套“自主管理、智能关联、全程可视化跟踪”的采购业务整体解决方案，在不改变业主已有的渠道划分和客户归属的基础上，实现网上客户挖掘、商务对接、业务处理等服务链延伸，达到“高效协同、整体降本”的目的。

为充分发挥信息服务平台的波及效应，实现物流电子商务与化工物流运作 O2O 融合，该平台又与银行、保险及第三方金融等机构进行合作，开展支付结算业务和供应链融资服务，使平台专业性、智能性、移动性、安全性、联盟性、创新性等技术特点得到充分体现。

在《互联网周刊》根据综合全国化工企业的网络社会影响力、自身互联网建设能力、行业地位等统计数据发起的评选中，该平台荣登“互联网+化工企业”百强榜单。近年来，园区不断加大力度，推进中国化工云商网络平台建设以及功能完善，截至 2017 年 12 月，平台注册企业超过 2.9 万家，平台总交易量突破 130 亿元。

2. “56168”配载交易平台

园区“56168”配载交易平台突显危化品物流的专业特点，建立了严格的承运商准入审核体系，其相关资质信息可与承运产品数据库信息进行匹配确认，并可将车辆核载数量等数据推送到充装岗位，进一步完善和提升了车货的匹配度和信息化管理水平，在制造业降低物流服务成本、提高承运商车辆实载率方面发挥了显著作用。平台主要有以下功能。

（1）招标配载——按照公开、公平、公正原则，从源头抓起，严格承运商管理，阳光运作，统一运输标准、统一安全标准、统一服务标准、统一考核标准，对货运资源承运商进行招标。

（2）竞价配载——对有需求无定向的社会货运资源和临时性的零担货物资源进行实时竞价交易配载。

（3）应急配载——针对紧急突发情况下启动应急预案保证生产正常进行和满足客户需求的配载模式。

（4）回程配载——平台与省内外其他园区进行互通，丰富车货源信息，为车辆提供回程资源信息，有效提高车辆实载率。

依托于平台数据的分析采集功能，在为物流服务供应商和需求方提供车、货源交易匹配的前提下，平台更多地可以为物流服务需求方提供数据分析、报表生成、行程监控等多方位的增值服务，初步形成平台大数据集成的作用。截至2017年年底，在该园区“56168”配载交易平台上注册的会员达2710个，注册承运商共2270家，注册司机9800多人，入驻企业自有车辆总载重达1735吨，平台网站累计访问量123239次，配载交易平台业务辐射全国。

3. “产学研用”一体化的创业平台

创新是企业发展的生命力，为此园区不断推动园区研发中心的建立，向创新要未来，向未来要效益。目前在园区内设有氟材料研发中心、智慧物流研发中心、制冷剂分装研究中心、巨化汽运公司研发中心四家研发中心。同时，园区还与衢州市政府联合设立园区博士工作站，积极探索新技术、新方法、新标准在危化品物流领域的应用。

2017年，浙江巨化物流有限公司与香港大学浙江科学技术研究院签订合作协议，合作研发的“基于物联网的云车场管理系统”，通过物联网消息队列遥测传输（Message Queuing Telemetry Transport，MQTT）协议打通整套车场管理信息系统脉络，将物联网感知技术注入车场设施中，全面提升了停车场管理的效率、便捷性与监管力度。

巨化集团汽车运输有限公司研发的“巨化汽运公司甩挂运输运营管理模式”曾获2014年全国交通运输企业科技创新成果二等奖，目前已获十余项软件著作权，另有多项专利审批。2017年，该公司与衢州学院联合成立危化品智慧物流联合研发中心，重点对物流信息化平台及危化品物流信息化管理进行研发，提高物流效率。近期开发的“物流系统大数据和信息集成系统”，对推进物流电子围栏项目建设，规范渠道管理具有推动作用。

（五）创新模式　打造多式联运型物流园区

衢州工业新城物流园区拥有浙西唯一的危化品铁路专用线，又拥有国家三级货运资质的巨化汽车运输公司，在开展公铁联运上具有得天独厚的条件。园区充分发挥铁路骨干运输，公路灵活多变的优势，主动激发衢州站、衢州东站、巨化编组站、元立站“四站联动”机制，加强与宁波港铁路有限公司，金华货运中心以及衢州、宁波等地方政府的合作，为客户提供“门到门”、点到点全程物流服务，降低综合物流成本，提升服务满意度。

园区充分发挥危化品铁路专用线的优势，将现代物流的理念和手段植入化工物流服务上，推进“散改集”以及集装箱公铁联运，开行衢州至宁波的海铁集装箱联运专列，将采购、运输、仓储、加工、配送等有效结合起来，并提供物流金融、保险等物流后续服务，将化工制造与现代物流实行跨界融合，促进大宗商品在物流园区的大进大出，进一步完善和创新化工物流业态。

2017 年园区普货集装箱业务形成规模，液碱、黄磷等危化品运输步入正轨，全年多式联运项目共计发送车数 8152 车，共 43.53 万吨。其中集装箱多式联运共完成空重箱到发 24768 箱，较上年增长 122%，占衢州市海运出口集装箱总量的 65.6%，区域集装箱集散中心雏形已成。

三、示范特色与经验参考借鉴

衢州工业新城物流园区围绕危化品物流的特点，以化工产业发展与物流服务需求为导向，以提升化工物流运行效率和安全水平为目标，以物流基础设施的优化整合和项目推进为核心，通过完善园区化工物流服务功能，推进危化品物流防控体系建设，着力破解行业短板，解决危化品运输安全“老大难”等问题，总结推行了自己的独特做法。

（一）“三化”力破三大行业短板

衢州工业新城物流园区的亮点之一，是以专业化、集中化、信息化解决“物流企业创业创新难、工商企业物流业务外包难、社会车辆停车配货难”的行业问题。

变革首先来自专业化、集中化。危化品仓储、大宗散货仓储、危化品停车、加油等配套设施的完善，压力容器化学成分分析、检测，危化品车辆清洗、维修等一大批专业物流服务企业落户园区，使危化品流通领域中所碰到的所有难题足不出园便可迎刃而解；其次，信息化则为园区的发展插上了飞翔之翼。园区的公共信息平台，实现了物流企业经营数据、信用数据与国内大型物流网站、国家交通运输物流公共信息共享平台互联互通，同时还能为物流服务供应商和物流服务需求商提供整体物流解决方案和可靠稳定的物流供求信息、在线车源信息、专线信息，并建立了从招标、委托、配载、结算、运输跟踪、保险、数据接口等一系列的危化品物流电子交易流程和结算体系，真正实现全程一站式服务，使园区的物流效率得到极大地提升，物流成本显著下降，补齐了危化品物流行业短板。

（二）“三个一”构筑危化品物流“防火墙”

衢州工业新城物流园区是以危化品物流为主的物流园区，除了要为区域经济发展做出贡献外，物流每个环节的安全更是重中之重。从 2012 年园区建设以来，园区运营主体及地方政府通过“一个物流园区”“一个信息平台”“一套规章制度”实现了危化品从生产到处置的全流程覆盖、全时段记录和全链式追溯，成效明显。

在地方政府的引导下，园区不断提升服务功能，通过降低服务车辆停车管理和清洗费用、缩短业务办理时间等方式，让企业切实得到实惠，从而吸引了更多危化品运输企业车辆入驻园区集中管理。衢州工业新城物流园区作为专业化、规范化运作的典范在危化品车辆治理中价值进一步显现。园区危化品道路运输综合监管系统的研发成功，使传统的危化品车辆运输监管由静态变为动态，由平面变为立体，危化品运输监管的难题被破解。园区制定了安全管理要抓规章、抓责任、抓重点、抓督查、抓氛围的“五抓”安全文化，对危化品物流中的车辆、从业人员、企业监管措施、危化品装卸均做了细致规定，进一步化解了作业中的安全风险。

四、园区未来展望

衢州工业新城物流园区将紧盯“十三五”规划，继续加大与政府部门的合作，全面推进衢州—巨化一体化发展战略，通过多业联动深度融合，进一步整合物流资源；通过加大物流网络平台建设，进一步降低物流成本；通过推进智慧物流建设，为企业提供更为多元的增值服务；通过创新物流业态模式，不断延长园区物流产业链。预计到 2020 年，园区及配载交易平台线上线下聚集物流企业 200 家以上，实现货物吞吐能力 2500 万吨，园区实现营业收入超过 100 亿元，危化品现代物流园区示范作用将进一步显现。

（一）打通绿色物流通道

充分利用“四省通衢”地理优势，打通接轨长三角港口化工基地的物流通道，成为衔接长三角东西部产业带重要服务链；依托化工供应链物流一体化，成为长三角区域的大型石化企业的主要外包服务商和国内知名大型化工特色供应链物流集成服务商。园区内部将延长集装箱门吊轨道，增加卸车线路 500 米以上，新增货位 30 个，实现铁路车站综合管理信息系统（简称 SMIS 系统）再升级，全面实现路企信息共享，提高数据准确性和作业效率。

（二）聚焦发展五大业务

依托巨化集团、绿色产业集聚区（高新园区）、元立公司等现有的货运量和物流基础，围绕存量物流资源整合和增量物流资源发展，以构建物流园区与互联网相融合的平台经济为核心，突出化工物流，重点发展包括基础物流业务、第三方物流服务、综合物流平台服务、供应链管理服务和物流增值服务在内的五大业务方向。

（三）构建完善一体化平台

通过物流业与制造业的联动，物流业与政府部门的联动，构建完善商务、金融、税务、安监等物流管理与服务公共信息平台，培育服务于整个化工行业的供应链物流模式，形成集物流总部、货运配载基地、区域分销、物流信息技术、物流金融等综合物流服务的一体化平台。

荣誉专栏

颁发时间	荣誉名称	颁发单位
2018 年	示范物流园区	国家发展改革委 国土资源部 住房城乡建设部
2017 年	浙江省示范物流园区	浙江省发展改革委
2016—2017 年	全国优秀物流园区	中国物流与采购联合会
2012 年	浙江省现代服务业集聚示范区	浙江省发展改革委

（撰稿人：林金元　浙江巨化物流有限公司　总经理
张　文　浙江巨化物流有限公司　总经理助理
高利荣　浙江巨化物流有限公司　秘书）

宁波经济技术开发区现代国际物流园区

依托世界一流港口　打造国际桥头堡物流园区

宁波经济技术开发区现代国际物流园区（以下简称“园区”）是宁波市港口经济发展的核心区域，成立于2009年5月，是“十二五”及“十三五”规划建设的重要综合物流园区之一，纳入宁波城市总体规划中。园区位于浙江对外开放时间最早、程度最高、开放功能区最为集中的区域——北仑区。自运营以来，园区积极顺应宁波港从“物流大港”向“贸易大港”转变的潮流，通过高起点规划、特色化运营、品牌化建设、标准化支撑与开放创新，努力实现并成为浙江省海洋经济发展以及宁波市国际强港实施战略中的重要“引擎”。

一、园区概况

（一）区位交通

园区位于北仑区霞浦街道，东至临港一路、南至穿山疏港高速、西至永定河路和大运河路、北至新329国道和集装箱第二通道内，共占地3.5平方千米。与宁波保税区、宁波出口加工区、大榭开发区和宁波梅山保税港区四个国家级开发区毗邻。距离临近的四个港口作业区6~15千米。距离穿山疏港高速公路、杭甬高速、甬台温高速、骆霞线四条高速公路最近出入口在3千米以内。同时，园区拥有纵横交错的内部路网并与外部相通，区位交通条件十分优越，辐射范围广，发展空间大，具有发展港口物流产业、建成一流现代物流园区的优势条件。园区交通情况如图1所示。园区区位示意如图2所示。

（二）发展定位

园区发展定位可以主要概括为“一条主线，三大支撑”，主线是坚持做大做强现代化物流贸易产业，推进物流业转型升级；以国际贸易引领为支撑，继续推进采购出口产业集聚，统筹各大港口资源，坚持开放发展；以创新拓展业态为支撑，立足消费需求升级，重点拓展冷链物流、跨境电商等新型业态；以科技信息技术为支撑，打造智慧物流园区，引进和培育一批在国际贸易、现代物流等领域的智慧化平台。

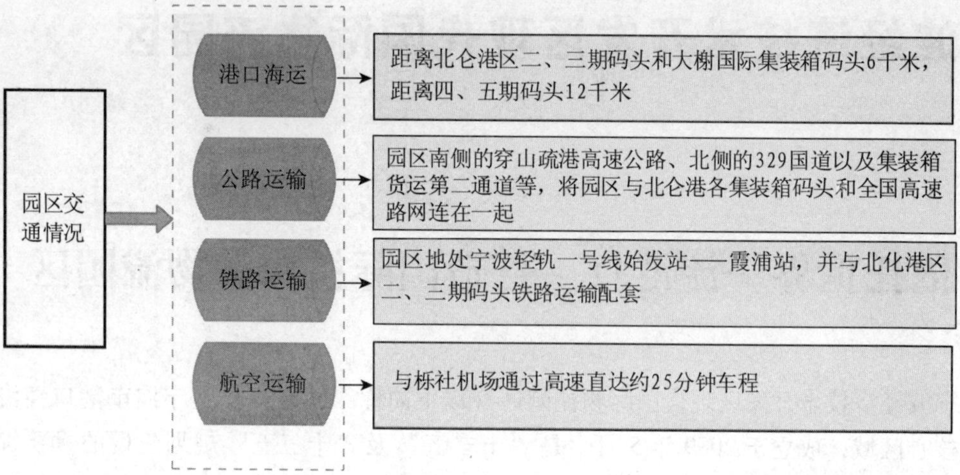

图 1　园区交通情况

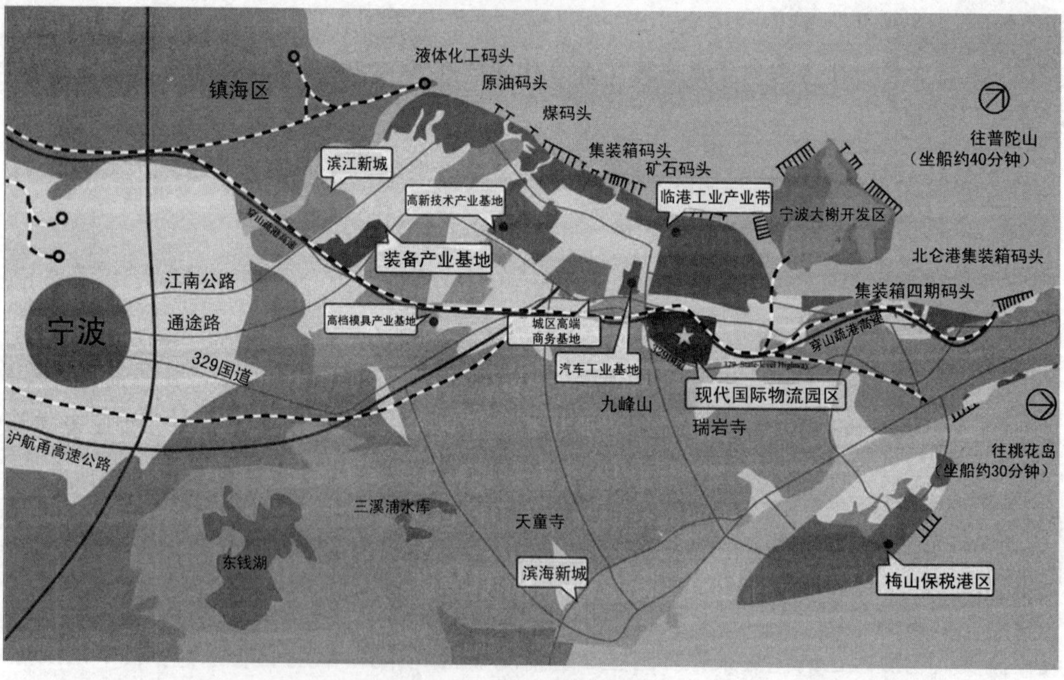

图 2　园区区位示意

（三）功能布局

园区主要包括以大型停车场为主体，以信息咨询、车辆与货物配载为核心的货运服务功能区；集聚餐饮、住宿、金融保险、贸易等商贸配套服务业的商贸服务功能区；以港口配套产业及国际物流园区出口加工型企业集聚的生产服务功能区；为了进一步简化流程，提高通关效率的口岸服务功能区。为开展现代物流业务提供了强有力的保障。

（四）运营效率与社会贡献

经过多年的发展，园区发展水平在全市物流园区中位居前列，物流产业集聚水平提升明显。截至2017年年底，园区相继引进各类企业300余家，重点引进了普洛斯、中外运、万维VX物流园等国内外知名大型物流企业落户，其中5A级企业1家，4A级企业2家，3A级及以下物流企业46家。2017年，园区入驻企业实现营业收入408.5亿元，入驻企业上缴税收从2009年的1.1亿元增长到2017年的3.47亿元。园区的就业总人数为9815人，其中入驻企业带动就业9720人，园区自有就业人数95人。园区集装箱操作量达到286万TEU，增长8.4%，进出口贸易额超64.2亿美元，对全市贸易增长贡献值达11%，成为促进全市外贸进出口额逆势增长的有力一极。总体来看，园区的经营状况逐年向好，社会经济效益不断提升。建成宁波冷链贸易产品城市配送基地，2017年交易冷链食品交易额3.89亿元，成为宁波区域口岸通关最为便利的区域。园区2014—2017年运营效率如图3所示。

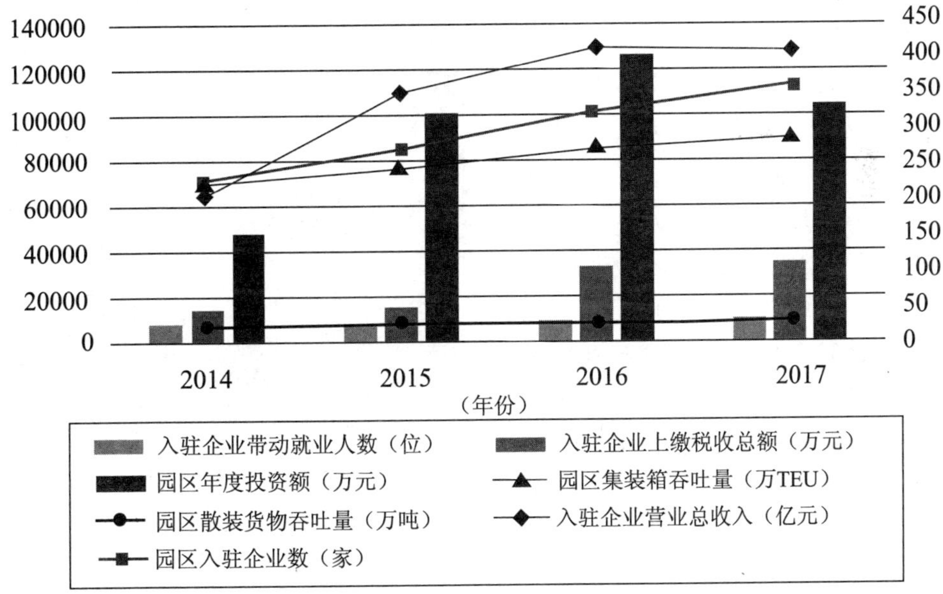

图3 园区2014—2017年运营效率

二、主要做法

近年来，园区切实围绕“一带一路”倡议、长江经济带国家战略，立足自身发展实际，从园区规划、基础设施配套、运营模式创新等方面出发，坚持高标准规划建设，着力推进园区重大基础和产业实施建设，不断提高园区智慧化应用水平及特色化运营能力，持续注重标准化、园区品牌化建设，深入创新开拓口岸功能，持续探索国际贸易便利化新途径，打造临港产业集群，强化基础功能，全面提升园区层次和服务水平。

（一）坚持高起点规划，全力建设国内一流物流节点

2004 年，宁波市就将宁波经济技术开发区现代国际物流园区放在服务省、市发展大局的高度上谋划建设，出台了《宁波市现代物流发展规划》，提出将园区作为“一主六副”七大物流园区的主物流园区。为了推动北仑港口产业集群发展，区委、区政府、开发区管委会审时度势，在霞浦规划建设现代国际物流园区，将园区建设作为一把手工程，并由宁波开发区管委会常务副主任、党工委副书记兼任园区管委会主任。现代国际物流园区的建设成为北仑港口产业集群发展一个新的里程碑。园区从 2007 年开始规划，旨在建设成为华东地区乃至全国有影响力的现代国际物流中心。2011 年宁波经济技术开发区《关于同意宁波经济技术开发区现代国际物流园区建设发展规划的批复》，明确要求发挥港口区位和临港产业集群优势，建设集运输服务、生产服务、国际贸易服务于一体的综合型物流园区，提供包括货物仓储、运输、包装、流通加工、分拨、配送、货运代理在内的现代物流服务。

园区自成立以来，坚持高标准规划建设，基础设施不断完善。园区规划占地面积 350 万平方米，大型物流项目区块分两期开发，一期已经建设完工，二期正在招商引资。国际物流园区计划投资 15 亿元，实际完成投资 28.3 亿元，已完成开发面积 250 万平方米，建成高标准物流仓库 46 万平方米，冷链仓库 15 万立方米（全市冷库资源的 50%），其中，太古冷链建设面积 3.8 万平方米，集聚天翔货柜、东南物流、铃与物流等以运输、仓储、集装箱场站为主要形式的 120 多家中小型物流仓储企业，冷链仓库作业如图 4 所示。园区拥有装卸搬运设备 570 套，装卸起重能力达到 605 吨，单件机械最大起重能力为 45 吨，年度公路装卸能力达到 2430 万吨。园区持续加强同海关、税务、外贸等部门深度合作，可为入园企业提供一站式服务。

图 4　冷链仓库作业

（二）坚持特色化运营，强化园区建设发展内生动力

园区拥有强有力的组织保障和经验丰富的管理团队。园区管委会是宁波经济技术开发区管委会直属事业单位，由宁波开发区管委会常务副主任、党工委副书记兼任园区开

发建设管委会主任。管委会内设办公室、开发建设部、投资管理部、招商部、财务部五个部门，分别负责日常管理、宣传策划、园区规划、基础设施建设、项目管理、企业招商培育和财务等工作，为迁入园区的企业提供所需要的各种服务。园区还聘请了园区内知名物流企业的企业家和相关物流咨询专家团队、专业机构在规划布局、园区管理等方面给予专业指导。

为加快完善园区规范、明确相关责任，园区制定了各项规章制度。如《宁波经济技术开发区现代国际物流园区建设用地项目准入管理规定（暂行）》《宁波经济技术开发区现代国际物流园区建设项目准入管理规定》《宁波经济技术开发区现代国际物流园区安保工作规定（暂行）》《宁波经济技术开发区现代国际物流园区配套工程建设管理规定（暂行）》《物流园区质量安全隐患排查和专项联合整治工作实施方案》《物流园区工作和服务规范标准化试点活动实施方案》以及各部门管理职责等。

此外，为充分调动霞浦街道和园区管委会的积极性，加快财政体制改革，宁波经济技术开发区出台了《关于印发现代国际物流园区开发建设管理委员会财政体制试行办法的通知》（宁开政办〔2009〕6 号），该通知规定从 2009 年 1 月 1 日开始，园区实行封闭运作的财政体制，凡霞浦区块的纳税，区属留成部分作为园区管委会的财政收入，用于园区日常运行经费和霞浦街道经济社会各项支撑，新出地块的土地出让金等收入专项用于园区内新发生的征地、拆迁以及新批准配套设施建设支持。在园区特色化的财政体制有效运作下，霞浦经济财力、公共事业、民生工程得到了强有力的保障。财政体制的改革不仅为园区建设提供了坚实的资金保障，而且有力促进了当地经济的发展。

（三）注重品牌化建设，全面提升园区核心竞争能力

品牌是园区的无形资产，是构成园区核心竞争力的重要内容，更是物流园区竞争力和生命力的集中体现。自 2013 年 8 月被国家质量监督检验检疫总局列为“全国港口物流服务产业知名品牌创建示范区”（国质检质〔2013〕486 号）筹建单位以来，园区扎实推进“全国知名品牌创建示范区”的筹建工作，于 2013 年 11 月向国家质检总局递交了“全国知名品牌创建示范区筹建规划报告表”等相关材料，并在市、区两级质检部门的指导下成立了全国知名品牌创建示范区领导小组，制订完善了全国知名品牌创建示范区筹建方案。筹建期间，为进一步实现园区“产业规模和经济效益显著提升、园区质量管理水平显著提升、区域品牌效应显著提升”的规划建设工作目标，逐步形成了“政府统一领导，质检牵头协调，部门共同推动，企业积极参与，政策措施完善，工作机制健全”的品牌培育质量提升工作新格局。作为全市质量工作的重要内容，在《2014 年北仑区政府工作主要任务分解》中，第 41 条明确指出推进霞浦现代国际物流园区提升发展，推进“全国港口物流服务产业知名品牌创建示范区”工作。通过不懈努力与多部门支持，园区在完善品牌建设理念、加大品牌培育政策保护力度、强化企业入驻标准三方面进一步完善园区“品牌战略”，于 2015 年成功创建国家级“全国港口贸易服务产业知名品牌创

建示范区”。

一是完善园区品牌建设理念。园区通过培育企业共同价值观，塑造园区品牌文化引领发展。开展与宣传组织整个园区品牌相关的一系列活动，通过多种宣传形式扩大园区文化影响力，使品牌文化根植于园区发展的进程中，促进园区又好又快发展。2013 年以来，园区充分运用区域品牌优势，通过搭建政策平台、强化规范管理、提供优质服务、搭建海关监管联合通关平台，提供通关便利。通过完善产业发展格局，强化贸易改革示范建设，促进物流商贸区实现产业高端发展。

二是加大品牌培育政策保护力度。积极研究出台品牌培育保护政策——《品牌培育质量提升工程的指导意见》，确保园区贸易产品不发生严重区域性质量问题，培育一批具有较强市场竞争力和影响力的品牌产品，形成政府-企业联动的品牌培育质量提升工作新格局。2014 年，印发《园区品牌危机应急处理机制》，明确品牌危机处理小组职责分工等方面内容，进一步树立园区品牌危机管理意识，维护品牌形象。

三是强化园区企业入驻标准。持续坚持园区的企业准入标准，提高园区门槛，打好园区的品质基础。持续完善品牌培育的政策导向，鼓励和支持园区推行新技术、新业态、新模式的企业进行名牌及质量奖申报，提高品牌对经济转型升级的促进作用。在全国知名品牌创建示范区工作的全面带动下，园区依托独有的港口、区位、政策、基建优势，物流产业集聚水平提升明显，主要经济指标总体快速攀升。建成高标准物流仓库 46 万平方米，相继引入普洛斯、中外运、前程供应链、东南物流、兴港冷链、太古冷链等知名品牌物流仓储企业 49 家。采购贸易额翻倍增长，累计实现进出口额 130 亿美元，年增速高达 60%，出口额对全市出口总量贡献率达 11%；企业虹吸效应持续，辐射全国 13 个省 77 个地级市，吸引 UPS、DHL 等 12 家全球跨国采购巨头落户；物流园区 2017 年集装箱吞吐量增至 286 万 TEU，同比增长 4.4%，占宁波口岸总吞吐量的 12.1%。

（四）注重标准化支撑，积极打造智慧物流发展引擎

以宁波市创建全国智慧物流标准化示范城市为引领，围绕仓储、运输、贸易等重点领域，努力提高物流管理与服务标准化水平。

一是加快物流标准化建设。在园区入驻企业中推广以天翔公司的 6S 管理办法为标准的仓储管理、以铃与物流公司的双重甩挂模式为标准的货物运输、以中远百川港通“两库合一”监管模式为标准的出口拼箱等物流流程标准化管理模式，形成运输服务企业信息系统、仓储服务企业信息系统、贸易服务企业质量诚信评价等五大标准体系，逐步建立了以标准化管理为基础的现代化科学管理体系。同时加强园区基础设施的标准化创新，在冷链物流、物流装置、包装标准、物流器械与设施、仓库技术标准、场站技术标准等国家标准空白领域开展标准创新，积极参与制（修）定国际标准、国家标准和行业标准。

二是加大智慧化技术应用力度。鼓励企业推广运用 RFID、GPS 等技术，通过 GPS 提升仓储、运输过程的可视可控性，实现透明管理，提高物流效率与信息化水平。通过条

码管理，快速响应客户需求，加快库存周转，提高库存管理效率。

三是积极打造信息合作平台。集成天翔物流仓管系统、“1+2+5”贸易类企业质量监管体系、铃与物流双重甩挂系统、“箱单”交易中心、恒顺物流、四方物流合作平台等信息系统的功能，加大园区内物流企业与宁波港 EDI 系统、集装箱职能闸口系统、集装箱场站（Container Freight Station，CFS）管理系统、集卡车队管理系统等之间的耦合度。

四是加快完善监管平台建设。园区深入推进“一站式”信息化监管平台，基本实现货物信息溯源、卡口管理、前置监管以及快速通关、运营和统计服务等功能。同时，进一步规范对海关监管仓库查验区设置、监控系统安装、标识标牌悬挂等的标准化管理。

通过建立健全智慧物流标准体系，进一步明确了园区智慧物流发展方向，在宁波市第二批智慧物流标准化试点工作中发挥了引擎作用，降低了物流成本，显著提升了园区外在形象和整体实力，有利于入驻企业互通有无、借力发展，促进了整个园区的转型升级。

（五）深化开放创新，着力打造临港产业集群

园区充分发挥区域港口、区位、政策优势，不断加大开放创新力度，积极探索国际贸易便利化新途径。加快宁波外贸转型升级步伐，着力便利区域贸易、提升质量、聚集产业。

一是建设宁波进出口商品采购贸易改革示范区公共服务平台。这是 2013 年园区依托全市独有的港口、物流叠加优势，着眼于拉动宁波口岸进出口贸易新增长极所开展的一项创新举措。以物流园区为平台，通过有效整合区位、资源和政策优势，吸引市内外优质外贸企业入驻园区，培育具有品牌优势的外贸企业集群。全力打造规划科学、布局合理、管理有序、特色鲜明的进出口贸易物流临港产业集聚区和质量安全示范区，着力推动北仑区由“外贸大区”向“外贸强区”转变。

二是采用“一体化”快速通检模式，推动企业供应链物流提速。为提高通关便利化水平，园区以口岸功能创新为重点，加强市场监督管理局、海关、国检等口岸部门深度合作，申请市场监督管理局、海关、国检驻园区现场办公，成立进出口商品采购贸易改革示范区，采用一体化监管、一站式通关查验模式，将监管嵌入物流环节，对近八成的诚信等级 A 级企业实行信用放行模式，对进口业务实行 24 小时预约查验通关；加快物流环节提速增效，将供应链管理中“多地、多次、多批”改为“一地、一次、一批”，每个货柜平均减少综合物流成本 2000 元左右，每一批货物出口平均通关时间缩短 1.5 日以上，累计已缩短企业通关时间 12.5 万个小时。为加快服务领域提速，在工业品出口基础上，启动非食用动植物产品、化妆品出口试点，同时减免企业所有的检验、检测费用，以高质量、快速度、零成本的服务，确保通关速度。

三是建立质量协作监管体系，实现产品质量提升。从检验检疫单兵作战向检政协作质量共管转变，有效提高了企业的违法失信成本；从仅负责生产企业向同时负责供应链

上游外贸采购组货企业转变，外贸物流成本不断降低，加速效率提升；从产品微观质量检验向宏观质量管理转变，促进了检验检疫执法提质增效。质量协作监管体系的建立对企业质量提升效果显著，产品档次和质量自控能力相对较好，近 10%采购商品为自有品牌产品。

四是加快园区功能规划布局，促进临港产业集聚。园区周边区域，集聚了台塑台化、宁波钢铁、宝新不锈钢等龙头企业，基本形成石化、钢铁、汽车及配件、造纸、能源、装备制造为主体的临港产业集群，世界 500 强企业已有 35 家在园区落户，投资兴办企业 46 个。依托港口优势，围绕服务国际贸易、产业集聚区的物流需求，园区引进马士基、地中海、长荣、达飞、中远、东方海外、普洛斯、中外运等为代表的航运物流企业和第三方物流企业，为其配套仓储、运输、分拨、包装加工等物流基础设施，实现港口、产业、贸易融合发展。

以园区既定目标为导向，依托临港产业集群优势，强化物流供应链整合与客户资源整合两大基础功能，依托现代化的物流园区基础设施条件和环境，引进各地物流企业向园区集中落户设点，促使园区内的物流企业在相互合作的基础上实现社会资源的优化配置、降低营运成本，真正推进物流产业的社会化、现代化、集约化、专业化的发展。同时通过资源的协调运作服务于宁波周边地区和临港产业带内的工业企业，促使物流客户资源集聚。园区内不同物流企业同线路、同仓库货物资源整合变得非常容易，大大促进了资源间的互补和整合。

目前园区的入驻企业中，年进出口额超过 1 亿美元的有 25 家，宁波市外贸百强企业入驻率达 34%。欧尚、DOLLARTREE、UPS、DHL、德国新客等国际著名采购物流巨头纷纷申请入驻园区，临港国际采购配送产业集聚效应初步显现。园区集聚了 43 家年贸易额低于 3000 万美元的规模以下外贸企业，中小企业采购贸易出口额已占到示范区总出口额的近两成，成长型企业集聚态势明显。园区筹建了输非商品采购配送中心，配套市场采购、集中监装等优惠政策。对接国家商务部、宁波市援外项目——西非贝宁中国经济贸易发展中心和物流中心建设，推动宁波口岸对非贸易形成新的增长点。

五是创新引领发展，开发新模式新业态。立足消费需求，坚持创新驱动发展，培育壮大新模式和新业态，积极发展“甩挂运输”“双重运输”等港口物流新业态，拓展冷链物流、跨境电商等特色物流业态，推进冷链贸易特色产业发展。

三、示范特色与经验参考借鉴

立足宁波港口经济圈，加快融入“一带一路”建设，经过多年的发展，园区在探索、提炼、总结、升华中不断成长，逐步形成园区自己的经验，主要可以概括为三大大特色：强化管理体制机制创新，不断释放发展活力；搭建区港联动平台，提高通关效率；以宁波建设“16+1 经贸合作示范区”为契机，促进与中东欧的经贸和人才交流。

（一）管理体制机制创新，不断释放园区发展活力

多年来，园区准确把握综合型物流园区的产业类型、发展特点及趋势，立足于“转型、升级、规范”，实现园区口岸新功能导入、产业更新，不断叠加园区新功能，完善园区功能布局，激发园区运行管理服务新活力。2011 年以来，园区的发展相继列入《宁波-舟山国家公路运输枢纽规划》《宁波市加快打造国际强港行动纲要（2011—2015）》，于 2011 年被市政府确定为宁波市十大服务业产业基地之一，2012 年被省政府评定为服务业集聚示范区，并积极申报“全国知名品牌创建示范区”，2013 年正式挂牌成立宁波市第一个“进出口商品采购贸易改革示范区”，2014 年被省政府认定为浙江省港口物流贸易产业园，2015 年成功创建成为“全国港口贸易服务产业知名品牌创建示范区”，2016 年成为省级示范园区。园区不断进行功能叠加，正在加快由传统物流区向贸易效益区转型升级，力争将园区打造成为外贸政策创新和功能集聚的“新高地”。

（二）创新区港联动模式，高效衔接港口与市场

建立与宁波-舟山港的战略合作机制，将园区的发展作为整个港口腹地发展的一环，即“线下为辅、线上为主”。在充分开发宁波港港区资源体系的基础上叠加创新海关、国检口岸通关通检功能，打造“区港联动”的特殊监管区域，实现园区与港区货物直卸直通，具备与港口码头堆场相同的功能。货物在园区内一次性完成组货、装箱、报检、报关、查验等手续后，可直接进港快速放行，将监管嵌套在物流组货环节中，减少在港区的集中滞留。同时，推进线下物流实体出口跨境产业园建设和线上宁波港跨境电商综合服务平台建设，将口岸、金融、财税、保险、物流等港口后服务环节纳入线上平台。

（三）促进中东欧产智融合，推动区域经济共同发展

以园区与浙江大学宁波理工学院共建中国-中东欧国际物流与服务学院（以下简称“中东欧物流学院”）为契机，依据在宁波设立中国-中东欧贸易便利化国检试验区的合作协议中将现代国际物流园区打造成为“中国出口中东欧商品的集聚之地”的要求，加快中东欧市场的物流、贸易、跨境相关人才储备，持续加深两地经贸往来。通过中东欧物流学院以及后续衍生的项目平台，为园区内的企业员工提供现代物流供应链管理的相关培训与素质拓展，为园区提供发展战略规划及企业供应链管理领域的技术提升与决策相关咨询服务，为园区发展提供技术支撑与人力资源保障。积极推动园区企业通过中东欧拓展整个欧洲市场，为促进区域经济的共同发展搭建桥梁。结合全市中东欧贸易区建设，推进园区中东欧进口食品跨境电子商务基地建设。

四、园区未来展望

为贯彻落实区委做出的为期三年的创新落实五大攻坚行动各项部署，着力解决“不平衡不充分”问题，加快补齐宁波经济技术开发区突出短板，现代国际物流园区正在加快开发建设步伐，全力抢机遇、抢人才、抢项目、抢资源、抢平台，加快推进园区的转型升级，为更好地服务地区社会经济发展夯实基础。

以“建设与世界一流港口相匹配的现代化国际港口桥头堡物流园区”为目标，抓牢浙江省海洋经济发展机遇，贯彻宁波市国际强港战略部署以及“十三五”物流业发展规划，力争“十三五”时期，实现园区二次创业第一阶段的四个愿景：功能提升、空间拓展、环境改善、管理有序；再经过数年努力，实现园区第二阶段的四个愿景：功能引领、业态高端、环境和谐、优势凸显。积极顺应宁波港从“物流大港”向“贸易大港”转变潮流，努力实现并成为浙江省海洋经济发展以及宁波市国际强港实施战略中重要“引擎”。

荣誉专栏

颁发时间	荣誉名称	颁发单位
2018 年	示范物流园区	国家发展改革委 国土资源部 住房城乡建设部
2017 年	第二批省级示范物流园区	浙江省人民政府
2015 年	全国港口贸易服务产业知名品牌创建示范区	国家质量监督检验检疫总局
2014 年	浙江省港口物流贸易产业园	浙江省人民政府
2012 年	浙江省现代服务业集聚示范区	浙江省人民政府

（撰稿人：胡　斌　宁波经济技术开发区现代国际物流园区管委会　常务副主任、党工委书记
朱朝寅　宁波经济技术开发区现代国际物流园区管委会　副主任、党工委副书记
孙海山　宁波经济技术开发区现代国际物流园区管委会　副主任、党工委副书记
陈　静　宁波经济技术开发区现代国际物流园区管委会　办公室主任
汪小京　宁波海洋研究院　海洋战略规划部部长）

安徽华源现代物流园

立足医药特色　构建“买全国卖全国”格局

安徽华源现代物流园位于安徽省太和县，该园区依托地方医药产业发达的特色优势，科学规划，完善设施，不断提升专业服务能力，以做大医药商业规模、做活医药平台经济为抓手，打造了一个“买全国药品，卖向全国”的医药物流园区，在医药物流方面探索出了一条示范特色之路。

一、园区概况

（一）发展背景

安徽省太和县位于安徽省的西北部，是个典型的以农业为主的经济欠发达的人口大县。20 个世纪 80 年代，太和县出现了以医药产品买卖经营为生的人员，这些人在闯荡的过程中获利丰厚，吸引了越来越多的人员和资金向医药行业聚拢，太和县医药贸易的队伍渐渐地发展壮大起来。由于太和医药经营市场的从业者们大多数不具备药品方面的知识，也缺乏规范管理的经验，这一时期医药市场秩序较为混乱，形成了恶性竞争。

20 世纪 90 年代初期，受个体经营商冲击，太和县医药公司负债上千万元，濒临破产倒闭。但在此时，国家开始着手大力整顿医药市场，太和县政府针对本地区医药市场的混乱局面也进行了大刀阔斧的整顿。1991 年后，太和县县委、县政府执行了一系列的整顿规范行动，清理了混乱的个体经营，并调整了县医药公司的企业领导班子，规范了内部经营行为；加大了基础设施投入，进行了资产重组，2003 年太和医药公司与中国华源集团联合成立了安徽华源医药股份有限公司，并通过了国家《药品经营质量管理规范》的认证，企业建立了现代化管理新机制，从此走上快速发展的轨道。

经过近 20 年的发展，安徽华源医药股份有限公司（以下简称“公司”）现建有药品仓库 26 万平方米，药品日常库存量 228 万件，价值 30 亿元，全国 4000 多医药厂家、3 万多个品种、6 万多个品规的药品在公司集散，形成了“买全国药品，卖向全国”的集散格局，以“品种全、价格低、质量优、服务好”闻名全国，销售行情被誉为全国医药商业的“晴雨表”。在“以普药为主、定位广大农村、抢占中低端市场”的销售战略指导下，2016 年公司药品销售额 301.2 亿元，上缴税金 4.26 亿元；2017 年药品销售额 320 亿元，上缴税金 8.2 亿元，位居中国医药商业企业第 10 位、安徽医药商业第 1 位，安徽企业（综合）百强第 24 位，阜阳市百强企业第 1 位。先后荣获“中国重点商业流通服务企业”“改革开放 30 周年卓越贡献企业”“中国百佳创新示范企业”“国家电子商务示范企业”等荣誉称号。2011 年，公司董事长王军被国家人力资源和社会保障部、中国物流与采购联合会授予“全国物流行业劳动模范”称号。

为进一步完善医药行业体系，发挥医药行业的龙头带动作用，在太和县县委、县政府的主导和支持下，2008 年，由安徽华源医药股份有限公司投资建设安徽华源现代物流园区（以下简称“园区”）。安徽华源现代物流园是安徽省 861 重点工程项目，规划总投资 14.9 亿元，其中已完成投资 12.7 亿元，建成运营区有 34.6 万平方米仓储功能区、交易和展示功能区、信息交易功能区、大型堆场和配送加工功能区、多式联运功能区、辅助服务功能区、停车场功能区等。

园区总体规划占地 53.9 万平方米，实际占地 44.75 万平方米，建立了完善的园区规划和管理体系。园区道路、水、电等与城市总体规划衔接，保证了货流和人流的快速流通。园区各功能分区明确，物流园的建设强度和密度规划合理，实现了效益最大化。二期规划占地 9.15 万平方米，计划 2019 年完成建设并投入使用。

园区建成了综合功能区、交易和展示功能区、信息交易功能区、集中仓储功能区、配送加工功能区、多式联运功能区、辅助服务功能区、停车场功能区八大功能区；针对仓储、冷链运输、入驻企业、终端客户管理和服务方面提出了统一标准，打造具有一定专业性的物流中心；同时，园区还围绕需求链、供应链、价值链、产业链、服务链等设计服务。园区的基础设施（用于仓储运输服务的设施）、公共设施（用于工商、税务、公安、交通运输、商检、银行、保险等服务的设施）以及相关设施（用于办公、住宿、饮食等服务的设施），具有共享公用的特点。

2011 年 4 月 8 日，习近平同志视察华源物流园时指出：“太和县已经成为全国书画及民间文化艺术之乡，20 万农商大军造就了医药、发制品等 10 个专业市场，其中华源医药物流园的华药会是国内最大的医药交易会展之一，带动了相关产业的发展，太和县也因此成为全国著名的医药集散中心之一。从中我们可以得到一个启示：只要立足自身优势科学谋划，安徽发展特色文化产业、现代物流业及文化旅游业前景广阔、大有可为”。他对当地通过发展现代物流业带动实体经济发展的做法给予充分肯定和高度评价。

（二）区位交通

园区的区位交通条件优越。园区地处中原经济区和长江经济带交叉辐射区域，105 国道、京九铁路、济广高速纵贯南北，308 省道、漯阜铁路、南洛高速横跨东西，沙颍河水运通江达海。园区距阜阳机场、阜阳铁路综合枢纽 20 千米；与郑州、合肥、南京构成 3 小时交通圈。正在建设中的商合杭高铁太和车站位于园区东侧 3 千米，拟于 2019 年投用，未来 3 小时可到上海、杭州、武汉，4 小时可达北京、福州、西安。园区区位示意如图 1 所示。

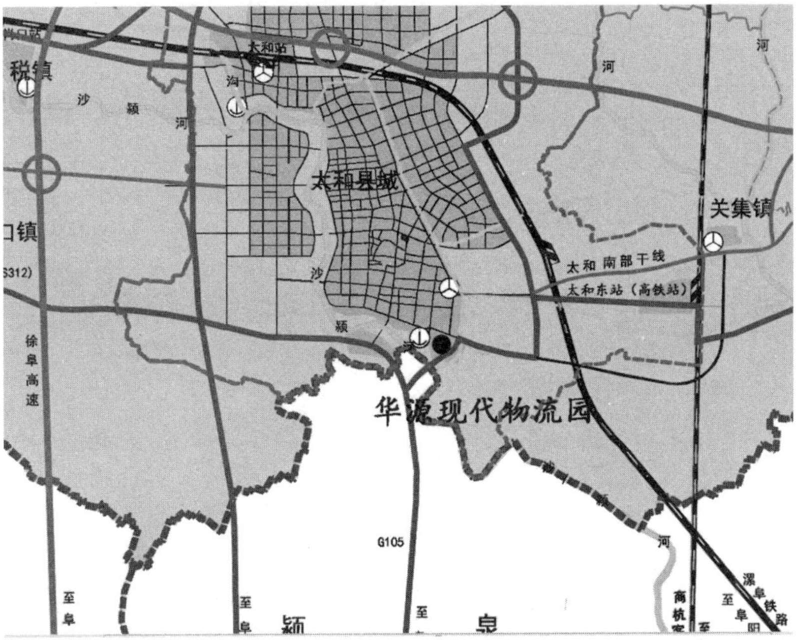

图 1　园区区位示意

园区内建设道路 6 条，并建有大型车辆维修区、大型停车场、堆场、加油站、流动加油车、百吨地磅，交易和展示、信息交易中心，集中仓储、配送加工、多式联运服务中心，停车场、酒店、培训中心等一应俱全。如图 2 所示。

（三）经济和社会效益

安徽华源现代物流园已成为全国性著名的医药商业中心、医药会展平台、重要的药品储存基地；已经形成的区域性保健品经营集散区、医药电子商务总部和正在形成的苏、鲁、豫、皖四省交界货物集散中心，在繁荣三产，促进就业，拉动县域经济等多个方面发挥着重要作用。园区自建设以来无重大安全事故发生。

截至 2017 年年底，园区入驻企业 592 家，其中物流企业 107 家，商贸企业（医药、医疗器械、保健品）480 家，金融保险类企业 5 家。园区入驻企业总营业收入 368 亿元，其中，百亿元企业 1 家，10 亿元企业 1 家，2 亿元以上物流企业 3 家。目前园区物流运营面积占比为 0.77，每天货物进出约 20 万件，物流强度为 617.02 万吨/平方千米・年，亩均税收达 119.23 万元，人均销售收入 675.2 万元。营业收入占全县服务业销售总额的 70%，上缴税金 8 亿多元，占全县税收的 1/5，直接解决 5450 人就业，间接带动近 20 万人就业。带动太和县全社会消费品零售总额、银行年末储蓄存款余额连续多年位居全省县级第一。园区近年来累计捐款捐物5000多万元。

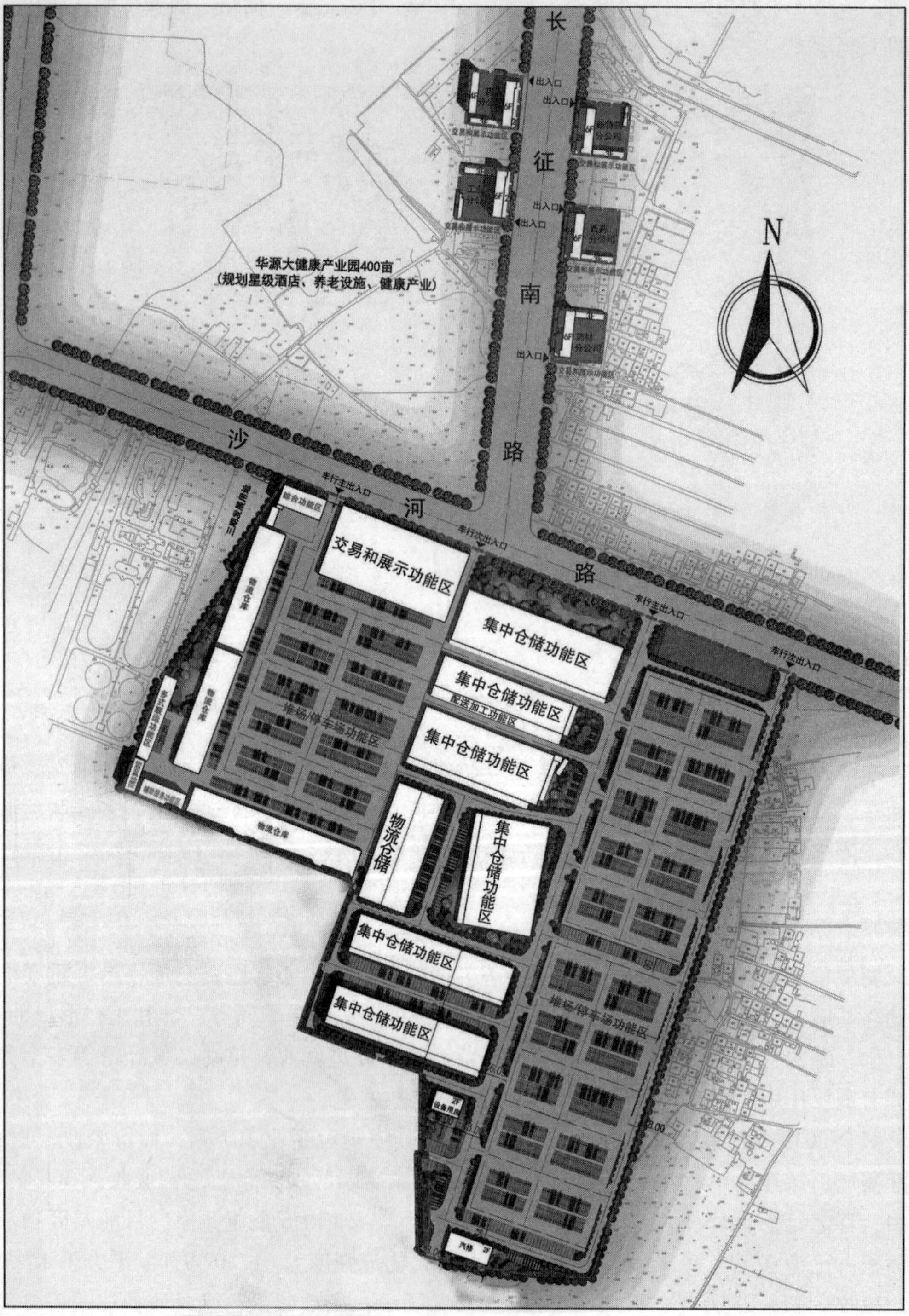

图2　园区分区示意

二、主要做法

园区通过总部经营，平台分享，绿智并重，打造全国医药物流领军企业、全国医药集散中心。把总部设在太和，已在全国建设了100多个子公司，目前正实施“一市一公司”战略，快速推进在全国各地的并购重组工作。依托本地20万农商大军的人力资源优势，对当地资源进行整合，组成精英团队，坚持诚信第一、质量第一的原则，按照专业化经营、精细化管理、特色化服务模式，创新发展思路。

（一）整合物流资源，提升配送时效

安徽华源医药股份有限公司每年药品购销进出约6000万件，药品的大流通培育了一个红火、繁荣的物流市场。全县物流货运站点100多家，业务范围基本覆盖全国各地，成为皖北地区物流业最发达的县城。

随着药品销售额的连年递增，物流业务量逐年扩大，太和物流业各种弊端也日益显现：上百家物流业主各自为战，鱼龙混杂，线路重复，竞争无序，出现运输事故后不能及时理赔等。在此背景下，安徽华源医药股份有限公司成立了全资子公司安徽华源物流有限责任公司，注册资金1亿元，作为安徽华源现代物流园的管理单位。安徽华源物流有限责任公司目前已开展了货运站（场）经营、房屋租赁、车辆服务、普通货运、冷链运输、大型物件运输、货物专用运输、会展等主要业务。公司依法建立和完善了法人治理结构，现有员工216人，设立了公司股东会、董事会、监事会等管理决策机构。

安徽华源物流有限责任公司整合了全县100多家物流站点，统一到安徽华源现代物流园运营，搭建了一个环境整洁、线路合理、覆盖全国、方便快捷的华源物流平台，结束了太和县物流业恶性竞争和无序竞争的状态，使太和县物流业跨入了发展的快车道。同时，园区协调各运输专线之间通过合理竞争，优化线路，有效降低了运输成本，在保证运输时效的同时也降低了药价。

在园区强力带动下数百家物流企业到园区入驻经营，园区内5000多台货运车辆集中管理，避免了运输网络重叠、竞争无序，诚信缺失、客户受损，挤占城市干道、影响交通和城市环境的乱象，打造了一个高效快捷、网络健全的物流服务平台。药品通过园区内辐射全国的运输网点，按照客户需求及各运输专线的配送效率进行合理调配，保证了药品安全、及时、快捷送达。

（二）实行统一标准，规范园区运作

医药物流方面，以安徽华源医药股份有限公司为总部，统一标准进货、统一标准入库、统一标准配送，确保特殊商品的质量和配送时效，吸纳全国4000多家制药企业的产

品集聚物流园区，通过物流信息集成和共享，由相关企业配送到全国50000多家下游客户。制定了药品质量管理制度、货物运输管理办法、特殊药品运输管理办法、安全生产管理制度、规范经营制度等50项规章制度，24项操作规程，明确了125个岗位职责，为药品及其他货物流通提供了坚实的制度保障。

（三）严格环节把关，保证产品质量

一是购进保障。按照国家药品质量管理要求，严格审查供货单位的合法资格、确定所购药品的合法性、核实供货单位销售人员的合法资格、与供货单位签订质量保证协议。采购部采购的每一笔药品都和供货方签有购销合同，供销合同上都注明质量条款。采购药品时，园区向供货单位索取发票。发票上的购销单位名称及金额、品名需一致，并与财务账目相对应。

二是储存保障。设置集中仓储区（如图3所示）严格按药品的包装标示温度要求储存药品，实行分库、分区、分类存放，色标管理。药品与非药品、内服药与外用药分开存放。特殊管理药品专库存放，并实行双人双锁管理。按照新版GSP（药品经营质量管理规范，Good Supply Practice）要求，园区给每个仓库都安装了温湿度自动调控和监测设备，温湿度检测探头挂放的位置符合要求，并实现三级报警功能，记录与上传的温湿度数据与实测相一致。

图3 集中仓储区

三是运输保障。按照运输管理制度的要求，严格执行运输操作规程，并采取有效措施保证运输过程中的药品质量和安全。园区配有冷链车6辆，多种规格的冷链保温箱1600只，对冷链产品物流制定了《冷藏车使用操作规程》《保温箱使用操作规程》等十多种相关制度，并对冷链车和保温箱进行了严格的认证工作，保证药品运输过程中温度

全程可控。

（四）建立信息平台，打造智慧物流

一是建立信息集成共享平台系统，实现企业电子系统集成匹配，互联互通，使各企业配送资源信息即时共享。平台整合资源，合理利用和调配仓储、配送、运输、装卸、车辆调度、运输路径等各种相关的信息资源。二是利用信息平台进行车货匹配，实行双向运输，减少空载车辆，降低物流成本。园区 107 家物流企业 5200 多辆运输车辆大大降低空载率。三是运行物流企业点击管理系统，对物流企业收货、运输管理起到极大的促进作用，及时监控物流企业从收货到装车，再到发车的全过程，保证货物及时、安全、快捷地到达客户收货地。四是使用零批仓库自动分拣系统，利用传送设备和 RFID（无线射频识别）技术对零批仓库进行改造，减少了人力成本，降低了出错率，提高了药品出库效率。五是推广智能化装卸设备使用，园区拟进行装卸设备改造和升级，打造全程机械化装卸园区，加大托盘在装卸过程中的利用率。六是建设车辆管理平台，园区车辆将统一纳入平台进行监管，达到可实时查询位置、监督车辆运行状态的目标，方便车辆统一进行调配。

（五）注重节能环保，推行绿色物流

园区坚持绿色发展，打造园区物流生态园，一是淘汰尾气排放超标的车辆；二是长途运输推广使用厢式半挂车，减少使用中小型货车，减少出车数量；三是对新购进的新能源车辆实行优惠政策等；四是推广 LNG 半挂车，目前园区已经购置（更换 LNG）半挂车 50 多辆，在园区短驳作业过程中使用电瓶车和电瓶叉车等；五是把高耗电的停车场大灯、办公照明换成节能灯，每年可以节约用电 15 万千瓦，同时拟建 1.4 万平方米的太阳能屋顶光伏发电；六是通过采取一系列的措施和激励政策，把废气污染问题降到最低限度；七是在仓储方面，通过托盘的重复利用和一些机械化物流设备的使用，提高了效率，节省了大量木材的使用，充分降低碳排放量。

根据园区专线运输的特点，合理优化配送线路，通过点对点运输方式保证货物及时运达，减少运输距离和能源消耗；园区货物通过集中配送，从而提高运输效率以降低运输空载率，提高了资源的利用效率并降低了运输成本。加大包装箱循环使用，在拆零仓库进行药品分装时，药品包装箱循环使用率达到 40%，年节省新包装箱 80 万个；在冷链车运输过程中，根据派送数量合理使用保温箱，客户签收后及时进行回收，以便下次进行使用。仓库进行合理化布局，根据药品储存环境的不同，分设不同储存区，降低运输次数，进而降低资源消耗。

（六）搭建线会展平台，促进商贸物流

依托医药物流园区，搭建会展、保健品、电子商务、中药材、医疗器械等多个平台。

其中，会展平台从2008年开始，连续举办了11届中国华药会。2018年，中国华药会总展出面积6万多平米，来自全国4000多家制药企业，6万多个品规的药品和1000多家医疗器械组成的医疗机构全科医疗器械、耗材和康复理疗产品以及部分中药材、保健品参与现场展示、议价促销。大会期间，活动现场人流量达10多万人次，签订销售订单30亿元。大会期间，安徽华源医药股份有限公司与京东物流签署协议确定共建“京东云仓”，大力发展第三方物流。大会响应国家“一带一路”倡议，积极对接海外资源，接待塔吉克斯坦、乌兹别克斯坦、哈萨克斯坦、巴基斯坦、澳大利亚等多个国家卫生部门领导及专家前来华源现代物流园考察及洽谈合作，就华源药品及医疗器械拓展海外市场达成意向。中国华药会提升了地方和园区的品牌形象，聚集了商贸人气，拉动了当地及周边城市消费。中国华药会已成为国内医药界的一大品牌盛会，特色盛会。其交易展示功能区如图4所示。

图4　交易展示功能区

三、示范特色与经验参考借鉴

（一）特色立园，服务全国

结合当地文化和产业特色，依托本土20万农商大军，数万名药商经过多年市场的摸爬滚打，建成了全国著名的医药集散中心，园区形成了“买全国药品，卖向全国”的经营格局，吸引了大批的物流企业及全国4000多个医药厂家的60000多个品规药品集聚，直接配送下游客户达到50000多家，把优质的服务带到了全国各地，把放心的药品送到了千家万户。

（二）以贸促工，融合发展

近年来，太和县县委、县政府依托安徽华源医药股份有限公司发达的商业贸易和庞大的物流体系，大力发展医药工业，建设了“太和现代医药产业集聚发展基地”，形成了前店后厂、生产、销售一条龙的医药工商并举格局。打造产业融合发展“生态圈”，园区发展促进市场活跃，市场活跃又带动了医药工业的发展，医药工业发展反哺市场，增添市场活力，加快推进了华源现代物流园医药物流的发展。2015年9月，“太和现代医药产业集聚发展基地”被安徽省人民政府确定为全省首批战略性新兴产业集聚发展基地，现有医药企业416家，其中规模以上企业112家，挂牌企业25家。2017年，基地实现产值218.3亿元，实现税收7.3亿元，全县已形成“工商并举、双轮驱动”的医药产业格局。

以药为引兴百业，通过发展主商业促进相关产业繁荣发展。园区通过服务医药行业，带动了太和县金融、通信、运输、住宿、餐饮、房产等众多产业的繁荣，10多万人从事医药及相关产业，带动太和县多年来战略性新兴产业增速、全社会消费品零售总额、银行年末储蓄存款全省县级第一名。

（三）智绿并重，降本增效

在园区建设实践中，注重植入智慧和绿色两大元素，推行生态物流，推动园区降本增效。同时，建立网上销售系统，减少流通环节，降低物流成本，使药品价格大幅下降，增加社会经济效益；搭建医药商业、物流、会展、保健品、电子商务、中药材、医疗器械等多个平台，公平交易，公正透明，增强市场竞争力，减少消费者成本。

（四）专业服务，提质创新

一是拥有现代化的仓储设备。仓储设施、特种设备、技术设备完善，共有2000多台电脑终端设备进行全天候监控和管理，制冷机组、液压升降平台、温湿度检测终端机、无线温度监测仪、验收养护设备、安保监控镜头等共1900多台（套），两台500千瓦发电机组，保证药品存储和第三方物流的管理和运输。集中仓储功能区如图5所示。

图5　集中仓储功能区

二是冷链物流配送能力较强。园区入驻物流企业共有运输车辆5200多辆，保障货物及时集中发运。配有冷链车，多种规格的冷链保温箱、冷库，经营348个品规的冷链品种，库内配备红外线测温仪、温湿度自动监测系统测点终端、制冷机组，除湿机、冷冻柜、冷冻室等。运输、交接、验收、入库、保管、养护全部严格按照冷库业务操作规程，运输全过程对温度实时监控，并按照相关要求对药品内在质量进行养护并形成养护记录。园区冷链配送车辆如图 6 所示。

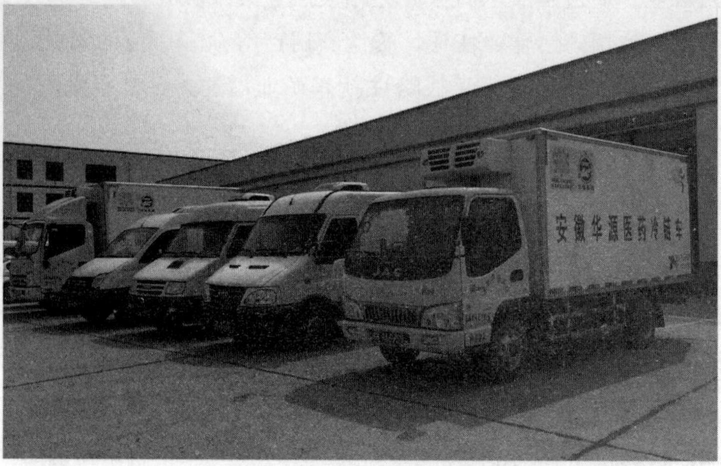

图 6　园区冷链配送车辆

三是建设完善的信息服务平台。投资 3000 万元建成了高标准的 ERI 公共信息管理平台，完成北斗导航定位系统、GPS、条码、RFID 等物联网技术和终端设备的集成，实现了物流信息集成和可视化，为入驻企业提供货源信息、车辆信息、人力资源信息等简洁、有效、准确、实时的服务，有效降低了服务成本。

四是具备高效便捷的政商服务能力。园区设立了工商、税务、金融、交通运输、保险等政务办事机构，在金融服务、融资担保、货物保险等方面，与有关职能部门协商合作，完善疏通各种行政管理渠道。

五是提供特色化专业服务，创新园区运营新模式。园区与中国人保财险公司进行全方位合作，园区货物打包统一保险，增加理赔范围，缩短理赔时间，提高理赔诚信，货物丢失按原价赔偿，大大降低了货运风险；实行短途提货创新，规范提货管理，统一服装、统一制订内部管理车牌、规定提货时间；统一人身意外险投保，提高了劳动效率；创新长途运输配送模式，调整运输结构，优化长途运输线路、提高专线运输配送能力、降低空载率和在途时间；提高运输效率和时效性。

四、园区发展方向与未来展望

依托华源全国医药集散地优势，建成全国最大的医药物流交易中心，打造成为全国医药商业重点领军企业。到 2020 年，预计园区实现营业收入 1000 亿元，入园企业 800 家，吸纳直接从业人员 10000 人，间接带动就业 20 万人。园区未来发展重点如下。

（1）加大物流研发投入，提高物流科技含量。与国内外知名物流企业和著名院校联合组建研发团队，按照园区增加值的2%投入研发，为研发提供物质基础保障，推动“互联网+”物流园区计划的实施。研究物流行业共享系统，建立实训基地，培养物流高端人才和实用人才。

（2）制定物流管理标准，规范物流园区经营发展。安徽华源现代物流园全部建设完成以后，将吸纳更多企业入驻，整合各种信息平台，提高货物周转效率；制定行业标准，统一物流技术规范；营造物流发展环境，引导园区向绿色园区、智慧园区发展。

（3）扩大物流配送服务能力，延长园区产业链条。发展建设“四个园中区”：一是医药物流集聚区，二是保健品经营集聚区，三是医疗器械、耗材经营集聚区，四是快递产业集聚区。依托安徽华源医药股份有限公司，延长园区产业链条方面：发展医养结合产业，建设太和华源健康城，以养老社区为龙头，集合休闲+ 商业服务+ 医疗保健+ 健康管理+ 教育+ 文化等业态，建设中药材交易中心、医药展示中心、高端健康体验中心、药品研发中心、药品博物馆、五星级酒店、国际会议中心、健康论坛会址、医药研究院等设施，推动园区建设主体安徽华源医药股份有限公司上市。

安徽华源现代物流园将坚持生态建园、特色立园、诚信兴园、服务活园的发展理念，打造一个产城一体、特色鲜明、科技创新、生态智能、以贸促工、融合发展的千亿级示范物流园区。

荣誉专栏

颁发时间	荣誉名称	颁发单位
2018 年	示范物流园区	国家发展改革委 国土资源部 住房城乡建设部
2017 年	全国优秀物流园区	中国物流与采购联合会
	安徽省级示范物流园区	安徽省发展改革委 安徽省国土资源厅 安徽省住建厅
2016 年	安徽省优秀物流园区	安徽省物流协会

福建福港综合物流园区

打造东部沿海"一带一路"桥头堡

福建福港综合物流园区（以下简称"园区"）位于福建省福清市，是江阴港区的核心组成部分，自2004年投入运营以来，依托深水良港的自然条件、多式联运及汽车整车进口口岸等优势，成为对接海峡两岸、服务周边地区的国际航运枢纽和物流中心，以及福州市跨江向海发展的重要支撑点。园区依托临港和对台区位优势，积极创新做法，借助多式联运、做大做强整车进口及相关配套服务，发展跨境电商及对台海运快件，积极对接后方临港产业基地，推进港口与物流园区信息平台建设，打造智慧港口物流园区。园区将极大地增强福州及周边城市的发展后劲，促进区域经济的发展与繁荣。

一、园区概况

（一）区位交通情况

福建省位于我国东南隅，省会福州是历史文化与海洋文化交相辉映的城市，在历史勾勒的海上丝绸之路线路中，福州港是重要的节点。2014年，中共中央总书记、国家主席习近平提出建设"一带一路"倡议构想后，福建省、福州市积极主动对接，迅速制订了《福州市建设21世纪"海上丝绸之路"战略枢纽城市总体方案》，并于2016年出台了《对接国家战略建设海上福州工作方案》，其中明确提出将江阴港区打造成国际深水大港，力争到2020年，江阴港区集装箱吞吐量突破300万TEU，跃升为东南沿海国际航运枢纽大港，成为引领福州市发展的突破口和支撑点。

福建福港综合物流园区坐落于江阴港区，港区湾内风浪较小，常年不冻不淤，属福州关区的天然良港之一，是交通运输部"十五"期间重点建设的国际集装箱和大型散货中转港区。园区距福州市85千米，距长乐国际机场81千米，码头距324国道10千米，距同三高速公路18千米，渔平高速15千米。全长13千米的疏港公路已全线贯通，并与福厦高速公路连接；总长19千米铁路支线直达园区。园区交通集水路、公路、铁路于一体，园区处于福建省经济发展最为活跃的闽江口经济圈和对台贸易前沿，经济腹地覆盖福建省全境，并辐射江西省、广东北部和浙江南部等区域。

福建福港综合物流园区是江阴港区的核心构成部分，涵盖江阴港 1~7#集装箱泊位（6~7#泊位在建）及 7 个泊位后方的综合物流服务区，具有罕有的“五位一体”政策区位优势：一是位于“一带一路”倡议中的海上丝绸之路核心区；二是位于中国（福建）自由贸易试验区（以下简称自贸区）福州片区；三是位于国家第六个整车进口开放口岸；四是枢纽位列全面推进建设海上福州十大任务之首——打造一个国际深水大港，全力做大做强江阴港区；五是符合国家《全国物流园区发展规划》，位于国家二级物流园区布局城市之中。园区在江阴港区位如图 1 所示。

图 1　园区在江阴港区位示意

（二）投资运营主体

福建福港综合物流园区管委会是由福州新港国际集装箱码头有限公司、福建江阴国际集装箱码头有限公司于 2013 年 7 月共同整合组成，并以非法人单位身份成立独立管理机构实现一体化运营。两家公司皆为福建省交通运输集团的全资子公司——福州港务集团有限公司权属。福州港务集团有限公司是 5A 级物流企业，2017 年完成货物吞吐量 9150. 8 万吨，完成集装箱吞吐量 266. 1 万 TEU，总资产达 85 亿元，营业收入 20. 5 亿元，净利润 2. 3 亿元。福港综合物流园区（口岸服务型）是由政府规划，企业投资建设、企业自主招商运营并有海关国检入驻监管的口岸服务型物流园区。

（三）规划建设情况

福建福港综合物流园区自2004年对外运营起，区内分别设置了码头前沿区、综合物流服务区、办公服务区、辅助作业区。截至2017年年底，福港综合物流园区完成投资22.04亿元，经过13年的发展，年吞吐集装箱箱量已超150万TEU，现已成为福州港集装箱吞吐量最大的港区，初具集装箱远洋干线港雏形。其范围也从最初的1、2#泊位发展至如今1~5#泊位整体运营、6、7#泊位在建，总占地面积120.8万平方米。园区所在江阴港区还是海西经济区唯一国家指定汽车整车进口口岸。整车物流项目一期工程于2013年1月通过国家验收，总占地面积约4.9万平方米，设有海关监管堆场共1096个停车位，国检检验区配备中规车检测线两条，年通过能力为10万辆。园区拥有铁路场站作业区173.3万平方米，保税仓库1.2万平方米、平行进口车展厅3000平方米、进口车辆海关监管堆场4.9万平方米、危险品堆场1.1万平方米。园区码头及堆场作业区如图2所示。

园区信息系统的智慧港物流信息平台设有危险货品申报系统模块，能实现对江阴港区危险货物的装卸、堆存等作业的智能化监控，大幅提升了园区对危化品作业区的安全管理水平。

图2　园区码头及堆场作业区

（四）服务能力与社会贡献

福港综合物流园区内已建成投产5个集装箱泊位，可满足目前全球最大集装箱船舶全天候通航及靠泊要求。目前港口航线网络已覆盖外贸主要国家和地区，既有连通美西、非洲、印巴等多条远洋航线，也有直达东南亚，日韩，中国香港，中国台湾等近洋航线，港口已成为内贸船东南北大干线的核心挂港。园区现有入驻物流企业涵盖船公司、拖车公司、报关公司、货代公司、保税仓储公司等，可为福建省内及周边地区进出口企业提供集装箱装卸、堆放、散杂货装卸、车辆滚装、堆存、拆拼箱、仓储、设备租赁、维修服务、货代、多式联运、展示交易、流通加工、物业、金融等全方位的服务。园区内驻有海关、商检、边防等进出口职能部门，便于企业办理进出口手续。通过福州智慧港物流信息平台可以对接海关放行数据、港务局船舶申报数据等，客户可以查询船期、航线、单箱动态，实现货物报关、报检、港口预约等全链条申报、跟踪。信息系统覆盖堆场、拖车、报关行、货代、船代等物流全链条。

园区入驻物流企业 120 家，其中 A 级企业 19 家，5A 级企业 3 家；包括 33 家船公司、76 家拖车物流公司、11 家自有堆场的综合型临港物流提供商。入驻企业中包括中远海、马士基、MSC、CMA 等国际航运巨头以及银河国际汽车进出口贸易有限公司、太元行、厦门建发、厦门国贸等国内知名平行车进口商。园区入驻企业总收入超 160 亿元、缴纳税收逾 3 亿元。园区内登记在册车辆 1556 辆，园区整体吸纳就业人口 1.1 万余人。

二、主要做法

福建福港综合物流园区依托江阴港区通达世界主要国家的航线，积极布局支线运输网络，打造东南沿海枢纽港，充分发挥多式联运配套体系，打造区域性的国际采购、分拨配送中心，围绕整车进口及相关配套服务打造江阴品牌，积极对接后方临港产业基地，积极发展对台跨境电商，深化信息及资源的整合、协同发展，打造智慧港口物流园区，实现区港互促共赢的发展模式。

（一）打造海铁联运班列，降低客户物流成本

福港综合物流园内建有铁路专用线，具备开展多式联运的公路、铁路以及海运基础。2014 年，园区海铁联运业务正式启动。依托江阴铁路支线，园区开通了海铁联运集装箱班列，为福州港拓展了内陆腹地。通过与全国铁路网的衔接，港口服务已延伸至江西等不沿海省份，为内陆地区的货物提供了一条便捷、快速的出海新通道。目前已开展海铁联运业务的站点包括张家山、鹰潭南、上饶、抚州、横岗、八景、邵武等，主要进出口货物品类有滑石粉、瓷砖、玉米、工业盐、化肥等。

随着园区的班列组织经验不断成熟，海铁联运业务也向前发展，相继开通了多条集装箱海铁联运班列。2016 年 8 月，园区开通“江西宜春（张家山）—福州江阴港”集装箱班列，2017 年 4 月开通“福州江阴港—江西高安（八景）”集装箱班列，2017 年 4 月 20 日开通的“江西向塘（横岗）—福州江阴港”班列，2017 年 8 月开通的“江西抚州—福州江阴港”集装箱班列。2017 年，园区首发了福建省首列冷链集装箱海铁联运专列（如图 3 所示）。仅用四年时间，园区海铁联运到发箱量突破 2 万 TEU。同年，园区联手沈哈红运，发挥双方各自在港口及海铁联运板块的经验与优势，整合资源共同打造并经营“铁海铁”多式联运业务：运用“散集互改”的作业新模式，将东北产区粮食货柜通过铁路运达营口港，再通过内贸航线到达江阴港后，在园区通过向莆铁路运抵江西境内。

这条“铁海铁”多式联运线路，形成了串联东北与闽赣间的物流新通道，增强了园区的货源集聚效应，加快地方物流业的发展。

图 3　福建省首列冷链集装箱海铁联运专列

海铁联运的蓬勃发展保障了园区吞吐量快速提升，进一步加强了闽赣两省的联动，有效带动各类物流资源和新兴服务产业向福州聚集，为园区融入“一带一路”经济增添了新的动力。

福港综合物流园区依托于江阴港区通达世界主要国家的航线，充分发挥航空、公路、铁路场站等多式联运配套体系的优势，进行货物的集散与分拨。东盟、上汽集团、耐克、阿迪达斯、沃尔玛、三星、戴尔等知名品牌将其区域采购中心、分拨配送中心、采购分销中心设在园区内。

江西广宥鞋业公司、湖南凯盛鞋业有限公司是运动鞋制造商耐克（Nike）集团在亚洲的生产企业，月均产鞋量超百万双，产品远销欧美。工厂自投产以来，因受地理条件制约，原有出口操作模式主要是通过散货车和拖车。2011 年，园区联合全球领先的供应链解决方案提供商——美集物流，在综合测算各环节的物流成本后，给企业提供了一套新的物流方案：两家公司先将运动鞋通过陆运方式运输至福建福港物流园区内的丹马士物流和美集物流指定仓库，再按照最终目的地进行集拼，最后装船出口。该方案的运输成本较之前节省了 10%。2017 年 4 月，园区和美集物流又为企业设计出新的海铁联运方案——将货物经铁路运至江阴港后转船出口，该模式的运输成本比传统的公路运输下降 15%。

（二）布局支线船舶网络，增强园区货物聚集

船舶大型化是当前全球港航业发展的主流，拥有大型船舶的班轮公司往往倾向于选择集装箱量更集中、辐射性更强的港口优先挂靠，以确保单航次挂靠的集装箱量最大和经济效益最优。港口必须有足够的本地货源和中转货源，并保证集疏运系统有效运转，

以此吸引大型集装箱船舶挂靠。江阴港区可以满足 20 万吨级以上大型船舶全天候的通航需要，是福建省自然条件最优越的港口之一。港区既是福建省东部与南部重要经济区域的联结点，又可以连接中国经济最发达的长江三角洲、珠江三角洲地区和台湾地区，也可以作为我国内陆江西省东部和湖南省东部的出海口。

园区所处的江阴港区区位优势显著。近年来，福州市外贸集装箱航线逐步下移至江阴港区，江阴港与周边宁德港、马尾港、罗源港、泉州港依靠支线船舶进行串联，在园区形成了货物的集散效应。自 2012 年起，陆续开通了多条江阴港至马尾港的穿梭支线，2014 年开通了江阴港至泉州航线、江阴港至宁德航线。

江阴港的腹地范围已延伸至福州中心地区宁德、泉州等地，从而带来江阴港出口箱量的增长，推动了集装箱业务的发展，提高了园区的竞争力水平。目前，江阴港区集装箱吞吐量占福州港总箱量的 50%以上，并持续多年呈现两位数增长态势，内外贸集装箱航线总数达 40 多条，覆盖了我国对外贸易主要国家和地区，既有连通美洲的远洋航线，也有直达“一带一路”沿线国家的亚、非航线和遍布全国各主要内贸港口的国内航线。2013—2017 年江阴港、福州港箱量增长趋势如图 4 所示。

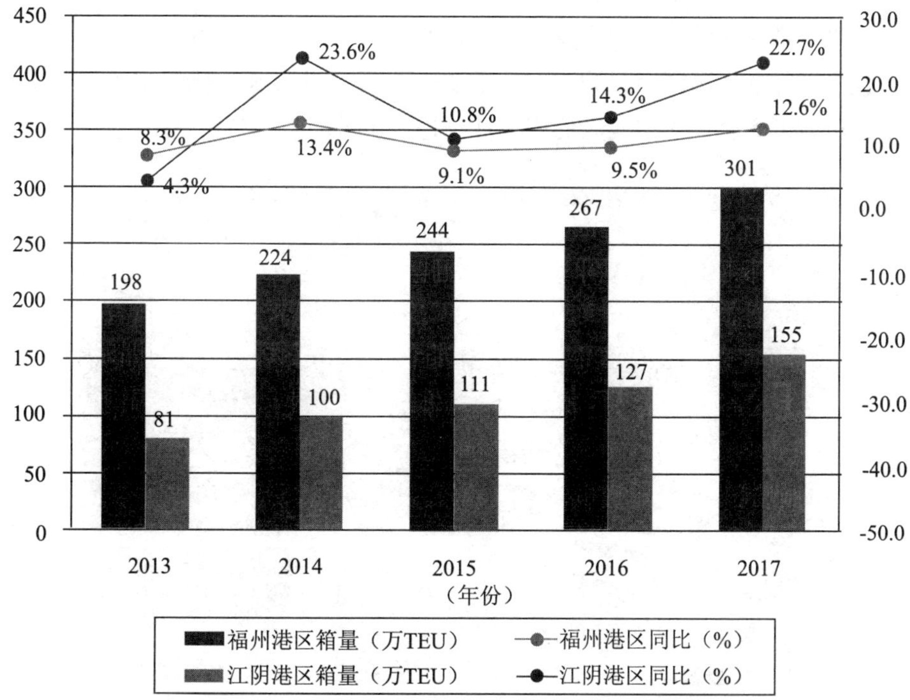

图 4　2013—2017 年江阴港、福州港箱量增长趋势

（三）发展整车物流，形成汽车口岸生态圈

园区所在江阴口岸是海西经济区首个国家指定汽车整车进口口岸。园区汽车口岸现

场如图 5 所示。区内建设了海关监管区及国检查验区，实现了进口整车通关一体化。2017 年共完成整车进口 1 万余辆，同比增长 6.1%，在全国新设的 12 个沿海口岸中名列前茅。经过多年发展，江阴口岸逐渐形成围绕整车进口、保税展示交易、保税仓储、销售及售后等服务的整车进口流通生态链。2015 年，上汽集团将园区内江阴铁路支线的江阴港站作为上汽集团在福建省的整车分拨调运中心。

园区着力培育扶持重点车企和平台公司。目前，园区已吸引一百多家汽车经销企业入驻，其中 10 家企业被授予平行进口汽车试点企业资格，多家企业取得多款改装车以及平行进口汽车 CCC 认证（强制性产品认证制度）证书，有效地提升了江阴港进口汽车竞争力。

园区依托进口汽车滚装航线，积极发展整车进出口双向物流。园区通过引导东南汽车、厦门金龙客车等汽车生产商在江阴口岸开展汽车出口业务，支持进口汽车滚装船航线挂靠江阴港，吸引进口滚装船公司向江阴港转移航线，形成整车进出口双向物流，实现整车进口物流与出口物流无缝对接，降低汽车进出口配送成本。

园区通过完善配套服务措施，打造专业化汽车交易平台，积极对接国家政策。2016 年 6 月，江阴港成为全国第二个进口汽车保税仓储政策落地的口岸。保税仓储政策的落地，有利于平行进口车的集约化发展，通过降低汽车平行进口的贸易成本，为企业拓展销售渠道提供了便利。园区通过建设整车仓储、展示、销售等一体化链条，极大地提高了汽车平行进口试点企业落户园区的积极性，进一步带动整车口岸繁荣发展。

图 5　园区汽车口岸现场

（四）发挥对台优势，助力跨境电商

福港综合物流园与台湾距离优势明显，距台中 100 海里、基隆 150 海里，是发展对台经贸、承接台湾产业转移的重要基地。园区开辟有福州至高雄、基隆、台中、台北的集装箱直航航线以及两条对台海运直航邮路。

近年来，随着两岸贸易量的不断增长，由于航空运输运力有限，逐步呈现出两岸物流通而不快、通而不透的总体情况。在时效和航空相差不大的情况下，使用海运方式运输快件具有运量大、成本低的优势。快件运输依托对台直航航线，可实现空运的速度，却只需耗费海运的价格，费用节省约40%。自2016年3月启动对台海运快件业务以来，得益于独特的区位优势，园区对台海运快件业务成效显著。短短2年时间，园区出口快件数共计8万余件，重达1500余吨。

对台将是福建跨境电商的特色之一，也是福建发展跨境电商可以率先借力的一大优势。随着闽台之间经贸量的快速增长，两岸间的跨境电子商务也蓬勃发展。业界预测，福建省未来仅电子商务每年至少产生250亿元人民币的对台贸易量。

园区依托自由贸易区的政策优势，积极吸引跨境电商、特色商品贸易等商贸物流经济新业态的发展，依托福州跨境电商公共服务平台，大力吸引跨境电商龙头企业入驻，实现前店后仓的跨境电商保税经营模式。同时，中国跨境电商包裹可以从园区发出，快速运往台湾，再由台湾分拨到全球，台湾亚太转运中心地位以及福州对台优势得到充分的发挥。据统计，福州跨境电商公共服务平台2017年进口业务累计走单量达64万票、同比增长136.71%；销售额21041万元、同比增长124.09%；进口货值18719万元，同比增长98.34%。目前，已有100多家电商及相关电商服务企业对接跨境电商公共服务平台系统，平台自2015年运行至今，进口业务累计总票数91.2万票、销售额30445万元、货值28236万元，企业已在跨境电子商务公共服务平台完成商品备案7277种。园区对福建省跨境电商发展形成了有力的支撑。

（五）对接临港产业，实现共同发展

2016年，福州市出台《对接国家战略建设海上福州工作方案》，提出努力打造“21世纪海上丝绸之路核心区海上合作战略支点城市”，加快智慧海洋建设，发展特色鲜明的湾区经济，迈出海洋强市建设新步伐。园区作为江阴港区的核心构成部分，也是“海上福州工作方案”中发展以闽台蓝色经济产业园、建设以海洋工程装备、仓储物流、医药化工、冶金机械、电力能源为主的综合开发区域重要载体。园区凭借良好的港口资源和区位优势，积极对接后方产业基地，助力福州市打造现代化化工新材料产业基地、三峡风电产业园、多功能航空产业园、电子信息产业基地。

近年来，福建三峡海上风电产业园、福州京东方科技集团股份有限公司新型半导体显示器件生产线、多功能航空产业园项目、莆田华佳彩面板项目、宁德新时代能源科技有限公司等多家先进临港制造基地相继落户园区及周边地区。相关产业的精密设备、风电设备、石化设备等特大件、重大件装卸作业难度大，园区积极推进针对大型设备的装载功能，完善大型设备集疏运体系，满足大型设备对海运和出口的要求。一次次顺利接

卸精密、重大型设备，标志着园区完全具备接卸重大型设备的能力，也进一步完善了园区的集疏运能力，实现产业和园区共同发展，互赢互利。园区重大件货物装卸作业现场如图 6 所示。

图 6　园区重大件货物装卸作业现场

（六）加强信息互联，建设智慧港口园区

港口物流与物流园区是紧密联系、相互依存、相辅相成的，完善的物流信息系统能够为港口以及物流园区的协同发展奠定坚实的基础。福州港以智慧港口建设为中心，通过物联网、云计算、大数据等先进信息技术，将其下各家单位和相关港口物流企业的信息都整合到智慧港物流信息平台，同时通过与海关放行数据、港务局船舶申报数据等的对接，形成覆盖堆场、拖车、报关行、货代、船代以及物流相关业务的大型智能化一站式平台，并设有大数据决策应用系统，拓展信息处理、信用融资、统计决策等增值服务功能，实现了办公电子化、口岸监管智能化、贸易服务便利化，有效提升了物流效率、降低了物流成本，带动了物流园区的发展。

办公电子化方面，通过信息资源整合、开展电子数据交换服务，园区信息系统在进出口业务中能实现与海关、检验检疫、海事等政府管理部门的无缝衔接，减少中间环节，提高物流运作整体效率，也实现全程货运跟踪及运单全程可视化。小微企业应用、金融支付等功能可以为临港物流的小微企业降低企业成本，实现电子化办公，提高工作效率。园区使用理货电子签名系统取代传统的纸质签字，系统在理货员和船方签署过程中，可按照 CA 提供的数字证书，对船方人员的录音、视频等组件灵活组合取证，确保文档的安全性、完整性和一致性。

监管智能化方面，智能协同查询及货运全程跟踪系统可以实现港口作业的全程监控。

监管方通过现场执法监管与信息化监管手段相结合，可实时掌握港口生产情况，随时随地实施监管，有效降低了现场执法监管带来的人力和物力成本消耗，促进口岸通关与港口物流的协同作业。

贸易服务便利化方面，园区通过加强信息共享，提高理货、通关、报检、缴费等业务效率，以降低货主时间成本。同时通过大数据分析，为不同客户提供个性化的定制、增值服务，最终提升贸易服务的便利化水平。例如，园区智能卡口系统配有针对箱号、电子车牌的自动采集设备，在采集完成后与作业系统进行数据对接。与人工打单相比，每单平均可节约工作时间1.5分钟，大大提高了工作效率，减少了人员配置、节约了人工成本。

三、示范特色及经验

（一）积极响应国家政策，与地区产业协同发展

园区主动融入“一带一路”倡议，借助福州市“五区叠加”“海上福州建设”的政策优势，加强与海上丝绸之路沿线国家和地区的经贸合作，积极参与国际分工协作，承接产业转移和升级，加大招商引资力度，吸引国际一流的物流企业入驻，加强国际货代企业与进出口企业之间的对接，建设临港产业基地，促进港产城一体化，将江阴港打造成为东南沿海国际航运枢纽大港，把园区打造成对台交流合作的“桥头堡”。

（二）大力发展多式联运，构建海陆物流新通道

在与物流、铁路、港口等合作方的共同努力下，园区积极推动集装箱班列的开通及常态化运营，借助陆海联运、海铁联运、铁海铁等多式联运方式，打造串联东北、闽、赣、湘四地的多式联运物流新通道。海铁联运通道的建设，完善了港口的集疏运体系，扩大了腹地范围，形成货源的良性互通，保障了港口吞吐量的逐年提升，增强了港区作为东南沿海枢纽大港的海陆双向辐射力，形成园区的货源集聚效应，也为福建省对接海上丝绸之路增添新动力。借助这条以园区为枢纽的海陆物流新通道，海上丝绸之路与陆上丝绸之路间可以实现点对点连接，构成完整的物流链，加快区域物流产业的发展。

（三）完善物流配套体系，助推园区服务升级

随着园区的发展，园区的规模在不断扩大，配套在不断完善，配套设施带来的聚集效应也越来越明显。园区从提供单一的集装箱码头服务，发展到可以提供运输、代理、集散、分拨配送、保税仓储、冷链物流、粮食物流、车辆滚装、多式联运、展示交易、流通加工、物业、金融等综合服务。围绕产业发展的新模式新业态，园区进一步延伸产业链、完善供应链、提升价值链，强化线上线下融合能力，推动智慧港口、智慧园区、

物流综合信息服务平台的建设，实现数据的无缝衔接；借助区位、政策的双重优势助推跨境电商的发展，发挥电商园集聚效应；完善整车金融配套服务，为企业拓宽融资渠道和降低融资成本。

四、园区发展方向与未来展望

根据福建省港口规划，福港综合物流园区定位于打造专业化、现代化的集装箱和整车物流进出口物流服务区。未来，福港综合物流园区将紧抓“福州自贸区”“一带一路”“海上福州”等政策机遇，充分发挥政策红利，成为福州市发展的突破口和支撑点。园区将从以下六个方面继续发展。

一是继续推动服务升级，着力打造福州港“港航国际物流中心”、海西整车物流集散交易中心、国际港口冷链物流中心、闽台海运快件物流中心、区域性国际物流信息中心五大特色中心。二是以江阴港区为依托，实现福州自贸区跨境电商公共服务平台跨境电商公共监管服务平台的升级，为电商聚集营造便利化的口岸环境，进而吸引集聚知名跨境电商企业、互联网金融企业，形成以跨境电商为主导的互联网产业发展高地；积极与海外保税港区、物流园区建立合作关系，共享双边资源，推进国际贸易便利化，助推跨境电商发展。三是打造两岸大宗物资集散地和快件货运示范区，与台湾知名企业合作，互投互建福建沿海海运快件物流中心和台北海运快件物流中心，以海峡客滚船及两岸直航集装箱快船为载体，打造完整的海峡两岸国际快件物流链。四是推进智能化技术和生产设备在港口和园区的更新升级应用，实现作业流程的自动化发展。五是吸引金融、保险、法律、咨询、交易等相关单位在园区设立分支机构，推动区内平台企业与国内知名保险公司、金融机构等合作，建立平行进口汽车质量追溯及售后服务体系。六是打造化工新材料、散粮、冷链集散中心，探索开展临港商贸业务。

作为中国（福建）自由贸易试验区的重要物流节点和国家“一带一路”倡议的前沿阵地，福建福港综合物流园区将充分发挥国家产业、外贸和物流的政策优势，先行先试，努力实现对外和对台贸易便利化以及相关口岸物流服务的无缝链接，同时推动金融配套，积极引入物流供应链合作伙伴。最终，使福港综合物流园区进一步发展成为中国（福建）自由贸易试验区和国家“一带一路”倡议下的重要国家级物流节点。

荣誉专栏

颁发时间	荣誉名称	颁发单位
2018 年	示范物流园区	国家发展改革委 国土资源部 住房城乡建设部
2017 年	福建省示范物流园区	福建省经济和信息化委员会
	全国优秀物流园区	中国物流与采购联合会
2009 年至今	AAAAA 级物流企业	中国物流与采购联合会

（撰稿人：林　希　福建省交通运输集团有限责任公司　发展规划部项目经理
尤尔粟　福建省交通运输集团有限责任公司　办公室主办
强　健　福州新港国际集装箱码头有限公司　总经理助理
肖　宇　福州新港国际集装箱码头有限公司　市场信息科科长助理）

鹰潭市现代物流园

依托公铁联运枢纽　打造现代物流产业

“东连江浙，南控瓯闽，扼鄱水之咽喉，阻信州之门户”，鹰潭市这个被誉为“火车拉来的城市”于1983年升格为设区市，位于江西省东北部，地处铁路、公路“双枢纽”的交通核心地带。浙赣、鹰厦、皖赣三大铁路干线在此交汇，沪昆高铁穿境而过，鹰潭市形成了铁路东、西、南、北四站齐全，四面通达的铁路枢纽城市，具备编组、货运、普客及高铁四大特色功能。320国道、206国道，沪昆高速、济广高速在此形成“双十字”大交通。自古以来，鹰潭市就是兵家必争之地；“六省通衢之埠”，一代伟人邓小平称“鹰潭，是个好口子”。

“十二五”以来，鹰潭市委、市政府以超前的战略眼光，高起点制定现代物流业发展规划，将其作为经济社会发展的三大特色产业（铜产业、旅游业、物流业）、三篇“重点文章”之一，围绕建设区域性物流中心城市和全国性物流节点城市的目标，全面推进物流产业发展，着力构建以物流园区为基础、以物流专业市场为重点、以配套服务为支撑的全方位、立体式现代物流体系，全市物流产业发展蒸蒸日上，形势喜人。鹰潭市现代物流园以铁路鹰潭南站为中心，沿320国道南北展开，是助力鹰潭市打造环鄱阳湖生态经济区以及连接珠三角、长三角和海西经济区的公铁衔接、陆海联运、高效便捷的区域性物流节点城市的重要支撑。园区充分利用铁路鹰潭南站货场、鹰潭东大型铁路编组站等铁路资源优势，坚持规划引领，产业创新、城园融合，多措并举不断夯实园区基础。从政策创新、管理机制、提高信息化水平等方面形成突出的示范价值，助力江西省东北部经济产业高速发展。

一、园区概况

（一）建设背景

鹰潭市下辖贵溪市、余江县、月湖区、鹰潭国家高新技术产业开发区、龙虎山风景名胜区、信江新区，拥有130万人口，面积35560万平方米。鹰潭市毗邻中国大陆经济最发达的珠三角、长三角、海西经济区，是华东交通枢纽和江南交通重镇，拥有良好的交通条件，320国道、206国道、沪昆高速、济广高速在此形成“双十字”交通网络，浙赣、鹰厦、皖赣、沪昆高铁四大铁路干线交汇于此。铁路鹰潭南站货场拥有大型现代化装卸设备，可承办零担、整车、集装箱运输等业务。鹰潭东铁路编组站是中国东部地区重要的铁路编组站。

为打造环鄱阳湖生态经济区以及连接珠三角、长三角和海西经济区的公铁衔接、陆海联运、高效便捷的区域性物流节点城市，2009年11月鹰潭市委、市政府委托国家级物流研究部门经过详细调研、专家论证，根据物流园区选址要求和国内物流园区建设经验，坚持立足现实、着眼未来的原则，综合考虑园区区位、交通、产业等因素，确定以鹰潭南站为中心建设鹰潭市现代物流园（以下简称“园区”），沿320国道南北展开。园区选址区域交通运输快捷、5千米半径辐射区域内物流资源丰富、区域物流发展空间充足。园区的建设不仅带来了直接经济效益，而且可以为全省以及周边省份提供有效的物流服务，产生巨大的社会效益。

（二）组织架构

自正式启动园区建设以来，结合当时正在进行的党政机关机构改革，着力理顺物流产业发展工作机制，市委、市政府组建了多个物流发展专业管理部门。一是组建了物流园区管理中心，为市政府直属副县级单位，主要负责物流园规划建设和发展计划的组织实施。鹰潭市现代物流园区开发建设有限责任公司为国有独资企业，负责履行市场职能，注册资本金1亿元，总资产10亿元。二是将原分散在市创业办、市工信委的人员和职责予以整合成立市现代物流业委员会。市现代物流业委员会为市政府的正县级直属机构，并经省人力资源和社会保障厅批准为参照公务员法管理的事业单位。市现代物流业委员会专门负责全市物流业发展的政策研究、行业服务以及全市各类物流园区、专业市场的规划布局和业务指导等工作。三是成立了市现代物流业发展领导小组，由市政府主要领导任组长，市分管领导任副组长构成领导小组，由市发展改革委、交通、商务、交警等有关部门以及各县（市、区）为成员单位协助。领导小组创立了研究决策和协调推进机制，保证及时研究、解决现代物流业发展中的重大问题。创新、顺畅、高效的机制体制为工作有序的进行、产业迅速的发展提供了保障，凝聚了合力。

（三）规划及建设情况

为实现“多规合一，全域规划”目标，物流园区规划严格依据《江西省城市和镇控制性详细规划管理条例》《鹰潭市城市总体规划（2007—2020年）》《鹰潭市土地利用总体规划（2006—2020年）》以及鹰潭市物流发展相关规划等文件，突出“以人为本”的原则，合理引导土地利用，改善生产、生活环境，提高设施服务水平。

园区于2010年规划，2012年启动建设并列为江西省省级服务综合改革试点单位。截至2017年，园区共投入5亿元用于征地拆迁和基础设施建设，完成征地304.8万平方米，拆迁约11万平方米，出让项目用地122万平方米，专业市场15万平方米，仓储规模高达25万平方米。园区先后完成“两横三纵”五条路网（“两横”指320国道、五纬路，“三纵”指平安南路、十二经路、岱宝山路）的建设，及供水排污管网约4千米、道路约6千米等的市政建设，建成和在建项目10余个，园区建设成效初显，形象初具。园区功能布局包括公铁联运区、市场与管理区、仓储物流区等六大功能区，如图1所示。经过六年的建设发展，园区逐渐形成“一个平台，五个中心”的发展定位，一个平台指物流综合服务平台，五个中心指公铁联运中心、仓储中转中心、电商快递中心、冷链配送中心和生产资料交易集散中心。

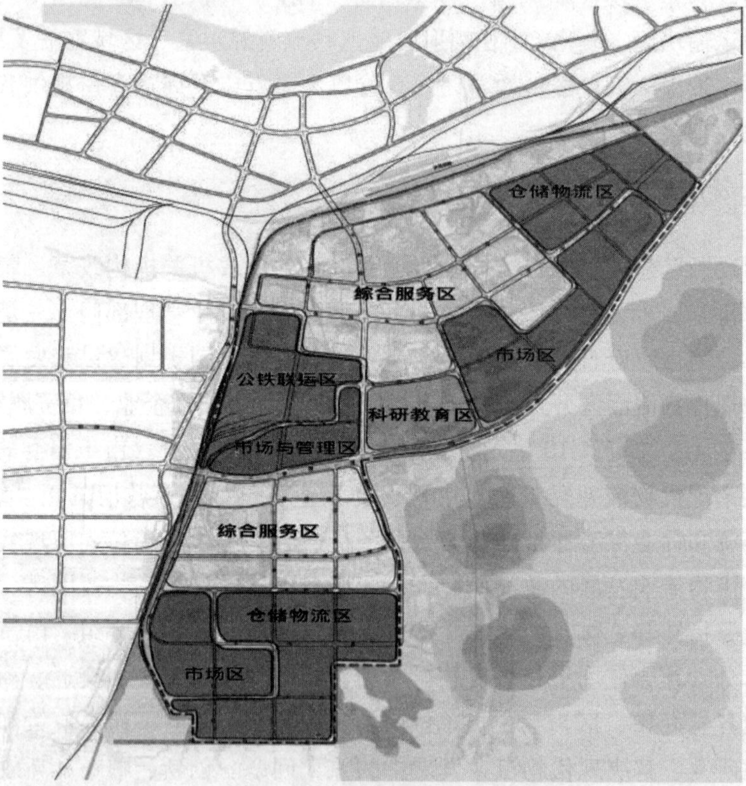

图1 园区功能布局示意

（四）运营效率情况

鹰潭现代物流园目前入驻企业381家，其中123家物流企业，聚集了林安集团、中国铁路南昌局集团有限公司鹰潭分公司2家5A级物流企业，中国民企500强企业胜华集团，以及江西盐业集团、江西广甸集团等一批龙头企业。

园区仓储总面积25万平方米，人均劳动生产率达69.25，园区出让项目用地约66.7

万平方米。截至2017年，胜华机电五金商贸城一期已开业运营，入驻商户200余户；赣东北盐业仓储物流配送中心综合楼和仓库已竣工并投入使用；丰华源冷链物流和双林冷链物流投入运营；大三江电商物流港五栋仓库已经建成，正在建设商品展示楼；广甸汽车商业中心饮食一条街、金融服务中心均已完成主体工程，正在进行装修工程；林安智慧物流园一期8万平方米已开工建设；上海月星集团即将入驻。

（五）社会贡献

园区自建设以来累计完成园区主营收入约12亿元。2017年园区为3万余人提供了就业机会，年主营收入近3亿元，完成税收近2000万。在园区规划和项目引进上，坚持走绿色化、信息化发展之路，以国家、省市政策扶持为引导，依托已有的产业基础，着力建设绿色、环保、节能、低碳的生态园区，本着一体化设计、同步施工的原则，积极应用太阳能屋顶、LED照明等新能源新材料。

二、主要做法

（一）坚持规划引领，明确发展定位

鹰潭市历届市委、市政府从实际出发、立足长远，高屋建瓴，准确把握物流业发展大势，注重物流业规划的科学性和前瞻性，充分利用区位优势、交通优势和现有产业基础，科学制定规划，明确产业布局，以合理的空间布局规划和可操作性的区域控制规划开发建设产业发展平台，为产业发展蓄积力量。2012年鹰潭市政府发布的《关于加快现代物流业发展的若干意见》（鹰发〔2012〕12号文）中，明确提出打造鄱阳湖生态经济区物流中心城市和全国性区城物流节点城市的目标，按照物流平台建设与中心城区建设有机融合、良性互动的要求，在城市规划区及周边地区，合理布局物流平台和专业市场。在鹰潭市南部，以铁路南站货场为中心，沿320国道南北展开，建设以生产资料大宗货物为主的，集公铁联运、仓储中转、交易集散、综合服务为一体的综合型现代物流园区。围绕建设区域性物流中心城市和全国性物流节点城市的目标，园区全面推进物流产业发展，着力构建以物流园区为基础、以物流专业市场为重点、以第三方物流企业提供的配套服务为支撑的全方位、立体式现代物流体系。在充分调研和论证的基础上，鹰潭市委、市政府制定出台了《关于同意鹰潭市现代物流园项目立项的批复》（鹰发改经贸字〔2011〕3号文）《关于现代物流园控制性详细规划的批复》（鹰府字〔2012〕67号文）《关于加快鹰潭市现代物流业发展的若干意见》（鹰发〔2012〕12号文）《关于加快市现代物流园开发建设的通知》（鹰府发〔2013〕12号文）关于印发《关于加快物流产业发展的实施意见》的通知（鹰办发〔2017〕5号文）等文件。

（二）坚持多方融资，保障建设资金

征地拆迁和基础设施建设是园区投入资金最多的地方，项目用地的保障和基础设施的完善是园区建设和发展的先行条件。园区主要是从三个方面努力解决园区建设之初所需的用于征地拆迁和基础设施建设的大量资金。一是提供政策支持，园区正式启动建设之初，2012年市委市政府就在《关于加快现代物流业发展的若干意见》（鹰发〔2012〕12号）中明确，园区实行“封闭运行”，园区的土地出让收入和园区企业所产生的税收，全部返还园区用于征地拆迁和基础设施建设。二是提供资金支持，在园区缺乏启动资金的建设之初，市政府从市投融资公司借款5000万元用于园区启动建设；在土地报批过程中，通过国土部门借款解决土地报批的各项大量费用。三是争取项目支持，通过市财政担保等形式，通过绿色园区建设项目和专项建设基金项目，融资解决园区建设资金1.7亿元。园区自开发建设以来，完成道路建设约6千米，供水、排水管网约4千米，迁移高压线约5千米，完成拆迁约10万平方米。2012年以来，园区共投入约5亿元用于拆迁和基础设施建设。

（三）坚持立足长远，强化园区辐射

鹰潭市地域面积较小，人口总量少，物流需求相对有限。依托区位交通条件增强园区聚集辐射功能力，既是园区作为服务全市社会经济发展综合物流平台的需要，也是鹰潭市发展物流产业的现实选择和必由之路。

1. 立足长远，强化规划发展引导

在园区规划和发展定位中充分体现强化集聚辐射功能的需要。园区规划面积676万平方米，其中可用于项目建设用地面积约466.7万平方米，充分预留了用于建设各类物流设施的用地空间，可引入落户大型的物流企业。园区“一个平台，五个中心”的综合性物流园区发展定位，体现了强化园区聚集辐射功能的需要。

2. 着眼未来，提升改造仓储群

仓储是物流落地周转的条件，仓储群是物流分拨中转的节点。园区建设以来，积极对原有25万平方米的仓储设施进行改造，已完成改造面积21万平方米，新建现代化智能仓储1万平方米，冷链仓储3万平方米。

3. 依托优越的铁路资源，积极发展公铁联运

铁路鹰潭站配套完善，设有车站、机务段、车辆段、货运站、编组站等运输组织机构。依托优越的铁路资源，园区积极发展公铁联运，增强园区的辐射带动作用。借助铁路鹰潭南站货运站、铁鹰潭东铁路编组站等优越的铁路资源，园区进一步加强多式联运，实现无缝衔接，打造公铁中心。

铁路鹰潭南站货运站是铁路南昌路局管辖范围内的两个中心铁路货运场站之一，拥有九条铁路货运专线、一条集装箱线，直通浙赣线、鹰厦线、皖赣线3条铁路，配有大型现代化装卸设备，可承办零担、整车、集装箱运输业务，如图 2 所示。南站货场东门与 320 国道距离不足 0. 5 千米，对于发展现代商贸物流业具有得天独厚的优势。园区已完成了南站周边 66. 7 万平方米土地公铁中心的建设规划，并已申请到了国家建设专项资金贷款 1. 4 亿元，计划在三年之内全面完成公铁联运中心的建设。截至 2017 年年底，项目征地拆迁已完成近 60%，仓储物流区建设完成 10 万平方米，综合办公区完成 2. 1 万平方米，铁路南站及海关保税区正在改造升级。

图 2　鹰潭南站货场堆场作业实景

铁鹰潭东铁路编组站地处沪昆线，站型为纵列式三级三场，拥有到达场接车线 13 股，编组场编组线 36 股，到发场到发线 15 股，为区城性编组站。负责芜湖东、乔司、武汉北、株洲北、向塘西、福州东和来舟等方向的货物列车解编任务。到达场的通过能力为 103. 6 列，驼峰的解体能为 107. 8 列，调车场的编组能力为 129 列，出发场到发线的通过能力为 141. 4 列，编组站有调办理车数可达 9098 辆。

助力“一带一路”倡议，开行中欧班列。2018 年 5 月 12 日，鹰潭首趟中欧班列从鹰潭南站出发，经满洲里出境，终点为白俄罗斯首都明斯克，全程运行大约 11000 千米，用时 13 天。该趟班列共由 41 个国际标准集装箱组成，满载着价值 300 多万美元的汽车配件、日用品、服装等物品。此趟中欧班列的开行，进一步打通了赣欧外贸进出口的新通道，有助于提升鹰潭对外开放水平。(如图 3 所示)

图 3　鹰潭首趟中欧班列从鹰潭南站出发实景

4. 强化地位，大力引进各类中转分拨企业

园区已引进赣东北盐业仓储配送中心、丰华源冷链物流、双林冷链物流等企业，业务覆盖非本市辖区的波阳、余干等人口大县，辐射周边 20 余个县（市）（如图 4 所示）。

为助力鹰潭发挥赣东北快递中转中心作用，强化中心地位，发展快递产业，园区专门规划建设快递产业园。2016 年年底，园区与快递产业协会正式签订建设快递产业园协议书，快递产业园已完成征地拆迁、场地平整和“三通一平”工作，预计 2020 年，顺丰、“四通一达”等重点快递企业将陆续在园区建成分拨中转中心。

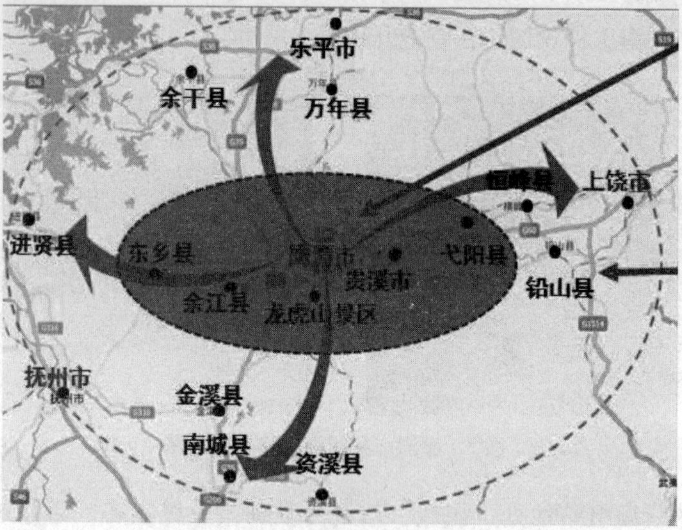

图 4　园区城市配送辐射范围

5. 商贸物流并举，建设生产资料专业市场

专业市场是物资集聚集散的重要载体之一，汇集商贸必然汇集物流。根据全市专业市场布局规划，园区重点建设以生产资料为主的专业市场集群。以机电五金建材为主的胜华机电五金市场一期 7 万平方米商铺已于 2015 年建成并投入运营，二期 16 万平方米工程已经完工，并与海月星集团签订了 6 万平方米的月星家具城合作协议，目前已开工建设；广甸商业中心项目与喜盈门签订了 4 万平方米工程的战略合作协议。规划建设的有色金属交易市场已完成征地拆迁 13.3 万平方米和“三通一平”工作，目前正在组织招商；农业生产资料交易配送中心项目已于 2016 年底开工建设，将于今年年内投入使用。专业市场的建设，将加快推进产业集聚，实现产业高速高质量的发展，带动园区专业化物流的形成与发展。

（四）坚持创新驱动，提升信息化水平

在园区建设中，坚持引导企业把信息化建设放在重要位置，并已建成综合信息平台，实现信息互联互通，为园区入驻企业提供信息服务。当前正在结合全市物流公共信息平台的建设，提升园区的信息化服务能力。

鹰潭市是信息惠民、智慧城市和电信普遍服务三个国家级试点城市，于 2017 年成为全国首个 NB—IoT 全域覆盖城市，2018 年在全省建成 eMTC 中速物联网站点 1.3 万个，

市内所有站点已率先全域开通，具备了全省城市、农村全面开通 eMTC 的能力。为更好地实施智慧物流平台项目，园区已逐步开展了多项前期准备工作，深入推动了现代信息技术在物流各环节、各领域的运用，完善了物流信息化、标准化的前期准备工作。大力推广货物运输场内交易电商新模式，引进了惠龙易通公司，并积极引导本地物流企业与惠龙易通开展业务合作，目前步步高物流已与惠龙易通签署合作协议，旨在通过惠龙易通物流模式助推本地物流企业的转型发展。同时，借助“互联网+物流”发展机遇，建设了国内领先的线上物流信息发布交易平台赣东北货运配载中心，引进了中国家装建材电商领先品牌“齐家网”与鹰潭市胜华机电五金城市场开展线上线下合作。依托鹰潭市 NB—IoT（窄带的联网）全域覆盖城市、eMTC（增强机器类通信）全面覆盖农村的能力，园区相继建立“驿捷商城”“大众民生”“阿郎宅配”等电子商务平台，进一步完善物流配送体系，解决了物流配送“最后一公里”和“最后一百米”的难题。鹰潭市现代物流园正不断加快步伐，推广物流信息技术的应用，引导物流企业转型升级，建设各类物流信息平台，着力为智慧物流平台项目的实施完善前期工作。

2015 年，园区成功引进物流信息化的示范企业林安物流落户，建设“一所九中心”的林安智慧物流园。目前，一期 8 万平方米用地已完成土地摘牌，4000 平方米信息综合服务大楼已开工建设。智慧物流平台项目是以鹰潭市现代物流园区内的林安智慧物流园为基础，以信息化为核心将电子商务、电商网购、物联网应用、物流金融、第三方总部经济整合在一起，通过线上和线下结合打造的全国性物流行业公共服务平台，如图 5 所示。引进的林安物流网是面向全国物流综合信息交易平台，采用线下实体市场和线上虚拟市场相结合的创新模式，是华南地区最具创新和影响力、访问量最大的物流平台之一。

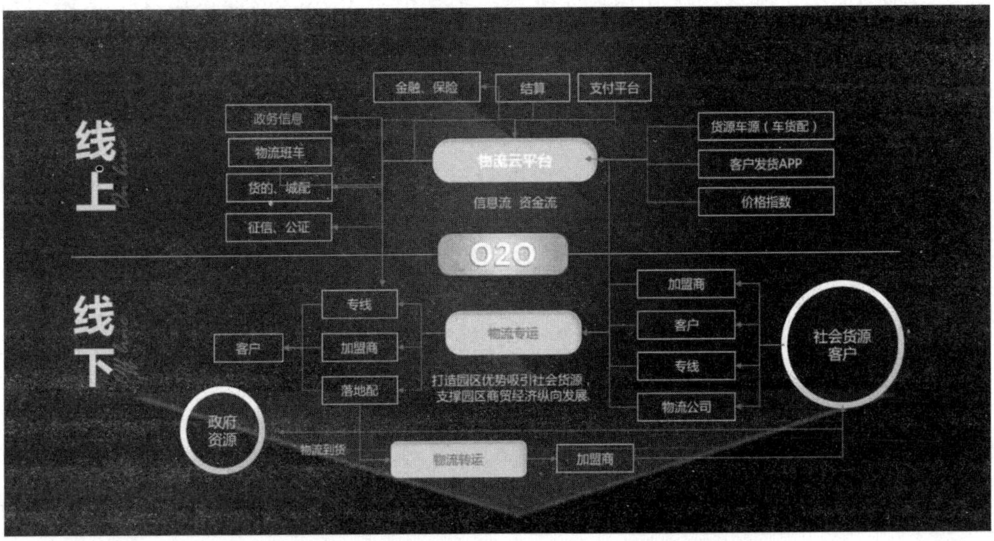

图 5 鹰潭市现代物流园物流平台与物流系统相结合示意

（五）坚持企业主体，引进龙头企业

"政府搭台、企业唱戏"是园区开发建设的基本模式。园区一方面坚持招大引强，按规划招商，另一方面，牢固树立企业主体地位，为企业提供全方位的优质服务。在项目招引上，以铜期货交割库的设立为龙头，服务以铜为特色和主导产业的地方经济。2015 年全国内陆地区唯一的铜期货交割库获得批准，在鹰潭南站铁路货场内建成并投入运营。以林安物流集团为龙头，建设"一所九中心"的林安智慧商贸园，形成服务物流企业的综合性平台已开工建设。以国内电线电缆前三强企业胜华集团为龙头，投资建设胜华机电五金商贸城。以大三江电商物流港为龙头，建设城乡配送基地。同时，省盐业集团、省内汽车贸易前三强企业广甸 4s 集团先后入驻园区建设商贸物流基地。在为企业服务方面，通过"紧扣项目工作目标、倒排工作时间表、强化工作措施；一个项目、一个工作组、一个挂点领导"的工作机制，在项目规划、建设、运营等方面提供全程的帮扶服务。

（六）坚持服务先行，出台优惠政策

为进一步发挥园区的积极效应，园区不仅为入驻企业提供鹰潭市发展物流产业的各项优惠政策，而且还出台了一系列关于物流用地的优惠政策。

1. 物流用地方面

物流产业和专业市场物流项目用地的土地价格按国家规定的工业用地出让价最低标准执行，对固定资产投资 3000 万元以上的物流产业重点项目，土地成本之外的净收益全额返还物流园区用于开发建设和扶持企业发展壮大；企业从发展需求出发，根据项目性质、固定资产投资规模和创税能力情况，一方面可采取长期租赁、先租后让、租让结合等方式供应仓储物流用地；另一方面根据企业要求，可进行代建，租赁给企业。

2. 降费方面

入驻物流园区的物流企业和市场建设项目，可免缴纳市级行政事业性建设规费，经营服务性建设规费按最低标准收取。物流园区内的建设项目和企业生产经营中涉及的收费参照鹰潭市工业园区收费"一单清"执行，凡未列入目录的收费一律不征收。

3. 用工培训方面

为鼓励人才培养、吸引就业，入园企业吸纳就业并与其签订 6 个月以上劳动合同，由用人单位组织到职业培训机构进行培训的，给予用人单位最高不超过培训费用 50%的补助，用人单位自主培训的，给予 100%补助。通过培训补贴政策，2017 年园区吸引入驻企业 216 家，其中大型企业 8 家，中小型企业 208 家，自建园以来累计培训超 900 人次。

4. 支持物流人才队伍建设方面

对开设物流专业并实际招生成班开展教学的高等院校一次性补助 50 万元；对开办物

流技能培训班的培训学校，给予一次性资金补助；引进高层物流人才享受鹰潭市引进专家人才的各项政策和待遇；对本市物流企业新考取物流师（含高级物流师）、快递业务师资格达到3人（含）以上、5人（含）以上、8人（含）以上的物流企业，分别给予3万元、5万元、8万元的奖励。

5. 鼓励企业参优评优方面

园区鼓励企业参与中国物流与采购联合会按照国家《物流企业分类与评估指标》评定A级物流企业的评比，规范物流企业内部管理，打造一批品牌物流企业。对被评定为A、AA、AAA、AAAA、AAAAA级的物流企业，在评定当年由企业所在地按照评定等级分别给予5万、10万、20万、30万、40万元不等的资金奖励。对在鹰潭市设立区域总部法人的A级物流企业，参照上述办法予以奖励。

6. 科技创新方面

对在研发、推广并成功应用“互联网+”车货匹配、“互联网+”动力优化、“互联网+”运输协同、“互联网+”仓储交易、“互联网+”物流企业联盟、“互联网+”供应链管理、“互联网+”快递等信息平台的互联网企业和物流企业，获得省级及以上认定或省级“互联网+”专项引导资金支持的企业，一次性奖励5万元至10万元不等。

7. 服务标准化方面

对获批省级、国家级服务业标准化试点单位的物流企业，给予20万元一次性补助。

8. “无车承运人”方面

主动承接国家发展理念，园区主动担负起推动物流健康发展、提高运输效率、降低物流成本的责任，对被列入“无车承运人”试点的入园企业给予一次性20万元补助。

三、示范特色与经验参考借鉴

（一）园区规划和发展定位引领

坚持规划引领，明确发展定位。规划是园区建设的基础，是开展园区建设各项工作的先行条件。历时九年，经过五轮规划，从园区选址到编制园区“控规”，鹰潭市委、市政府给予高度重视和高位推动，通过高起点规划，推进园区快速建设，着眼长远，立足鹰潭实情，紧贴市场经济发展，打造一条集商流、物流、人流、资金流、信息流为一体的综合型现代物流园区。将国家政策、省市要求与园区实际相结合，动态优化调整园区发展定位和实施方法，围绕环鄱阳湖生态经济区以及连接珠三角、长三角和海西经济区的物流运输，依托铁路鹰潭南站货场、鹰潭东大型铁路编组站等铁路资源优势，通过公铁联运，实现带动园区经济又好、又快地发展。

（二）强化园区的聚集辐射功能

园区凭借着优越的交通区位，借助电商快递中心、冷链配送中心和生产资料交易集散中心，通过“统仓统配”，提高同城配送时效，降低物流成本及城市居民消费成本；通过集聚周边快消品等生产资料，带动周边地区物流服务水平的提升。借助公铁联运中心，依托铁路运输辐射周边六省，带动周边产业发展集聚，满足货物集聚仓储、实现货车快速编组、确保按时发车。借助公铁联运中心、仓储中转中心，依托“一带一路”建设，通过开行中欧班列，进一步打通赣欧外贸进出口的新通道，提升鹰潭对外开放水平，促进本地及周边地区企业与欧洲各国的贸易往来。

（三）建设良好的经营管理体制

通过具有创造性的机构设置和人员配备，更好地调动了园区发展各部门的主观能动性，创新管理体制。通过建立“紧扣项目工作目标、倒排工作时间表、强化工作措施；一个项目、一个工作组、一个挂点领导”的工作机制，实现行政、财审、建设、产业发展、征地等园区管理工作的高效、协调、统一、规范，更好地为企业做大做强提供有效管理体制保证。

四、园区未来展望

园区依托区位优势、交通优势、产业优势，坚持全域一体的发展理念，重点围绕制造业物流、城乡商贸物流、口岸物流、电子商务物流做精做活物流市场，在稳定货运产业的基础上，抢占“制高点”，抓紧“补短板”，打好“组合拳”，实现产业集群集聚发展。通过园区高规划、精准定位；强化辐射、互联互通；管理机制探索、政策创新等做法，形成具有公铁联运特色的综合型物流园区的示范作用。未来园区将通过以下三个方面继续打造服务环鄱阳湖生态经济区，辐射珠三角、长三角和海西经济区的综合型现代物流园。

一是要坚持园区发展定位不动摇，继续按照“平台建设推动产业发展，产业发展促进平台建设”的发展理念，以平台建设为重点，把园区基本建成为“一个平台，五个中心”的综合性物流园区，实现产业转型升级发展的新突破。

二是要全力推进在建项目不松劲，公铁联运中心方面，依托铁路鹰潭南站货场和320国道，在现代物流园建设标准化、智能化的仓储转运设施和物流综合服务设施，强化交通枢纽的物流功能，形成无缝衔接、高效转换的公铁联运基地。同时要重点打造区域货物中转分拨快速通道，充分发挥铁路鹰潭南站零散货物集散中心的功能，以及铁路保税物流中心的服务功能，强化现代物流园区区域物流的服务能力和辐射带动力。仓储中转及冷链配送中心方面，引导和鼓励物流平台和物流企业投资仓储设施建设和仓储智能化改造，在铁路南站公铁联运基地及周边加快建成10万平方米的智能仓储群，争创国家智能化仓储物流示范基地；以现代物流园冷链配送中心为主体建设5万平方米冷链仓储群。电商物流中心方面，鼓励运输、仓储、快递企业与电子商务协同发展，开展仓配一体化经营。引导仓储企业利用仓储基地整合配送企业，以及配送企业联合仓储企业，共同优化仓库网络和配送网络布局。将仓储网络和物流网络相结合，优化城乡配送网络，打通物流“最后一公里”和“最后一百米”。

三是要推进信息建设不失良机，紧紧抓住鹰潭市在全国率先实行窄带物联网试点城市建设的契机，加快建设鹰潭市物流公共信息平台，并与全省全国重点物流信息平台、物流园区信息平台实现互联互通，提高物流信息化水平和服务能力。跨区域整合、管理各类物流信息及资源，引导园区物流企业应用互联网、物联网、大数据等先进技术；鼓励并帮助已入园的物流企业尽快试点把窄带物联网应用到智能物流业上，通过窄带物联网推动传统物流业向智能物流业转型，整合物流配送资源，打造智慧物流配送体系，发展现代物流业态。

荣誉专栏

颁发时间	荣誉名称	颁发单位
2018 年	示范物流园区	国家发展改革委 国土资源部 住房城乡建设部
2015—2017 年	全国优秀物流园区	中国物流与采购联合会
2016 年	江西省重点商贸物流园区（中心）	江西省商务厅

（撰稿人：李志兵　鹰潭市月湖区　区委副书记、区政府区长
周先才　鹰潭市月湖区　政协副主席
桂义金　鹰潭市现代物流园区管理中心　党组书记
魏　伟　鹰潭市现代物流园区管理中心　党组成员）

山东佳怡物流园

先行先试开展甩挂运输　共享集成打造特色供应链

济南市位于山东省中西部，南依泰山，北跨黄河，背山面水，境内“七十二名泉”闻名天下，被称为“泉城”，素有“四面荷花三面柳，一城山色半城湖”的美誉，拥有“山、泉、湖、河、城”的独特风貌。济南市作为山东省省会，经济交通条件优越，是我国“电子商务与现代物流示范工程”试点城市，也是国家确定的第一批45个运输主枢纽城市之一，《全国物流园区发展规划》也将济南列为29个一级物流园区布局城市，随着京沪高铁建成通车以及济南都市圈城际轨道交通规划实施，其区位优势更加突出。山东佳怡物流园便是坐落于这座秀美泉城，园区借助济南资源优势，积极融入国家战略，取得了蓬勃发展。

一、园区概况

山东佳怡物流园由山东佳怡物流有限公司（以下简称“山东佳怡物流”）投资建设，该公司是一家以物流服务为核心，供应链信息流、商流、资金流、基础配套设施服务为支撑的现代化、综合型供应链服务企业集团。为搭建与物流产业高度匹配的基础设施平台，向客户提供定制化的物流基础设施服务与标准化的物流基础设施产品，山东佳怡物流在济南市投资兴建物流园区，园区规划占地面积51.1万平方米，严格按照城市总体规划落地，基础设施结构科学合理，技术装备先进完备，有效满足物流板块及后勤保障功能。

（一）区位交通及功能布局

济南是山东省省会和省会城市群经济圈核心城市，是全省政治、经济、科技、文化、金融和商贸中心。北连京津冀协同发展区，南接长江三角洲经济区，西靠内陆腹地并与山西、河南等能源基地相通，东临青岛、烟台、日照等港口群与东北亚地区相连，处于南北衔接、东西贯通、国内外交流的三重枢纽地位。济南是全国21个物流节点城市、29

个国家一级物流园区布局城市、45 个公路主枢纽、37 个国家级流通节点城市和 16 个首批综合运输服务示范城市之一，是华东与华北、东部沿海与西部内陆地区客货交汇中心。京沪、胶济铁路交汇于济南，邯济铁路连接京九、京广两干线。济南国际机场已开通 120 余条国内国际航线，区位交通条件十分优越。

山东佳怡物流园以济南市优越的区位交通条件为依托，共设有济阳、商河两个片区。（如图 1 所示）

图 1　山东佳怡物流园区位

山东佳怡物流园济阳片区位于济南北部的济阳崔寨镇，青银高速路崔寨口北侧，国道 G220 西侧，青宁村、新路以南，项目于 2012 年立项建设，2014 年初投产运营。园区总占地面积为 24.78 万平方米，规划建筑面积 18 万平方米。济阳片区规划布局分为电子商务区、仓储物流区、物流供应链区、停车区、配套区，如图 2 所示，其中物流供应链区、停车区、配套区已建成投产，济阳片区主要为济南及都市圈工业、农业、商业提供物流与供应链外包服务。

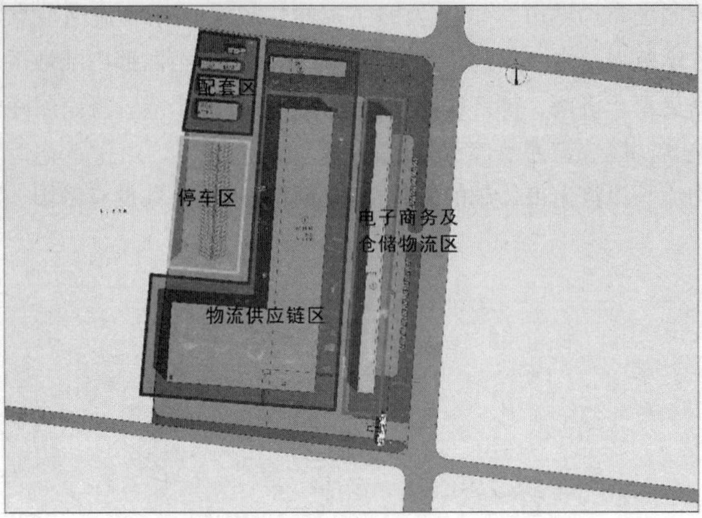

图 2　山东佳怡物流园济阳片区规划布局

山东佳怡物流园商河片区位于济南、德州、滨州三市的几何中心位置——济南市商河县，园区东临 S248 线，北接 S316 线，西距新京沪高速商河出口 3 千米，北距德龙烟铁路 8 千米，交通位置优越。片区于 2009 年立项建设，2011 年建成投产运营，园区总占地面积 34.66 万平方米，规划建筑面积 15 万平方米。商河片区规划建设城市物流配套区、汽车物流金融监管区、汽车展示区、汽配流通加工区、汽车仓储区以及农产品流通加工区，如图 3 所示，现各功能区均已建成投产。

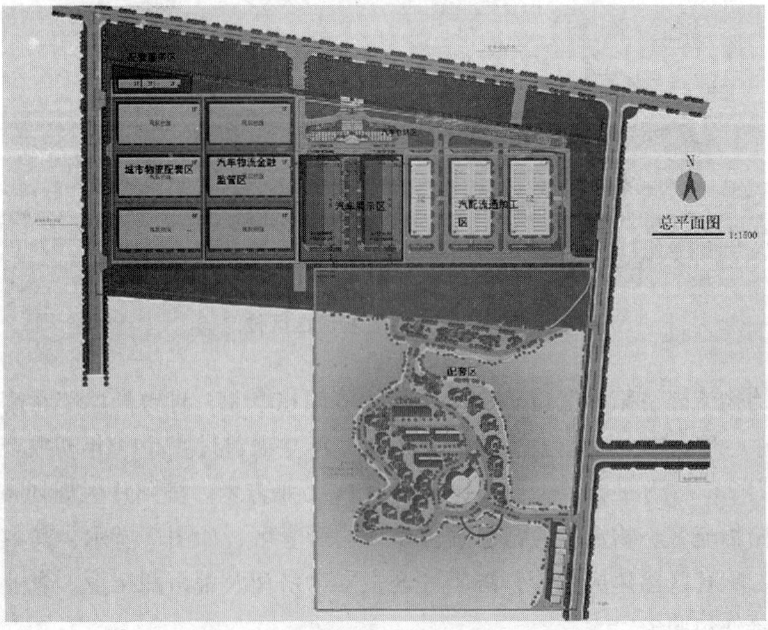

图 3　山东佳怡物流园商河片区规划布局

（二）运营效率

经过多年集聚发展，山东佳怡物流园已成山东省内乃至全国重要的区域性物流中转中心。目前园区已入驻中国邮政、无限极、太阳神、新时代、尚赫、脱普、安琪酵母、旺旺、蓝月亮、通用汽车、东风汽车、福田汽车、吉利汽车、美特斯邦威、达芙妮、太平鸟、3610、快鱼等200多家企业，整合社会车辆5000多辆，为全国30个省、市、自治区的10万固定客户和120多万的零散客户提供现代物流服务。山东佳怡物流园济阳片区日均车流量超过5000量，日均货流量超过3万吨，园区物流强度为1978万吨/（平方千米·年），为园区周边地区提供现代化的综合物流服务。

（三）社会贡献

山东佳怡物流园整合社会资源，带动园区周边地区逐渐形成以物流业为主导的现代物流产业集群，对扩大就业、增加财政收入发挥了积极作用，园区就业人数超过2万。园区大力推广国际先进的甩挂运输方式，节能减排，自2012年实施至今，累计节约燃油62.9万升，折合标准煤795.2吨，减少二氧化碳排放1702吨。园区积极响应国家号召，助力推动新旧动能转换，引入光伏太能企业，建成超过60000平方米的光伏电站，除满足自身用电需求外，还为国家电网输送大量电力能源，对节约传统能源、保护环境具有积极作用。此外，山东佳怡物流园积极参加省、市、区的各项慈善活动，坚持捐赠爱心车辆、爱心款项等，以奉献、回馈社会为己任，为慈善事业做出了突出贡献。

二、主要做法

（一）规划滚动升级，分阶段引领园区发展

山东佳怡物流早期以开展三方物流服务为主，物流作业场地主要采取租赁方式，仓库、场站面积较小，现代化水平较低，技术装备等比较落后，仅能满足运输和仓储的低端服务需要。随着业务规模的不断扩大，客户的结构和层次不断升级，客户需求也不断提高，物流节点的作用越来越突出。与此同时仓储租赁成本大幅上升，先进的物流设施设备不断出现，租赁的场地越来越难以满足企业需要，自建物流园区被提上日程。

2012年，山东佳怡物流开始规划建设物流园区。企业以济南市总体规划与物流专项规划为指导，综合考虑城市物流产业分布及交通因素，重点规划建设了济阳和商河两大片区，并聘请物流专家和专业咨询机构编制了园区发展规划。在规划的指导下，山东佳怡物流园的建设稳步推进，标准化仓库等物流设施逐渐完备，有力支撑了第三方物流服务的发展。

随着企业服务范围的扩大，物流服务需求不断增加，山东佳怡物流园进入快速发展

阶段。为了提高物流设施设备利用效率，最大化满足市场需求，山东佳怡物流园做出开展甩挂运输的决定。甩挂运输是一种高效率的运输组织方式，甩挂运输的顺畅运行离不开先进的甩挂场站、通畅的运输线路和科学的管理模式的支撑。为快速推进甩挂运输，山东佳怡物流在园区内划分专用场地建设甩挂运输场站，同时通过大量的市场调研分析，选取了最适合园区的运输线路和相应的甩挂运输模式，有力推动了物流园区的发展。

随着业务链条的不断延伸，园区服务也不断提质升级，园区发展进入新的阶段。与时俱进，高瞻远瞩，山东佳怡物流园适时推出“四五发展战略”，引领物流园区向高质量发展转变。园区站在供应链全局的角度，以高层次、高品位、高战略为指导，建设具有更高自动化、智能化水平的立体仓库，向更大范围拓展完善物流服务网络，吸引更高层次、更高质量的客户入驻，以适应园区高质量发展。目前佳怡物流园已同万科集团达成合作，推进全国高端物流与供应链园区的投资、建设及运营工作。

回顾山东佳怡物流园的发展历史，十多年来，园区从无到有，从小到大，从支撑企业物流服务到带动企业发展，前瞻性的规划引领和分阶段的规划调整发挥了重要作用。物流园区的滚动规划为园区价值创造和转型升级指明了方向，使园区能及时适应自身服务供给和外部市场需求的变化，不断提升园区的服务水平和集聚效能。

（二）探索创新并用，大力推进甩挂项目建设

山东佳怡物流园为降低车辆空载率，降低运输成本，提升物流运作效率，增加营运收入，结合园区自有条件和园区发展需求特点，在国家的大力提倡下，在政府的大力支持下，积极响应国家推进公路甩挂运输的号召，申报公路甩挂运输试点。2012 年，甩挂运输试点获交通运输部批准。为快速推进甩挂运输试点项目建设，山东佳怡物流园从司机和车队管理、场站建设、信息化建设、线路拓展和甩挂模式探索应用等方面做了大量工作。

1. 司机和车队管理

甩挂运输的核心难题是司机和车队的管理方式。山东佳怡物流园甩挂运输车辆分为自有车辆和加盟车辆，其中自有车辆产权归山东佳怡物流有限公司所有，加盟车辆产权归属加盟者。为保证作业效率和保障司机权益，园区建立了车辆管理系统和运输管理系统，并借助车行天下管理系统的监控功能管控运营车辆及安排运输计划，同时园区建立了司机与车队的绩效评价体系，设计了甩挂运输的标准作业流程，并通过科学测算对各环节具体作业时间做了明确规定，制定了较为完备的奖惩激励工作办法。在运输安全方面，对于 300 千米以内的甩挂运输，一辆甩挂车辆仅配置一名司机，对于运行距离超过 300 千米的甩挂运输，每辆甩挂车辆配置 2 名以上司机，以确保司机得到充足休息，保证运输安全和运输效率。

2. 甩挂运输设施设备配置

2012 年 7 月山东佳怡物流园启动甩挂运输场站建设项目的立项备案与工程规划与设

计工作，2012年11月场站项目正式开工建设，2013年11月5日场站竣工，如图4所示，2014年1月25日场站正式交付使用，甩挂场站建设历时17个月，建设花费共计8000余万元，场站总占地面积152亩，其中作业仓库32700平方米，甩挂停车场为9600余平米，甩挂作业场8000余平方米。

图4　山东佳怡物流园甩挂运输场站外景

自甩挂运输试点项目获批以来，山东佳怡物流园累计投入甩挂运输牵引车52台，甩挂车厢113辆（含两台场内牵引车，3辆场内甩挂车厢），有力支撑甩挂项目推进。佳怡物流园同步推进甩挂运输信息化建设，自甩挂运输试点项目获批以来，园区信息化建设投入累计超过5000万，新建管理信息系统四套，分别为甩挂运输运营管理系统、仓储管理系统、车辆运输管理系统（门禁及GPS/北斗）和场站安保系统（视频监控系统）。

在线路拓展方面，园区在试点项目建设前期即对全国1500余条甩挂运输线路进行了调研分析，通过对不同线路运输成本与线路可承载货运量的综合评估，优先确定在济南—潍坊、济南—菏泽、济南—临沂、济南—济宁四条线路上开展甩挂运输。在经过四条线路上探索实践，积累了初步经验后，园区逐步拓展甩挂运输线路，目前，已在济南、青岛、烟台、威海、潍坊、淄博、东营、德州、临沂、菏泽、北京、太原、郑州、沈阳零担集散中心之间开展甩挂运输线路13条。

3. 甩挂运输组织模式探索应用

在甩挂运输基础设施和技术装备不断完善的基础上，佳怡物流园对甩挂运输组织模式展开持续，先行应用了一端甩挂、两端甩挂、循环甩挂模式。

（1）一端甩挂模式。一端甩挂模式服务于主要节点城市的终端连锁网点。车辆到达终端网点后，将甩挂车厢A摘下，然后牵引满载车厢B继续行驶，终端网点将甩挂车厢A卸车完毕后，即可进行装车作业。一端甩挂减少了车辆在终端网点的等待时间，同时大大降低了终端网点的仓储设施租赁费用的投入。

山东佳怡物流园主要在济南—烟台、济南—威海、济南—淄博、济南—东营线路实施一端甩挂，牵引车与挂车的配置比例基本为1∶2，四条线路共计投入牵引车14台，甩挂车厢28辆。四条线路上运输的货物主要为快消品、日用百货、服装鞋帽、食品、零配件、医药、化工产品、电子产品等。四条一端甩挂线路甩挂货运量占公司甩挂货运总量约为25%。

（2）两端甩挂模式。两端甩挂主要依托山东佳怡物流园的两端集散分拨中心，在集散分拨中心之间实施两端甩挂。牵引车在集散分拨中心A，牵引挂车1向集散分拨中心B出发。与此同时集散分拨中心B开始对车厢2实施装车作业，集散分拨中心A对车厢3进行卸车作业，牵引车到达集散分拨中心B，摘下车厢1后，挂上已装车完毕的车厢2返回集散分拨中心A，当牵引车到达集散分拨中心A时，集散分拨中心A处的车厢3已经完成卸车与装车作业，牵引车摘下车厢2，挂上车厢3继续驶向集散分拨中心B，依此循环，完成两端甩挂运营组织模式。

山东佳怡物流园主要在济南—青岛、济南—潍坊、济南—德州、济南—临沂、济南—菏泽、济南—北京、济南—太原、济南—沈阳8条线路上实施两端甩挂。两端甩挂牵引车与挂车的比例一般为2∶3及1∶3。实施两端甩挂的8条线路上，共投入牵引车34台，挂车68辆。8条线路上运输的货物主要是医药、农产品、化工产品、服装、日用百货、轻纺产品、食品、零配件、服装鞋帽、机械设备、印刷品、小型机械设备等。两端甩挂线路货运总量占公司甩挂运输总量的比例约为70%。两端甩挂运营组织模式，不但降低了车辆在两端的等待时间，减少了两端仓储面积的租赁成本，更减少了两端车辆资源的配置，大大降低了固定资产投入成本。

（3）循环甩挂模式。循环甩挂模式主要应用在货物到达和发运地不在同一区域的大型制造业企业。山东佳怡物流园主要在济南—郑州线上开展循环甩挂。牵引车挂上满载的车厢A向郑州行驶时，此时郑州集散中心开始对车厢B实施装卸作业，与此同时，制造企业开始对车厢C实施装卸作业。牵引车到达郑州集散中心时，将车厢A摘下，挂上车厢B向制造企业处行驶，到达制造企业处摘下车厢B，挂上车厢C，向济南集散中心行驶，此时济南集散中心开始对车厢D实施装卸作业。牵引车到达济南集散中心时，摘下车厢C，挂上车厢D向郑州集散中心行驶，依此循环，完成循环甩挂运输。

山东佳怡物流园循环甩挂线路牵引车与挂车的比例为1∶3，共投入牵引车2台，挂车6辆。该线路甩挂运输量占公司甩挂运输总量约为10%。线路上运输的货物主要为低毒兽用药品、化工产品、服装、日用百货、轻纺产品、零配件、机械设备等，郑州到制造企业处的货物主要为返修汽车零部件，制造企业到济南的货物主要为汽车销售零配件。循环甩挂运营组织模式，极大地提升了制造企业货运的周转时间，从而帮助制造企业大大提升了其制造企业服务响应时间，为制造企业提升了服务价值和服务质量。

山东佳怡物流园自2012年项目试点获批开始，累计实现甩挂运输货运量195.1万吨，周转量75560万吨千米。实现运输收入2.34亿元，利润2000万元。试点项目实施期间，甩挂运输方式单车年总行驶里程增加12.1万公里，增长81.9%；单车年载重行驶里程增加 11.6 万千米，增长 85.1%；单车年完成货物周转量增加 305.7 万吨千米，增长 92.1%。甩挂试点线路运输成本平均下降了 14.97%。

（三）共享集成并重，提升供应链服务水平

山东佳怡物流园以“创新中国物流与供应链发展模式，共建理想家园”为使命，从提高供应链效率、降低供应链成本出发，为供应链上下游企业提供解决方案，园区依托佳怡物流有限公司客户资源优势，根据不同行业需求特点，建立了行业共享云仓，为汽车、快销、直销、电器、时尚、家居等 14 个行业的客户提供高效精准的供应链服务。山东佳怡物流园在对企业供应链流程进行优化与创新的基础上，借助供应链管理信息系统，提高资源利用效率，提升物流服务品质，提高质量管控水平，降低供应链成本，提升企业作业质量和效益，帮助企业实现人、机、料高效协同，使供应链服务更加专业和精细。

1. 供应链管理信息化建设

山东佳怡物流园自运营以来，一直重视信息化建设，园区自主研发了 ERP 系统、仓储管理信息系统（WMS）、运输过程管理信息系统（oTMS）、车辆定位管理信息系统（GPS）、客户关系管理系统（CRM）等信息系统，并与山东乐速信息技术有限公司、上海先烁信息技术服务有限公司达成战略合作，定制开发了生产运作、财务管理、人力资源管理、合同管理等信息系统。通过各信息系统的应用集成，园区搭建了信息系统协同平台，创建了供应链全链条的信息化管理体系，实现了订单全程可监控、运输车辆全程可追踪、信息采集统计分析全程自动化，为园区战略规划与日常运营管理提供了强力的数据支持。

通过信息系统的规范集成，园区实现了供应链业务的规范化运作，规范了财务管理、人力资源管理、合同管理的业务流程，降低了业务差错率，提高了服务质量和效率，让客户获得更舒适的服务体验。同时，园区依托各信息系统，为每个客户建立了独立的物流大数据库，对业务数据和客户反馈数据进行收集、整理、分类和储存，并开放客户端口，便于客户了解与跟踪自身业务数据。通过供应链信息系统的应用，不仅为园区匹配客户需求，提供更好的供应链服务提供了便利，也为客户企业管理者进行市场战略调整提供了数据支撑。

2. “共享云仓”集约化管理

随着园区服务客户数量的增加，“一仓一客户”的传统运作模式下，园区仓储资源、作业人员急剧短缺，园区物流运作也面临越来越大的压力，为在满足企业需求，降低企业运营成本的基础上，提高园区供应链运作效率，山东佳怡物流园在信息化的基础上规划建设了佳怡共享云仓。通过信息管理系统实现多个客户之间仓库、叉车、托盘等资源的共享，进而实现整个供应链体系的资源优化配置。

以直销行业为例，目前佳怡物流园正为 8 家具有不同需求的直销客户提供仓储配一体化服务。园区改变传统的独立货区独立管理的“一仓一客户”模式，整合替换 8 家企

业仓库为10500平方米的共享仓库，统筹规划设计仓库功能分区、物流动线、货区货位，并借助ERP+WMS+CRM的管理信息系统，统筹8家企业的货物收发管理、库存管理、库位管理、批次管理工作，实现了仓储资源的共享和运作管理的优化调整。园区综合考虑订单量、订单重合度、订单行数量、单SKU订货量等因素，分析得出客户订单特点并匹配适宜的分拣模式。在8家客户分别适用“货到人”或“人到货”的不同分拣模式下，园区采用DPS摘取式电子标签拣货系统，配合不同物流输送设备，实现了两种分拣模式并存，既提高了拣货效率和准确率，又降低了人员劳动强度。同时园区积极研究托盘、仓库立体货架、电工托盘车及平衡重高位叉车等资源的共享，如该共享仓库现已实现共享托盘存储位高达5000多个，仓库最大仓储量超过了10万箱，极大节省了仓储空间，提高了仓库作业效率。通过物流资源的共享和作业管理的统筹协调，园区直销共享仓库整体分拣效率达到4000单/天，SKU日动销超过2000个，分拣作业效率较一般运营效率提升55%，仓储运营成本大大降低，供应链的整体效益大幅提高。

3. 供应链质量管控体系

为保证供应链服务的高质量、低差错，园区从人、技术、制度三个方面构建了供应链质量保证体系，并从事前、事中、事后三个维度设计了供应链质量管控方案。

在事前质量管控方面，园区对每辆运输车辆都配备GPS，并通过GPS车辆定位管理信息系统实现实时监控。为长途车辆配备两个司机，并严格上岗证、行驶证、营运证等车辆运输所必需的手续审查，杜绝缺证运行。同时园区引入车辆调度看板、天气预警看板实现车辆运输与天气预报可视化与实时化。园区还为每一辆运输车辆办理了货物预约保险，以最大化防范服务风险。

在事中质量管控方面，园区加强了货物在途防护工作，制订了详细的货物装载加固标准和图中运输方案。通过GPS车辆定位管理信息系统对车辆进行在途跟踪和班线监控。建立了车辆日清表制度，每日检查，每次记录，确保服务正常开展。

在事后质量管控方面，建立了月度质量分析报告、8D整改报告和运作质量沟通会议制度。每月针对调度及时性、装货及时性、到达及时性、卸货及时性和交货完好率五个KPI指标进行月度的数据汇总，对各个环节进行详细地分析，每月对上个月出现的问题出具针对性的应对方案并落实。针对交货完好率和到达及时性两个方面出现的问题，制定8D分析报告并审核落实。同时每月定期与客户召开运作质量沟通会议，面对面交流运作情况，对存在问题提出解决措施，持续关注运作质量的改善。

以汽车行业为例，园区对吉利汽车供应链进行了优化调整，并通过质量管控跟踪优化效果。经过不懈努力，使吉利汽车物流的中转环节大大减少，工厂收货难度大大下降，运输时间大大缩减，调车及时率提升20%，到货及时率提升15%，交货完好率提升18%，零部件库存量同比降低了65%，存货周转天数降低72.5%，采购物流的整体成本下降了30%以上，吉利汽车的物流效率和物流管理水平得到极大提升，市场竞争力大幅增强。

三、示范特色与经验参考借鉴

（一）集团引领，园区支撑，共谋发展新局面

山东佳怡物流园的出现有效支撑了山东佳怡供应链企业集团（以下简称“集团”）业务的开展，成为集团进一步发展的重要基石。集团的规划决策为园区发展指明了方向，集团的资源和业务优势为园区的运营提供了坚实动力。从园区成立之初到园区转型升级，随着集团的战略调整，园区经历了服务集团自身，服务其他企业，服务产业链的发展变化，与之相对，集团业务不断扩张与服务范围不断拓展，经历从单一第三方物流服务发展为综合物流服务，进而发展为供应链、产业链、价值链层面的高质量服务的转变。园区发展离不开集团规划引领，集团发展离不开园区支撑，山东佳怡物流园与集团紧密结合，相伴相生，走出了一条不断转型升级的发展道路。

（二）先行先试，开拓进取，推动园区转型升级

山东佳怡物流园紧跟国家脚步，通过试点推动、示范引领，率先发展甩挂运输这一先进的道路货运组织方式，通过大量调研分析和不懈的探索实践，形成了司机和车队科学合理的管理模式，依托既有资源，快速推进甩挂运输场站建设，在探索运营积累经验的基础上，逐步扩大甩挂运输的范围和规模。园区抓住甩挂运输试点项目的先发优势，积极探索，真抓实干，通过大量措施有效缩短了货物运输时间，降低了货运成本，提高了货运里程实载率和运输生产率，有力推动了佳怡物流园实现从粗放式向规模化、集约化和标准化的顺利转型，进而加快了物流行业适应“互联网+”经济时代实现转型升级的步伐。

（三）云仓共享，管理集成，促进供应链降本增效

山东佳怡物流园顺应我国经济发展趋势，充分借助既有的、行之有效的区域合作平台，积极发展合作伙伴关系，实现供应链上下游企业的共生共荣。园区通过开展“共享云仓”，从空间上将供应链上下游企业系统组合，为供应链运作提供空间载体。站在制造企业、商贸流通企业的整体供应链的实际需求角度来进行园区的规划建设运营，对设施设备、人员、数据、信息系统、作业方式等统一调度安排，减少了生产、流通环节的短板、库存、等待等浪费，提高了基础设施的匹配性和空间使用效率，有效促进制造业与物流业的联动发展和供应链降本增效，实现了供应链上下游企业的共生共赢，为推进我国现代供应链发展，助力我国产业迈向全球价值链中高端贡献了力量。

四、园区发展方向与未来展望

依托山东佳怡物流园“四五发展战略”中“北自建，南合作”项目战略，园区将逐步在北方八省两市选址建设满足自用及社会公共物流平台的片区，逐步实施“特色供应链生态物流”的园区经营模式，借助互联网实现全国园区的连锁经营，引入社会资本，实现园区多元化的资产结构。园区在未来发展过程中，将坚持“系统规划，分层实施”的原则，全面转型升级，提升园区标准化、信息化、智能化、集约化水平，争取建设成为全国重要的区域性生产型物流园区，打造国内首家专业供应链物流服务园区。

（一）打造供应链四流服务物流园

山东佳怡物流园将基于未来物流与供应链的发展趋势，深入把握供应链的发展需求，形成供应链物流资源在各城市集聚发展的良好格局，建设提供供应链四流服务的生态型园区，打造各城市的供应链物流生态圈。山东佳怡物流园将万科“伴随城市发展，提供城市所需产品，并促进城市物流经济的发展”与佳怡“创新中国物流与供应链发展模式，共建理想家园”的战略思路相融合，将充分发挥万科在物流基础设施建设及资本领域的优势和佳怡园区在物流运营领域的经验，综合双方在市场中的品牌、客户、社会影响力等方面优势，在物流行业领域建立长期、全面、深度的战略合作关系，共同研发符合行业发展趋势的产品，共同开发服务于物流与供应链的生态型物流园区。

（二）打造特色供应链物流产业园

山东佳怡物流将充分发展特有的“复制模式”和“创新模式”，借力国家“一带一路”倡议，在国内物流节点城市和区域布点，通过与国内地产龙头企业强强联合，在哈尔滨、长春、沈阳、石家庄、太原、郑州、西安、济南、北京、天津等地落地物流地产项目，规划建设佳怡特色供应链物流园区，聚集相关产业，形成物流与供应链产业生态系统。

（三）打造环保型、科技型物流园区

环保是一种责任、是一种义务、是一种行动，佳怡物流园把环保作为一种使命来对待。作为国家甩挂运输的试点单位，山东佳怡物流园将重点推行甩挂运输这一先进的运输方式一，利用先进的运输手段实现节能减排，利用分布式光伏太阳能电站实现绿色能源的可持续利用。

（四）构建文化主题物流园

建设温暖有爱的文化家园，改善山东佳怡物流园面貌，将绿色、人文融入到园区中。

让“关注员工、供应商、客户”这一永恒的主题体现在园区未来发展战略之中。在园区布局规划建设中，将着重打造现代化办公环境、生活环境，提供优质的物业服务，提升物流人的生活工作质量。

荣誉专栏

颁发时间	荣誉名称	颁发单位
2018 年	示范物流园区	国家发展改革委 国土资源部 住房城乡建设部
2017 年	标准化重点推进试点企业	国家商务部
	供应链体系试点企业	国家商务部
	全国优秀物流园区	中国物流与采购联合会
2016 年	AAAAA 级物流企业	中国物流与采购联合会
2012 年	甩挂运输试点企业	交通运输部

（撰稿人：岳　丽　山东佳怡物流有限公司　总裁
张立华　山东佳怡物流有限公司　副总裁
许言珍　山东佳怡物流有限公司物流园区事业部　总经理
王天麟　山东佳怡物流有限公司物流园区事业部工程管理部　项目经理）

威海国际物流园

做优做强制造业物流　打造国际物流集散基地

威海市位于山东半岛东端，北、东、南三面濒临黄海，与朝鲜半岛和日本列岛隔海相望，是中国大陆距离日本、韩国最近的城市，军事地理位置得天独厚，城市命名也取威震海疆之意。这里孕育了中国近代第一支海军—北洋海军，这里是中日甲午海战的发生地，也是被列强侵占并回归祖国的“七子”之一。历史上这里遍布硝烟战火，而现在威海市是国内最适宜人居住的海滨城市之一，也是我国环境最优美的一线旅游城市之一，资源丰富，空气清新，国内外游客络绎不绝。威海国际物流园（以下简称“园区”）便坐落于这座美丽滨城，园区凭借威海市区位交通优势，积极融入“一带一路”建设，抢抓海外发展机遇，大力开展国际业务，取得了良好的经济效益和社会效益。

一、园区概况

威海国际物流园是一座集仓储、配送、分拨、保税、跨境电子商务、商贸、金融等服务功能为一体的现代化、国际化的综合物流园区。园区是山东省重点规划建设的四大临港物流园区之一，是威海市发展现代物流的重要载体，也是中韩签订自由贸易协定（FTA）以来，威海市重点规划发展的“韩国商品中国分拨中心”及“中韩跨境贸易电商产业园”。

（一）建设背景

为加快发展现代物流业，提高山东省经济运行质量和效益，山东省经济和信息化委员会制定了《山东省“十一五”现代物流发展规划》，规划在省内重点建设10个物流园区和20个物流中心。威海市依托毗邻韩国的区位优势，积极参与中韩自由贸易区（以下简称“自贸区”）谈判，在省委、省政府的大力支持下，威海与仁川自由经济区被中韩两国政府选定为中韩自贸区地方经济合作示范区，威海市抢抓国家推进中韩自贸区和“一带一路”建设的重大机遇，大力发展现代物流业。在此背景下，威海港集团有限公司成立威海国际物流园股份有限公司，在威海市临港经济技术开发区内投资建设威海国际物流园区。

（二）区位交通

威海市地处山东半岛最东端，北东南三面濒临黄海，北与辽东半岛相对，东及东南与朝鲜半岛和日本列岛隔海相望，西与烟台市接壤，地理位置十分优越，是黄渤海咽喉地带的海陆交通枢纽，是中国大陆距离韩国最近的城市（最近处距离仅为 93 海里），是山东半岛面向日本、韩国，走向东北亚的重要通道，在山东乃至中国的对外开放中占据重要的位置。

威海国际物流园位于威海中心地带的国家级临港经济技术开发区，该区是威海发展最为活跃的经济增长极和最新城市拓展区，主要经济指标增幅一直保持全市领先，先后被评为“中国最佳综合实力开发区”“中国十大最具投资价值工业区”。园区距离最近的铁路货运站不到 2 千米、距离威海港新港 10 千米、威海机场 30 千米、紧邻 303 省道和青威高速，交通四通八达十分便利。

（三）服务能力

威海国际物流园于 2009 年 3 月正式开工建设，总规划占地面积 81.03 万平方米，园区采取边建设边经营的模式，规划建设仓储物流区、国际分拨区、快递物流区、冷链物流区、综合服务区，如图 1 所示，其中仓储物流区和国际分拨区已经建成并投入使用，共包含 9 座立体仓库，12 座标准化仓库，以及 3 座沿街商务楼，建筑面积共计 51 万平米。

园区在发展的过程中，按照“产业支撑物流、物流推进产业”的发展模式，拓展了以公共仓储与城市配送、中转分拨与零担配载、产业物流服务、公铁联运、跨境电商、国际快递服务、保税物流、信息与金融八大功能为主的服务功能体系，并形成了第三方物流、保税、仓储、分拨、跨境电商、金融、商贸等重点业务板块。

图 1　园区功能分区整体规划

园区同步推进了生产生活配套设施建设。园区建有7000平方米的综合服务中心，包含海关报关大厅和商检报检大厅，可为客户提供便捷的报关报检和快递物流服务。生活沿街楼和沿街商铺共计7000平方米，其二、三、四楼为住宿楼层，共拥有标准房间180间，可为入驻企业、流动人员提供住宿、餐饮、修理等服务。园区国际分拨区建有2000平米停车场地，可以为流动车辆提供停车服务。

园区拥有可折叠移动货架17.6万个、装卸搬运设备173套、X光查验传输设备6套、叉车131台、自有大型运输车100余辆、整合社会车辆1000余辆，设施设备先进完备。（如图2所示）

图2　园区装卸作业设备

（四）运营管理

威海国际物流园的开发建设主体是威海国际物流园股份有限公司，是威海港集团有限公司独资成立的一家子公司。威海港集团有限公司是2005年7月经山东省国有资产监督管理委员会和威海市人民政府批准，在原威海市港务局的基础上成立的国有全资有限责任公司，其业务涉及集装箱、散杂货、油品、国际快件、旅客、车辆、行李的装卸、仓储、运输、托运、代理服务和港口物流以及船舶拖带、船舶销售、商业旅游开发等。

经过近年来的不懈努力，园区现已吸引中石油、中石化、中国邮政、顺丰速运、韵达快递、三角集团、成山集团、韩进集团、方正国际等国内外知名企业入驻。2017年，园区入驻企业实现货物吞吐量390.37万吨，其中散装货物吞吐量206万吨、件杂货物吞吐量50.67万吨、集装箱吞吐量7.14万TEU、园区快递包裹收发量260万件。

二、主要做法

（一）强化服务技术基础，推进制造业与物流业联动发展

制造业是我国国民经济的支柱产业，也是物流社会化的需求基础。推进制造业与物

流业联动发展，不仅是提升制造业核心竞争力的重要手段，也是促进物流业发展的基本途径。威海临港经济技术开发区建区以来累计引进投资过千万美元大项目 120 多个，开发区入驻工业企业 450 余家，汽车零部件、新材料及制品、高端装备制造产业具有较大优势。威海国际物流园依托威海临港经济技术开发区制造业资源优势，通过优化仓储配送工艺流程，完善物流信息化建设，为威海临港经济技术开发区内生产制造企业提供高效仓储、集中配送等服务，吸引各类工业和商业仓储、配送资源向物流园区集聚。

园区建立和改进了多项仓储配送工艺流程。园区改变了传统烦琐的单据流转流程，实施“一套单”作业，简化了单据作业流程，降低了单据流转差错率，提高了信息流转效率。对装卸工等工种实行劳动定额管理，根据历史数据和未来作业计划，采用科学测算方法，平衡各时段各工种作业量，满足高峰时期的作业要求。园区改变了仓储管理模式，早期是以每个仓库为单位进行管理的“仓库制”，人员、设备固定配备，后来园区打破原有单仓库固定管理限制，如对轮胎管理中，将轮胎分为如半钢轮胎系列、全钢轮胎系列、工程胎系列等不同类别，将属于同系列轮胎仓库进行统一管理，优化了人员配备，使仓储管理更为科学高效。园区通过科学、合理配备仓储库区内货物规格和数量，实现了“库区内配货”，即货物在出库发货时即在单库区内完成装车配货任务，提高了出库效率。园区给电动叉车配备车载电脑，实现了出入库任务电子化实时传输，提高出入库作业效率。园区根据自有货架规格及短倒运输方式，设计了特制的货架运输车，如图 3 所示，用于运输生产企业与仓库之间装满轮胎的货架，通过移动式轮胎专用折叠货架与定制的货架运输车的配合，轮胎从生产线下线便直接被送上货架，然后连同货架被运输至园区仓库立体存放，如图 4 所示，并采用货架随车运输的模式进行市内短倒运输，彻底改变市内短倒装卸工艺和运输方式，从源头上保证了作业效率和准确率，实现了物流服务的高效、优质、安全。

图 3　园区特制货架运输车

图 4　轮胎移动式折叠货架库内作业场景

园区大力推进了物流信息化建设。建立了以信息化为基础的科学高效运营模式，加强了 RFID、GPS 等物联网技术的应用，量身定做并全面应用了 RFID 智能仓储信息系统，该系统同仓储管理系统、运输管理系统完美结合，实现了物流全程信息化管理，实现了轮胎单品管理的高效高质无差异。RFID 智能仓储信息系统开创了 RFID 技术在国内大规模应用的先河，与传统模式相比，此系统可提高约 40%的作业效率，节省 25%以上的物流成本，实现了轮胎仓储管理的“零差错率”，从根本上提高了仓储作业效率和准确率，是对轮胎仓储模式的重大变革。

园区已成功运作三角集团、成山集团等供产销研一体化轮胎企业的第三方物流项目，提供仓储、配送、包装等“一条龙”的系统化物流服务。2017 年园区轮胎总入库量达 65 万吨，累计吞吐轮胎 7000 万套，占三角集团和成山集团轮胎年总生产量的 90%。同时，园区积极推进与中石油、中石化、威高集团、康师傅、史密斯等企业的合作，开展化工类原材料、快消品等的仓储和配送业务，实现第三方物流服务的持续发展，如今行业聚集效应正逐步显现，园区逐渐成为北方地区重要的化工原材料和快消品的仓储、中转和配送基地。

（二）打通国际物流通道，大力发展国际业务

在服务国内制造业的同时，威海国际物流园依托“一带一路”倡议和“中韩自贸区”等国家政策，充分发挥毗邻港口、临近日韩的区位交通优势，大力推进国际物流服务发展。园区依托威海港集疏运条件，在大力发展陆海铁联运的基础上，利用丰富的日韩客户资源，大力发展跨境电商、保税仓储、国际海运快递等业务，实现了国外订舱、国内通关、仓储、装卸、包装、理货贴标、出入库管理、物流配送等一体化服务。

1. 开展国际陆海铁联运

威海港是国家一类开放港口，是我国通往韩国、日本、朝鲜及东南亚国家便捷的出海口，拥有泊位 18 个，其中 5 万吨级、7 万吨级、10 万吨级泊位各 2 个，港口集疏运体系完备，疏港铁路、公路已联网贯通，陆海铁联运条件得天独厚。港口优势是威海国际物流园的核心优势，园区距离威海新港仅 10 千米，疏港高速路直通新港码头，同时园区距离最近铁路货运站不到 2 千米。通过陆海铁联运，物流园区与威海港紧密联系起来。

威海港是中韩陆海汽车货物运输业务的全国首个试点口岸，现已开通威海至韩国（仁川、平泽、釜山）、日本（关东、关西）国际集装箱班轮航线 8 条，每周 11 班次；开通威海至韩国仁川、平泽客滚班轮航线 2 条，每周 6 班次。港口对日韩海运优势突出，日韩等周边国家的一般贸易和跨境电商物品通过水路运输到威海港，再通过公路短驳，在威海国际物流园中转集散，再通过铁路运到新疆阿拉山口，过境前往中亚或者欧洲，威海国际物流园的国际物流枢纽作用日益突出，尤其在中韩自贸区和“一带一路”等国家政策下，园区服务“韩鲁新欧大通道”作用日益显著。

威海国际物流园不断加强与国内重要城市的班列联通，2011 年 3 月园区正式开通威海至黄岛的铁路集装箱班列业务，目前该段货运专列开行密度已达每周 10 班，每日有两列火车对开。与此同时，园区积极调研与临沂、义乌、苏州等地区开展铁路班列的可行

性，结合园区自身独特的资源优势，形成完善的物流服务体系，增强货物吸引能力，为威海港的韩国航线及后续远洋航线提供充足的货源基础，打造真正意义上的“无水港”，通过中韩等国际陆海铁联运，参与共建“一带一路”，实现威海与亚欧非大陆的互联互通。

2. 大力发展跨境电商与国际快件业务

跨境电子商务是一种推动经济全球化、贸易全球化的重要国际商业活动，使国际贸易走向无国界贸易，正在引起世界经济贸易的巨大变革。它极大地拓宽了企业进入国际市场的路径，大大促进了多边资源的优化配置与企业间的互利共赢。威海国际物流园通过完备的综合服务、完善的硬件设施和便捷的海关监管等优势条件，打造出跨境电商基地，为园区开展跨境电商业务提供了高效的通关环境和便捷的物流保障，实现了威海市跨境电商货品、中韩邮路物品、海运快件的集约化监管和规范化操作。

威海国际物流园位于中韩自贸区内，毗邻港口、临近日韩，发展跨境电商条件十分优越。经过不懈努力，园区开发建设主体威海国际物流园股份有限公司取得了完备的跨境电商服务资质，“跨境电商物流企业”“电子商务企业”“电子商务平台企业”“物流企业及监管场所经营资质”等资质均完成了海关备案，同时园区通过子公司港赢科技有限公司取得了海关备案的“跨境电商支付资质”。威海国际物流园借助企业资质，形成了完备的跨境电商服务链条。

威海国际物流园跨境电商基地是开展跨境电子商务业务的专业功能区，如图 5 所示，总占地 1.4 万平方米，于 2014 年正式启动。基地可提供集产品采购、运输、仓储、速递、销售于一体的完善电商物流服务，顺丰、韵达、EMS、申通、圆通等知名快递服务商和 40 余家电商业户已经入驻，目前经营货物以渔具、韩国商品、海洋产品等为主，基地日处理订单量已达一万余单。

图 5　国际物流园跨境电商基地

威海国际物流园不断提升跨境电商监管的便利化水平。2015 年，园区成功引进了威海市唯一的公共服务型监管场所——跨境电商监管中心，如图 6 所示，海关驻邮办、商检部门、国家安全局等均已入驻，威海市内的跨境电商出口、直购进口、海运快件、中韩邮路业务的所有货品实现了在园区内统一监管、集中查验、清关放行。海关监管功能的集中既是对一个口岸、一次查验，一次通关、一次放行“四个一”政策的贯彻落实，也是减少货物滞港时间，简化货物通关环节，提升整体通关效率的重要举措，同时也有利于改变现行的“保税货物仍需在码头报检报关查验”的模式。2017 年，园区共操作跨境电商进出口 250 万单，涉及贸易额近 2 亿美元。

图 6　跨境电商监管中心

同时，威海国际物流园借助自身区位交通优势和韩国仁川市丰富的国际航班资源，大力发展国际快件业务。2017 年，威海海运快件监管中心成功落户园区，威海市成为第二个开通海运快件的城市。威海港的中韩海运快线每周有客货滚装航班近 30 班，海运快件借助中韩海运快线可以做到夕发朝至，且物流费用比空运低六成。园区大力开拓澳大利亚、美国及欧美其他国家商品经由仁川中转的服务，商品从这些国家经空运运至韩国仁川国际机场，在仁川机场转关以海运方式运至威海，国内出口商品也可通过威海海运至韩国仁川机场，再中转至世界各地，从而形成国际国内双向通达的快速物流通道。以海运集装箱为运输载体的海运快件具有载运量大、限制少、近洋运输时效性强的特点，既保证了商品的物流运输时效，又大幅降低了电商企业、物流企业的成本，提升了进出口企业的市场竞争力。2017 年，园区海运快件业务量迅猛增长，全年突破 36 万件，月业务量突破 200 吨。

（三）创新园区发展模式，开展物流金融服务

物流金融被称为“第三方物流服务的革命”，国际上物流金融发展起步较早，北美以及菲律宾等地已形成较为全面的物流金融规范体系，业务流程和风险管控已较为成熟。

随着我国经济新常态的发展和金融政策的逐步开放，物流金融在中国发展环境不断优化。威海国际物流园广泛借鉴国际先进经验，创新“互联网+物流+商贸+金融”的模式，通过信用证、质押监管等方式，向贸易企业提供金融支持，助力贸易企业快速发展，进而带动威海国际物流园的发展。

威海国际物流园在平安银行、中信光大、民生银行、中国银行等金融机构共拥有授信额度约 4 亿元，园区充分利用自身资金及银行授信优势，在为贸易企业提供全程的商品物流服务的基础上，拓展采购代理、开证代理、垫税、通关报关等金融服务。

在国内贸易上，园区以沥青、钢材、煤炭等大宗货物运作为主，将物流质押监管与原材料采购代理相结合，为贸易企业提供服务。以沥青为例，园区在货物质押监管的基础上，集合众多沥青加工及贸易企业的原材料采购需求，集中向供应商采购，实现了“代客户采购+全程物流+物流质押监管”的新模式，既解决了企业融资难题，又帮助企业降低了采购成本。在成品沥青物流环节，园区依托威海港资源优势，将部分入园企业原有陆运模式改为海运模式，为企业降低了 30%的物流成本。

在国际贸易上，园区以平行进口车、木材运作为主。园区利用自身资金及银行授信优势，通过开具信用证、TT（电汇）、DP（付款交单）等方式为荣成英路汽车、青岛兆龙汽车等平行汽车进口商和木材进口商提供代理采购服务，园区替企业垫资帮助企业完成产品采购，企业销售回款后将本金及利息返还园区，园区再将资金返还银行，通过这种方式，有效解决了中小企业授信不足，资金紧缺的问题。2017 年园区帮助实现路虎、奔驰、宝马、丰田等系列平行进口汽车共 1500 台，完成木材进口 8 万 TEU，为中小企业提供资金达 10 亿元人民币。

（四）完善综合标准体系，提升运营管理水平

园区依据《山东省服务业标准化试点项目管理办法》，结合服务业组织标准化工作指南 GB/T 24421—2009 标准系列要求，建立了服务通用基础标准体系、服务保障标准体系和服务提供标准体系，构成了覆盖物流管理和服务各个环节的综合标准体系。整个体系共包括 28 项国家标准、1 项行业标准和 84 项企业标准。该体系全面结合工作实际，覆盖面广，实用性和科学性较强，既符合物流园自身业务特点，又具备可操作和推广性。2013 年，威海国际物流园获批山东省服务业标准化试点单位（鲁质监标发〔2013〕147 号）。同时园区不断推进管理体系标准化，集中强化基础管理工作，不断完善各项业务流程，全面提升管理水平，园区先后制定和完善了管理制度和流程 136 项，构建起科学高效的管理体系，并通过了 ISO 9001 质量管理体系认证。

通过标准化的实施，园区第三方物流业务实现了标准化操作。以轮胎的第三方物流服务为例，园区拥有的 17.6 万个轮胎专用的可折叠移动货架，根据轮胎货物尺寸的不同，货架分为 0.98 米、1 米、1.2 米、1.26 米、1.4 米 5 种标准尺寸规格，其中 0.98 米货架和 1.26 米货架可以相互通用，其数量占园区货架总数的 85%。所有货架均配备了

RFID 电子标签，实现了标准化管理，同时园区规范了轮胎货物存储装卸作业标准。标准化的落地运行极大节省了人力物力，有效降低了作业差错率，轮胎物流效率提升了268%，千吨货物成本下降了30%，账、卡、物三相符抽查合格率99%，客户满意度达到了98%以上，经济和社会效益显著，园区已着手申报国家级标准化试点，将标准化体系上升到国家标准高度并与园区管理建设和服务有机结合，确保标准体系的科学性、合理性、实用性和严密性，确保标准的适用性、可操作性和先进性，不断提升标准化工作的效果。

三、示范特色与经验参考借鉴

威海国际物流园是一家综合服务型物流园区，基础设施先进、服务功能完善，组织管理机构健全，园区通过推行以制造业与物流联动服务、国际跨境电商物流服务、物流金融服务为主的综合物流服务，有效地满足了威海市制造业与物流业融合、中韩自贸区发展、威海市现代物流发展的需求与趋势，园区服务水平和运行效率都达到了较高水平，已经取得了良好的社会效益和经济效益，具有较好的推广应用示范价值。

（一）发挥功能优势，推动产业融合发展

物流业是重要的生产性服务业，对于促进制造业结构调整和产业升级具有重要作用。威海国际物流园依托威海国家级经济技术开发区的政策优势和产业条件，整合海关、物流设施、物流信息等各类资源，为开发区内生产制造、商贸等企业提供运输、储存、流通加工、装卸、配送、信息服务、金融服务、展示交易等一体化的综合物流服务，以轮胎第三方物流服务为重点，在轮胎物流服务体系基础上进一步扩展到新材料、生物医药和机电装备等产业物流，促进行业企业从单一服务型向多元服务型发展，从单纯生产型向生产经营型转变，有力推动了交通物流与产业融合发展，有效降低了区域物流成本，促进了区域经济发展和威海产业转型升级。

（二）依托区位优势，促进国际物流发展

威海国际物流园依托自身毗邻港口、临近日韩的区位交通优势，紧抓中韩自贸区发展机遇，大力推动跨境电子商务发展，规划建设韩国产品中国分拨中心和国货对韩产品分拨中心，打造威海市公共服务型跨境电商综合产业基地，实现了韩国商品与中国商品的双向流通；园区利用自身保税仓库和公共海外仓，开展了保税备货、直购进口、一般出口、保税出口等多种模式的跨境业务，实现了保税仓储、流通加工、全球采购和国际分拨、转口贸易和国际中转等功能；园区充分利用“海运快递”和韩国仁川空港东北亚中转功能，积极开展国际快递服务。通过开展国际物流业务，园区成为了中韩自贸区物流紧密联系先行先试的样板，也为山东省其他地区对韩、对日物流发展乃至全国“一带

一路”沿线城市对接国际市场提供了参考。

（三）凭借资金优势，助力企业融资发展

当前我国经济已由高速增长阶段转向高质量发展阶段，随着供给侧结构性改革，我国物流业已处于重要的战略转型期，提高物流服务质量，延伸物流服务链条，是对物流园区提出的新要求。威海国际物流园充分利用自身充裕资金及银行高额授信优势，面向沥青、钢材、煤炭、平行进口车、木材等贸易企业提供金融支持，开展仓单质押、开证代理、通关报关等物流金融服务，帮助中小企业解决融资难题，同时园区通过资源集聚和整合，拓展了集中采购代理服务，降低了中小企业采购成本，有效保障了中小企业的健康发展。园区开展物流金融服务，既是充分发挥资金优势，帮助企业发展的重要举措，也是响应国家三大攻坚战，推动壮大实体经济，决胜全面建成小康社会的重要抓手，具有很好借鉴意义。

四、园区发展方向与未来展望

未来，园区将依托“一带一路”倡议和中韩自贸区建设机遇，着力打造山东省跨境电商综合物流基地，建成韩国商品中国物流分拨桥头堡和快件集散地，成为“韩鲁新欧”物流大通道重要功能节点。园区将依托区位优势和便捷的对外交通，立足于韩国、日本等东北亚地区和山东省、威海市物流需求，以服务中韩自贸区、山东半岛、威海经济技术开发区的物流需求为主攻方向，以提升物流服务能力为目标，以先进的物流软硬件基础设施为支撑，以促进区域物流产业集聚、整合供应链管理为抓手，集仓储、配送、运输、信息服务、金融服务、流通加工、保税物流、国际物流、冷链物流、展示交易等功能于一体，建成具有现代化、区域性、国际性的大型国际物流集散基地。

园区将做强电商物流，打造韩国商品中国物流分拨桥头堡。园区计划开展保税商品展示交易功能，建设跨境电商的体验区，将跨境电商与保税展示交易制度结合，利用线上交易与线下体验相结合的O2O模式，以实现延展平台体验、现场线上下单邮购、保税仓库物流配送，满足不同消费者的购物需求，最终打造成中韩商品采购、销售和物流集散中心。

园区将打造对韩进出境邮件集散地。目前通过威海—仁川海运进出境的邮件仍以威海本地为主。园区将参照厦门对台、郑州对俄进出境邮件集散中心的先行先试经验，发挥威海对韩“海运价格、空运速度”的优势，利用跨境电商监管中心便利条件，将国际在仁川中转的大量快件争取到威海入境，使得国际对韩国邮件集中在威海海关及威海国际物流园区通关，将园区打造成面向世界、辐射全国的进出境邮件集散地。

园区将做精商贸物流，打造供应链金融服务体系。在商贸业务上，园区将拓展沥青、钢材、煤炭、水泥等货类，扩大业务量，为更多客户提供贸易物流服务。在供应链金融

业务上，园区计划投入8亿开展质押、监管、融资、配资业务及线上线下韩国商品商贸业务，扩大业务链条，为贸易上下游客户提供物流供应链基础上的金融服务。

荣誉专栏

颁发时间	荣誉名称	颁奖单位
2018年	示范物流园区	国家发展改革委 国土资源部 住房城乡建设部
2017年	全国优秀物流园区	中国物流与采购联合会
2012年	甩挂运输试点企业	国家交通运输部 国家发展改革委

（撰稿人：王晓东　威海国际物流园股份有限公司　董事长
冯翌胜　威海国际物流园股份有限公司　总经理
王　佳　威海国际物流园股份有限公司　办公室主任）

郑州国际物流园区

携三区融四港，打造国际物流中心

郑州国际物流园区于2010年9月正式成立，位于国家郑州经济技术开发区（以下简称经开区）东部。近年来，园区积极抢抓河南自由贸易试验区（以下简称自贸区）、郑州经开综合保税区（以下简称综保区）、郑州跨境电子商务综合试验区“三区叠加”发展的重大机遇，按照“四港联动、多式联运”的总体思路，全力建设高效衔接航空港、铁路港及沿海港口的现代综合物流公路港，着力打造以“国际物流、区域分拨、城市配送”为主要功能的产城融合智慧物流新城，与郑州航空港、国际陆港形成“铁、公、机”联动发展、优势互补的大物流产业链，对区域经济发展具有较强的整合带动作用。

一、园区简介

为充分发挥郑州区位交通优势，提升郑州在全国物流布局中的地位，2010年4月河南省人民政府下发《河南省现代物流业发展规划（2010—2015）》（豫政〔2010〕38号）文件，首次提出建设郑州国际物流中心，同时提出建设郑州国际物流园区，并明确将国际物流园区定位为郑州现代物流业发展的主要载体和核心区。2010年9月，郑州市成立了由市长任组长的郑州国际物流中心建设工作领导小组，对园区开发建设工作进行统筹协调；同时组建郑州国际物流园区管委会，园区正式成立。

（一）园区概况

郑州国际物流园区作为郑州市建设国际物流中心的重要功能组团，规划物流板块总面积为11.53平方千米，实际占地10.15平方千米。四至范围为：东至万三公路，南至郑民高速，西至杨桥大街，北至陇海铁路。（如图1所示）

园区区位交通条件优越。园区位于郑州东南部，1千米范围内可以到达郑民高速、新107国道，3千米范围内可到达郑州铁路集装箱中心站、京港澳高速、310国道、220国道，15千米范围内可到达郑州新郑国际机场、连霍高速，一小时高铁覆盖中原城市

群，一个半小时航程内覆盖中国三分之二主要城市、五分之三的人口，区位交通条件非常优越。（如图 2 所示）

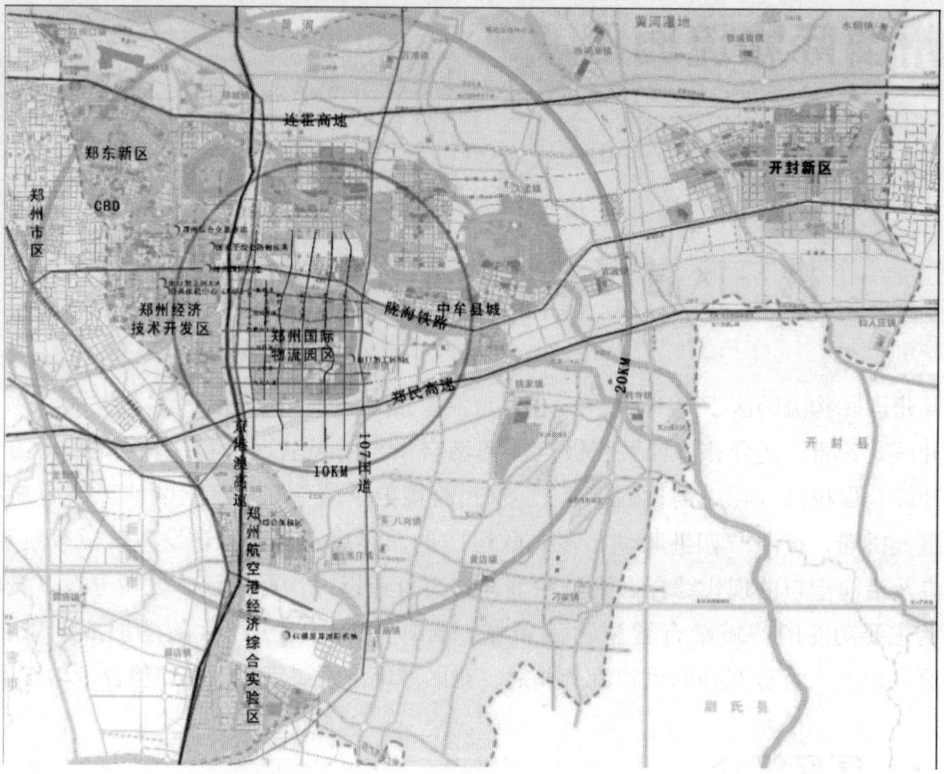

图 1　园区交通区位

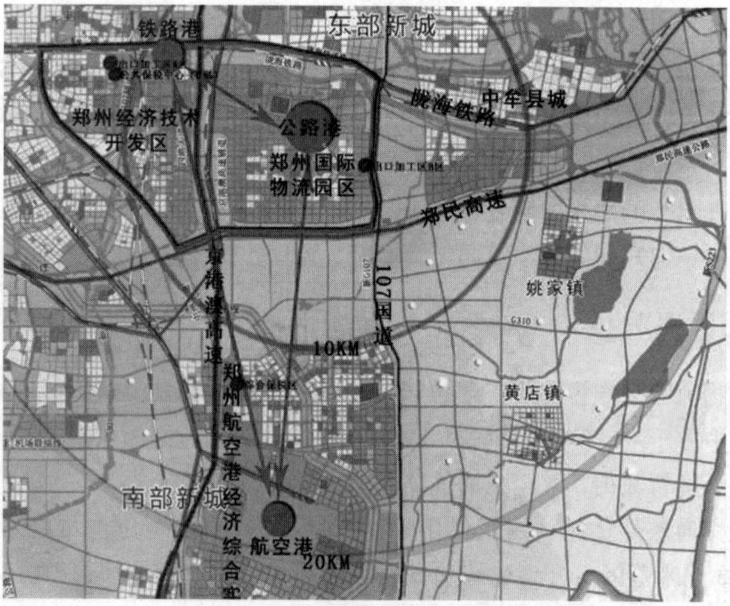

图 2　园区与铁路港、航空港区位关系

（二）经济环境

一是跨境贸易电子商务试点领跑全国试点城市。郑州跨境贸易电子商务试点的技术水平、服务能力、业务规模全国领先，通关速度全国最快，达到了“秒通关”。二是郑欧班列让中原成为中部亚欧大陆桥的新起点，同时上线运营“郑欧商城”电商平台，为园区电商物流快速发展注入了新的活力。三是现代制造业影响力辐射海内外。郑州已成为全球重要的智能手机生产基地；汽车及装备制造产业基础雄厚，到 2020 年汽车整车产能将达到 260 万辆；同时一批生物医药、金融服务、精密机械、航空制造等产业快速集聚，正在形成全国重要的高端制造业基地和现代金融服务中心，为郑州国际物流园区统筹协调发展生产性电商物流和生活消费型电商物流提供重要的产业支撑。

（三）运营主体

郑州国际物流园区管委会（以下简称管委会），是市政府派出机构，规格为正县级，隶属国家郑州经济技术开发区。管委会主要负责编制园区总体规划、经济社会发展规划和土地利用规划，负责园区内重大项目建设、招商引资和环境保护，负责搭建融资、土地、人才等要素平台，负责推进统筹城乡综合配套改革试验；为园区企业提供工商、税务、消防、金融、保险、检验、计量等政务和商务服务。

管委会下设综合办公室、发展改革局、建设环保局、招商促进局、规划国土资源局、合村并城办公室等职能局办，下属园区建设投资有限公司和锦绣前程置业有限公司两家企业，共有工作人员 138 名。管委会建设有园区规划与发展智库，聘请来自国内外政府机关、行业协会、高等院校、科研院所等 56 名知名专家学者参与园区规划、建设、运营、管理等工作。

（四）运营效率

截至 2017 年年底，园区建成物流项目 56 个，通过二次招商引进项目 362 个，运营企业由不足 10 家增加到 418 家，仓储面积 395 万平方米，库房面积 389 万平方米，其中，单层仓库 178 万平方米，多层仓库 193.7 万平方米，立体仓库 17.3 万平方米。园区累计完成固定资产投资 268 亿元，累计完成主营业务收入（含园区自身收入）1120 亿元。2017 年货物吞吐量达到 9769.1 万吨，收发快递 13.8 亿件，全部企业运营总收入达到 392 亿元，当年实现税收 11.2 亿元。

二、主要做法

郑州国际物流园区探索形成政府主导开发、“四港一体、多式联运”、以总部经济为主要标志、以多类物流业态与产业联动发展为特色的新型综合物流公路港，园区重点发展保税物流、电商快递物流、冷链物流等专业物流，主要提供国际物流、区域分拨、城市配送服务，取得了诸多成效，对区域经济发展具有较强的整合带动作用。

（一）明确功能定位，强化管理服务

1. 坚持规划先行，科学谋划园区发展

园区开发建设之初，确定了“政府引导、企业化运作”总体开发建设思路，并高标准编制完成了《产业发展规划》《园区控制性详细规划导则》《市政基础设施专项规划》等上位规划，为园区开发建设确立了基本框架。

根据上述规划，园区按照项目集中布局、产业集群发展、资源集约利用、功能集合构建的思路，确定了“八区一平台”功能布局，即保税物流园（经开综保区二区）、新加坡综合物流园、电商快递物流园、医药健康物流园、冷链物流园、家居商贸物流园、时尚物流园、汽车零配件物流园八个精品物流园（如图 3 所示）和一个智慧物流大数据平台，为园区开发建设确定了方向与路线。

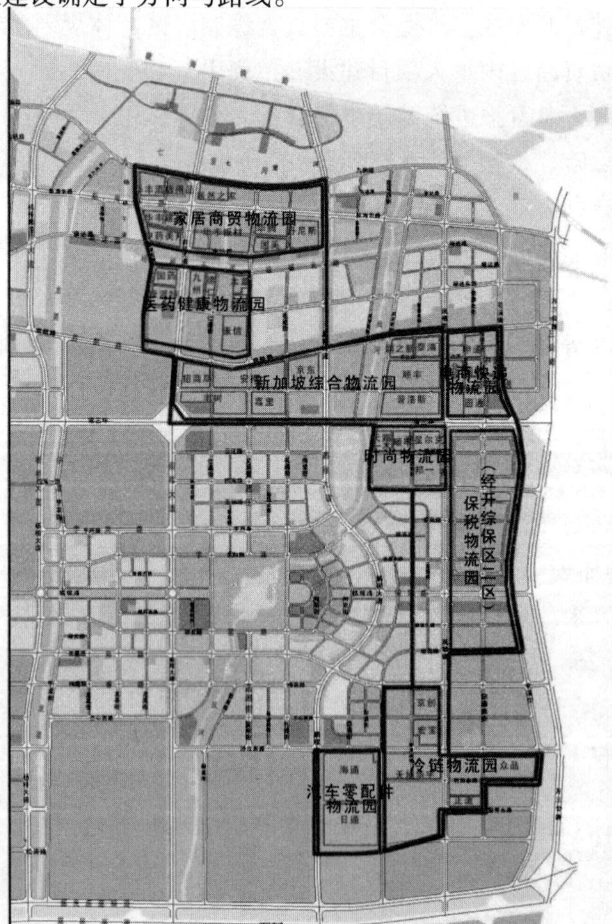

图 3　园区“八区”布局

2. 严把项目入区关，确保入区企业质量

园区制定了《现代物流业项目准入标准及审核程序》《拟入区项目联席会审会议制度》等文件，明确了拟入区项目的运营主体资质、投资强度、运营效益等主要指标，建立完善了项目审核把关程序，从前期洽谈考察、中期联审核定到后期签约，全过程对拟入驻项目功能定位、用地需求、建设标准、产出效益、环境影响等方面进行把关，确保入区项目发展经济效益好、建设品位档次高。

3. 加强履约监管服务，确保项目建设质量

项目签约入驻后，园区积极服务项目开工建设。在规划阶段，督促项目单位严格按照项目协议约定的建设内容、建设标准规划，同时对规划设计方案进行审查，要求其符合园区主干道路沿线城市设计等，确保整体建筑风格的协调。在建设阶段，督促项目单位按照施工计划规范有序施工，确保项目按照前期审核通过的建设标准进行建设。

4. 坚持三级联动、一线办公，提供优质建设环境

为加快开发建设进程，园区创新体制机制，有效提高园区开发建设效率。一是创新领导体制，推行三级联动。按照职责分工，探索建立了园区管委会、办事处、行政村三级联动工作推进机制，由管委会分管领导协调指导办事处、行政村推动土地征收、村庄拆迁、地面附属物清理等工作，并建立了园区管委会与办事处、行政村双向评价制度，进行定期综合评价打分，有效促进了工作落实。二是创新工作办法，坚持一线办公。围绕项目建设中存在的问题，坚持会议在一线召开，矛盾在一线摸排，问题在一线解决，干部在一线培养，队伍在一线锻炼，成绩在一线总结，形象在一线显现，形成了多层次、多形式的工作推进格局。

5. 加强企业运营监测，努力提供运营效益

一是在项目建成投入运营后，确保运营主体或二次招商入驻客户在地注册独立法人单位，实现在地统计、在地纳税。二是及时了解企业运营过程中产生的新需求（如根据科技发展形势，完善电力通信等配套设施）及存在的困难与问题，积极帮助协调解决，努力为企业提供良好的运营环境。三是加强统计监测，开展履约监管。实时监测入驻企业在营业收入、缴纳税收、带动就业等方面的完成情况，每月开展统计分析，及时发现问题。同时，建立约谈机制，针对无正当理由达不到协议约定的企业，启动相应制约措施，努力实现应统尽统、应收尽收。

通过近几年来的努力，园区开发建设成效初显。截至 2017 年年底，园区累计引进 5 个投资 10 亿元以上项目，分别是普洛斯（郑州）物流园（25.6 亿元、已建成投用）、安得物流现代综合物流园项目（10 亿元、已建成投用）、河南鲜易郑州温控供应链产业基地项目（16 亿元、部分建成投用）、京东亚洲一号郑州经开物流园项目（30 亿元、已开工建设）、深国际郑州智慧综合物流港项目（13.5 亿元）；引进 11 个 5 亿元以上项目，主要有新加坡丰树（郑州）物流园项目（5 亿元、已建成投用）、圆通速递中原地区集散中心总部及电商园区项目（6.9 亿元、已建成投用）、天地华宇全国综合智慧物流服务中心项目（6.6亿元、正在建设）、河南九州通现代医药物流园项目（6亿元、正在建设）、美邦医药综合物流园项目（5亿元、正在建设）、邦正医药综合物流园项目（5.2亿元、正在建设）、河南本草国药馆仓储物流管理中心项目（5亿元，正在建设）。

新加坡综合物流园、汽车零配件物流园、电商快递物流园、家居商贸物流园四个“园中园”已建成投入运营，保税物流园、时尚物流园、医药健康物流园、冷链物流园四个“园中园”正在建设、部分投入运营。

（二）加强组织协调，发展多式联运

1. 推进基础设施互联互通

《“十三五”现代综合交通运输体系发展规划》中规划的“十纵十横”大通道，有5条涉及河南省；国家《推进物流大通道建设行动计划》中规划的国内物流大通道格局，有3条涉及河南省。园区处于郑州—卢森堡“空中丝绸之路”、中欧班列（郑州）“陆上丝绸之路”、河南保税物流中心跨境电商“网上丝绸之路”的集汇处；同时处于郑洛新国家自主创新示范区、河南自贸区（郑州片区）、全国双创示范区、中国（郑州）跨境电子商务综合试验区等国家战略核心区域，区位优势明显。

园区按照“三网融合、四港联动、多式联运”的总体思路，积极抢抓国家战略实施的重大机遇，全力建设高效衔接航空港、铁路港及沿海港口的综合物流公路港；加快交通、物流融合发展，推动区域铁路、公路运输与航空港、沿海港口功能对接；推动多种运输方式协作、协调、协同发展；重点发展公铁联运、空陆联运和铁海联运，构建公铁集疏、陆空衔接、高效便捷竞争新优势。

园区扎实推进公路港基础配套设施建设，积极打通与航空港、国际陆港衔接的交通工程，形成高效畅达的联运体系。目前，园区已经与连云港达成战略合作伙伴关系，是连云港内陆重要的承接分拨基地。同时园区也是郑州航空港的航空快件集散分拨基地、国际陆港重要的区域配送中心、郑州集装箱中心站接运分拨中心，真正形成“铁、公、机、海”联动一体、多式联运。构建高效畅达的联运体系，服务范围辐射全国38个重要物流节点城市、30个沿海港口。

园区超前谋划，积极加强主干道路与周边功能区联通，努力实现公路物流与铁路物流、航空物流联动发展。依托铁路集装箱中心站、航空港、保税物流中心等资源，园区制定政策、提供便利、牵线协调等方式鼓励物流企业发展公铁、陆空等多式联运业务。目前，园区集聚了顺丰快递、中通快递、圆通快递、华南日通等一批多式联运物流企业，大幅降低了物流运行成本，提高了物流运营时效与收益。

2. 强化多式联运组织协调

园区多种物流运输方式的联合，提升了区域物流基础设施水平，优化了园区物流运营生态，京东物流中原总部、顺丰快递河南总部、中通快递河南总部等纷纷落户园区，开展集航空货运、铁路运输、公路运输为一体的中转集疏、区域分拨等业务，提升了区域物流运营能力与水平，积极助推郑州打造成为国际物流中心。

河南省顺丰速运有限公司在河南省新郑机场拥有 1 架波音 757、3 架波音 737 总计共 4 架全货机，分别为郑州—深圳、郑州—杭州—厦门、郑州—潍坊—杭州和郑州—晋江—无锡等线路，每周 6 班，日均启用散航班 167 个，日均进出港省外干线 109 条、省内 243 条，预计 2018 年开设郑州至俄罗斯的国际航线。顺丰速运有限公司将负责多式联运的中转业务单位细分为：郑州运力操作组、郑州机场陆运中转场、郑州关务组、郑州保税关务组四个组织，员工 500 多人，与铁路的合作主要有电商快运班列、高铁动检车和高铁图定车，截至 2017 年 7 月，与中铁总已开通 13 条高铁动检车、46 条高铁图定车日均发货量 1.8 万件。同时，该公司拥有 2 个一级快件分拣中心，1 个二级快件分拣中心，3 个分拣中心日最大分拣能力 110 万票。

华南日通郑州分公司目前为郑州日产，东风日产等 130 余家汽车生产相关企业提供全国范围内的汽车零部件运输、仓储、配送、包装等服务。公司道路货物运输采用 TMS 管理系统，能够高效管理运输车辆。运输方面公司已经实施了公铁联运的模式，与物流运输系统对接，让采购方、需求方、制造方全方位掌握库存信息。充分利用铁路、公路等多式联运方式实现了合作单位的“零库存”，利用物流业推动制造业发展，降低商家运营成本，通过为制造业服务，整合中间环节，为制造业提升管理的同时，节约生产成本，减少库存及中间环节，大大加快了商品的流通，达到资金流、物流、信息流、商流，四流合一。

（三）引进主导产业，促进融合发展

围绕周边汽车、装备制造、跨境贸易、食品药品等主导产业，园区积极推动现代物流业与现代制造业、商贸批发业、进出口贸易行业联动发展、融合发展。立足周边产业基础，坚持引“高”、引“新”、引“强”，制订优惠政策，积极优化园区经济发展环境，鼓励引导企业在园区投资建设企业总部、金融中心、总结算中心、文化中心、区域分拨中心等，拓展园区项目业务范围，提升园区企业综合实力，构建以总部经济为主要标志的现代物流产业集群。截至 2017 年年底，已引进顺丰、德邦、中海油等 10 个区域总部经济项目，为园区增加主营业务收入 80 亿元以上，其中，全球十大互联网公司之一——京东，全国最大的冷链物流企业——众品冷链等项目均已落户。

1. 积极服务跨境电商，实现战略双赢

2013 年以来，依托快速发展壮大的保税物流中心，园区快递企业积极发展跨境电商物流，努力为其提供便捷的分拨配送业务。园区快递企业，在与入驻保税物流中心的客户（如聚美优品、网易考拉、小红书等）建立合作关系后，与海关信息部门进行信息系统对接。当电商企业线上完成产品销售后，快递企业将第一时间匹配货运单号，货物装车后，货物信息（包含货运单号）将第一时间传输至海关信息部门，海关部门根据规定办理通关手续后，相关的数据信息通过海关部门的信息系统第一时间反馈到快递企业的

数据中心。快递企业接到相关数据后，将跨境货物运出保税仓库，并及时进行分拣、包装，尽快配送到客户手中。为适应保税物流特殊需要，保证物流配送质量，园区快递企业均组建了专业的揽收团队、操作团队、技术团队和客服团队，为保税物流中心电商快递业务建立绿色通道，保证跨境包裹在全网优先派送。

由于中通、宅急送等快递企业为园区提供了便捷的服务，河南保税物流中心在业务量大幅增长的同时，增强了网购体验。同时，随着保税物流中心的发展壮大，跨境电商物流业务也快速成长为各快递企业重要的业务板块。以中通快递为例，2015 年完成保税物流快递业务量2300 万件，2016 年完成2700 万件，2017 年完成3300 万件，跨境物流业务已逐步成长为占其总业务量20%左右的重要板块。

2. 配套供应链管理服务，提高汽车产业运营水平

园区周边布局有宇通客车、东风日产、郑州日产、海马汽车等汽车整车企业以及日立化成、优尼冲压、红忠宝金属加工、鬼怒川橡塑等汽车零配件企业，年均实现产值近1000 亿元。围绕上述产业，园区华南日通、海通汽配、甲乙丙丁物流等企业，积极发挥专业优势，为整车企业提供生产供应链服务、为零配件企业提供专业的物流服务。以华南日通为例，自成立以来该企业一直为东风日产提供生产供应链管理服务。每天华南日通根据东风日产报送的生产计划，将上千种汽车配件按时运送到整车生产线，由装配工人完成组装作业。同时，华南日通的物流车辆每天将产自广州、襄阳、十堰等地的汽车零配件一批批运至郑州的中转仓库，为东风日产第二天的生产做好零配件储备。同时，日立化成、优尼冲压等汽车生产的汽车零配件，也通过华南日通的物流车辆被运送到大连、广州、襄樊等地的整车生产基地。通过这些供应链企业在生产环节间的高效衔接，东风日产等整车企业实现了汽车零配件零库存，同时全面优化了生产流程，提高了生产效率；汽车零配件企业，也会根据供应链物流企业提供的需求计划，合理安排生产，最大程度降低产品库存、减少资金积压。

3. 基于区域医疗资源，发展医药物流贸易

园区周边集聚了河南全省70%以上的医药、医疗器械库存。其中，九州通医药储备药品 50 万件，日出库量可达 35000 箱，峰值可达到 45000 箱，依托具有九州通自主知识产权的仓储管理系统，掌握了电子标签、分拣机、堆垛机、输送线等物流设备控制的核心技术的设备控制系统、运输管理系统、GPS 等现代医药物流技术，出库准确率达99. 99%。同时建立了国内医药行业较早的电子商务平台，配合物流中心，24 小时不间断产生订单，保障及时配送。

康信医药投资建设了可支持百亿规模的符合第三方物流标准的物流中心，配置最先进的自动化分拣系统、现代管理软件，同时辅以 RFID、运输管理系统的技术支持，为供应链全程可追溯提供支持，使供应链环节质量可实施监控。康信医药同时推进 SPD 项目（Supply—供给/Processing—分拆加工/Distribution—配送），以中央集中化与外包方式，按终端实际应用单位，将药品、器械耗材、试剂或其他医疗用品及时提供至终端使用场所，从而减轻诊疗现场库存管理业务量及库存周转环节，实现诊疗单位医疗用品的一元化、精细化、效率化管理，助力智慧医疗。2017 年康信医药为各类医疗机构和医药经营单位提供各类药品、器械及医疗耗材等产品达 32 亿元。

4. 依托肉类口岸、果蔬市场，发展壮大冷链物流

鲜易冷链创新“互联网+生鲜供应链管理、互联网+冷链物流、互联网+冷链资源交易”等服务模式，构建链接生产、仓储、运输、加工、集采、交易、配送的一体化温控供应链，一方面依托河南肉类加工和速冻食品优势资源，及国家批准的内陆进口肉类口岸优势，积极承接河南肉类口岸、水果口岸等有关的跨境肉类、水果展示交易和分拨转运的冷链业务，另一方面积极服务万邦生鲜果蔬的高端冷链配送业务。

（四）实施品牌战略，推动提档升级

园区高度重视标准化建设、质量品牌建设，鼓励企业推广标准化，实施品牌化发展。特别是 2016 年以来，园区启动全国知名品牌创建示范区、河南省省级服务业标准化试点单位创建工作，标准化、品牌化发展取得积极成效，有效提升了园区发展的质量与水平。

一是制定了鼓励企业推广标准化、实施品牌化发展的政策文件。设立专项资金鼓励企业开展先进质量管理模式培训、采用先进质量管理模式、推广各级各类标准；对标准化、品牌化工作取得积极成效的企业，在认真落实省市奖补资金的同时，按等级分别追加一定金额的奖励；努力引导企业提高标准化水平、质量管理水平和质量保证能力。

二是在招商引资过程中，优先引进标准化、品牌化水平较高的企业，并在供地等方面给予一定的倾斜。同时引进了河南省郑州计量检测中心、河南省特种设备安全检测郑州中心两个项目，努力夯实园区标准、质量、品牌建设基础。

三是制定相关文件、开展主题活动，推动工作有效落实。园区管委会围绕标准化、品牌化工作先后制定了《关于加快质量诚信体系建设的实施意见》《关于推行“首席质量官”制度的通知》《关于推行先进质量管理模式的通知》《郑州国际物流园区质量品牌考核管理办法》《关于加强品牌培育促进质量提升工作的实施意见》，持续组织了全省服务业标准化基础知识培训班、服务业标准化专题培训班、卓越绩效管理培训班等培训，开展了“世界认可日”“质量月”等主题活动，评选园区标准、质量、品牌建设标杆企业，并开展相互的学习交流活动，努力推动各项工作有效落实。

园区企业标准、质量、品牌建设取得积极成效。园区管委会获批筹建全国电子商务物流产业知名品牌示范区，目前筹建工作正在有序进行；园区甲乙丙丁物流、德邦物流等 5 家企业被批准实施省级服务业标准化试点，其中宅急送、海通汽配于今年 4 月份通过验收。大信整体厨房科贸有限公司斩获具有国际工业设计奥斯卡之称的德国红点奖，被授予国家服务型制造示范企业、国家智能制造试点示范项目企业、国家高新技术企业等荣誉称号。宇通客车获得汽车工业三十强第 13 名、财富中国 500 强第 176 名、全国产品和服务质量诚信标杆企业等国家级荣誉 20 余项。郑州德邦物流有限公司、河南九州通医药有限公司被评为AAAA级物流企业，鲜易冷链被评为中国冷链50强、全国冷藏仓储规模第一名、“金链奖”中国冷链十佳综合物流服务商等。园区29家企业取得质量管理体系认证、1家企业获得经开区主任质量奖。

三、示范特色与经验参考

郑州国际物流园区依托得天独厚的区域交通优势、独特丰富的窗口平台资源及超前的谋划、科学的管理、优质的服务，致力于建设新型综合物流公路港，探索形成了以总部经济为主要标志的“四港一体、多业联动”的产业模式，基本建成宜居宜业、产城融合的生态型智慧物流新城，具有极高的示范推广价值。

一是及时研究确定了“园中园”建设的工作思路，明确了主要引进的细分物流业态，并制定了具体可行的主导产业准入标准、入区审核程序等，使园区招商引资工作目标明确、操作规范并取得切实成效——引进了京东、顺丰、德邦、鲜易、“三通一达”等为代表的一大批高质量的物流项目。

二是构建“四港一体、多式联运”体系，深度融入航空港、铁路港、公路港与出海港“多式联运”体系，与郑州航空港区、国际陆港形成了并驾齐驱、共融互补的鼎足发展之势。在承接空港分拨配送、海港的陆路集货与分拨、陆港的跨境落地与集散，形成立体运输经营模式。

三是以总部经济为主要标志，吸引跨国公司和外埠大型企业集团总部入驻，鼓励引导企业在园区投资建设企业总部、金融中心、总结算中心、文化中心、区域分拨中心等，物流企业总部相对集聚进而拉动区域的高速发展；围绕四港联动、多式联运，与周边区域内先进制造业、商贸批发业和进口贸易、临近航空经济形成多业联动。

四、未来发展设想

今后，郑州国际物流园区将积极对接国家“一带一路”倡议，强化与郑州航空港区、国际陆港联动发展，加快园区项目招商选商和建设提升步伐，整合园区物流资源，重点培育保税物流、电商快递物流、冷链物流、汽车物流和医药物流等业态，提升园区物流服务能力，增强园区集聚辐射效应，将园区打造为以总部经济为标志，集商流、物流、人流、信息流、资金流多元化配置，信息平台功能完善，具有国内外有影响力的现代物流综合公路港和产城融合的智慧物流新城。

1. 建设国家级综合性公路港

当前，国家发展改革委提出要建设50个与铁路货运站、港口、机场等有机衔接的国家级综合性公路港。郑州国际物流园区作为河南省最具发展活力和最具代表性的现代物流产业集群，将充分发挥区位交通条件优越、发展定位高、区域面积大、产业基础好的优势，完善功能设施配套、补齐发展短板，加大招强选优力度、巩固产业优势，力争“十三五”期间建成国家级综合物流公路港。

2. 打造“千亿”级现代物流产业基地

按照河南省现代物流业转型发展规划，全力推动园区现代物流业新一轮升级发展。即围绕郑州打造“国际物流中心”这一目标，推进现代物流业与周边产业深度融合发展，建设电商快递物流、冷链物流、医药物流、保税物流等八个精品“园中园”，力争到“十三五”末主营业务收入达到1000亿元，全力打造以总部经济为主要标志、具有国内重要影响力的千亿级现代物流产业基地和产城融合发展的智慧物流新城。

3. 构建智慧物流大数据平台

推进中国华戎、深圳深国际等智慧物流项目建设，引入大数据平台建设和电子政务平台对接，以郑州国际物流园区门户网站为主要载体，构建物流公共信息服务、物流电子政务、物流电子商务、电子物流四大功能一体的智慧物流大数据平台，促进园区各方信息互通互联、有序交换。在此基础上，建设区域级、枢纽型智慧物流大数据平台，形成覆盖省内全产业链、实现全国互联共享的智慧物流大数据平台。

荣誉专栏

颁发时间	荣誉名称	颁发单位
2018 年	示范物流园区	国家发展改革委 国土资源部 住房城乡建设部
2016 年	服务业标准化试点单位	河南省质量技术监督局
2015 年	示范物流园区	河南省人民政府
2014 年	河南省“十快”产业集聚区第一名	河南省人民政府

（撰稿人：郭德华　郑州国际物流园区管委会　副主任
胡凤岭　郑州国际物流园区发展改革局　局长
胡景照　郑州国际物流园区发展改革局　副局长）

豫东综合物流产业集聚区①

发挥区位交通优势　打造区域物流枢纽

豫东综合物流产业集聚区位于被誉为“华商之源”的河南省商丘市，是河南省首批确定的180个产业集聚区之一，是河南省“十二五”发展规划重点建设的三大物流区之一，规划面积13.28平方千米，建成区面积9.1平方千米。豫东综合物流产业集聚区自成立以来，充分发挥区位、交通、资源优势，紧紧围绕“构筑三个平台”（以陆上交通枢纽为主的货物运输平台，以商品批发市场为主的商品销售平台，以信息网络技术为主的信息服务平台）和“打造一个枢纽”（中原经济区重要物流枢纽）战略目标，精心筹划，全力运作，在发展内陆枢纽经济、传统物流转型升级、物流业与商贸业及制造业联动发展等方面形成示范特色。

一、园区概况

（一）园区背景

进入21世纪后，中国经济的增长点迅速从沿海向内陆延伸，河南省的经济自2001年以来，以12.1%年平均增长率的速度持续增长。为了保持河南省经济平稳较快增长的发展势头，全面提升河南省经济综合竞争力，河南省委、省政府提出了构建“产业集聚区”一个载体、培育“现代产业体系、现代城镇体系、自主创新体系”三个体系的跨越发展思路，并于2009年4月发布《关于推进产业集聚区科学规划科学发展的指导意见》，提出大力推进产业集聚区建设。

近年来，商丘市现代物流业快速起步并取得长足发展，但仍然存在一些制约因素和发展障碍，突出表现为物流基础设施建设发展缺乏统筹规划，物流资源配置较为分散凌乱，物流园区的规划建设发展滞后，难以实现现代物流业自身的集聚发展和对其他产业

---

① 发改经贸〔2018〕249号文件中该园区名称为豫东综合物流产业园。

发展的有力支撑。为了更好地贯彻落实国家和河南省关于振兴现代物流业和建设新型产业集聚区的要求，有效解决商丘市产业集聚发展和现代物流业规模集约发展中存在的问题，商丘市委、市政府审时度势，抢抓机遇，创造性地将产业集聚发展和物流业集聚发展有机结合，将以现代物流业为主导产业的豫东综合物流产业集聚区作为商丘市唯一的市级产业集聚区纳入了河南省产业集聚区建设发展的总体规划，使其成为全省规划建设的 180 个产业集聚区中仅有的三个以现代物流业为主导产业的产业集聚区之一，并决心将其建设成为构建现代产业体系、现代城镇体系和自主创新体系、发展循环经济、实现制造业与物流业联动发展的先进示范区，打造成为构建豫东区域性物流枢纽、辐射服务商丘及周边地区的现代物流业服务高地。

（二）区位优势

商丘市区位优越，东临沿海，西扼中原，北接齐鲁，南襟江淮，是全国 66 个区域流通节点城市之一，是国家“八纵八横”高铁网交会城市之一，是河南省离出海口最近的城市，是重要的物资集散地和商贸中心，辐射周边 200 千米以内约 20 个地市，辐射区域总人口约 1.6 亿，被河南省确定为区域性物流中心城市。商丘市是交通运输部确定的交通枢纽城市，105 国道与 310 国道、连霍高速与济广高速、陇海铁路与京九铁路、郑徐高铁与正在建设的商合杭高铁均在此交会，京九高铁的商丘—北京段列入国家“十三五”规划。商丘市西距郑州新郑机场 194 千米，东至徐州观音机场 207 千米，均在 2 个小时车程之内，商丘机场作为全国重要的支线机场之一 2018 年将开工建设。沱浍河航运工程正在疏浚，商丘市将成为集铁路、公路、民航、内河航运为一体的综合立体交通枢纽城市。

豫东综合物流产业集聚区位于商丘市主城区东北部，济广高速在园区内穿行而过并设有出入口，京九铁路与陇海铁路、310 国道与 105 国道在此交会，商丘列车北编组站坐落于园区内，西距商丘火车站（商丘高铁站）直线距离不到 1 千米，距离正在规划建设的商丘机场车程 30 分钟。

（三）功能区布局

豫东综合物流产业集聚区（以下简称“园区”）规划为六大功能区，分别为公铁联运区、普通仓储区、食品冷链物流区、综合服务区、加工配套区、生活服务区。如图 1 所示。

（1）公铁联运区。按照“无缝衔接”理念，为强化公路、铁路等多种运输方式的高效衔接，以铁路货场区为枢纽，构建外联内通、便捷高效的多式联运体系，逐步提高区域内物流效率，强化物流业整体竞争优势。

（2）普通仓储区。拥有普通仓库和货物堆场用地，为进入豫东综合物流产业集聚区的货物提供堆存、管理、保管、保养、维护等一系列服务。

（3）食品冷链物流区。依托商丘农产品中心批发市场，开展鲜活农产品的低温储存、批发业务，拓展低温加工、包装、贴标等增值服务，强化上下游战略合作，构建一体化冷链物流网络体系。

（4）综合服务区。主要功能区有专业批发市场、展览中心、信息中心、居住区，同时为整个园区提供办公、金融、保险、餐饮、娱乐、教育培训等公共服务。

（5）加工配套区。主要为区内货物提供分级、挑选、贴签、更换包装形式等多种增值加工服务。

（6）生活服务区。依托现有居住区，完善生活市场功能，为园区内员工提供优质的生活服务配套设施。

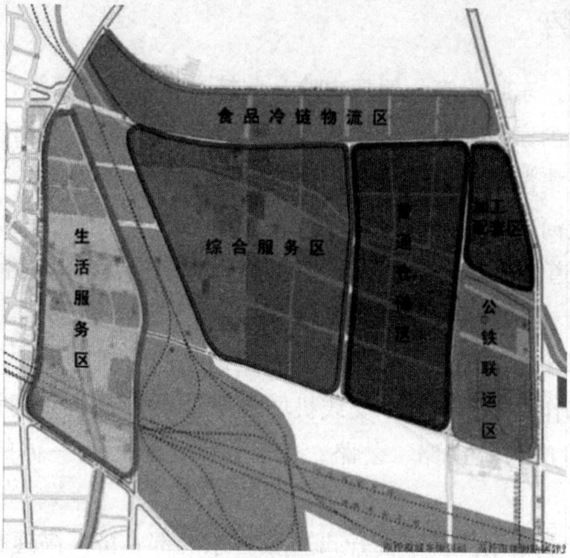

图1　豫东综合物流产业集聚区功能区布局

（四）运营主体

豫东综合物流产业集聚区管委会是园区投资建设和运营管理的主体，属全额事业单位，规格为副处级，隶属于商丘市城乡一体化示范区，与商丘市城乡一体化示范区机构实行套合，商丘市城乡一体化示范区党工委委员兼任豫东综合物流产业集聚区管委会主任。管委会下设综合办公室、招商一局、招商二局 3 个内设机构。共有工作人员 21 人，全部具有大专以上学历，其中具有物流师职称的 3 人。

商丘市城乡一体化示范区下属的华商物流投资公司、新发投资公司及新业基础投资公司负责园区投融资和基础设施建设，强化了园区的市场运作和资本经营。

（五）运营效率

自开园以来，豫东综合物流产业集聚区运营状况逐年改善，社会经济效益不断提升。

2017 年共完成固定资产投资 46 亿元，同比增长 35.16%；完成增加值 25.87 亿元，同比增长 4.7%；完成税收 1.56 亿元，同比增长 56.66%；从业人员 1.3 万人，同比增长 62.5%。目前，已入驻企业 96 家，业态涉及商贸物流、第三方物流、电商物流、快递物流、仓储物流、冷链物流等。具有代表性的企业有浙江传化集团、郑州裕鸿集团、江苏佳海集团、上海亿丰集团、河南豫发集团等，园区运营已经步入良性发展的快车道。

二、主要做法

（一）领导重视，高位推进物流发展

一是领导高度重视。豫东综合物流产业集聚区成立后，商丘市政府建立了由发改、财政、国土、规划、住建等部门参加的联席会议制度，定期召开会议协调解决豫东综合物流产业集聚区发展中存在的问题。市委、市政府历任主要领导十分关注豫东综合物流产业集聚区的发展，亲自带队招商，先后促成豫东综合物流产业集聚区与浙江传化集团、江苏佳海集团、上海亿丰集团、国电集团、河南豫发集团、华大基因集团等达成合作，取得丰硕成果。商丘市城乡一体化示范区每月对省、市、区重点项目进行观摩评比，评出的优秀项目、落后项目现场挂红旗、黑旗，这一措施有力地推动了豫东综合物流产业集聚区的发展。二是高质量发展。2016 年 4 月，商丘市委、市政府提出依托交通枢纽优势，大力发展枢纽经济的思路，把物流产业作为商丘市“十三五”经济发展的突破口，利用交通区位优势聚集物流资源，做大做强现代物流产业，通过物流集聚实现产业集聚，大力发展枢纽经济，发展大交通、形成大物流、构建大产业、促进大发展，从而实现产业转型升级和经济跨越发展。为此，豫东综合物流产业集聚区先后两次组织高层次研讨会，2016 年 5 月 16 日举办了“商丘现代物流（枢纽经济）发展专家咨询会议”；2017 年 7 月 6—8 日，举办了“全国货运行业发展论坛暨中国·商丘经济创新发展大会”，邀请国家有关部委、行业协会、物流企业的顶尖专家学者共同为商丘现代物流业及豫东综合物流产业集聚区的发展研讨论证。通过举办高层次论坛，积极促进了豫东综合物流产业集聚区的高质量发展。

（二）多元投入，不断完善园区功能

在加大财政投入的同时，积极采取 BT（建设—移交）、BOT（建设—经营—转让）、PPP 等投资模式，加快交通基础设施、物流设施和生活服务等配套设施的建设。一是交通基础设施建设。投资 5 亿元建成了 105 国道与 310 国道互通立交工程，修建道路 15 条、总长 60 多千米并全部进行了绿化、亮化，全部升级改造了区内与外部联通的胜利路、黄河路、中州路、105 国道等交通干道，构筑了方便快捷的交通路网体系；改迁高压线路 40 多千米，铺设供水、供气、排污等各类管网 40 多千米；区内建有日处理 10 万

吨的污水处理厂，2×35千瓦民生热电厂计划2018年10月份投入运营。二是仓储设施建设。按照专业化、规模化的要求，园区累计建设仓储面积超过200万平方米，其中普通仓储面积约170万平方米，冷链仓储面积约30万平方米。园区仓库实景如图2所示。三是物流信息平台建设。重点依托商丘传化公路港物流信息中心，整合全市交通、工业、商贸、农业等信息资源，正在建设商丘市物流大数据平台，推动传统物流活动向信息化、数据化方向发展，实现物流信息资源的互联共享。四是生活服务配套设施建设。产城互动实现融合发展，园区内村庄全部拆迁，整合土地资源3000多亩。城市廉租房、农村新型社区、城市“三改”项目在园区内有序推进，建设了中州新城、平安社区两个大型社区，可容纳安置拆迁户2万多户8万多人；启动了占地面积889.26公顷的沙河沿岸组团发展项目，将高起点、高标准地建设公园、住宅、学校、医院、宾馆酒店、会展中心等生活和商业配套设施，构建与园区相呼应的生态圈、服务圈、生活圈和生产圈，打造宜居宜业新城。

图2　园区仓库实景

（三）依托优势，打造区域物流枢纽

1. 依托区位优势，做新做实商贸物流

商丘市经过40年的改革开放初步形成了豫鲁苏皖接壤区域的物资集散地和商贸中心。园区内原有的商丘农产品中心批发市场、光彩大市场、白云副食品市场、二手车交易市场等大型专业批发市场，商品交易辐射豫鲁苏皖周边100多千米、1亿多人口。豫东综合物流产业集聚区成立后，按照物流产业链和商贸集群化发展要求，整合和转型升级既有市场群，促进各类商贸业态在区域内合理布局和提档升级。对符合城市用地规划、有土地空间资源的市场群，增加现代物流功能，实现商贸、物流融合发展；对无土地空

间资源且承担区域辐射功能的市场进行前瞻性搬迁改造和原址提档升级；同时抓住老城区改造市场外迁的有利时机，相继建成了中原佳海国际商贸城（投资 80 亿元）、白云世贸商城（投资 22 亿元）、商丘亿丰国际商业博览城（投资 12 亿元）、豫东国际食品城（投资 6 亿元）等大型专业市场，并实现了迅速繁荣发展。2017 年总交易额达 1000 多亿元，初步形成了以农副产品、五金机电、车辆、电子、纺织、服装、食品、日杂、百货、化工、建材、卫浴、家具等各类物资和生产资料为主导的商贸物流集群。预计 2018 年新增商业建筑面积 50 余万平方米，新增商户 3000 余户，商户总数达 1.5 万户。同时贯彻落实《“互联网+流通”行动计划》，促进实体商贸市场线下网络与电子商务、跨境电商线上网络融合发展，扩大商贸市场辐射能力，打造服务河南、面向全国、线上线下融合发展的商贸市场群。

2. 依托资源优势，做大做强农产品物流

商丘市作为典型的农业大市，农产品资源丰富，农产品流通体系具有一定的规模。园区内的商丘农产品中心批发市场是农业部指定的全国“菜篮子”工程，闻名全国。该市场借力大物流，在原有基础上融入现代物流元素，以信息化和冷链化设施建设为重点，着力进行转型升级，不断推进市场的升级改造，努力打造全国一流的现代农产品批发市场，已经形成涵盖鲜果、肉食等几百个产品的仓储产业集群。市场占地 2000 亩，总建筑面积 90 余万平方米，设有蔬菜、瓜果、粮油、副食、肉食、水产、干鲜调料等 12 大交易区，建有 24 栋容积共 15 万立方米的冷藏保鲜库和 4 栋面积达 4.6 万平方米的高架库及 10 余万平方米的交易平台等一系列功能完善的配套服务设施，吸引了全国各地的经销商、批发商达6000 多户，农产品交易辐射全国 30 多个省、市、区和东南亚多个国家。每天进入市场的车流量约 2 万辆次，人流量约 7 万人次，交易量和交易额逐年递增，2017 年市场交易额近 1000 亿元，交易量 900 多万吨，现已成为全国具有重要影响力的大型农产品交易中心、集散中心、物流中心和价格形成中心。

商丘农产品中心批发市场（以下简称“市场”）积极顺应现代农产品批发市场的发展趋势，始终把信息化、标准化建设作为重点，并以此推进市场的科学化管理。多年来，市场的信息化建设一直走在全国同类市场的前列，相继建成了 8400 平方米的信息中心大楼和具有指挥调度、安全监控、电子交易结算、客户查询服务、无线稽核、行情显示、安全追溯、检验检测和进门登记监管及冷链物流等功能的一整套信息化管理系统和农产品质量安全监管追溯系统，大大提高了市场的运营效率和管理水平，使市场实现了信息透明化、服务全程化、管理科学化、买卖保障化。该市场每天实时向国家有关部门报送和向市场商户发布价格行情信息，以此为基础形成的中央电视台财经频道每天滚动播出的农产品价格行情信息，已成为全国农产品价格的风向标。商丘农产品中心批发市场安全追溯与信息发布系统如图 3 所示，安全监控指挥调度系统如图 4 所示。

图 3　商丘农产品中心批发市场安全追溯与信息发布系统

图 4　商丘农产品中心批发市场安全监控指挥调度系统

3. 依托交通优势，做优做精智慧物流

一是打造公路物流枢纽。2015 年 4 月 25 日，商丘市政府与浙江传化集团签约在豫东综合物流产业区建设商丘传化公路港（如图 5 所示）。这也是浙江传化集团在河南打造的首个项目，总投资 16 亿元。该项目运用北斗导航定位、云计算、互联网等先进技术，形成一个以服务货车为核心，地面服务与云物流、云车智能信息化指挥并举的“公路物流 O2O 全新生态圈”，因此促进物流园区、仓储中心、配送中心货物信息的精准对接，加强人员、货源、车源和物流服务信息的有效匹配。项目重点打造区域性枢纽中心、结算中心、金融中心、大数据信息中心等。2018 年 1 月 18 日，商丘传化公路港豫东枢纽中心正式投入运营，打造商丘城市分拨中心，实现商丘市区当日达、县（市）次日达，实现商丘区域网络全覆盖。同时，凭借商丘独特的交通优势，商丘传化公路港还将打造覆盖豫、鲁、苏、皖四省的落地分拨中心，辐射周边 25 个县，惠及 7000 多万人口。商丘传化公路港全部建成后将通过“传化智联 10 枢纽、160 基地”之间的港港联动，凭借商丘市贯穿南北、连接东西的交通位置，带动全国信息共享及资源共享，推动互联网、大数据、人工智能和实体经济深度融合，形成共生共赢的行业新生态，助推商丘经济发展转型升级。河南省脱颖实业有限公司根据国家战略性新兴产业发展规划，2013 年将业务范围延展至北斗卫星定位产品的生产和销售，并成为全国道路货运车辆公共监管与服务平台服务商，成功开发了货运快车 V1.0 系统，在货运行业得到了良好的应用，2016 年 12 月 14 日被交通运输部认定为国家无车承运人，整合车辆 1000 余辆。

图 5　商丘传化公路港实景

二是促进电商物流协同发展。园区结合电子商务、跨境电商、创业电商等新业态、新形势，大力推动物流服务升级，初步构建了“一园一基地”的发展格局。2015 年园区引进郑州裕鸿集团投资 12 亿元建设中部（商丘）国际电商产业园，该项目以跨境电商为主、内贸电商为辅，通过为大、中、小型电商企业及初创电商企业提供全流程、个性化定制、创业孵化等全方位服务，形成了集本地名优产品体验街区、电商代运营、物流集散、中小企业科技孵化、大学生电商创业等功能为一体，影响带动中西部地区产业升级、开放发展的电子商务全产业链综合服务园区。目前园区已全面进入招商阶段，计划 2018 年 10 月份投入运营。2017 年园区与浙江颐高集团合作建设商丘颐高互联网双创基地并成功运营，总运营面积约 3000 平方米，运营模块主要包括众创空间、创业咖啡、智能硬件馆、小微企业孵化中心、商丘示范区城市会客厅、人才培训基地、众创运营平台、电商服务中心、项目路演中心、大数据中心、企业孵化器、党建工作室等。

三是智能冷链仓储初露端倪。商丘农产品中心批发市场将部分普通冷库升级改造成智能冷链仓储区，用于展示及冷藏高端产品。2018 年又引进了中经冷链、华东商储物流园智能冷链仓储项目 2 个，计划新建智能冷链仓储区 25 万平方米。

（四）产业联动，实现多业融合发展

在豫东综合物流产业集聚区建设和发展过程中，制造业是物流业存在和发展的基础和动力，物流业是为满足制造业的需求而存在的，是随着制造业的发展而发展的。为此，商丘市委、市政府提出“发展大交通，形成大物流，构建大产业，促进大发展”的发展思路，一手抓产业、一手抓物流。重点发挥豫东综合物流产业集聚区的特定作用，同时带动 10 个产业集聚区，集聚相关联的产业，不断放大产业带动效应。目前，豫东综合物流产业集聚区周边的制冷产业集群、制鞋产业集群、肥料产业集群、医药产业集群、商贸物流和高端制造产业集群、纺织服装产业集群、煤炭煤化工产业集群、食品产业集群等初步形成，为物流业的发展提供了支撑和保证，真正实现物流业与制造业的深度融合、协调发展。2015 年，商丘市政府又在紧依豫东综合物流产业集聚区东部规划了 10 平方千米的先进制造装备园，海尔集团日日顺物流、中锐科技（香港）新能源汽车、神隆宝鼎等一批重大项目已落地开工建设。

（五）精准服务，助推园区快速发展

豫东综合产业集聚区从完善服务企业机制、制定招商优惠政策、开展优质服务活动入手，不断优化企业发展环境，破解企业发展难题，加速物流产业集聚发展。一是建立健全服务机制。为确保项目服务取得实效，园区实行了领导负责制、局室分包制、项目跟踪制、定期联系制、一线工作制、项目服务员制、多层面考评制、一票否决奖惩制等规章制度。并在项目服务中，推行“两不接触”，即企业征地不与群众接触，办理各项手续不与有关部门接触，全由项目服务员负责办理；坚持“三个打击”，即打击项目建设过程中的强装强卸、强揽工程、垄断供料的行为；落实“四个严禁”，即严禁对企业乱检查、乱摊派、乱评比、乱罚款；杜绝“五种行为”，即坚决杜绝吃、拿、卡、要、报五种行为，为项目落地和企业发展提供了优越发展环境。二是制定出台招商引资优惠政策。参照沿海发达地区招商引资政策，园区从项目落户、项目建设、项目运营、项目引进等各方面出台制定促进现代物流业发展办法共十条，被企业和客商称为“黄金十条”。三是开展“做三心（用心细心专心）服务员，让企业三心（省心放心舒心）满意”优质服务活动。通过用心服务，实现项目服务“零距离”，使企业在园区投放项目感到省心；通过细心服务，打造服务过程“零障碍”，使企业在园区干事创业感到放心；通过专心服务，追求服务质量“零缺陷”，使企业在园区工作生活感到舒心。

三、示范特色

豫东综合物流产业集聚区依托良好交通区位，以及辐射区域内的深厚消费潜力及庞

大人口规模，紧紧抓住国家新一轮改革发展和对外开放的历史机遇，通过打造基础设施平台、区域服务平台、产业创新平台，集聚具有区域辐射扩张能力的经济资源和现代产业，创新新常态下物流产业园发展模式，实现了区域经济快速发展的积极探索，形成了自己的示范特色。

一是做大做强，打造内陆型枢纽经济。豫东综合物流产业园主要依托交通区位优势聚集物流资源，建设公路枢纽经济区域，打造区域公路货物集散地，做大做强现代物流业，构建与枢纽地位相匹配的产业体系和经济体量，提升区域竞争力和集聚辐射能力，走出一条内陆地区通过发展枢纽经济实现经济社会跨越式发展的创新路径。

二是做细做实，推动传统物流的转型升级。按照“巩固传统物流，发展现代物流”的工作思路，以传统物流为基础，通过打造现代物流发展高地，协同发展高端现代物流与传统物流，以点带面，推进传统物流“传统低端向现代高端”“分散向集聚”的转型升级，全面提升物流发展层次。

三是做深做广，促进物流业、商贸业与制造业联动发展。豫东综合物流产业集聚区充分发挥其特殊的优势条件，通过引进外部先进的大型物流企业，大力发展第三方物流，提升专业化第三方物流企业为制造业、商贸业提供物流服务的供给能力和服务水平，从而有效促进现代制造业、商贸业与现代化物流业的有机融合、联动发展。

四、园区发展方向与未来展望

豫东综合物流产业集聚区将紧紧围绕“一带一路”倡议及商丘枢纽经济发展，大力实施“产业提升”战略，在完善物流基础设施、服务系统构建和创新平台谋划等方面下大功夫，做大文章，积极融入“一带一路”倡议，促进商丘枢纽经济发展。

（一）完善物流基础设施

加快推进铁路客货运枢纽建设，重点推进商丘高铁客运站、商丘新区高铁客运站建设，谋划高铁快递中心建设，为远期开展高铁快运预留空间。加快商丘北站、商丘西站铁路货场和商丘南站货运设施的升级改造，将其打造成具有综合物流服务功能的物流中心。积极引进铁路专用线，加快引进港口开发或铁路运输企业在豫东综合物流产业园打造内陆港，提高国际物流服务能力。

（二）构建物流服务体系

依托商丘农产品中心批发市场冷链仓储及华东商储物流园，加快冷链物流服务体系建设，吸引周边地区冷冻食品、肉制品乃至沿海地区的海产品在商丘市进行交易集散中转。重点针对果蔬、肉类、水产、医药等，开发专业冷链物流交易平台，配套发展流通加工及物流网络体系，打造集交易、冷链物流、流通加工、安全追溯、信息服务于一体的冷链物流产业供应链。推动区域通关一体化，加强与国家海关总署、郑州海关的沟通，争取将郑州海关驻商丘办事处升级为商丘海关，争取实现商丘海关与连云港海关通关一体化，降低商丘市通关成本，提高通关效率，促进商丘国际物流和外向型产业发展。

（三）推动“互联网+”智慧物流

推动物流公共信息平台的建设，实现物流信息的发布、共享与整合，包括物流行业动态与资讯、物流供求信息、物流招投标信息等相关信息。积极推进云计算、大数据、物联网、地理信息技术在物流领域的示范应用，鼓励企业在仓储、分拣、包装、配送等环节采用先进的技术装备和信息技术，提高物流自动化、智能化水平。

荣誉专栏

颁发时间	荣誉名称	颁发单位
2018	示范物流园区	国家发展改革委 国土资源部 住房城乡建设部
2016—2017	全国优秀物流园区	中国物流与采购联合会
2015	河南省示范物流园区	河南省人民政府
2015	河南省十快先进产业集聚区	河南省人民政府

（撰稿人：胡继勇　豫东综合物流产业集聚区　党组书记、管委会副主任
白中亮　豫东综合物流产业集聚区　党组成员、综合办公室主任
陈军光　豫东综合物流产业集聚区招商局　副局长）

宜昌三峡物流园

打造鄂西渝东物流供应链服务中心

宜昌三峡物流园（以下简称“园区”）位于宜昌市三峡现代物流中心宜昌车站物流片区，是宜昌市“十二五”规划建设的重点物流项目。园区始终坚持“商贸推动物流，物流促进商贸，推动实施‘互联网+商贸+物流’行动计划”的发展战略，构建贸易网、干线网、共配网、信息网，实现“四网同频”；优化商流、物流、信息流、资金流，实现“四流同步”。打造出安全高效协同的物流供应链生态系统，实现了集约化发展、优化了产业结构和流通结构，提高了宜昌市物流服务能力，极大增强了宜昌市对鄂西渝东“三峡城市群”的综合辐射能力。

一、园区发展概况

宜昌三峡物流园是根据宜昌市《三峡现代物流中心发展规划（2010—2020 年）》，由湖北稻花香集团（民营）旗下湖北稻花香酒业股份有限公司投资建设的重点物流项目，也是宜昌三峡现代物流中心首个启动的核心项目。园区定位为商贸服务型物流园，依托商贸商圈，提供运输、配送、仓储等基础物流服务以及商品展示、电子商务、融资保险等配套增值服务，满足一般商业和大宗商品贸易的物流需求。园区立足三峡区域，服务区域 2000 万人口规模和宜昌大型城市发展需要，辐射鄂西渝东，并积极探索发展新模式，利用互联网物流信息交易、配送服务平台，提供物流运管、新零售物流等现代化新型物流服务。宜昌三峡物流园已发展成为鄂西渝东区域规模大、实力强的现代化综合性交易市场。

（一）区位优势

宜昌地处长江中上游结合部，是长江经济带由沿海向中西部梯次推进的重要节点，是全国重要区域性综合交通枢纽和物流节点城市。随着三峡城市群建设、长江经济带开发、鄂西生态文化旅游圈构建、中国（湖北）自由贸易试验区宜昌片区建设、省域副中心城市等区域重大战略的推进，宜昌市提出打造区域性的经济中心、交通中心、科教文化中心和三峡旅游龙头的发展规划。

宜昌市伍家岗区是宜昌商贸物流基地和建设中的现代新城中心，不仅具有得天独厚的区位优势，区位交通条件也十分优越。宜昌三峡物流园地处宜昌东站物流片区，位于宜昌各大批发市场的中心位置，与各大市场的距离均在6千米以内，且毗邻生物产业园、伍家岗工业园，工艺品货量充足。园区南临东艳路，东至共同南路，北接共同东路，西靠东站路，距宜昌到武汉的高速公路约1.5千米，距宜昌铁路东站不到1千米，距宜昌东站花艳货运场约0.6千米，园区北面约2千米的东山三路（峡州大道）实现了上游太平溪码头和下游规划建设的猇亭码头与园区的连接，形成了突出的公路、铁路和水路联运优势，园区凭借“水陆铁空”立体交通承接四方、辐射华中、联结全国。宜昌三峡物流园的区位示意如图1所示。

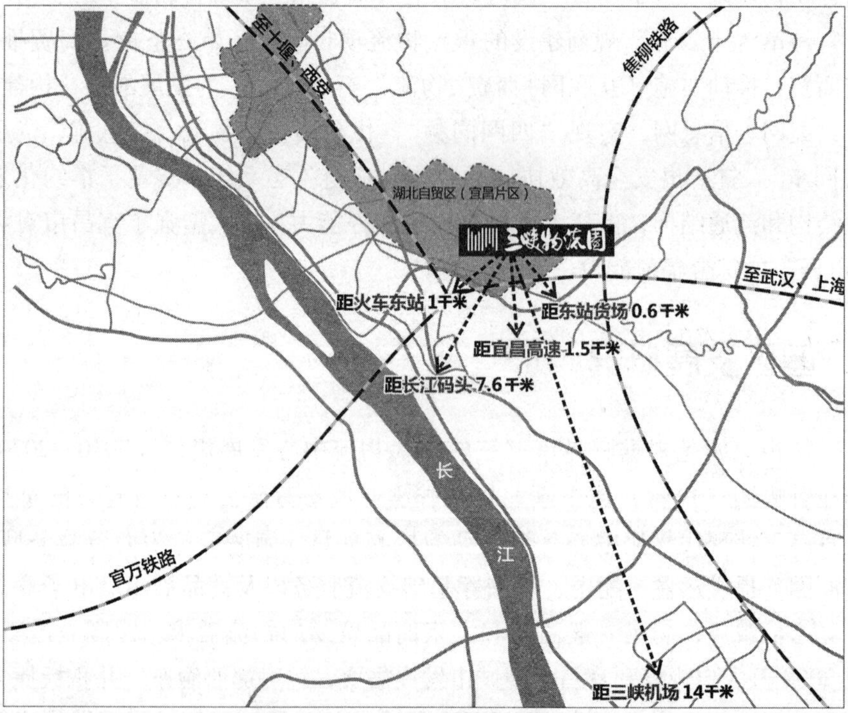

图1　宜昌三峡物流园区位示意

（二）基础设施

园区规划建筑面积80.8万平方米，目前实际建筑面积65.98万平方米。园区按照城市公路标准修建园区干路网达10千米，园内架设一座全长3.8千米的高架桥，配有三处大型集中停车场共计4万平方米，设有5246个标准停车位。园区还建有中心机房，配备1台硬件防火墙、1台核心路由器、2台核心交换机、若干各层级交换机、1台刀片服务器、6 台服务器。完备的基础设施为园区谋求更好的经营发展奠定了坚实的基础。

（三）功能布局

园区分设物流信息交易中心、冷链仓储配送中心和农贸城三大功能区。物流信息交易中心是电商物流、货代物流、专线物流的集聚区，入驻物流企业 286 家，开通物流运输线路 120 余条，拥有商贸、仓储、物流集约化优势。冷链仓储配送中心由 23 万平方米标准立体仓库和 5 万吨冷库组成，配套建设有立体库、气调库、再冻结库和制冰间等，日制冰达 30 吨，致力于打造宜昌“城市冰箱”。农贸城总建筑面积为 28. 8 万平方米，内设 3100 余间展销店铺，分为 A、B、C、D 四个区，交易品种涵盖蔬菜、水果、粮油、冻品、干调、副食、百货、家电、水产、家禽 13 个品类，是鄂西渝东区域大型全天候一站式生活品采购中心和物流交易配送中心。宜昌三峡物流园功能分区如图 2 所示。

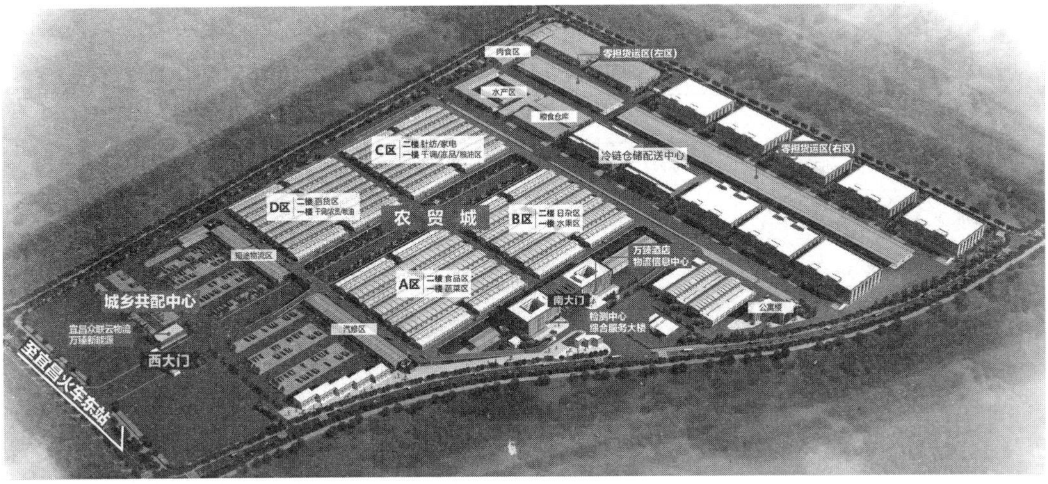

图 2　宜昌三峡物流园功能分区

（四）运营主体

园区的运营管理主体——宜昌三峡物流园有限公司（以下简称“公司”）是湖北稻花香集团（民营）（以下简称“稻花香集团”）旗下湖北稻花香酒业股份有限公司的全资子公司。公司除了为园区提供市场管理、物业管理、各项业务的统筹管理以外，还提供仓储、冷藏、装卸搬运、进出口贸易、道路货物运输代理、商务信息咨询及中介服务。

公司设有完善的组织机构和经营管理体制，现有员工 363 人，其中管理人员 20 人。公司分设职能管理、生产物流、市场经营三个系统。职能管理系统设有综合办公室、财务部、信息中心，生产物流系统设有物流信息部、冷链仓储中心、设备管理部，市场经营系统设有运营部、蔬果区、电商部、物业部。科学的组织架构提高了公司的管理执行力和工作效率。公司于 2013 年通过 ISO 9001 质量管理体系认证，完善的规章制度和工作流程，形成了科学、高效的管理组织体系。

（五）运营成效

园区自2013年7月24日正式运营，现已入驻商贸流通企业2000余家，物流企业300余家，解决就业人数3万多人，其中物流从业人员1.2万人。重点企业包括宜昌万臻冷链仓储有限公司、宜昌三峡购物电子商务有限公司、宜昌定康国际贸易有限公司、宜昌蓝天蓝太阳能电站建设有限公司、宜昌众联云物流有限公司、宜昌宏泰运输有限公司、圆通速递三峡物流园分拨处理中心、湖北金瑞物流有限公司、宜昌金典物流有限公司等。短途货运辐射周边300千米以上，长途及零担物流遍及全国，大部分批发商户销量不断增加，物流企业业务不断拓展，每天进出车辆50000车次以上，外来采货车辆平均每天8000辆以上。2017年物流交易量750万吨，物流交易总额365.71亿元。园区2013—2017年运营效率情况如表1所示。

表1　园区2013—2017年运营效率情况

年份	2013	2014	2015	2016	2017
物流交易量（万吨）	360	504	627	720	750
物流交易额（亿元）	100	150	207	364	365.71
入驻企业总数（家）	1100	1500	1620	1750	2311
物流从业人数（人）	5489	7836	10845	11363	12205

二、主要做法

（一）构建“一站式”服务物流园区

园区不断引入各类政务、商务服务机构，致力于为入驻企业提供“一站式”服务。目前，园区综合服务大楼进驻了5家岗工商服务点、省级12315消费者维权服务站、湖北首家园区税务服务点、人保保险公司、电信和移动通信服务点、三峡检验检测中心物流园工作站及食药监管所7家服务站点；入驻了三峡农村商业银行、农业银行、建设银行、民生银行、交通银行、人保财险6家金融机构以及1家医疗诊所。园区已实现政务、商务“一站式”办理，为商户提供方便齐全的各类配套服务，营造了良好的经营发展环境。

一是打造商户社区化服务平台。园区在引进各类服务机构基础上，主动结合实际因地制宜地成立了三峡物流园社区，充分了解各分区客户的需求，将服务端口前移，为园区商户做好各项服务工作，充当“保姆”的角色，进一步提升园区服务水平。比如针对商户用工难的问题，通过分发传单、园区广播、悬挂横幅等方式，大力宣传招聘信息及创就业优惠政策，社区工作人员针对有用工需求的商户进行错时上门登记用工信息，指导商户使用微信、QQ、招聘网站等平台发布信息，同时组织商户参加区、乡级现场招聘会，在最短的时间内解决了商户劳资需求问题。

二是探索食品安全管控体系。宜昌三峡物流园作为全省为数不多的大型商贸服务型物流园，食用农产品吞吐量占全市80%的份额，食品流通覆盖面更是辐射渝东、湘西和豫南。为切实保障全市菜篮子的安全，根据园区内食品安全风险等级的不同，市区食药部门连同园区建立了食品安全三级风险网格管理机制，实现园区食品安全监管全覆盖。并探索出了“卡口管理、园区抽检、监督抽检、定量法检”双向四层次的食品安全管控体系，严把市场准入关。在园区农产品入园交易的唯一入口，实行卡口管理，设立“绿色通道”和“抽检通道”两个通道，有产地证明和质量合格证明的农产品通过“绿色通道”直接进场交易；无产地证明和质量合格证明的农产品需通过“抽检通道”，卡口负责抽样、登记，由园区自建的速检中心对有机磷和氨基甲酸酯类农药残留进行抽样快速检测，检验合格后方可入园交易。宜昌市三峡检验检测中心物流园工作站对快检中出现的阳性样品进行农药残留、兽药残留等项目定量法检，同时对园区内食品进行抽样检验。通过卡口管理、业主快检、监管所监督抽检、检测中心定量法检四层次的逐层把关检测，有效地保障了园区内各个环节的食品安全。2017 年全园共计抽检 26887 个批次，合格率 99.98%，对不合格品进行了现场销毁。目前园区协同市商务局、市食药局积极推进溯源系统的调试与推广应用，更加有效地做到食品安全源头管控。

三是创建消费者维权服务示范站。2014 年 7 月，为了切实维护园区消费者和经营者的合法权益，园区按照宜昌市工商局《关于进一步加强 12315“五进”规范化建设的意见》中推进 12315 消费者维权服务站进商场、进超市、进企业、进市场、进景区的规范化建设要求，在宜昌市工商局的指导下积极创建了三峡物流园 12315 消费者维权服务站。宜昌三峡物流园 12315 消费者维权服务站由 1 个总站和 11 个分站组成，各站站长均为各区域招商营运负责人。同时，公司专门开通了 400 全国统一 24 小时服务热线；按照“消费者利益无小事”和“投诉不出园区”的工作要求，全面落实维权工作和相关信息录入，完善了园区经营者的各类信息，实行“网站结合”，责任到人，全方位构建了消费维权服务网。园区积极指导经营户建立完善的重要商品索证索票、不合格商品退市、食品安全监管和服务质量承诺等制度，率先在宜昌市实行预先赔付制度，努力构建服务质量长效机制，让消费者投诉维权不出园区，打造“畅通维权路”。自 12315 消费者维权服务站建立以来，园区已成功为消费者解决投诉纠纷共计 1200 余起，其中咨询服务 860 余起，商品投诉 300 余起，为消费者挽回经济损失约 120 余万元，园区消费维权工作多次受到省、市各级领导的肯定。经过近三年的建设完善，三峡物流园 12315 消费者维权服务站的机制不断成熟，成效日渐显著，于 2017 年 6 月 16 日被湖北省工商局认定为省级消费者维权示范站。

（二）建设“无车承运”智能物流园区

园区以“无车承运人试点”为契机，与入驻园区物流企业建立物流联盟，利用三峡城乡共同配送平台等方式整合货物运输资源。顺应“互联网+”发展趋势，以信息技术为依托，重点在加强物流信息网络平台建设、培育具有区域配送特色的农产品冷链物流和日用品区域分拨与配送物流、整合城市商贸物流并建设高效城市配送系统等方面不断探索，并通过完善无车承运人的管理制度、建立健全服务标准规范、加强提升综合运输服务能力和多式联运发展水平，在解决城市配送“最后一公里”和农村物流配送等方面取得了较好成效。

一是基础设施方面，园区利用强大的仓储能力和临近宜昌花艳铁路货运站的区位优势，建设了占地10000平方米的三峡城乡共同配送中心，并先后投入7800万元建立了中心机房，开发了园区物业管理平台。借助丰富的线下资源，满足了园区旺盛的货运需求，不仅承担了园区农贸城内2000余家商贸企业的农副产品、日杂百货、针织、家电等近600万吨的市场批发货运需求，还承担了稻花香集团白酒主业2400万件的年产量和配套企业的原材料购进、成品运输需求。

二是信息互联方面，园区取得了深圳国网物流信息服务有限公司全国物流信息网一点通宜昌地区的经营代理权，委托研发了智能4G物流宝、园区管理信息化系统和物流互联网平台，实现了资金线上统一结算、车辆运输管理、货物可追溯、货损优先赔付等现代物流服务功能。园区已完成与国家交通运输物流公共信息平台管理中心的对接、接口落实、数据联调和上传等工作，并取得了国家平台出具的《关于宜昌三峡物流园有限公司互联应用管理信息系统标准符合性联调测试报告》（编LTBG 2016—002）。三峡城乡共同配送中心智能4G物流宝已与中国农业银行宜昌分行端口数据对接，能够实现线上货款查询、货款交易、金融业务办理等多项功能。

三是管理机制方面，园区出台了《承运许可准入管理规定》《货物装卸、运输安全管理规范》《投诉及应急处理机制》《承运人KPI考核规范》《诚信责任评价机制》等规章制度来保证“无车承运试点”工作的顺利开展。园区设立有500万元承运风险专项资金，并与中国人民财产保险股份有限公司宜昌市葛洲坝支公司签订了战略合作协议，积极应对各类运输风险和法律责任。

经过持续努力，园区基本建成经济便捷、高效优质的物流运输服务体系，在物流运行效率提升、实体经济企业物流成本降低等方面取得积极成效。三峡城乡共同配送中心目前已整合社会物流车辆800多辆，已完成宜昌全域及恩施、神农架林区65%以上县乡村的物流网络搭建。运营一年来，累计承运货物28.9万票，352.8万件，总吞吐量40万吨，代收货款4147.5万元。经初步测算，三峡城乡共同配送中心在途物流时间缩短30%以上，空载率降低40%，有效减少了中间环节，整合了货物运输资源，提高了运输组织化、规模化，提升了在途运输时效性，降低了物流成本，提高了企业市场竞争力。

（三）打造新能源环保型物流园区

园区积极贯彻“绿色发展”理念，通过清洁能源使用、绿色货运推广等措施，努力实现物流环节节能减排，积极促进物流业降本增效、转型升级，大力推动绿色物流的发展，打造新能源环保型物流园区。

一是使用太阳能清洁能源。太阳能光伏发电不仅无地域限制、不占用土地，且发电效率高、无污染、无噪声，同时使用寿命长、维养成本低。为此，园区委托专业设计机构，经过科学的规划论证与详尽的实际测算，充分考虑区域日照、建筑设计和实际运营等各方面情况，最大限度利用农贸城市场、立体仓库、冷库、长短途物流配送区等建筑房屋屋面，建成了铺设面积达 22 万平方米的 21 兆瓦太阳能光伏发电站 1 座（如图 3 所示）。发电站投入运营三年来，已实现年均发电 1800 万度，在全面满足园区及入驻企业用电量的基础上，每年还可以实现并网售电 600 万度。园区得益于太阳能光伏发电站的建设及使用，每年可节约电费近 50 万元，园区及入驻企业全年用电量 1200 万度相当于节约了 40000 吨标准煤，全年园区整体发电量 1800 万度相当于节约了 60000 吨标准煤，对节能和减排都起到了有效的作用。

图 3　园区太阳能光伏发电电池板铺设情况

二是发展绿色货运。园区从物流环节和配套保障两个方面，积极探索、大力发展绿色货运。一方面，园区通过旗下控股公司宜昌三峡购物电子商务有限公司与区域重点配送物流公司合作，注册成立了宜昌众联云物流公司，快速布局三峡城乡共同配送中心配送网络，利用自建平台信息技术提高资源利用效率、优化运输线路，采购及租赁新能源电动物流车 100 辆，减少了能耗及尾气排放，投入使用 2. 5 万片标准托盘进行装配，提高了车辆装载率，在运输、仓储、装卸搬运、配送等物流作业流程中实现了集约资源、绿色运输、绿色仓储。

另一方面，园区注册成立了湖北万臻新能源汽车产业发展有限公司（以下简称“万臻新能源公司”），为绿色货运提供新能源电动物流车推广、销售、租赁、维养和充电桩铺设配套服务。万臻新能源公司与比亚迪、东风电动、南京金龙、重庆瑞驰、江苏奥新、江苏卡威等国内众多知名汽车企业达成合作意向，先期预订了200辆新能源电动物流货车，在三峡城乡共同配送中心及物流企业中推广使用。除园区已建成的62根充电桩外，万臻新能源公司还与国家电网特来电、青岛特锐德、上海普天、江苏星星充电、北方能源等国内一流充电设备生产及运营企业接触沟通，按照“政府引导、市场运作、统筹规划、全面推广”的原则，共同参与并促进宜昌地区充电桩、充电站等配套设施的建设与发展。此外，万臻新能源公司联合清华大学、华中科技大学、湖南大学等国内知名大学及各大研究院参与园区“新能源汽车物联网应用”的研发，包含订单管理、自动排线、在途监控、签收妥投管理等核心功能模块，让城配“可感、可视、可控”，助力将园区打造成国内首家新能源汽车智能物流园。

三、示范作用

（一）注重城市规划引领的基础作用

宜昌市在区域物流和三峡航运枢纽中的特殊地位，使其成为解决三峡航运枢纽和区域物流发展问题的关键依托。宜昌市委、市政府提出建设三峡物流中心，打造千亿物流产业，发挥三峡物流中心在区域性物流组织中的作用，降低了区域物流成本，提高跨区域物流运作的效率。

宜昌三峡物流园按照《宜昌市城市总体规划（2011—2030年）》《宜昌市全域规划》《三峡物流中心空间布局规划（2011—2020年）》以及《宜昌市东站物流园区控制性详细规划（修编）》等上位规划的总体及专项要求，在编制园区详细控规时明确提出重点发展第三方物流服务区及现代仓储配送中心、农特水畜产品交易中心及10万吨冷库，实现公铁、水铁联运组织功能，整合城市陆路物流系统功能以及周边产业支持功能。2011年9月，宜昌市发展改革委员会下达《关于宜昌三峡物流园项目可行性研究报告（调整方案）的批复》（宜发改审批〔2011〕368号），同年11月下达《关于宜昌三峡物流园项目初步设计（调整方案）的批复》（宜发改审批〔2011〕392号）。园区规划设计方案及调整方案分别经宜昌市2010年第三次市城市规划委员会全体会议、2011年第四次市城市规划委员会专题会议审议通过。园区的健康发展得益于园区规划建设有效承接各项上位规划的要求，城市规划引领在园区发展中发挥了基础性作用。

（二）强化市场化运作的关键性作用

从宜昌三峡物流园的发展实践看，由政府规划、企业主导的运营模式使得园区发展充满生命力与活力。园区注重集约用地，重视商贸企业、物流企业（包括长途物流企业、短途物流企业、专线物流企业、零担物流企业、货运企业等）、信息平台企业、金融保险企业等产业集聚，形成了较为完整的生态产业链。园区注重市场导向，对于入园项目和企业设置了完善的进入退出机制，对于低产能、低效益的项目和不符合园区发展需要的企业及时地淘汰或清退。比如园区逐步退出市场份额快速缩小的物流信息代理业务，同时迅速启动具备运输资质、具有风险责任的无车承运人项目。打造集商流、物流、信息流、资金流于一体的商贸服务型物流园区，为企业提供政务办理、商务服务、金融功能等业务，是从实践中探索并检验有效的物流园区发展路径，既符合我国国情，也易于复制。园区已纳入中国（湖北）自由贸易试验区宜昌片区，享受“放管服”改革带来的良好体制政策环境，立足新起点。在科学规划、政策保障的基础上，未来市场化运作对园区发展的关键性作用将越来越明显。

（三）重视园区绿色环保可持续发展

宜昌三峡物流园区地处长江中上游接合部，是全力推动长江经济带宜昌段绿色发展的重要角色，因此园区立足实际，在太阳能清洁能源使用、物流运输工具升级以及新能源业务拓展等方面不断探索和深入，助力宜昌市成为长江经济带绿色发展示范城市，为长江大保护做出园区应有的贡献和示范。

长期以来，园区一直将绿色环保作为长期发展的方向指引，多措并举践行“走生态优先、绿色发展之路”的理念。园区建成的太阳能光伏发电站不仅全面满足园区及入驻企业用电量需求，每年还可以实现并网售电，对节能和减排都起到了有效的作用。除此之外，园区通过开展多种业务践行可持续理念，一是新能源物流车、乘用车的销售与租赁业务，二是宜昌全境充电桩、充电站发展业务，三是新能源汽车网约运营平台普及推广业务。宜昌三峡物流园区立足园区、服务全市、辐射周边的绿色发展之道，为长江经济带上生态保护环境治理区域物流园区发挥自身力量节约资源、减少污染、助力环保做出示范，也为未来我国物流园区绿色可持续发展提供样板。

四、未来展望

园区下一步将依托共同配送和物流集仓优势，运用“互联网+商贸+物流”的商业模式，打造O2O（线上线下）仓储式电子商务批发交易平台、B2C商生鲜零售交易平台，发展中央厨房、冷链物流、新能源汽车共配等项目，并借助中欧班列（武汉）发展优势，抢抓国家“一带一路”发展机遇，打造以品牌、质量、服务为核心的竞争优势，实现线上链接国内外市场、线下服务实体商贸、拥有现代高效物流的深度融合，构建多维商贸生态圈。园区将通过全面推进新型物流园区建设，快速推进一批新兴物流项目建设，打造鄂西渝东物流供应链服务中心。“十三五”期间，预计园内物流运输专用电动车保有量将达到3000~5000辆，在园区汽车保有量中占比达到50%以上，建成15座充电站，涵盖三峡城乡共同配送中心运输范围，实现充电设施全线覆盖。预计园区“十三五”末将实现年物流交易量900万吨，年物流交易额500亿元。

荣誉专栏

颁发时间	荣誉名称	颁发单位
2018 年	示范物流园区	国家发展改革委 国土资源部 住房城乡建设部
2017 年	农产品冷链流通标准化试点单位	商务部 国家标准化管理委员会
	无车承运人试点企业	交通运输部
2016 年	湖北省示范物流园区	湖北省发展改革委 湖北省现代物流联席会议办公室
2015 年	湖北省重点物流企业	湖北省发展改革委 湖北省现代物流联席会议办公室
	物流服务标准化示范单位	湖北省质量技术监督局

（撰稿人：陈　兵　宜昌三峡物流园有限公司　常务副总经理
陈良军　宜昌三峡物流园有限公司　蔬果区经理
李　林　宜昌三峡物流园有限公司　综合办公室主任）

湘南国际物流园

放大口岸平台新优势　构建物流产业新高地

湖南省东南部的郴州市位于泛珠三角核心区，南接珠三角经济带，北靠长三角经济带、长株潭经济区，西接海西经济区，东临大西南经济区，是湖南对接粤港澳大湾区、走向世界的“南大门”。湘南国际物流园（以下简称“园区”）位于郴州市城区东南部，是郴州市与外部区域联系的重要空间节点。园区作为集物流仓储、商品配送、海关监管、集装箱中转、保税业务等多功能于一体的国家级示范物流园区，依托对接粤港澳地区的政策优势，重点发展郴州公路口岸、铁海联运等省、市重点物流示范项目，充分发挥口岸叠加优势，通过多式联运、多业联动、多方协同发展，形成了以公路口岸、铁路口岸、有色金属物流、铁海联运、商贸物流市场、保税物流为核心的六大产业布局，在放大口岸平台新优势，推动全方位对外开放方面具有鲜明特色的示范价值。

一、园区概况

（一）发展背景

湘南国际物流园前身为2002年设立的北湖区工业园。2008年11月经郴州市人民政府批准成立，2009年被省委、省政府列为“湖南省八大重点物流园”。园区内具有多个开放的口岸平台，郴州公路口岸是2005年12月省政府批准同意开放的二类公路口岸，于2009年12月正式开放运行，也是湖南省第一个建成开放的公路口岸。郴州铁路口岸于2013年12月26日正式封关运行，现已纳入国家交通部“十三五”发展规划。此外，园区内还聚集了郴州保税物流中心、郴州进口肉类查验场、跨境电子商务等口岸物流平台，实现了国际贸易通关便利化，铸就了园区现代物流产业的新优势。

（二）交通情况

湘南国际物流园具有明显的交通优势。铁路方面：京广铁路从园区南北向穿越而过，并在园区设有年吞吐量1100万吨的槐树下货运站，且园区距离武广高速铁路仅10分钟车程。公路方面：北接京珠高速公路出口1千米，南抵厦蓉高速出口15千米。海运方面：园区虽然距离海港较远，但依托广州港构建“铁海联运”构成内陆“无水港”模式。航空方面：郴州市规划建设北湖民用机场，机场等级远期为4C级，预留扩建4D条件。

（三）规划建设情况

园区目前已批复控规600万平方米，现已开发建设300万平方米。园区控规符合郴州市城市总体规划和郴州市土地利用总体规划。目前，园区主要形成了六大功能分区：公路口岸区、有色金属物流区、铁海联运区（铁路口岸）、交易市场区、保税物流区、商贸口岸物流区。园区远期规划：2018—2020年主要建设总部基地、有色金属物流区、公路货运区、城市配送与快递物流区，如图1所示。2021—2030年主要建设临空综合商务区、保税物流区、配套物流区、空港配套服务区等重要板块。

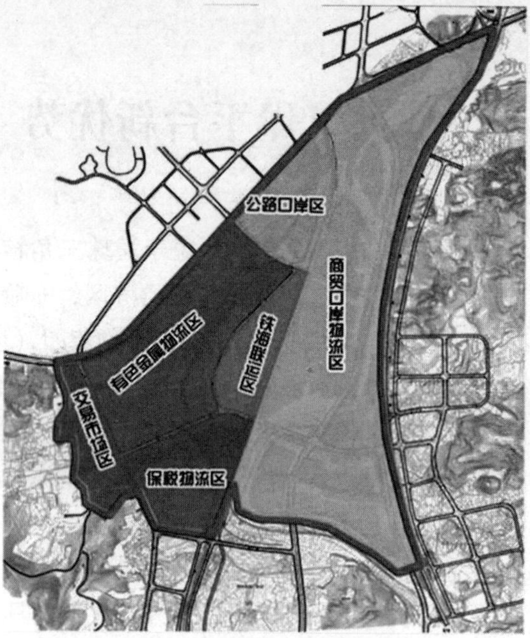

图1　园区功能区布局

2017年年底园区已建成5条主干道，初步形成“二纵三横”的主干道路网络：国庆南路延伸段、仙泉路、郴江路、园泉路、海泉路，全面完成园区控规主干道修建任务；建成24万平方米的标准厂房和5万平方米的货物堆场及其配套服务设施；实现通路、通电、通水、通信、通气等“五通一平”，绿化、亮化同步到位，提升园区配套公共服务功能，统筹规划建设园区医院、学校（幼儿园）、酒店、大型超市及园区垃圾收集站、公共厕所、公交车首尾站等市政生活配套设施。

（四）服务能力

园区现有仓储面积126万平方米，其中，库房面积108万平方米、堆场面积18万平方米。据初步统计，园区自有货运车辆数达1260辆以上，自有车辆总载重6.3万吨以上；整合社会货运车辆12100台以上，整合车辆总载重超过60万吨以上，年公路货运装卸车数128万车以上；拥有铁路专用线4条，铁路装卸长度为3600米，装卸搬运设备数量1863台，装卸起重总能力7.55万吨，单件最大起重能力为60.5吨。在信息化方面，园区湘南现代物流公共信息平台于2014年7月9日上线运行，信息平台注册账号量10200个，PR（网页级别）值为1。

园区服务机构健全、公共配套设施完善，提供海关、工商、税务、报关、报检等一站式政务服务，以及信息、金融、保险、法律、咨询、代理等商贸服务功能，同时建设配套住宿、餐饮、维修、加油、加气、公安、物业等服务设施。在人才培养机制方面，园区积极进行物流人才培训，积极建设中小企业人才基地、海归创新创业孵化基地。

（五）运营效率

2017 年园区完成技工贸总收入 120 亿元，同比增长 9%；完成固定资产总投资 50.7 亿元，同比增长 20%；完成招商引资总额 23.46 亿元，同比增长 10.6%；实缴入库税收完成 2.13 亿元，同比增长 16.4%，货物吞吐量 3519.2 万吨，同比增长 43%。人均劳动生产率为 46.5 万元，同比增长 5.1%。2018 年 5 月，入园企业已达 152 家，其中 A 级物流企业 21 家，5A 级物流企业 2 家。近 2~3 年来，年营业收入超过 2 亿元的企业有 18 家。园区总收入稳步增长，2017 年，园区企业实现总收入 191.3 亿元，同比增长 25.2%。

二、主要做法

（一）以规划编制为龙头，争创国家级示范园区

规划是物流园区发展的重中之重，编制湘南国际物流园发展蓝图和目标定位是园区基础建设工作的首要任务。

一是高起点谋划思路。园区坚持贯彻落实湖南省委、省政府的“创新引领、开放崛起”战略及郴州市委、市政府“产业主导、全面发展”战略，以北湖区加快“建设创新、开放、法治、生态、幸福北湖，奋力打造湘南增长极的核心，争创国家级经济技术开发区、国家级产城融合示范区、国家级示范物流园区、国家全域旅游示范区的‘五个北湖’‘一核四区’”战略，坚持稳中求进总基调，坚持“兴产业、强实体、提品质、增实效”，践行园区“共建、共生、共荣”新理念，推进“创新园区、开放园区、智慧园区、幸福园区”建设。

二是高站位编制规划。2009 年园区特委托中国脑库、国家级工程咨询甲级单位——中国综合开发研究院对园区发展战略进行研究，委托深圳市城市规划设计院编制了《湘南国际物流园控制性详细规划》。2014 年委托中国物流与采购联合会物流规划研究院编制出《湘南国际物流园总体发展规划》。

三是高标准推进综合架构。通过调研、专家会议、机构论证等多种方式，园区将谋划打造区域性国际供应链服务综合体，以集综合保税物流、多式联运物流、跨境电子商务与城市配送融合的国际通关物流大平台，电子商务与物流快递协同发展的示范园区，总部经济与产业物流的大数据物联网数据中心，专业市场与电子商务的绿色消费经济共同体为驱动，发展有色金属物流、综合保税物流、电子商务、城市配送、快递物流、专

业市场、公路货运、商旅文化物流、总部基地等多个专业物流中心，形成“一体、四驱、九中心”的远期架构。

（二）以口岸平台为载体，提升园区核心竞争力

园区强力推进多式联运建设，把加快口岸物流平台建设作为工作的重中之重，全力支持郴州公路口岸、铁路口岸、铁海联运项目及进口肉类指定查验场的建设，打造郴州完整的口岸物流产业链，提升郴州外向型经济实力。

一是促推郴州公路口岸高效运行。郴州公路口岸占地面积 3.2 万平方米，总投资 3000 万元，主要开展中港直通车运输、保税仓储、报关报检、进出口业务、国际快件、金融融通等功能服务。根据海关统计数据，2017 年完成进出口贸易额 4.75 亿美元。2017 年 11 月 21 日，公路口岸开通郴州“跨境一锁”快速通关系统。运用该系统，粤港两地牌照车真正实现“朝发夕返”，从香港进口到郴州的货物不再需要由口岸海关转关、查验和换锁，粤港两地牌直通车可从香港一车到底，直接到郴州海关监管场所办理解锁、通关手续。出口企业大大减少运输时间和通关成本，每辆直通车单次可节省费用 800 余元，压夜费可节省 1500~2000 元，进出口货物全程运输时间比过去缩短 4 小时左右，为郴州市外向型企业降低运输成本 30%以上，进实现了内陆与港澳地区的快速通关。

二是大力推进郴州铁路口岸建设。郴州铁路口岸总面积 2.8 万平方米，包括口岸的进出卡口、海关和商检综合楼、保税物流中心、监管仓、监控和管理信息化系统、核与辐射检测系统、围网等工程，其中，铁海联运项目规划占地面积 100 万平方米，设计年货物到发量 600 万吨。2014 年 9 月 12 日，郴州市政府、广州港、兴义物流和浩通公司四家签署战略合作框架协议，在郴州铁路口岸加挂“广州港郴州内陆港”，同日开通了郴州——黄埔的“五定班列”，发展“无水港”业务，广州港着手将郴州铁路口岸作为其口岸功能向内陆延伸的第一站。2015 年铁路口岸与郴州公路口岸国际快件业务结合，开通 4 条监管线，通过开放铁路口岸、公路口岸，将省内的进出口货物通关业务直接引入郴州形成“内陆港”。园区通过整合铁路、公路海关、商检等政府资源，以货物“一站托运、一次收费、一次认证、一单到底”绿色通关一体化服务为保障，打造公海联运、铁海联运、公铁联运、陆空联运全方位立体口岸开放体系铁路口岸作业现场如图 2 所示。

三是力促进口肉类指定查验场竣工验收。2017 年 2 月 8 日，质检总局正式同意湖南省在长沙市、湘潭市、郴州市各筹建一个进口肉类指定查验场。郴州进口肉类指定查验场（如图 3 所示）依据湖南出入境检验检疫局审定的《郴州进口肉类指定查验场建筑设计方案》实施建设，总占地面积 27900 平方米，总投资约 3240 万元，年进口肉类规模为 13.7 万吨。查验场设置了检验检疫行政办公用房、现场查验专业技术用房、集装箱待检和扣留区、冷链查验和储存一体化设施、检疫处理场所、视频监控、信息化等相关配套设施和设备，并于 2017 年 10 月开工实施建设，2018 年 1 月，通过了湖南出入境检验检疫局的预验收。2018 年 3 月 22 日，郴州进口肉类指定查验场顺利通过原国家质检总局专

家审核验收组的正式验收，投入运营后，将实现进口肉类从沿海指定口岸到我省的“进口直通”，极大地提升湖南进口肉类产品的通关便利，节约企业转关物流成本。

图 2　铁路口岸作业现场

图 3　郴州进口肉类指定查验场

（三）以产业物流为抓手，推动园区产业大发展

专业物流平台是专业物流园区有效集聚物流产业的平台和载体，也是物流园服务其他产业和社会经济发展的抓手和手段。郴州毗邻粤港澳，是湘南承接产业转移示范区重要组成部分，是实施湖南省“创新引领、开放崛起”发展战略的重要一极，有色金属、农产品等产业优势明显。

一是打造立足郴州、服务湖南的有色金属物流基地。依托郴州“有色金属之乡”“中国银都”等资源和产业优势，扶持建设有色金属仓储物流检验中心，并将其纳入服务业集聚区服务平台范畴，集聚云南锡业郴州总部及精深加工基地、金煌矿业、俊腾矿业、姣龙矿业、致华矿业、大成银业等矿业总部企业发展总部型经济，运行有色金属仓单质押融资（物流金融功能）、有色金属检验检测中心、仓储、贸易等功能，打造成为区域性的现代标杆性有色金属物流基地。

二是吸引形成第三方快递物流聚集平台。引进顺丰快递、申通快递、圆通快递、汇通快递、宅急送快递、韵达快递、天天快递等近20家快递公司集聚在园区开展业务，组成快递配送中心聚集区，辐射郴州地区和湘粤赣省际区域。此外，园区内还建成有宏顺、金煌、大成等7家第三方物流配载中心。2016年11月，湖南金煌物流股份有限公司新三板挂牌上市，成为园区第一个上市的5A级物流企业。

三是构建农产品商贸物流服务平台。园区拥有中国供销郴州农副产品物流园、义捷冷链物流中心（水果批发市场）、君鑫物流城、湘南综合大市场等多个商贸物流项目。其中，中国供销郴州农副产品物流园项目总占地面积33万平方米，总投资约12亿元。项目一期占地面积12.5万平方米，建设面积约12万平方米，投资额约5亿元，内设蔬菜、果品、茶叶、粮油、副食品、调味品、特色农副产品、肉类、水产、禽蛋、农资等十大交易区，并布局万吨级冷库、大型农展中心、物流配送中心、结算中心、拍卖中心等。项目建成运营后预计园区全年农产品交易量可达120万吨，交易金额100亿元以上，直接提供就业岗位3000个，间接提供就业岗位2.5万个。

（四）以科学招商为主线，加快培育发展大物流

按照“招大、引强、选优”的原则，始终坚持“四有招商”（有诚意、有实力、有理念、有效益）标准招商选商，科学选择一些高附加值、高税收、高社会效益的战略投资项目。

首先是突出开展产业平台招商。大力引进口岸经济产业链、总部基地、电子商务、专业市场等项目，把招商引资与产业结构优化升级结合起来，瞄准“高端产业、产业高端”，千方百计引进一批龙头型、基地型重大产业项目。按照“大项目—产业链—项目集群—产业基地”的模式，突出抓好龙头企业的配套引进工作，着力构筑现代物流产业体系。园区始终坚持以第三方物流、商业物流、矿业总部经济、多式联运为基础物流产业的招商引资路线；坚持以集商品批发展销、仓储配送、电子商务于一体的超大型商贸物流城为重点的招商引资路线；坚持以房地产投资开发为保障的招商引资路线。2017年园区成功引进了中农批建设开发有限公司建设中国供销郴州农副产品物流园项目，并与中国物流股份有限公司签订了中国物流郴州商贸物流园初步合作协议。

其次是突出开展环境招商。凸显各项优惠政策，审时度势，着力在提升投资服务质量上下功夫，以亲商、富商、安商来留住客商、吸引更多的客商。着力优化投资环境，管委会下设了商务科和中小企业服务中心，专业做项目投资决策前的咨询服务、项目审批中的代理服务、项目建设中的现场服务及项目开工投产后的全面优质的服务。园区还

开展了“重点项目攻坚年”活动，建立健全领导干部联系企业制度、项目督查制度，加大项目推进工作考核力度，促重点项目投资保持稳步增长的良好态势。目前，园区已入园企业和项目达153家，合同投资总额151亿元。其中，工业企业13家，仓储物流企业49家、商贸物流企业61家，其他物流企业26家，房地产（民生工程）企业4家。

三、示范特色与经验参考借鉴

（一）搭建多式联运平台，建立对外开放新格局

园区内设有保税、铁路、货场、公路港和物流信息平台等多种物流服务，多种运输方式的有机衔接和无缝对接成为园区发展物流的特色和关键。通过示范物流园区的创建，健全国际铁路运输、口岸通关协调机制，提升“五定班列”开行密度、运输时效和服务质量，打造立体综合运输体系，构建对接“一带一路”倡议的国际通关物流大平台。

（二）放大口岸叠加优势，借势自贸区引擎效应

园区充分发挥郴州公路口岸、铁路口岸、进口肉类指定查验场、跨境电商平台等口岸叠加优势，开展跨境电子商务试点工作，将郴州不沿海不沿边的外贸地理劣势转变成电子商务物流配送中部枢纽的地理优势，实现贸易便利化。保税中心报关数、总货值和保税货值实现了跨越式增长，成为湖南发展外向型经济的重要窗口，为成功申报湖南自由贸易实验区郴州片区提供有力的平台支撑。

（三）多业联动多点支撑，带动全产业链新发展

湘南国际物流园以口岸经济、有色金属总部经济、农产品冷链物流、商贸物流产业多点为支撑，形成了集市场、电商、仓储、配送、金融于一体的物流产业链，降低企业物流成本，打造“大物流、大产业、大商贸”的发展新模式。特别是“互联网+”农产品冷链配送的大物流，建设有设施先进、节能环保、高效适用的冷藏冷冻加工储存设施，推进全程温控和可追溯系统，打造供港澳蔬菜基地，发展冷链宅配、中央厨房+食材冷链配送、生鲜电商等物流新模式。

四、园区发展方向及未来展望

（一）构建陆港，促园区提质升级

园区要抢抓郴州对接粤港澳大湾区的发展机遇，切实树立战略思维、创新思维，参照西安国际港务区、吉林通化国际内陆港等地的成功经验，以湘南国际物流园为基础，

从市级层面筹建“郴州国际内陆港务区”，并取得国家交通部的陆港代码，将郴州打造成为国际港口城市，实现“通边达海”的梦想。

“郴州国际内陆港务区”将以铁路口岸、公路口岸、航空口岸（飞地模式）、综合物流园区、保税物流中心、铁路集装箱中心站、公路物流港站为核心平台支撑，建设集保税仓储、现代物流、产业合作、跨境电商等多功能于一体的开放合作区，全面对接粤港澳大湾区战略与湖南省“创新引领、开放崛起”发展战略，打造郴州市向南开放新通道、新平台、新窗口。有利于做大郴州对外开放的格局，打造“向南开放看郴州”的品牌。获得国家陆港代码后，郴州市将迈入内陆港口城市行列，这将成为湖南省乃至中部地区对外开放的创新示范；有利于郴州市物流行业降本增效，借力借势迅速提升开放型经济水平，闯出一条跨越式发展的新路子。

（二）规划引领，促千亿产业集聚

要利用湖南自由贸易试验区申报政策，将湘南国际物流园纳入湖南自由贸易试验区郴州片区规划范围，加快郴州与粤港澳的融合发展；把握省委、省政府“创新引领、开放崛起”“一核三极四带多点”发展战略实施政策，积极融入珠三角，努力打造郴州外向型经济增长极。要专业编制《郴州国际内陆港务区总体发展规划》和《郴州国际内陆港务区控制性详细规划》，并在物流产业招商、基础配置等环节严格按规划实施布局。借助郴州国际内陆港的目标定位、发展规划及开放平台优势，精准实施招商，招大引强，依托“综合保税区、铁海联运、公路港”三大核心平台及“湘欧快线”、铁路口岸、公路口岸、跨境电子商务产业园等对外开放平台实施分块、组团招商，壮大港务区产业实力及经济基础，力争5~10年，打造一个新的千亿产业集群。

（三）繁荣口岸，促产业物流融合

以市场为主体大力推进多式联运，建立公铁海空联运“四位一体”的立体口岸开放体系，打通“南北向、西南向”三大物流通道，抓好口岸公共服务平台和电子口岸建设，拓展公路口岸、铁路口岸、进口肉类指定查验场、国际快件中心等开放平台功能，打通五定班列、湘欧快线、港澳直通车、航空货运等国际通道，充分挖掘、激活郴州公路口岸、郴州铁路口岸、郴州进口肉类指定查验场等口岸平台对加工贸易、商贸物流的延伸服务功能，依托市场主体搞活市场运营，进一步提升口岸平台的综合经济效益。

招大引强构建“产业融合体”。促进物流业与商贸业、金融业、有色金属业等“多业联动”，整合工业、农业、商业、仓储和运输等领域现有的物流资源，采用“实体经济+电子商城+现代物流”的方式，推进一二三产业融合发展，并积极引进莎莎国际集团、国诚通控股集团、中国邮政集团、中铁物流集团等大型企业集团，特别是500强企业，形成以电商孵化中心、转运功能区、分拨功能区、综合配套为一体的国家级示范物流园区。

（四）以互联网+，促智慧园区创新

一是建设物流信息大平台。今后三年，园区要补齐物流公共信息服务平台建设短板，整合园区物流信息资源，建设郴州市物流公共信息平台区域中心，力争接入全省、全国物流公共信息平台，实现物流配送信息互联互通、资源共享。

二是建设现代化智能园区。运用现代互联网技术努力提升园区运营水平，引导园区传统物流企业整合资源，成立物流联盟，大力发展自动化物流仓储，建立智慧化仓储管理信息系统。大力发展电子商务，扶持企业开办线下体验馆、精品展示馆，拓展产品展示、研发设计、品牌孵化等功能，推动线上线下同步展示交易，促进实体市场与电子商务深度融合。加强专业市场和物流企业在产品销售、仓储运输、物流配送等方面的信息互联互通，不断提升园区物流配送及运营水平。

三是建设大数据运营中心。对接郴州资兴东江湖大数据运营中心，努力争取华南物流大数据运营中心项目，并与国家发展改革委交通运输研究所展开合作，引进相关企业建设园区大数据运营中心。

荣誉专栏

颁发时间	荣誉名称	颁发单位
2018 年	示范物流园区	国家发展改革委 国土资源部 住房城乡建设部
2017 年	全国优秀物流园区	中国物流与采购联合会
2016 年	湖南省示范物流园区	湖南省发展改革委

（撰稿人：何国银　湘南国际物流园　党工委书记
　　　　　曾祥峰　湘南国际物流园　党工委副书记、管委会主任
　　　　　李颖波　湘南国际物流园　党工委副书记、管委会常务副主任
　　　　　周丽娜　湘南国际物流园　管委会办公室主任）

南方物流集团物流园

建设低碳园区　创新园区运营

广州市拥有2000多年的历史，是国务院首批公布的24个历史文化名城之一，2000多年来，一直是华南地区的政治、经济与文化中心。南方物流集团物流园（以下简称“园区”）位于广州市东部，依托广州产业政策开发建设，提供综合一体化服务。园区作为华南地区最具影响力的物流集聚区、跨境电商物流集聚区与孵化基地，为小微型电子商务企业打造孵化成长环境；秉承节能环保理念，打造绿色园区；完善园区服务，吸引龙头企业入驻，进而吸引上下游企业进驻，集聚效应凸显。

一、园区概况

（一）发展背景

南方物流集团（以下简称“南方物流”）的第一站——东莞。东莞地处珠江东岸，东接惠州市惠城区和惠阳区，南抵深圳市龙岗区和宝安区，西连广州市南沙区、番禺区、萝岗区，北达广州市增城区和惠州市博罗县，地理位置得天独厚。20世纪80年代的东莞，位于改革开放的最前沿，中国第一家“三来一补”企业——东莞虎门镇太平手袋厂，就诞生于此。当时“三来一补”是个新鲜词，指来料加工、来样加工、来件装配和补偿贸易，是中国在改革开放初期尝试性地创立的一种企业贸易形势，同时，“三来一补”成为广东利用外资的典范，后来该模式被全国其他地方广为采用。此后的10多年间，“三来一补”企业在东莞遍地开花，迅速成为东莞经济发展的主力军，也使东莞一跃成为有名的“广东四小虎”之一，成为华南的制造中心。在那个物质还非常匮乏的年代，把“制造中心”的商品迅速疏散到全国各地，就是时代赋予南方物流的使命。

1992年8月，南方物流的前身南方工贸正式成立，从货运站起步，到干线物流与多式联运，再到物流园区的开发运营。为了满足业务不断发展的需求，南方物流于2003年开发建设南方物流集团物流园，园区包括云埔、状元谷、南香谷3个片区，园区依托广州产业政策开发建设，提供综合一体化服务。

（二）规划建设及运营情况

南方物流集团物流园已建设完成并投入运营的是云埔片区和状元谷片区，南香谷片区于2017年10月开始施工建设。园区总占地面积730亩（48.6万平方米），总规划建筑面积137万平方米，已建成建筑面积60万平方米，其中，物流运营面积59万平方米，占比98.33%；仓储面积55万平方米，占比91.67%。云埔片区于2003年开发建设，占地面积约146亩，建筑面积12万平方米，建有现代化立体仓5万平方米、多层式现代化仓库4万平方米，物流商务大厦15000平方米；状元谷片区于2011年开发建设，占地面积约385亩，建有多层式现代化仓库46万多平方米，配套商务大厦2万平方米。

园区配备现代化立体仓，净高10米，配有活动层式货架，采用叉车及夹包车配合作业，库内分为存储区、理货区、出货暂存区及加工区，仓库实现机械化、自动化操作，开展科技养护和现代化管理，库区设置灵活，为仓储功能的延伸提供了良好的发展空间。园区定位为华南地区最具影响力的物流集聚区、跨境电商物流集聚区与孵化基地，为小微型电子商务企业打造孵化成长环境，并配套建设商业、生活、休闲、娱乐等设施，全面提高现代物流园服务能力。现有入驻客户包括亚马逊华南运营中心、苏宁易购运营中心、京东商城华南运营中心、酒仙网广州运营中心敦豪航空货运公司（DHL）、顺丰速运、聚美优品、施耐德电气、欧迪办公、勘宝公司（CAMBRO）等，同时配套产业链上下游物流公司、跨境业务相关公司等，初步形成了产业集聚效应和规模效应。

（三）区位交通

南方物流集团物流园位于广州市东部，与广州市产业布局、产业发展趋势高度契合，云埔片区、状元谷片区位于黄埔区，南香谷片区位于增城区，地处珠三角中心区域，交通网汇集。

云埔片区临近广园快速路、107国道、广深高速、广惠高速、广珠高速、北二环高速、广汕公路，往返广州市区一级公路无收费；片区距广州市区20千米，距深圳市区80千米，距黄埔港10千米，距白云机场60千米，距宝安机场80千米。状元谷片区距107国道3千米，距广深高速公路4千米；片区距广州市中心约30千米，北边紧邻广园快线和广深铁路下元编组站，与广州保税区、黄埔新港相接，距黄埔港码头5千米；状元谷片区与公路、铁路、水路、空运四种运输方式有效衔接，构筑了一个现代综合立体交通运输平台。

南香谷片区南临广惠高速2千米，花莞高速离园区仅500米，另周边已规划多条道路，形成多条连接外部的交通网络，其区位如图1所示。

图 1　南香谷片区区位

（四）运营主体

南方物流集团物流园的运营主体为南方物流。南方物流是一家国家 AAAAA 级现代综合物流与供应链管理服务企业，是“中国物流百强企业”“广东省流通龙头企业”“广州市企业信息化示范企业”“中国物流与采购联合会副会长单位”“广东省物流行业协会会长单位”。2009 年被遴选为广州 2010 年亚运会综合物流独家供应商。

南方物流锐意创新不断引领行业发展，先后参与制定、编写《冷链物流配送中心作业规范》（DB 44/T 1696—2015）《城市配送》（DBJ 440100/T 260—2016）《跨境电子商务园区服务规范》《跨境电子商务海外仓服务管理规范》《跨境电子商务公共服务平台服务规范》等地方、行业标准，在行业及社会树立了标杆。

（五）社会贡献及行业影响

2017 年年底，园区入驻企业已达 200 多家，提供近万就业岗位，年实现税收近 2 亿元。园区形成以电商物流、新零售、城市配送为主的商贸物流公共平台，构建“大市场、大商贸、大物流、大平台”的现代物流体系，为园区企业提供转型增产的条件，受到了企业的广泛好评。

二、主要做法

（一）加强队伍建设，强化标准化运营

（1）打造优秀管理团队。南方物流不断优化改制企业管理组织架构，完善管理制度、流程模式。公司管理体系主要以企业支持平台和业务发展平台两大模块构成。在董事长的带领下，公司现有中层以上管理团队 386 人，本科以上学历占 86%，中等专业技术人员有 145 人，汇聚了众多物流管理、电子信息、计算机软件等相关方面的高科技人才。企业管理团队是一支凝聚力强、工作经验丰富、勇于创新的优秀团队，为园区发展奠定了优质基础。

（2）标准化运营管理。南方物流始终坚持“管理出团队、管理出效益、管理出成绩”的原则，2000 年率先通过 ISO 9001 质量管理体系，2015 年获得“标准化良好行为”4A 级认定，建立了一套安全、可靠、高效、优质的现代化物流运营系统。南方物流在发展创新过程中，贯彻落实国家关于标准化工作的法律、政策、方针，建立健全企业标准化体系。设立企业标准化管理部门统一负责管理本企业的标准化工作，编制适应本企业的标准化质量管理体系，组织标准的实施并对标准的实施进行监督检查和考核，形成了自上而下全面推进的标准化工作氛围，从而保证公司生产各项管理严格按标准规范进行，确保公司经营、管理正常、有序、有效运行，进而有效支撑了园区的标准化运营。

其中园区的主要制度包括运营管理、园区物业管理、安防管理、安全生产管理、消防控制室管理、特种设备使用、货运车辆安全生产、货运车辆岗位安全职责、外来车辆进出园流程、园区一卡通管理及各级人员岗位职责等，保障了园区各项活动的安全、有序、高效。

（二）高标准建设设施设备

园区建有多层仓库、立体仓库、集装箱堆场等各式新型仓储设施。截至 2017 年年底，南方物流集团物流园建有单层仓库 10 万平方米、多层仓库 18 万平方米、立体仓库 12 万平方米、自动化仓库 4.5 万平方米、保税仓库 0.5 万平方米，多方面满足企业仓储需求。

园区的仓库采用新型建筑材料、高效隔热保温材料、保温节能门窗等，使用新型墙体材料与复合墙体围护结构。选用 JN 节能型烧结页岩空心砖作为外墙保温隔热建筑材料，屋面采用碎石、卵石混凝土+矿棉、岩棉、玻璃棉板++C20 细石混凝土+石灰砂浆+SBS 改性沥青防水卷材（耐根穿刺）+1：2.5 防水砂浆+现浇钢筋混凝土板的构造做法。

仓库采用的是新型仓库建筑设计，与传统单层仓库相比，更加坚固耐用及环保节能。园区中的自动立体化仓库因充分利用仓库的垂直空间可节约用地。建设有多层立体恒温货仓，仓库配备四标盘变频永磁同步牵引大型货梯、气感式高度调节台、高位货架（如图2所示），并配备电动高架叉车及电动平移叉车等，仓库的物流操作区配备高密度气感高度调节板和液压式自动升降调节平台、自动分拣线设施等。

图2 高位货架

（三）注重信息化建设，实现“智慧物流”

随着我国全面进入“互联网+”时代，南方物流锐意创新求变，聚焦新零售、工业4.0，向客户提供全新服务。南方物流重视科技创新、信息化建设，创建企业技术研发中心，该中心先后被认定为市级、省级企业技术研发中心，研发出仓储管理系统（WMS）、运输管理系统（TMS）、城市配送管理系统（UDMS）、物流园智能管理系统等并应用于南方物流园，大大提高了物流工作效率。

园区开展“电商物流配送服务标准体系”建设，配备无线射频识别技术（RFID）、城市配送监管调度系统、条码扫描 PDA（掌上电脑）、GPS（全球定位系统）位置跟踪设备和通信设备，专业化、统一化管理配送车辆，实时记录配送车辆位置及状态信息，对运输车辆进行科学排序、合理调度，实现物流配送的“智慧化”。

园区在管理方面也实现了“智慧化”。在仓储管理方面，实现了自动化控制、自动输送、自动分拣，通过自动录入、管理和查验货物信息的软件平台，实现仓库内货物的物理活动及信息管理的自动化及智能化，仓库作业全部实现机械化和自动化，节省了人力，减轻了劳动强度，大大提高了工作效率；利用计算机进行仓储管理，提高了仓储的自动化水平和管理水平。园区通过与中国联通合作，打造高端智能化管理，为企业及其员工提供智能化管理服务，构建有一卡通智能管理系统、视频监控系统、中央广播系统、人车分流系统、停车管理系统，大大提高了园区的物业服务水平，提升了园区招商引资的质量。

（四）开展电子商务，推进关检合作

21 世纪以来，电子商务以及“大众创业、万众创新”浪潮开始兴起，南方物流与时俱进，以综合物流业务为本，紧密结合电子商务行业发展，积极拓展物流金融业务，把握电子商务热潮，占领电子商务物流制高点，开发建设状元谷片区，为大中型电子商务企业提供物流运营服务。园区作为广州大力发展电子商务物流的重要载体，定位为华南地区最具影响力的电商物流集聚区、跨境电商物流集聚区与孵化基地，孵化中小微物流、电子商务企业，形成了产业集聚效应和规模效应。

园区为适应跨境贸易电子商务新业态的发展需要，在黄埔区政府、黄埔海关和黄埔出入境检验检疫局的合作机制下，大力推进建设跨境贸易电商监管中心，全面推进关检合作。园区通过建立跨境贸易电商监管中心，推进关检合作“三个一”，即海关、检验检疫部门“一次申报、一次查验、一次放行”，以降低企业通关成本，缩短通关时间，实现电商企业与物流企业在园区内现场通关，发挥园区保税物流功能，进一步提高通关贸易便利化。

（五）鼎力大众创新，万众创业

园区以“创新服务体系、助力企业未来”为服务理念，注重技术应用、注重团队服务。园区已与广东亚太电子商务研究院、广东省现代物流研究院、广州德良律师事务所等多家综合实力较强的机构达成战略合作，并与中山大学南方学院、暨南大学现代流通研究中心、广州大学等八家高等院校合作共建产学研示范基地，园区集企业管理、人力资源、法务、科技、金融、跨境电商等服务于一体。

园区的招商及运营团队针对企业的实际需要，引进多方中介服务机构，定期开展企业活动，营造园区的积极向上氛围；针对企业实际情况为园区企业提供日常运营、物业管理、信息服务、后勤保障、人力资源管理等相关服务，还为客户提供在线交流、技术咨询指导、投融资、市场营销、知识产权申请、项目申报、公共后勤服务和国际交流等多种类型的服务。园区积极开展创业辅导工作，做好创业导师与企业服务对接工作，其中创业导师以一对一指导、“会诊”指导、课堂指导、“陪伴”指导等多种方式展开服务。

2012 年 5 月，广州市发改委在园区内批准建设“状元谷（云埔）孵化中心”，为园区内小微型企业提供创业创新服务。随着园区功能的不断完善和入园企业的逐步增加，园区着力及时帮助企业解决融资、技术、市场、信息、人才、培训等共性发展问题，实现区内产业发展政策集成、资源集聚、信息集合，促进共性基础资源共享，降低企业的经营成本和经营风险。按照“开放平台、整合资源、协同合作”的原则，联合企业、高

校、科研机构、政府机构等各类创新力量，合作开展协同创新研究，建立协同创新平台，为产业发展提供高效决策支持服务。

（六）打造绿色园区，实现低碳环保

园区在建设之初就秉承环保节能的理念，以推行绿色物流主题，突出科技、低碳、节能、环保，结合物流、电子商务产业特点及客户需求，积极宣传绿色园区建设，将园区打造成为生态、低碳、节能、环保、绿色的全省电商物流示范园区。主要是从以下方面实现。

第一，推行绿色交通。园区建设庭院式自行车停车场供员工使用，并配备电动交通车辆，以实现零排放和员工绿色出行。启用清洁能源中巴车，建设公共自行车服务网点，购置用于园区参观的电瓶车，引进新能源汽车充电桩（如图 3 所示）和新能源共享汽车，倡导绿色出行。

图 3　新能源汽车充电桩

第二，采用水帘蒸发冷却新风设备和负风压降温循环系统代替传统中央空调设备。仅使用传统中央空调设备 1/20 的电能即可使整幢库房在广东的夏天最高温度不超过 28℃，湿度控制在 25%左右，大幅降低了能耗并减少了噪声。园区 220 米长的电商时光长廊仅用两台风机，即可使室温维持在 28℃以内，该项技术的采用使建筑降温节能率达 80%。

第三，安装太阳能光伏发电系统。园区在房屋屋顶建设太阳能光伏发电系统（如图 4 所示），该项目投入运行后，园区安装的太阳能光伏发电系统装机总容量为 15 兆瓦，供园区运营和企业使用，每年可发电 3000 万度，相当于 10000 多吨煤耗，减少了二氧化碳排放量。

图4　太阳能光伏发电系统

第四，建设节约用水系统。园区建设了无负压节能集中供水系统、水循环处理系统和雨水收集系统，可重复用于消防、绿化灌溉、水流景观、库区降温、保温、防尘、环卫、洗车等，大大节约了水资源。同时建有污水处理系统，对生活污水、生产废水进行集中处理，使其达到排放标准，并建有消防水池，收集消防用水。

第五，建设能源监测管理系统。园区建设能源监测管理平台，监测管理每个客户、每栋建筑的日常能耗。通过大数据采集、分析，不断升级节能设备、改善节能措施，从而达到节能减排的目的。

第六，绿化建设。园区在房屋墙面种植绿化植物，如蔓藤类植物。为减小周边化工产业对园区的影响，园区建有约1000米长、15米宽的绿色防护林带，绿化树木最高可以长到25米高，有效阻挡了废气。

三、示范特色与经验参考借鉴

园区遵循“政府指导、企业运作、行业融合、开放创新、示范带动、跨越发展”的原则，集成社会相关资源，着力建设公共服务平台，坚持以创新为主导，以企业为主体，以服务为核心，提供全产业链的电子商务公共服务，重点建设各行业发展的共性内容，减少信息化基础设施的重复性建设，实现共性基础资源共享，促进产业链的快速形成，大力促进物流产业的跨越式发展，着力打造绿色园区。因此，对园区的建设经验有着重要的社会推广价值和意义。

第一，龙头企业带动。“筑巢引凤”“择强选优”，园区以完善的配套服务和积极政策，吸引一批龙头企业落户园区。依托龙头企业的领军发展作用和辐射带动作用，吸引上下游企业进驻，集聚效应凸显。

第二，基于现代物流的供应链中心牵引发展模式。现代物流依赖于高效的物流体系，广州东部是重要交通枢纽，港口、铁路、高速、快速公交（BRT）、地铁等设施完备。园区依托区域内完整的物流产业链，借助港口、仓储、交通等方面的优势，采用以现代物流为依托的供应链中心牵引发展模式，为进驻企业布局供应链运营中心，提供全方位配套管理服务。

第三，资源互补，共赢发展模式。园区既有领军龙头企业，也有产业链上下游服务企业，同时孵化着许多小微型萌芽企业，多种企业形态共同发展。园区浇灌着一片培育的土壤，创造良好的营商环境，充分激发调动园区企业的发展积极性，打造了企业间从互相竞争转向资源优势互补，互利共赢发展的新格局。

第四，绿色引领，低碳环保。园区致力于打造低碳生态基地，推行绿色物流主题，以科技、低碳、节能、环保为主要内容。园区在低碳理念下，通过建筑物的选型、选址来充分利用自然风、自然光，通过使用新能源、水循环来减少碳排放，利用新材料、新工艺来减少对能源的需求，其整体实现了绿色配置集成，更大程度减少了对自然环境的负面影响，体现了低碳物流特色。

四、园区发展方向与未来展望

未来，园区将在持续发展物流新业态，完善园区的后续开发与建设，形成完整产业链的同时，加强对外交流合作，将园区的运营发展经验复制到其他区域。具体展望如下。

（一）加强规划建设，完善服务体系

第一，完善园区规划建设。南方物流将进一步完善园区规划建设，把园区打造成为华南乃至全国最具影响力的电商物流产业园区之一。通过商流、物流、资金流、信息流“四流合一”，构建完整产业链，把园区打造成华南电商物流产业靓丽的名片。

第二，大力招商引资，完善服务体系。通过大力招商引资和完善服务体系，吸引一批产业带动性强、发展前景好的企业落户园区，形成良好的带动效应和示范效应。

第三，大力发展物流新业态。积极响应国家政策，在“一带一路”倡议的发展背景下，发展跨境贸易电商物流，同时积极配合国家创新创业策略，强化园区孵化功能。

（二）加强交流合作，传播成功经验

加强对外交流合作是园区一直积极推动的工作之一。园区作为广东乃至全国标杆的电商物流产业园，将会加强对外交流，通过“引进来，走出去”的方法，传播园区的成功运营经验。同时会将园区成功的开发和运营模式复制到其他区域和相关的合作伙伴，进行管理摸式的复制延伸，辐射其他区域开发。

荣誉专栏

颁发时间	荣誉名称	颁发单位
2018 年	示范物流园区	国家发展改革委 国土资源部 住房城乡建设部
2016 年	国家电子商务示范基地标准化园区	广州市黄埔区人民政府
2016 年	首批国家智慧物流配送示范园区	国家商务部办公厅
2013 年	广东省级低碳示范园区	广东省经济和信息化委员会
	广东省中小企业创新产业化示范基地	广东省经济和信息化委员会
	省市共建战略性新兴产业基地	广东省经济和信息化委员会

（撰稿人：傅　江　南方物流集团　总裁
李芳娴　南方物流集团　董事长助理
常永学　南方物流集团　总裁办副主任
赖孝蓉　南方物流集团　项目专员）

深国际华南物流园

多业并举，跨界融合
实现“传统物流园”向“现代物流产业园”转型

深圳地处广东南部，是我国设立的第一个经济特区，是我国改革开放的窗口，现已发展成为有一定影响力的国际化城市。深国际华南物流园（以下简称“园区”）位于深圳市龙华区，是深圳中部的重要物流枢纽。园区自 1992 年开始筹建，于 2003 年正式投入运营。建成以来，园区不断适应物流行业新形势，紧密结合深圳特区物流发展相关政策和独特区位优势，积极推动区域物流联动，在传统物流业务的基础上不断丰富“多元业态、跨界融合”运营模式，立足保税物流业务升级发展，已聚集商贸、电商展示交易、智能化仓储等多种业态，实现了不同产业业态的有机融合和相互促进，实现了从“传统物流园”向“现代物流产业园”的转型，在物流集聚、转型升级和多业联动方面成为具有示范效应的物流产业园。

一、园区概况

（一）发展历程

1993 年，深圳市在市国土领导小组第 56 次批地例会批准了深国际华南物流园项目用地。深圳市运输局根据深圳交通运输发展战略，同时为了加大深圳市货运基础设施建设，决定将项目功能定位为仓储、堆场、多式联运。2003 年 3 月 29 日，园区迎来了东方海外的首批空箱，拉开了园区试运营工作的序幕。2008 年，园区形成了仓储、集装箱堆存、跨境快速通关、跨境转关接驳、报关报检五大业务板块。2015 年，园区类商业项目全面投入运营，2017 年，华南物流智能电商云仓开仓，鲜花小镇、汽车公园项目相继签约落地，标志着园区从“传统物流园”转变成为“现代物流产业园”。

时至今日，深国际华南物流园的建设发展历程已有 20 余载，回溯过往，于时间节点可分为“筑平台、拓经营、夯实力、创未来”四个阶段；于物质财富建成了颇具规模且

在行业内极具示范效应的现代物流园区；于精神财富则形成了“务实稳健、勇于创新、顺势而为”的企业记忆。园区的实景如图 1 所示。

图 1　深国际华南物流园实景

（二）交通区位

园区位于深圳市中部，具体位置是梅观高速公路梅林起点站东侧，具有得天独厚的地理位置以及交通条件优势。园区距我国最大的陆路口岸皇岗口岸 6 千米，距盐田港 25 千米，距蛇口港 20 千米，距宝安机场 30 千米；通过梅观高速公路与广深、莞深、深汕、深惠等高速公路联网，辐射珠江三角洲及全国；深圳北站距园区仅 2 千米，坪南铁路与园区相邻，与京九铁路连接，辐射全国。园区交通区位如图 2 所示。

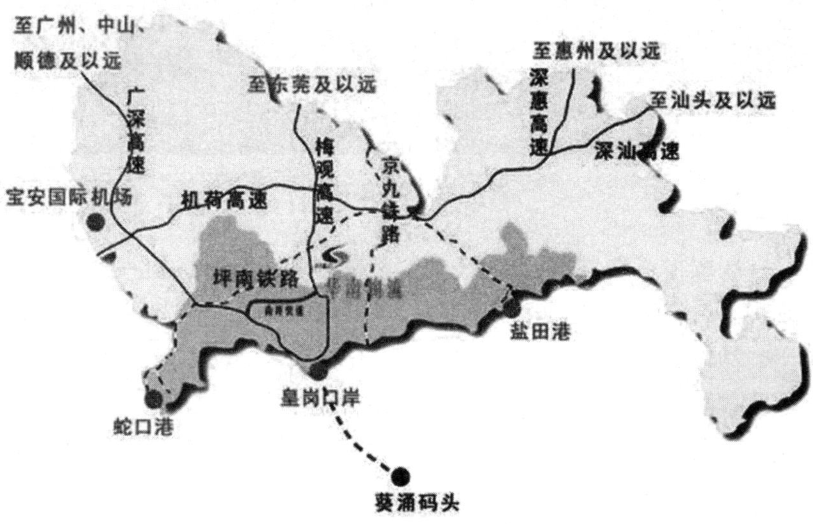

图 2　园区交通区位

伴随着深圳北站高铁枢纽建成和北站商务区开发，园区所在城市中部发展轴带和区域高铁经济带交会节点的优势日益凸显，将承载深化深港经济合作、促进产业外溢发展的重要城市功能。

（三）运营主体及运营情况

深圳市深国际华南物流有限公司（以下简称“华南物流”）是深圳国际控股有限公司的全资子公司，成立于2000年12月，注册资本3.5亿元，主要负责园区的开发、建设和运营。深圳国际控股有限公司是一家于百慕达注册成立的有限公司，并在中国香港联合交易所主板上市，公司主要从事物流基础设施的投资、建设与经营，并依托拥有的基础设施及信息服务平台向客户提供各类物流增值服务。

园区占地面积61万平方米，一期53万平方米已全部开发完成，已建成24万平方米仓储面积（涵盖保税监管、普通仓储）、4万平方米汽车物流综合服务区、4万平方米集装箱堆场。搭建了一个极具特色的内陆物流港和保税物流综合业务平台，形成了国际配送中心、出口集拼中心及进口分拨中心。园区功能布置如图3所示。

图3　园区功能布置

近年来，园区取得不错的成绩，获得当地政府和物流同行的一致肯定。截至2017年，累计实现进出口货值突破3000亿美元，2014—2016年连续三年名列全国国有出口企业百强榜前十。2017年，园区自身营业收入2.80亿元，利润总额1.25亿元，纳税2600万元，园区入驻企业总营业收入达30亿元，纳税约5亿元。解决就业岗位近6000个，为区域发展做出了积极的贡献。园区仓库出租率长期保持在98%以上，客户满意度保持在99%以上。

二、主要做法

（一）以基础业务奠定园区发展根基

园区从单一业态成功向多业并举转型，实现了园区业务多元化，运作服务一体化。园区在建设初期和发展阶段的基础业务为成功转型奠定了牢固的根基。

1. 集装箱堆存业务

华南物流的物流业务启于集装箱堆存业务。2000 年，华南物流园立项之初，便启动了项目市场调研和可行性研究，最早的功能定位是“集装箱多式联运中心”。改革开放以后，以深圳和珠江三角洲为接驳区，香港已成为我国联系世界经济贸易的纽带，成为引进技术、资金和设备的窗口，而珠江三角洲高度发达的外向型经济为国际集装箱运输提供了充足的适箱货源。于是，集装箱堆存业务成为了华南物流业务板块的起点，华南物流推出了全新概念的跨境集装箱货运模式，开始同香港现代货箱码头公司合作开发香港码头为“内陆的收发货中心”。另外，在华南物流与香港现代货箱码头（MTL）公司等的积极倡议推动下，深圳海关协同香港海关开通了香港码头至华南物流的深港物流“绿色通道”。“绿色通道”通过“点对点”通关模式，大大提高通关效率，缓解口岸过境压力；通过集装箱从香港码头到华南物流“重去重回”，节省了企业的通关成本，加快香港码头、机场的吞吐，实现两地双赢。园区作为深圳市政府规划的口岸型物流园区，借助“绿色通道”的开通，更好地发挥物流枢纽作用，使深港间的货物运输更加便捷快速及低成本。

2000—2005 年，是华南物流发展的第一个五年，在此期间，集装箱堆存一直是华南物流主营业务，逐年增长的业务量为华南物流运作初期创造了较好的经营收益。为推动集装箱业务的稳步发展，华南物流也采取了一系列运营管理举措。首先，开发管理系统，引进专业管理团队。业务运营初期，华南物流便清楚知道规范、专业、效率对于集装箱业务运作的重要性，于是，华南物流立足客户需求开发了一套符合华南物流实际的堆场操作系统，同时，引进了专业外包商——五华公司与深圳珉丰集装箱服务有限公司，分别负责堆场业务的空箱系统操作和集装箱维修服务。其次，购置先进的装卸设备，为业务运作提供有效保障。先进的装卸设备是集装箱业务运作的基础保障。在集装箱业务的上升期，为满足日益增长的业务量，华南物流适时添置业务所需装卸设备，不断提升业务配套硬件，为业务的快速拓展奠定基础。最后是积极争取海关政策支持，助力业务发展创新高。2007 年，华南物流以缓解盐田港、蛇口港和皇岗口岸等通关港口物流压力为契机，凭借“内陆物流港”的独特优势，争取到了海关政策支持，成为了深圳第一家也是唯一一家海关监管堆场，实现了香港进口空箱渡柜及进口重箱拆箱后归还的空箱中转存放，为深圳海关加强空箱统一管理提供了平台。

行之有效的运营管理举措成功将华南物流集装箱业务推向发展鼎盛期。2009—2010年，堆场迎来了富士康的重柜堆存业务，开创了集装箱堆存业务的又一新局面，公司集装箱堆存业务作业面积由7万平方米扩展到10万平方米，入驻客户包括东方海外（国际）有限公司（OOCL）、日本邮船株式会社（NYK）、现代商船株式会社（HMM）、马士基（MARESK）等20多家世界知名船公司，作业量历史最高值达到20万TEU。集装箱堆存业务早期的快速发展为华南物流后续物流板块业务的启动与发展奠定了坚实基础。

2. 跨境转关接驳业务

2006年4月17日，华南物流正式承接皇岗口岸的跨境转关接驳业务（如图4所示），随着海辰、宝恒通、宏高以及软通等客户车辆陆续到达园区，停靠于4号仓卸货平台处，等待着办理海关转关手续，正式拉开华南物流跨境转关接驳业务运营的序幕。

图4　跨境转关接驳作业现场

跨境转关接驳业务迁移的目的主要是缓解皇岗口岸场地紧缺、交通堵塞的状况。在深入地市场调研和勘察后，海关选定华南物流承接跨境转关接驳业务，看中的是华南物流便利的地理位置以及充裕的土地空间。然而在华南物流最初的可研报告中，并未对该业务运作进行规划，因此，早期跨境转关接驳业务的运营出现了配套设施欠缺、过货平台无法满足车尾互对、海关办公场所不足以及刚组建的物流监控科官员因未接触过该业务操作流程致使大量车辆无法及时办结海关手续等系列问题。

首先，华南物流利用仓库平台，采取U形过货方式，并在仓库内搭建仓中房，解决了过货及海关办公场所的短期问题。同时，着手加大跨境转关接驳业务的硬件配套设施投入，从根源上解决跨境转关接驳业务的系列问题。2007年4月，华南物流建设完成27000平方米和44个过驳台位的业务操作场所，并配套建设有200个停车位的缓冲停车场，以此满足业务操作需求，这也为跨境转关接驳业务后续的快速增长奠定了基础。其次，在全面完善业务硬件配套设施的基础上，开发业务配套信息系统以减少海关手工录入的工作量并提高工作效率，建立健全业务管理制度以规范操作流程，培养一支有17个人的海关责任监管队伍，协助海关施封、剪封以及查验，以提高操作效率。伴随着支撑跨境转关接驳业务高效运作的软硬件配套的投入和使用，跨境转关接驳业务模式在华南物流的作业场地上日益成熟，客户群体也趋于稳定。2012年，受宏观经济形势下滑、人工成本上涨等不利影响，许多加工贸易企业内迁至成都、重庆，致使当地经过园区跨境转关接驳业务出口香港的业务量大幅增加。这一年，华南物流跨境转关接驳业务达到历史最高位，全年业务量突破6万对车，单月最高突破6000对车。该业务作为园区运营初期的支柱业务，对园区初期发展及后续业务提升转型具有重要意义。

3. 跨境快速通关业务

园区的跨境快速通关项目是海关总署进行通关一体化及加快区域通关改革的重点改革试验项目，于2011年获得深圳市国资委自主创新优秀项目二等奖。项目的成功运行，为推动我国陆路口岸道路运输通关改革提供了非常好的经验，是我国通关改革积极成果之一，得到了海关总署的高度认可。

该项业务的提出始于2005年，深圳海关为提升口岸的通关效率，在国内率先提出了建立绿色通道的方案，业务早期的名称为“深港物流绿色通道”，此举也得到了香港海关的配合及两地物流业界的欢迎。华南物流凭借自身“不是口岸，胜似口岸”的独特性被首选为该项业务的试点企业，业务从开通至2008年年底，累计作业量达10000余车次。除珠江三角洲企业外，还吸引了福建、江西及长江三角洲等地大批企业。

2008年突如其来的金融危机，让不少企业陷入困境。为帮助企业渡过难关，深圳海关出台了12条帮扶措施，鼓励华南物流继续发挥海关通关改革试验田的作用，大胆探索新业务模式，优化通关改革手续，提升通关效率，并提出尽快将新业务模式拓展到全国范围内运作。于是，同年10月22日，深港物流绿色通道的“升级版”——跨境快速通关项目，获海关批准在园区正式运作。作为海关总署“跨境快速通关改革”在全国的首个试点项目，该业务打破了原来只能运作整箱接驳的限制，可进行拆拼箱，大大拓展了跨境快速通关的业务范围。

随后，深圳海关又推出了跨境快速通关和跨关区“属地申报、口岸验放”相结合的组合模式。外地符合条件的企业可选择这种模式，即将出口货物运至华南物流，通过跨境快速通关系统将货物运送香港。长沙海关、南昌海关、太原海关及重庆海关等关区已可进行运作。据测算，采用组合模式的企业，通关效率提高近50%，综合物流成本下降约30%。截至2016年年底，跨境快速通关业务已经累计作业12000多个自然箱，进出口分拨散货近45000立方米。

4. 报关业务

截至2017年，园区累计为客户完成报关票数突破200万票，近三年每年完成报关票数约20万票。报关票数剧增有园区业务拓展的原因，但更深的原因是华南物流对于报关业务操作进行制度化、规范化、流程化的管理，已形成了一套符合园区通关业务实际情况的风险管控体系。从货物入库开始坚持货物抽样管理，全年保持5%的抽样比例；定期与现场海关沟通、交流信息，掌握不同时期敏感货物的品种，对敏感货物进行重点监控；分析货物的风险系数并分类处理。多年来，差错率一直控制在0.3%以下，自园区运营以来未发生过一次重大的走私或违规违法案件，受到海关的好评。

（二）以保税物流提升园区核心竞争力

2005年1月25日，园区1、2号仓库正式通过海关验收，从此开启了保税物流业务的运作。同年3月，梅林海关物流园区监管科进驻服务楼现场办公；4月，皇岗检验检疫局“华南物流（园区）业务办公室”正式挂牌进驻。海关、国检的进驻为保税物流的运作提供了强有力的支持和保障。但是运营初期也并非一帆风顺，业务运营经验不足、市场拓展方向不确定、华南物流知名度不够、与海关和国检的配合度不高等都成为保税业务早期运营的困难。经过一年的摸索和磨合，随着4、6、8号仓库的陆续建成投产，仓储面积由2万平方米增至6.2万平方米，入驻客户逐步增加，驻园海关、国检支持力度加大，2006年5月，保税业务收入首次超过集装箱堆场收入，一跃成为园区物流业务的首位。

此外，园区借助小额贷款平台，充分发挥集团资源优势，开展了葡萄酒供应链业务，与园区企业紧密合作，以红酒基地为展示品鉴平台，实现了葡萄酒从酒庄直采进口、展示品鉴、交易洽谈到销售的一条龙服务。即与客户在开展仓储、关务等合作的基础上，进行供应链合作。华南物流为客户提供仓储、库内增值、关务等在物流链条中的各项服务，并受客户委托，为其安排货物运输，并向其指定供应商支付采购货款。在客户支付物流链条中的所有款项及采购货款后，与客户进行货物的最终交割。为控制业务风险，在业务操作前，须向客户收取一定比例的保证金，对所操作货物的市场流通能力进行深入调研，并对货物价值进行有效评估，保证货物的处置能力。在物流操作过程中，保证货物、物流始终在有效监管下。通过货物、物流、资金的实际控制，有效降低了整体物流供应链的业务风险。

2016年，华南物流与养生坊客户开展了澳洲奔富葡萄酒代理采购业务，完成了从澳洲酒庄到国内代理商的红酒采购、国际物流、保税仓储等全链条服务，项目整体运作顺利，货物及应收账款风险得到有效控制，实现了园区物流服务链条的延伸并有效扩大了华南物流的营业规模。

保税物流业务是园区物流主营业务板块中的支柱产业，截至2017年累计实现进出口货值突破3000亿美元。在多年的运营中，逐渐挖掘出既符合华南物流发展又满足客户需求的运营优势，如驻园海关与国检的通关服务、享有“入仓即退税”的政策、MCC业务的独特操作模式等，这都让园区的保税物流业务形成了有别于其他特殊监管区、具备自身特色的操作模式，这也是保税物流业务在竞争激烈的仓储行业中得以平稳发展的核心竞争力。

（三）以跨界融合推动园区转型升级

随着深圳市的快速发展，园区已经处于深圳北站商贸核心圈层辐射范围内，周边已经被大型住宅社区、商务商业集群所包围。园区积极顺应深圳北站周边片区建设具有区域辐射力的城市中心的定位要求，加快形成现代物流总部、商贸中心于一体的综合服务功能，园区逐步引进商贸及现代物流新兴业态，展开跨界融合，积极推动园区转型升级，取得良好成效。

2015年，首批商业项目8号仓奥特莱斯、龙华名车广场陆续开业，进一步打破了园区物流产业格局。8号仓奥特莱斯是华南区最大的奥特莱斯体验店，200多家国际国内一、二线大牌名品折扣店入驻，配套豪华影院、20家特色餐饮等购物中心的功能，是一家以品牌折扣店为主，辅以特色餐饮、豪华影院于一体的大型商业综合体。2015年年初开业运营，营业额逐年稳步上涨，形成了良好的客流和商贸聚集效应，具有区域示范性。2017年全年营收突破5亿元。

龙华名车广场致力打造龙华区豪华车群体商圈，包括品牌4s店集群、高端汽车维修集群、平行进口汽车展示中心三大功能板块，目前已经引进多家品牌，包括奥迪、一汽丰田、一汽本田、广汽丰田、斯巴鲁、上海大众、特斯拉等汽车品牌4S店，配套设有车管所、保险、汽车精品供应商等机构，同时豪华展厅将展销保时捷、玛莎拉蒂、路虎、奔驰、宝马等高端汽车品牌，是深圳乃至广东省单体最大的汽车城项目，为市民提供购车、保养等一站式时尚生活体验的汽车超市服务。

2016年，深圳红酒基地项目开始运营。深圳红酒基地是一个集葡萄酒展示、品鉴和洽谈交易为一体的商务平台；也是一个葡萄酒文化传播、葡萄酒知识教育和职业技能培训的文化平台；同时更是一个开放、公平的合作平台。目前深圳红酒基地已经引进了澳洲奔富等一线品牌以及法国、西班牙等国外优质酒庄的产品进驻。今后还计划以国家馆的形式引进国外酒庄直接入驻经营。

2017年，华南物流跨境电商交易展示中心完成建设。该项目是深圳市保税展示暨跨境电商交易中心北部区重点项目，定位于物流产业的创新创业，将依托和融合园区现有业务优势，打造以特色商品为主的进口商品保税展示和跨境电商中心。项目提供电商产业办公、展示、技术孵化服务平台，引进跨境电商运营企业，形成跨境电商产业集聚，构筑极具特色的跨境电商产业基地，打造深圳“双创”高地。

为顺应深圳市产业转型发展及龙华新区城市化建设需求，华南物流已启动二期用地7.7万平方米的筹建工作，项目将立足深圳、辐射深莞惠，打造一个服务国内外的集供应链管理和物流总部基地、电子商务产业园、电商网仓物流基地、物流金融服务平台、物流信息服务平台、综合配套服务平台等功能区于一体的综合性生态型的高端现代物流服务业聚集区，实现传统物流基础功能及现代物流高附加值产业业态一体化。

（四）以信息技术打造智慧园区

改革不止，创新无限。新的物流时代已经来临，智慧物流步入快车道。转型发展的重点在于“智慧”，只有通过信息技术整合各类资源，将“智慧”渗透到物流运营的各个环节，才能强化业务协同，实现产业闭环，实现园区的可持续性发展。

近年来，华南物流基于园区现状，瞄准智慧化。一是通过更新改造现有系统，防控信息系统运行风险。二是在两仓进行通关信息平台及仓库管理系统（WMS）建设，强化业务单证关联，力求流程闭合、链条完整，实现“车辆、货物、单证”的全方位管理。

三是逐步对园区仓库进行智能化设施改造。2017 年，华南物流智能电商云仓和深国际无忧蚂蚁自动分拣仓相继投入运营。

华南物流智能电商云仓（如图 5 所示）是华南物流引入园区的首个智能化项目，是智慧物流的新探索。华南物流智能电商云仓是结合深圳智能硬件和软件企业的创新优势，打造"拎包入住"的智能自动化仓库。通过在仓库内部布置智能密集"循环推动"式自动货架系统，为客户提供订单产生后全过程物流服务：涵盖电商货物存储、订单履行处理、全程订单状态管理、装卸搬运、快递发货、退货处理等服务，结合园区现有设施与服务，延伸仓储相关增值服务，以完善的综合物流平台为客户提供全面服务。

图 5　智能电商云仓实景

项目总占地面积为 2000 平方米，总共有 14079 个储位，可存放 42237 个 SKU（库存量单位），合计可有效存放货物近 6000 立方米，是集高智能、高效率、高吞吐量为一体的高密度智能仓库，其具有以下鲜明特点。

一是密集功能。提高单位面积利用率，提升租金水平。充分利用了走道与顶层空间，可用 21%的面积装下原来整个仓库的货品。二是智能自动化。提升工人效率，降低件均成本。全自动货到人系统，可节省 90%人力，减少人力成本。三是准确率高。自主研发的智库系统配合 RF（射频）枪、配单墙，全流程可视化管理，信息化和智能化全面升级，货品实现条码化管理，并支持一货一码的唯一码管理，全面提升作业准确性。四是吞吐能力大。相比传统自动化设备，云仓更适合电商。运作能力可达到 SKU 数量十万级，相应可处理订单数量万单级，升级前一天拣货量为 1200 件，升级后 1 小时拣货量高达 1500 件；每条单元线循环一圈 40 分钟，所有单元线并行同时循环，因此所有储位流经拣选口的时间为 40 分钟，再多订单批零处理仅需 40 分钟，1 小时内可将仓库所有货品出清，完全满足电商大促的需求。五是成本低。货架支持标准化栈板和货架，也可以根据商品大小定制储位的大小，较为实用，性价比高。

2017年，华南物流还就15个研发项目进行科技立项，为主要成果申请知识产权，共获得了21项软件著作权。项目成果转化形成了园区智慧仓储（通关）物流业务服务平台。在两仓开展通关信息平台及仓库管理系统（WMS）建设，强化业务单证关联，力求流程闭合、链条完整，实现“车辆、货物、单证”的全方位智慧管理。

三、示范特色

（一）业态多元，跨界融合

为满足客户需求，适应物流业发展，园区积极拓展物流服务领域，探索物流服务运作模式。经过不断地摸索，通过推进基础设施建设，与园区企业紧密合作等方式，从原本单一的保税物流业务基础设施服务平台发展成为聚集保税物流、商贸、电商展示交易、平行进口汽车展销、进口葡萄酒品鉴与代采、城市仓配一体、深港前店后仓、智能化仓储、供应链金融等多种业态的产业孵化平台，实现了不同产业业态的有机融合和相互促进。通过培育8号仓奥特莱斯、龙华名车广场等转型升级商业项目，园区成功拓展了综合服务功能，在区域内形成了良好商贸运营氛围和客流聚集效应，具有一定的区域影响力和示范效应。同时也为龙华区带来了一定的经济效益和税收贡献，提供了就业平台。

（二）产业联动，共同发展

园区以葡萄酒、汽车等各类专业市场为基础，积极推进物流产业与其他产业的融合联动发展。通过打通保税物流与商贸版块之间的通道，促进不同产业业态之间的相互关联，实现一体化运作、一条龙服务。包括平行进口车“保税展示+汽车销售”、进口葡萄酒“保税仓代理采购+供应链金融+实体销售”、“深港合作+前店后仓”等在内的业态运营模式，在园区内部便能够完成商品从采购、展示、交易、通关、配送的各个环节，形成产业闭环。

（三）信息化护航，智慧化运营

园区一手抓业务操作信息化，力推仓库信息系统（WMS）建设，完善两仓业务库内管理和车辆管理功能，控制车辆从园区到口岸的在途风险，实现全程可监控。加大硬件投入，实现手持终端移动作业，增加系统平台的微信查询功能、App等移动入口，提升业务管理水平。一手抓园区管理信息化，建设园区资源管理信息系统，实现可视化管理。通过系统可以查看园区所有仓库及场地的出租情况、租金缴纳、水电费、合同期限、停车费收入、两仓客户的业务账单、应收应付款项等，实现园区资源的统一管理，为华南物流决策提供依据。引进了智能化仓库管理设备，进行仓库设施智能化改造，为客户提供订单产生后全流程物流服务。增加视频监控、数据采集点，采用无人机巡航等科技方式，实现园区智慧化运营。

四、园区发展方向与未来展望

依托现有的物流基础平台以及口岸、保税、深港通关等优势，园区将顺应区位环境优化和片区高端化的发展，加快供应链管理、物流信息服务、物流金融服务、保税物流服务等业务发展，促进园区基础性物流服务向现代物流服务升级。

（1）以提高消费体验为出发点和落脚点，建设完善交易展示区、保税物流区、配套服务区等区域，打造一个集电商物流、体验消费、创意展示等跨界融合的国际商贸流通中心，有效缓解珠江三角洲及港澳购物客流压力。

（2）进一步推进智慧园区建设。一是按照轻重结合的思路，探索普通仓轻资产运营模式，拟引入仓配一体化业务系统，以强化客户黏性，提升增值服务。二是着力提升园区智慧管理水平，拟引入成熟先进的智慧园区管理系统，实现物业服务、生活配套、人才招聘、金融服务、无人机巡航等智能管理。三是着力整合“条码技术、数据采集技术、GIS 技术、GPS 技术”等物流信息化技术，提供一站式服务的操作平台，支持物流业务各个环节信息及时对流，实现仓储业务与物流配送的有效结合。加快改造物流仓储设施，完成基础设施的更新换代，做到物流手段的机械化和现代化、物流配送管理的规范化和制度化、物流配送过程的信息化和自动化。迎合新的发展趋势，引入更多电商物流企业，促进电商物流企业集聚，重点发展电商物流资金结算、信息处理和资源整合，使物流运作系统化，物流服务网络化，物流管理信息化，物流经营全球化，把园区建设成深圳市电商物流的重要组织控制中枢。

荣誉专栏

颁发时间	荣誉名称	颁发单位
2018 年	示范物流园区	国家发展改革委 国土资源部 住房城乡建设部
2017 年	AAAA 级物流企业	中国物流与采购联合会
	广东省供应链管理示范企业	广东省经济与信息化委
2016—2017 年	全国优秀物流园区	中国物流与采购联合会
2016 年	广东省供应链管理试点企业	广东省经济与信息化委

（撰稿人：周大为　深圳市深国际华南物流有限公司　办公室主任
蔡　欣　深圳市深国际华南物流有限公司　办公室副主任
王鼎昌　深圳市深国际华南物流有限公司　办公室行政文秘）

广西凭祥综合保税区物流园

贴边发展跨境合作
争当全国沿边开发开放排头兵

广西凭祥综合保税区临中越边境线而建，作为中越跨境经济合作区的中方母体，是广西北部湾经济区开发开放的重要平台，也是服务于中国-东盟自由贸易区贸易往来，集口岸、国际贸易、保税物流、保税加工、国际配送等功能于一体的国际经济合作区域。广西凭祥综合保税区物流园作为广西凭祥综合保税区一期和现行启动区，2011 年 9 月 30 日封关运营以来，凭借“面向东盟、贴边发展”之便利，充分发挥境内境外两个市场和两种资源的优势以及沿边开发开放的平台作用，有力推动了中国-东盟陆路物流枢纽建设。

一、园区概况

（一）发展背景

2007 年 1 月，广西与越南谅山政府共同签署了《中国广西壮族自治区与越南谅山省建立中越边境跨境经济合作区合作备忘录》，提出在双方接壤地区各划出 850 万平方米共同建设中越跨境经济合作区的设想。2008 年 12 月 19 日国务院正式批准设立广西凭祥综合保税区物流园。物流园作为中越跨境经济合作区的中方母体与越方对接，是我国第一个在陆地边境线上设立的海关特殊监管区。

（二）组织机构

广西凭祥综合保税区管理委员（以下简称管委会）会为广西壮族自治区人民政府的派出机构，与中越凭祥-同登跨境经济合作区管理委员会一套人马、两块牌子，具体负责广西凭祥综合保税区物流园的规划、建设和运营管理。

（三）区位交通

广西凭祥综合保税区物流园位于广西凭祥市友谊关，与越南谅山省接壤，处于大湄公河次区域、中国-中南半岛经济走廊和广西北部湾经济区的交会处，以及中国西南经济区、华南经济圈、东盟经济圈的结合部，背靠大西南，面向东南亚，是我国“贴边”发展的海关特殊监管区域之一。广西凭祥综合保税区物流园距南宁机场 185 千米、距河内机场 160 千米，距北部湾港口和越南海防港各 300 千米，南宁至友谊关高速公路、湘桂铁路在友谊关口岸与越南一号公路和铁路网相接，可直达中南半岛各国。在 300 千米范围内形成陆、海、空三位一体的立体化交通网络。

（四）规划建设及服务能力情况

广西凭祥综合保税区物流园占地 101 万平方米，分为口岸作业区、保税物流加工区、配套服务区 3 个功能区。口岸作业区（即友谊关货运口岸区域），占地面积 27. 28 万平方米，是国家一类口岸，主要提供国际贸易、跨境物流、接驳、报关报检、查验放行等服务。保税物流加工区，占地 58. 27 万平方米，主要功能包括保税物流、仓储、国际中转、国际配送、国际采购、国际贸易、出口加工等。配套服务区，占地 15. 45 万平方米，主要含驻区行政管理部门、企业办公场所和商务配套服务设施。如图 1 所示。

（五）运营效率及社会贡献

2017 年广西凭祥综合保税区物流园货物吞吐量为 271. 2 万吨，进出货物总值为 1440. 3 亿元，进出货车为 23. 5 万辆（次），集装箱吞吐量 17. 4 万 TEU，创造就业岗位 6202 个，实现利税 7. 3 亿元。按照广西凭祥综合保税区物流园 101 万平方米的封关运营围网面积计算，广西凭祥综合保税区单位面积物流强度达 268. 4 万吨/平方千米 · 年和 1426. 04 亿元/平方千米 · 年如图 2 所示。

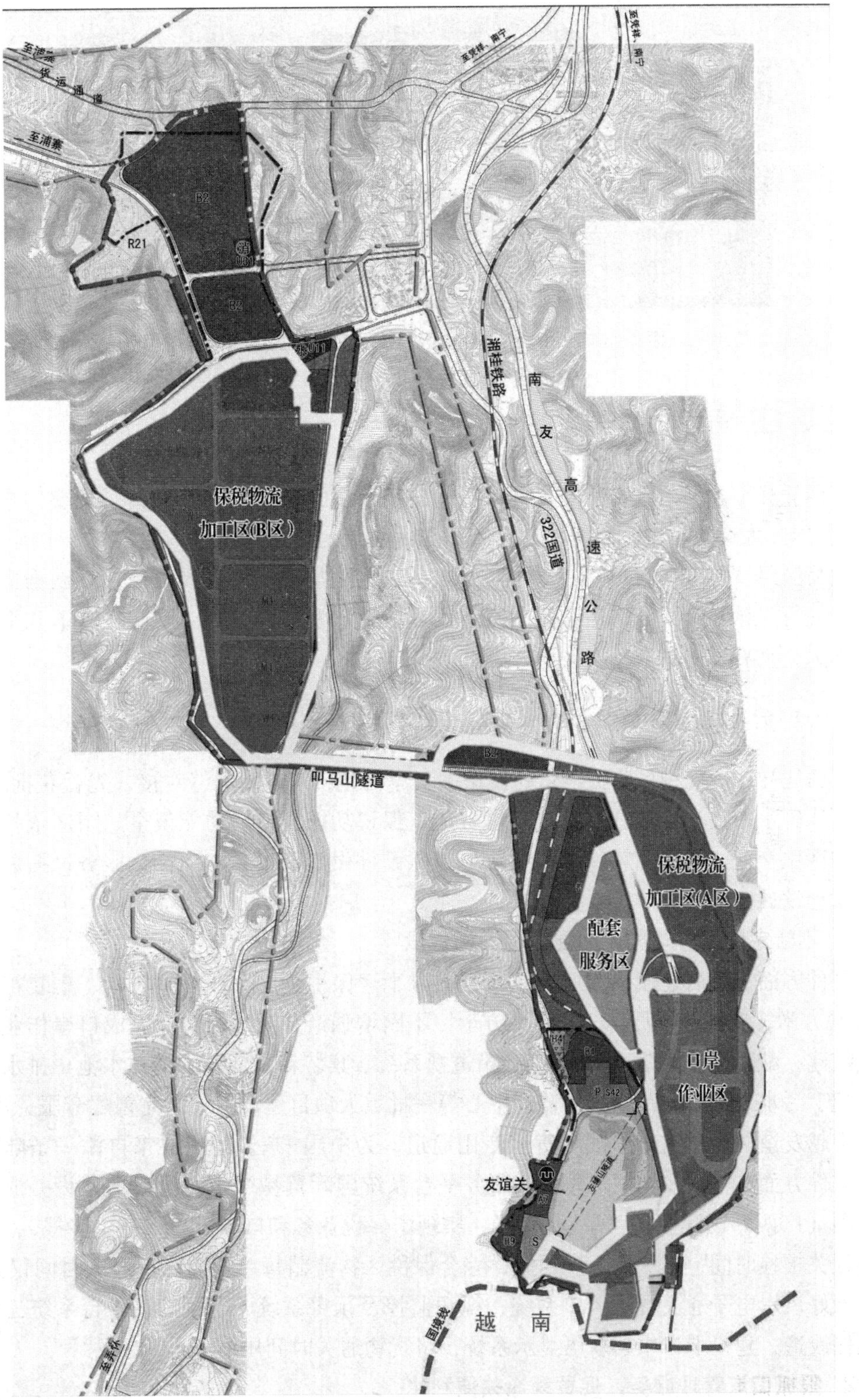

图 1　广西凭祥综合保税区物流园功能区布局

图 2　广西凭祥综合保税区物流园口岸作业区鸟瞰图

二、主要做法

广西凭祥综合保税区物流园紧紧围绕中央赋予广西的“‘一带一路’重要门户、中国-东盟国际大通道、中南西南战略支点”三大发展定位战略要求，扎实服务中国-东盟自由贸易区经贸往来，在对越、对东盟开放发展大格局中谋划发展举措，不断推进扩容提量、先行先试、跨境合作，开创园区建设、运营和发展新局面。园区在以下几个方面积极作为，创新发展，有所突破。

（一）充分发挥平台作用，促进外贸物流发展

广西凭祥综合保税区物流园依托友谊关口岸而建，与越南无缝对接，先后获批水果、苗木、冰鲜水产品、粮食进口指定口岸资质，保税功能、口岸功能俱全。园区依托自身特殊的区位交通、政策优势，不断强化自身软硬件设施建设，不断优化服务，拓展与国内外联动发展。

1. 不断完善配套功能，加强基础设施建设

硬件方面，先后建成标准厂房 6.6 万平方米、保税仓库 2.8 万平方米、集装箱堆场 20 万平方米，在建标准厂房 3.5 万平方米，不断增强产业承载能力。完成口岸作业区卡口改扩建、配套服务大楼、H986 集装箱透视系统、集装箱货运站、消防水池、排水溶洞改扩建、污水处理站、跨境电商监管中心等一批重大项目建设，不断完善配套服务功能。开通中越友谊关—友谊口岸国际货运专用通道，为中国-东盟经贸往来再添一条陆路通道。软件方面，完成友谊关口岸公共服务平台系统国际贸易“单一窗口”建设并成功接入中国（广西）国际贸易“单一窗口”，实现了保税业务和口岸业务“一单多报”，大大缩减报关报检时间，据测试，广西凭祥综合保税区物流园每单货物刷卡通关时间仅为 42 秒。做好口岸电子通关智能卡口系统、视频监控及预警系统、电子信息平台系统三大系统维保改造，建设卡口中越双语显示系统，将货物通关时间压缩 1/3。

2. 狠抓口岸管理服务，促贸易通关便利化

成立口岸作业区现场管理办公室，设立口岸区办证服务大厅，加强现场管理，提高

服务效率。采取新设查验通道、创新口岸信息共享和协调联动制度、临时延长旺季口岸工作时间、加强区内场站车辆管理、理顺口岸进口过驳管理、与越方互设代理收费点、率先试行“三个一”通关改革、创新优化通关作业流程、强化科技运用等有效措施，结束了友谊关口岸通道堵车的历史。

3. 拓展两国双园合作，跨境合作务实推进

编制完成《跨合区凭祥园区建设方案》并报商务部。积极推动与越南工贸部、谅山口岸经济区管委会等部门合作建立工作交流机制，初步形成中越凭祥-同登跨合区双方园区规划“一张图”。共同推进越南谅山中国产业园、机电产品展示中心、建设现代物流基地等多个合作项目，打造跨境产业集群。跨境劳务全面铺开，使用越南劳工超 1000 人次。凭祥驻越南办事处于 2017 年 5 月在越南谅山挂牌。

经过封关运营以来的探索和实践，广西凭祥综合保税区物流园产业发展格局现已基本形成。截至 2017 年年底，园区共有入驻企业 199 家，有 7 家企业位列广西进出口 50 强，500 多家企业依附园区平台开展一般贸易、边境小额贸易、物流配送业务。成功实施“保税物流倍增计划”“加工贸易倍增计划”，不断培育拓展新业态。2014 年以来，园区连续四年进出口总额超千亿元，保税物流份额长期占据广西 80%以上，其入驻企业进出口总额连续三年在全国已运营综合保税区中排第 13 名。2015—2017 年整车出口量（值）分别为 32770 辆（11.47 亿美元）、12781 辆（5.05 亿美元）、11352 辆（4.97 亿美元）。广西凭祥综合保税区物流园 2013—2017 年主要经济指标如表 1 所示。

表 1　　广西凭祥综合保税区物流园 2013—2017 年主要经济指标

指标	单位	2013 年	2014 年	2015 年	2016 年	2017 年
1. 进出口货物总值	亿美元	70.36	170.56	186.59	186.65	214.97
（1）非保税进出口	亿美元	70.22	154.06	164.92	160.58	174.49
（2）保税进出口	亿美元	0.14	16.5	21.67	26.07	40.48
2. 货物吞吐量	万吨	71.9	198.9	200.1	223.4	271.1
3. 进出境车辆	辆次	8.48	12.39	18.55	20.86	23.48
4. 集装箱吞吐量	万 TEU	2.32	3.74	5.38	10.05	17.4

（二）纵深推进互联互通，枢纽作用不断凸显

1. 不断完善丰富物流线路体系

主动发展公铁多式联运，谋划和拓展更多跨境物流线路。先后开通了以广西凭祥综合保税区物流园为始发地和目的地的凭祥至海防港，凭祥至胡志明市，凭祥经老挝、泰国、新加坡至马来西亚黑木山等 3 条黄金物流线路，得到了沿线国家有关部门和企业的积极响应。国内外相关知名物流企业通过这些物流线路，服务沿线华资企业，建立无水

港业务和热带水果物流热线。在此基础上，2017 年又新开通以广西凭祥综合保税区物流园为中转点的胶州—凭祥—越南、广州—河内等国际班列专线，大大降低企业物流成本，成为耐克、三星、富士康、微软等跨国企业重要的贸易通道。2017 年上述物流线路运送集装箱接近 13 万 TEU，企业赚取的物流总费用 6 亿元左右。

2. 积极参与中新互联互通南向通道、“一带一路自贸驿站”建设

广西凭祥综合保税区物流园积极融入和服务“一带一路”建设，与西安国际港务区、重庆公路物流基地建立互惠共赢战略合作关系，推动沿边口岸与内陆园区物流合作，全力推进建设以广西凭祥综合保税区物流园为重要节点，经郑州、苏州、西安、重庆的从东盟延伸至中亚和欧洲的陆铁物流大通道，实现中南半岛经济走廊与丝绸之路经济带无缝对接。推动园区企业开通了东盟国家经凭祥—苏州—满洲里—欧洲（苏满欧）、凭祥—郑州—新疆霍尔果斯—欧洲（郑新欧）、凭祥—重庆（成都）—新疆阿拉山口—欧洲（渝新欧）3 条国际物流线路，成为连接长三角、珠三角（国内）与东盟（国外）两个制造工厂的物流平台。

经过多年培育，目前广西凭祥综合保税区物流园已发展成为中越电子产品物流供应链的关键节点与重要平台、我国装备制造业出口东盟的主要陆路口岸和广西高附加值产品进出口的主要口岸，深圳捷递等一批企业总部落户广西凭祥综合保税区物流园。近年来，每年广西进出口企业有超过 1/4 的贸易额、我国 0.5%的贸易额通过广西凭祥综合保税区物流园完成，广西凭祥综合保税区物流园作为大通道、大口岸、大平台的作用进一步凸显。

（三）不断创新体制机制，创新物流服务模式

1. 创新政府服务体系

推动立法工作，《广西凭祥综合保税区管理办法》（广西壮族自治区人民政府令第 90 号）于 2013 年 9 月 1 日起实施，先后完成与崇左市、凭祥市行政管理职权授权委托，实现广西凭祥综合保税区物流园行政审批事项不出区“一站式”办理。2015 年 10 月广西壮族自治区党委、政府委托崇左市委、市政府全权负责管理广西凭祥综合保税区物流园，理顺“三个关系”（即自治区、崇左市及凭祥市、管委会的关系；管委会和开发运营公司的关系；网内和网外联动发展的关系），实现广西凭祥综合保税区物流园行政管理地方政府与管委会一体化，园区开发运营由自治区国企与地方政府共同投入。更重要的是实现广西凭祥综合保税区物流园内外一体化发展的创新道路，地方政府规划建设广西凭祥综合保税区物流园产业配套区和生活配套区，园内提供优惠政策、发展核心项目，园外提供产业配套和商贸服务，园内口岸、保税功能与园外配套商务服务协同发展，形成“园市一体化”有机整体和互利共赢的发展局面。

2. 推动通关制度改革

主动加强与越南各方面对接，积极推进中越“两国一检”新型通关查验模式试点工

作。遵循“简化通关流程，提高物流效率，保障国内安全”的原则，率先完成中越“两国一检”模式设计，与越方初步确定适用“两国一检”的试点企业和试点商品，实现双方口岸查验部门在各自查验场地实施查验作业，互认查验结果，实现同批货物双方最多只查一次，即“两国一检”。目前，该项工作已取得初步成效，连通两国的“两国一检”专用通道已经开通运营，下一步将推动更多企业、商品参与“两国一检”试点，进一步提升通关便利化。

3. 创新物流服务模式

创造条件，推进多项改革事项在园区分步实施，进一步增强了广西凭祥综合保税区物流园发展政策驱动力。改革事项分别有如下七项。

（1）批次进出、集中申报。改“一票一报”为“多票一报”，允许企业货物分批次进出，在规定期限内集中办理海关报关手续，大幅减少企业申报次数。

（2）先进区、后报关。允许企业在报关前先凭进出口舱单信息提货进区，再在规定时限内办理海关申报手续。尤其产品类型多样，进出口申报的品名多、型号杂、数量大的企业，只需在货物送至仓库理货后按实际情况申报，避免了“先报后进”模式下因归类、溢短装申请改单的情况，可以提高通关效率，降低企业成本。

（3）提前申报，货到验放。“提前申报”将海关的监管时空前移，企业不仅可在运输工具抵达广西凭祥综合保税区物流园前完成包括货物申报手续，而且过境、转关、转运或货物分拨等类型的所有通关手续均能实现途中申报，待货物实际抵园后，货站通过发送理货报告或运抵报告即可自动触发实现放行。

（4）简化无纸通关随附单证。对广西凭祥综合保税区物流园和境外之间进出境备案清单的随附单证，如合同、发票、提单、装箱清单等，企业在申报时可不向海关提交，海关审核时如需要再提交。

（5）简化统一进出境备案清单。将海关特殊监管区域的进出境备案清单格式以申报要素形式明确予以简化、统一，实现规范简捷申报，减轻企业负担，推进海关特殊监管区域整合优化和一体化运作。

（6）允许自行运输。允许符合条件的园区企业不使用海关监管车辆，推动企业在开展广西凭祥综合保税区物流园与其他海关特殊监管区域流转货物时，通过信息化系统数据比对，实行自行运输，降低企业物流成本。

（7）集中汇总纳税。将传统的海关主导型税收征管模式转变为企业主动型税收征管模式。在有效担保前提下，允许企业在规定的纳税周期内，对已放行货物向海关自主集中缴付税款，海关由实时性审核转为集约化后续审核和税收稽核，简化税收征管手续。

推动驻区海关、检验检疫、边检部门及时落实政策，降低通关成本，其中海关预录入服务费、边检口岸外监管费用、检验检疫货物及运输工具检验检疫费用先后免除或者降低。据统计，2017 年减少企业成本 573.4 万元。目前每个集装箱进出口环节成本同比降低 62.9%。同时，落实口岸业务和保税业务集装箱减半退费政策，将退费窗口前移至广西凭祥综合保税区物流园，2017年为企业节省570多万元。落实免除查验没有问题外贸企业吊装移位仓储费用等政策。

三、示范特色及经验参考借鉴

广西凭祥综合保税区物流园是在无产业基础、无储备项目、无产业扶持政策等艰难局面下运营的，过去几年是广西凭祥综合保税区物流园开好头、起好步、逐渐丰富和壮大产业的关键时期。广西凭祥综合保税区物流园在自身运营发展过程中不断适应投资贸易便利化的深刻变革、国际贸易中保税状态下货物的快速流动、跨境物流供应链及要素的延伸集聚，广泛服务于跨境产业链和价值链，逐步成为促进国际资本、国际商品、信息技术、服务管理集成和创新的重要平台。

（一）巧借优势，发展外贸物流业务

广西凭祥综合保税物流园充分发挥贴边、保税等核心优势，紧紧围绕口岸贸易、保税物流、保税加工、保税贸易和保税服务的政策功能，为制造业减少外贸风险，缓解境内外远程采购的资金压力。特别是充分发挥贴边优势，入驻企业对保税功能发挥和业务操作愈加得心应手，特别是利用靠近越南工厂的地理位置，承接电子业巨头原料件出口集拼，为越南制造企业提供无延迟的供应链相应服务，成为越南特别是北越制造类企业稳定的原物料供应商；同时，开展进口集拼和区间转移业务，为国内其他海关特殊监管区域制造企业提供东盟原料件供应链服务。区域内龙头物流企业加快转型升级，分拨中心功能进一步增强，富士康、苹果、三星、耐克、优衣库等国际知名企业与区内龙头物流企业合作建立分拨中心，高附加值产品在区内进行国际分拨的业务量快速增长。

（二）促进沿边地区产业发展

通过几年的发展，入驻企业业务范围遍布珠三角、长三角、中南、西南地区以及越南、老挝、泰国、马来西亚、新加坡、印度等中南半岛国家。随着早期入驻企业的发展，以及新增加工、贸易、物流企业不断拓展新业务，园区产业领域不断扩大，产业结构不断优化，发展质量显著提升。广西凭祥综合保税区物流园发展呈现四大亮点：一是园区发展成为商业电子产品物流供应链的关键节点与重要平台；二是园区发展成为我国装备制造业紧接东盟的主要出口陆路口岸；三是保税贸易企业龙头带动效益明显；四是园区已经成为区域对外开放和外向型经济发展主要门户和重要纽带。广西凭祥综合保税区物流园辐射带动周边发展，目前已经成为越南采购中国农资（化肥）、机电产品的重要市场，越老柬大米、水果、橡胶、风景苗木、红木等大宗农产品的区域性保税配送基地。

（三）推动中越跨境经济合作区先行先试

沿边地区不同于沿海地区，在发展的同时，肩负着服务国家周边外交、睦邻友好、

互联互通、合作平台建设等重任。广西凭祥综合保税区物流园根据中越跨境经济合作区规划、建设、运营的实际需要和操作的可能性，本着基本制度、基本政策和关键环节优先的原则，在重点领域有所突破。一是开展跨境合作管理体制与制度探索，推动出台联合管理机制。二是推进产业与劳务跨境合作，实现跨境产业链构建、劳务双向流动。三是建立跨境合作税收优惠、园区税收分成等政策支撑。四是以项目合作推进跨境合作区建设，正在推进越南谅山中国产业园等多个合作项目，打造中越跨境产业链和产业集群。多年来，广西凭祥综合保税区物流园承接了“三个一”通关模式试点、国际贸易单一窗口试点、“两国一检”查验模式试点等一系列战略举措的先行先试，最终实现建立长效机制。

四、园区发展方向与未来展望

（一）抓好体制创新，促进科学发展

一是继续研究复制国家赋予自贸区和试验区等的有关政策，增强广西凭祥综合保税区物流园发展政策驱动力。二是继续探索推行“两国一检”新型通关查验模式。进一步加强口岸软硬件配套设施建设，实现中越两国联合查验成熟化。三是加快推进“区市一体化”发展。进一步加强园区规划建设，围绕区市融合发展，突出与凭祥市城乡总体规划等各种规划的紧密衔接。

（二）加快园区扩容增量，强化基础设施建设

完成园区二期建设。广西凭祥综合保税区二期（筹）（凭祥跨境物流园）将衔接一期的口岸功能和保税物流优势，提升广西对外开放水平。要围绕项目建设和企业生产经营需要，继续完善园区一期配套设施建设，加强和改进园区后勤服务。创新融资模式，建立强有力的产业项目投融资机制，引入产业发展引导基金和出口信用保险等新金融服务业态。

（三）扩张保税物流和加工贸易

深入实施“保税物流倍增计划”，以物流倒逼加工，增强产业支撑。尽快完成富士康准时达绿色物流中心建设，开展国际采购、集拼中转、保税仓储等物流业务。深入实施“加工贸易倍增计划”，支持入区加工贸易项目发展壮大。加快发展跨境电商、检测维修、融资租赁等业务，推动邮政电商平台分拣线、海带宝（跨境购）、特种车辆跨境展示维修等项目顺畅运营。

（四）做好招商引资

以商招商、产业链招商、社会化招商，大力引进龙头物流及加工企业，不断增强产

业发展实力。积极兑现各项招商条件和扶持政策，确保入区投资企业能够享受到项目报批、用地等方面的优惠政策，促使项目加快建设发展。

（五）务实推进跨境合作

继续探索推进跨境经济合作区（以下简称“跨合区”）建设，积极推动中越两国尽早签署《中越跨境经济合作区共同建设总体方案》。一要科学谋划跨合区功能定位及产业布局。二要构建中越跨境产业链，促进跨境项目落地。与越南园区形成产业垂直分工，推动双边融合发展，加快发展沿边产业带。

荣誉专栏

颁发时间	荣誉名称	颁发单位
2018 年	示范物流园区	国家发展改革委 国土资源部 住房城乡建设部
2017 年	广西壮族自治区首批 现代服务业集聚区	广西壮族自治区服务业发展部门联席会议办公室 广西壮族自治区发展改革委
2015 年	广西首批示范物流园区	广西壮族自治区发展改革委
2014 年	广西壮族自治区加工贸易重点园区	广西壮族自治区商务厅

（撰稿人：朱厚岩　广西凭祥综合保税区管理委员会　副主任
王启云　广西凭祥综合保税区管理委员会　科员主任）

秀山（武陵）现代物流园区

大物流大商贸大电商融合发展
建设武陵山区现代物流新高地

武陵山片区是全国 14 个集中连片特殊困难地区之一，地处武陵山片区腹地的秀山土家族苗族自治县是国家级贫困县和全国电子商务进农村综合示范县。秀山（武陵）现代物流园区（以下简称“园区”）凭借地处成渝经济圈连接“珠三角”和“长三角”经济圈重要通道的区位优势，紧抓西部地区承接东南沿海产业转移的战略机遇，逐步建成武陵山区商贸物流中心，构建起辐射周边 300 千米范围、18 个区市县、800 万人口的商贸物流网络，成为以物流发展带动武陵山片区经济社会发展的东南重要门户。园区“因物流而起，随商贸而兴，发展农村电商而全国知名”，为全国多省市交界地区融合发展、“老少边穷”地区提质发展、资源枯竭型城市转型发展树立了样本，为武陵山片区发挥物流作用、助力精准脱贫、带动区域发展提供了较好的示范。

一、园区概况

（一）建设背景

长期以来，秀山县一直都以工矿产业特别是电解金属锰作为支柱产业。随着矿产资源逐渐枯竭，工矿产业给当地带来的生态破坏和环境污染问题日益显现，秀山及周边区域面临着经济发展增长速度放缓、缺少新的经济增长点等诸多问题，经济发展方式亟待转变，产业升级迫在眉睫。

2009 年，重庆市政府出台《物流业调整振兴规划的实施意见》，将秀山定位为地区级物流枢纽。县委县政府紧紧抓住国家提振物流产业和实施武陵山片区区域发展与扶贫攻坚试点工作的机遇，瞄准武陵山片区极具潜力的商贸物流市场，依托独特的区位和公铁联运优势，秉承“立足秀山、服务武陵、辐射全国”的发展理念，以专业市场为核心、铁路物流为重点、仓储配送为依托，建设集交易、配送、仓储、加工、电商等为一体的多功能综合性物流园区。

2012 年 7 月，武陵副食品批发市场正式营业，标志着秀山（武陵）现代物流园区正式建成运营。2017 年，园区实现货物到发量 2460 万吨、市场交易额 186 亿元、电商销售额 12.53 亿元。

（二）区位介绍

秀山地处武陵山区腹地、渝鄂湘黔四省（市）结合部，是武陵山区区域交通中心，与黔东和湘西、鄂西相接，周边 500 千米以内无大型城市，300 千米以内无中型城市。秀山边而不远、偏而能运，省际边界线长达 321 千米，边贸集镇 10 个，边贸历史悠久，早在新中国成立前，就有手工业者 2 万人、产业工人 5 万人，在武陵山区首屈一指，历来是武陵山区的物资集散地。渝怀铁路、渝湘高速公路、秀松高速公路，国道 319 线、326 线，省道 304 线、410 线，以及正在筹建的秀山至重庆万盛、至贵州印江、至湖南龙山、至贵州沿河的高速公路均在此交会，整体连通了湖南怀化、涪陵黄旗港、重庆西部物流园等铁路物流枢纽和“一江两翼”国际物流大通道，包茂高速、张花高速、杭瑞高速等公路经济大动脉。黔江武陵山机场、铜仁凤凰机场、张家界荷花机场 1 小时通达，构成服务武陵山区的立体综合交通网络。

（三）功能布局

秀山（武陵）现代物流园区总规划面积 600 万平方米，其中一期 350 万平方米，拓展区 250 万平方米。一期工程按照“八区一园”布局，目前已建成专业市场区、铁路物流区、城市配送区、仓储区、总部经济区和化工品园区，建成区面积 280 万平方米。秀山（武陵）现代物流园区功能分区示意如图 1 所示。

（1）专业市场区。是秀山（武陵）现代物流园区的核心和精髓，以“买武陵、卖全国，买全国、卖武陵”为总体思路，定位为武陵山区百亿级批发市场集群，建设 10 余个门类齐全的专业批发市场。

（2）铁路物流区。占地面积 50 万平方米，紧邻成都铁路局秀山 300 万吨大型装卸点和集装箱办理站、长大笨货场，大宗货物可以无缝进入仓库和交易市场，降低物流成本。配套了秀山（武陵）货运中心、仓储配送基地，充分发挥公铁联运优势，使其成为武陵山区大宗货物供应中转中心。

（3）化工品园区。占地面积 47 万平方米，年周转危化品 135 万吨。依托化工品铁路专用线，建设成品油库区、液化石油气库区、危险化学品库区、公用设施区及专用线货场等，建成武陵山区化工品周转基地及专业仓储区。

（4）总部经济区。占地面积 20 万平方米，建设武陵山区企业总部基地、创业孵化园、中央商务区、会议会展和物流信息中心，配套建设国际品牌星级酒店等，打造“武陵国际商品交易博览会”等会展品牌。

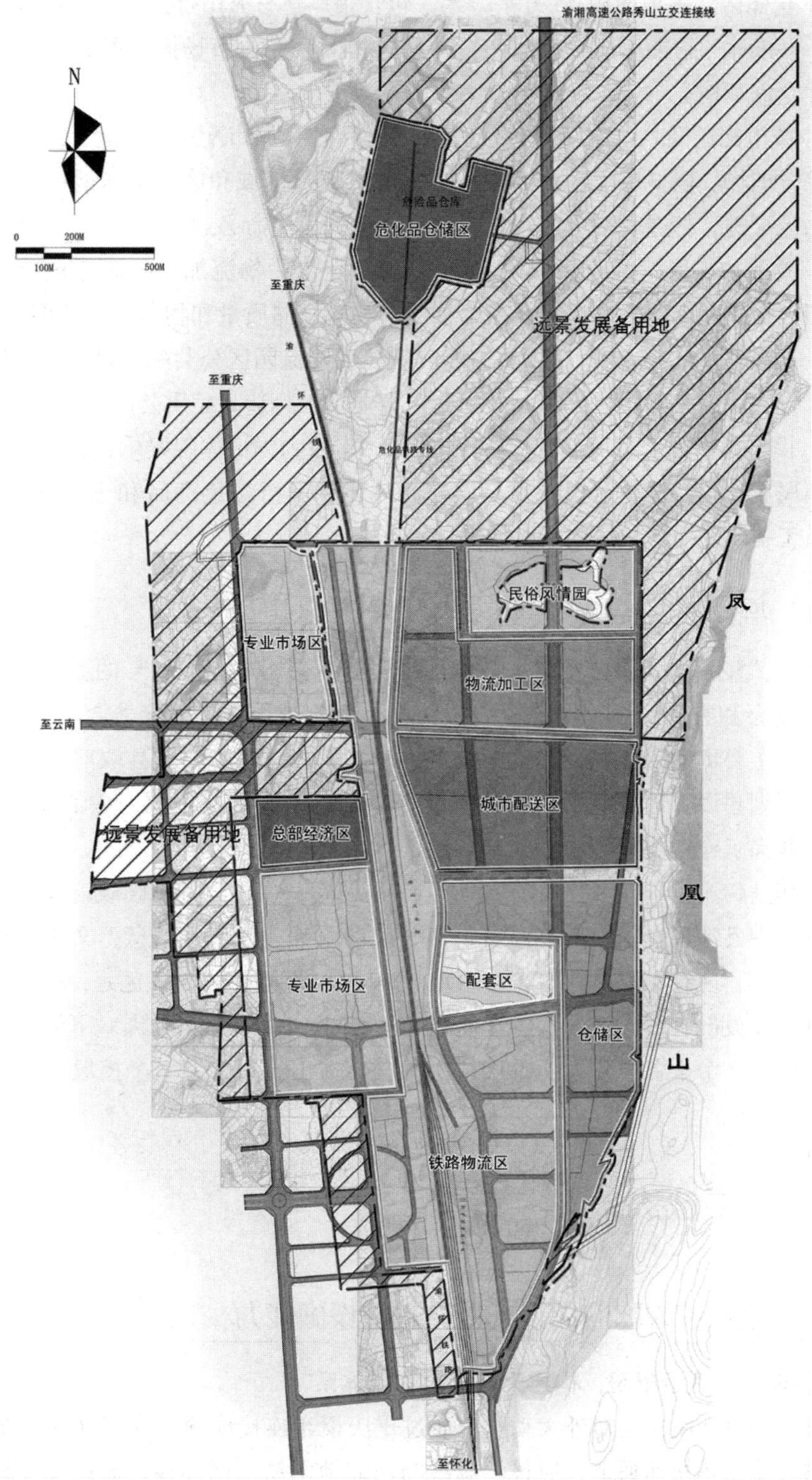

图1　秀山（武陵）现代物流园区功能分区示意

（5）仓储区。占地面积55万平方米，包含福广建材秀山批发市场仓储式市场，建设粮食库、标准库、智能库、冷冻库和特殊库，为园区专业市场提供配套服务，成为武陵山区域性仓储基地。

（6）城市配送区。占地面积35万平方米，定位为城市配送、货运代理及第三方物流市场和综合市场。以城市配送区为中心，完善县域、镇域和区域配送网络，统筹发展武陵山区物流配送，打造武陵山区物流标准，确保物流使命必达。

（7）物流加工区。占地面积30万平方米，定位为物流加工、流通包装、产品研发等，为园区提供配套服务，提高产品附加值、物流仓储质量和物流配送效率。

（8）配套区。占地面积27万平方米，定位为物流园区公共配套设施和居住区，可满足园区2万人和商家的居住需求，面向园区企业员工打造高品质公园类纯住宅小区。

（9）民俗风情园。占地面积30万平方米，定位为秀山休闲娱乐、民俗特色街，着力塑造秀山民族文化特色，建设餐饮、娱乐、休闲、民俗特色产品和土家民俗风情展馆，为园区员工提供优质餐饮休闲配套服务。

（四）运营主体

秀山（武陵）物流园区按照“政府引导服务、公司主导发展”的原则，成立秀山物流园区管委会和秀山华渝物流投资有限公司，双轨运作。园区管委会于2009年5月成立，管委会主要负责园区规划、招商引资、对外宣传。管委会属县政府派出机构，内设办公室、规划建设管理科2个机构，下设企业服务中心和投资服务中心2个事业单位，实有在编在岗工作人员15人。

秀山华渝物流投资有限公司于2009年7月成立，主要负责园区政府投资项目建设及经营管理，现已涉足电子商务、商贸物流、市场服务、地产、信息、文化等行业，注册资金2.6亿元，现有资产总额60.72亿元，2017年营业收入3.52亿元，内设行政部、内审部、开发建设部、财务部、营运管理部5个部门，在职员工32人。下设华渝置业、欣之园市场服务2个全资子公司，重庆村头科技、秀山云智科贸2个控股子公司，在职员工近150余人。

二、主要做法

（一）不断放大物流优势，提升基础设施能力

1. 打造公铁联运枢纽，构建大进大出物流体系

渝怀铁路是武陵山区对外大动脉，通过重庆枢纽连接成渝、渝宜（宾）城际、成遂渝、渝黔、渝昆等快速通道，通过兰渝线与西北地区铁路网连接，通过襄渝线连接我国北部铁路网，是武陵山区联系华中、华东和华南沿海地区的重要铁路运输通道。

自渝怀铁路秀山 300 万吨大型装卸点投用以来，武陵山区钢材、建材、粮食、工矿等大宗物资进出频繁，带动了批发贸易产业发展。依托大型装卸点，秀山（武陵）现代物流园区规划建设铁路物流区，先后投用了渝怀铁路集装箱办理站和长大笨货场，铁路综合运力达到 600 万吨/年，形成武陵山区公铁联运枢纽。毗邻公铁联运枢纽，建成投用了武陵钢材批发市场、五金机电批发市场、型材板材批发市场 3 个重货市场，公铁联运无缝对接，钢材、建材、机电、锰矿石、电解金属锰等商品运输成本较纯公路运输下降 25%，逐步形成武陵山区重要物资一级批发市场集群。渝怀铁路秀山 300 万吨大型装卸点、集装箱办理站如图 2 所示。

图 2 渝怀铁路秀山 300 万吨大型装卸点、集装箱办理站

2. 建成化工品铁路专线，保障区域能源中转供应

在解决武陵山区大宗物资大进大出问题之后，园区获批了化工品铁路专线，引进了民生能源集团，建设占地约 47 万平方米的化工品园区，并于 2016 年 5 月投入运营，民生能源也由此成为重庆市首个拥有自用铁路的民营企业。如今，依托 11 千米化工品铁路专线、12 万立方成品油仓储设施等，园区汽油、柴油、硫酸等化工品年周转能力达到 135 万吨，成为武陵山区储油量大、储备品类齐全的化工品仓储集散基地，每年可实现销售收入 60 亿元，创利税 4 亿元。化工品园区凭借铁路专用线运量大、速度快、运费低、受气候条件限制较小、连续性好、安全可靠等优点，辐射整个武陵山区，缓解液化石油气供应紧张。同时，该项目新增直接就业岗位约 300 个，间接就业岗位约 5000 个，促进当地居民增收或脱贫致富。秀山民生化工品园区如图 3 所示。

3. 研发综合信息平台，提供高效物流服务

园区自主研发了第四方物流综合服务平台武陵物流云，集物流信息发布、查询、交易、GPS 导航与监控、物流政策与咨询、财务结算等功能于一体，为制造企业、批发商、物流企业、个体司机等物流供应链的企业和个人提供公共信息咨询和服务。同时，组建物流信息交易市场货运调度中心，以园区实体物流信息市场为载体，以物流电子信息系统为纽带，以供应链一体化服务为核心，构筑起厂家、商家、流通一体化的产业基地群，极大地降低物流成本，提高物流服务效率，整合区域物流资源。货运调度中心信息交易流程如图 4 所示。

图 3　秀山民生化工品园区

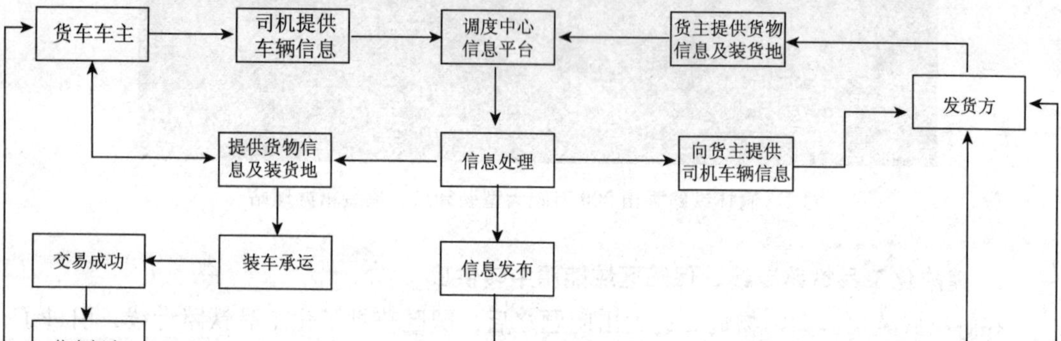

图 4　货运调度中心信息交易流程

目前，武陵物流云拥有个体司机会员 2800 多名，服务 1700 多个生产企业、批发企业、零售商家，管控车辆 4000 余台，整合物流企业、生产企业、批发企业 372 家，提供方便、快捷、低成本的物流服务，实现秀山周边 17 个区县当日送达。

（二）打造现代商贸产业集群，服务武陵山区市场

园区围绕“立足秀山、服务武陵、辐射全国”的发展理念，“买武陵、卖全国，买全国、卖武陵”的总体思路，先后建成投用副食品、家居、福广建材、3C（信息家电）、钢材、五金机电、型材板材、中药材和汽博中心等10个专业市场，市场经营面积达到80万平方米，入驻经营商户3300余家，年均市场交易额100亿元以上，建成武陵山区百亿元级批发市场集群。从交易规模看，20亿元级批发市场3个（福广建材、汽博中心、型材板材），10亿元级批发市场3个（家居、钢材、五金机电），其余市场每年交易额5亿元以上；从辐射能力看，石材、板材、地砖等产品辐射至周边300千米范围20余个区县，钢材、灯饰、家具等产品在周边10余个区县市场走俏，农特产品实现“买全国，卖全国”，部分产品走出国门；从运作方式看，引进居然之家、永康机电城、“我的车城”汽车云商等知名品牌入驻，“百嘉源”灯饰抱团开拓海外市场，逾40%的入驻商户开设网店或实现商品触网经营，推动县域外消费增长率达60%，相比2012年增长36个百分点。

（三）构建农村电商“五大体系”，带动三次产业发展

2014年以来，园区建成投用电商产业园，逐步建立起电商物流、电商平台、农产品上行、人才培养和电商服务“五大体系”，形成线上“村头”、线下武陵生活馆的“互联网+三农”特色模式，带动订单农业、电商产品加工和快递物流等产业融合发展，电商产业链覆盖全县近70%农户，近三年通过电商平台售出价值17亿元的农特产品，居武陵山区前列，实现“重庆一流，西部领先，全国知名”目标。

1. 三级物流网络构建起电商物流体系

秀山（武陵）现代物流园区通过构建城乡配送、区域分拨、全国直达三级物流网络，形成以周边配送站为中心的50~100千米小配送圈、以秀山为核心的300千米大物流圈、以远距离物流快递专线为主通道的全国物流网络，探索出“T+1”“1+T”城乡物流解决方案，以其更高的时效、更低的成本，有效破解了“农产品进城最初一公里、工业品下乡最后一公里”难题。该方案获评“2016年中国电商物流优秀案例”。一是城乡双向流通。园区建成7万平方米电商仓库，投用电商分发中心；组建专注于农村配送的本土企业云智速递，每天按照4个片区15条乡村物流线路的配送规则，将到达电商分发中心的快递包裹共同配送进村，返程将乡村配送网点收购的农特产品组织进城，无缝对接社会快递和乡村网点，快递首重包邮从17元降至3元，年节约物流成本1亿元。二是区域有效集散。建成西南地区枢纽型食品电商云仓（如图5所示），日均处理食品、生鲜类农副产品订单10万单，成为西南地区休闲食品电商基地。云仓实现自动成箱、自动打包、自动分拣，仓库利用率、托盘使用率、分拣效率分别提升145%、42%、30%，货差货损率降至0.05%，综合物流成本下降5%，自动化、集约化效益明显。引进中通、申

通、百世、安能、传化、韵达等物流快递企业在园设立武陵山区快递分拨中心，开通秀山至贵州德江、湖北恩施、湖南玉屏等 17 条武陵物流专线，实现区域物流快递的有效集散和高效配送。三是全国次日直达。培育引进 83 家三方物流快递企业，开通直达全国主要城市的物流快递专线，融入全国物流体系。开通秀山至杭州、广州、泉州等 8 条国内快递专线，做优秀山快递包裹次日达业务，将秀山土鸡、土猪肉、土鸡蛋、脐橙、猕猴桃等生鲜产品，在最短的时间内从田间地头送到城市餐桌。

图 5　秀山（武陵）现代物流园区仓储配送 B 区（电商云仓）

2. “线上线下融合”构建起电商平台体系

园区按照“县城建核、乡村布点、网络拓展”的融合发展思路，形成了线上“村头”、线下武陵生活馆的发展模式。一是县城建核。按照“园中园”的思路，建成电商产业园“一园一馆六中心”，其中，电商孵化园整合了办公、培训、品牌、设计、营销、金融、法律等服务功能，电商年销售额 10 亿元；武陵山农淘特色馆汇集 10 大类 2600 余个农特产品；党群服务中心获评重庆市“流动党校”；农村淘宝秀山服务中心为农民销售产品提供全方位服务，是重庆市首个落地项目；7 万平方米电商仓储中心具备低温、常温等仓储条件；电商分发中心入驻 6 家区域快递分拨中心；电商加工中心投用一批电商产品加工线；农产品检测检疫中心为农产品质量安全提供政府背书保证。二是乡村布点。以园区为中心，在县域农村建成了 233 家武陵生活馆乡村服务店，优先覆盖贫困村。每个店集成了网络代购、快递收发、特产收购、金融业务、农村政务和乡村便利店等六大功能，店主发挥着农产品经纪人、快递员、网络代购员、金融业务员、便民服务员等“八大员”作用，彻底改变了农村交易方式和消费环境，实现“小空间、大服务，百姓办事不出村”。三是网络拓展。园区自主研发了“村头”平台，创新运用视频直销和远程物联网传感电子秤技术，打造了农产品网批、视频直销和村头民宿等特色功能，高度还原农民“赶场交易”情景。同时，结合农村发展实际，研发推出了村头民宿、村头慈善等模块，助推乡村旅游和精准脱贫攻坚。目前，“村头”平台按照“有山有水有土货，一村一景一品牌”发展思路，已推广运用到全国16个省市138个区县，基本覆盖重庆市及武陵山片区。

3. “一体化产业链”构建起农产品上行体系

园区多措并举构建从生产、包装到物流的农产品一体化产业链。一是“基地+质量追溯”。园区依托电商加工中心，大力发展“一村一品”，帮助有需求、有条件的农户，尤其是贫困户，发展土鸡、土鸡蛋、脐橙、茶叶、生猪等产业，建立电商农产品生产基地，承诺其生产的农特产品可以通过“村头”平台全部包销，目前已认证132个特色农产品电商基地，建立供应站点3650个。实施“一农户一二维码标识”，构建农产品质量安全二维码追溯体系，同时实行政府背书保证，打造“双放心”工程。二是“品牌+加工”。云智公司创建了“武陵遗风（以农产品为主）”与“边城故事（以手工艺品为主）”公共品牌，电商孵化园企业自有品牌达到176个，上线本土特色商品728款。投用11条电商产品加工线，所有上线产品采用精致实用型流通包装，其中土鸡蛋包装技术获得国家专利。通过认证基地、创建品牌、加工包装、把控质量，让源头好货的价值得到真正体现，农产品附加值提升30%~50%，造就了秀山土猪肉、土鸡蛋、脐橙等20余款爆款产品，其中豆干、火锅底料、酸辣粉等产品销量全网领先。三是“订单保底+电商红包+务工补贴”。订单签订后，对于以土地入股的农户，园区按照每亩300元的标准给予保底收益；对于自种自养的农户，园区按照相关政策给予电商扶贫资金扶持，比如土鸡经认证、建档、验收合格后给予每只10元的鸡苗购买补助。电商企业借助“武陵遗风”等品牌影响力，实行精细化种养，每项产品30%以上利润分配给农户，比如土鸡、土猪肉、土鸡蛋分别以高于市场价的标准直接将“电商红包”发放到贫困户银行账户；脐橙、紫薯、百香果等订单，优先聘请贫困农户管护打理土地，使其获得务工收入。

4. “渐进式流水席”构建起人才培养体系

园区十分重视物流专业人才的培养，从基础设施、培训组织、产学研一体等方面不断为农村电商人才培养营造优良的环境，开设普及、技能、创业三级渐进培训班，“流水席”式不断为农村电商发展输出专业人才。一是建设实训基地。与重庆工商大学等进行校企合作，在电商孵化园（如图6所示）建立园区众创空间和人才实训基地。此外，园区成立秀山云智电子商务培训学校，携手中国电子商务协会、中国传媒大学新媒体研究院等，设立“中国农村电商县域大讲坛”“中国电子商务人才服务中心”“网红学校”。园区实训基地获评“重庆市干部教育培训现场教学基地”。二是开展三级培训。园区组建讲师团队轮番深入各乡镇村居，开展电子商务进农村普及培训，培养了一批电商带头人，在农村掀起了学电商、用电商的热烈氛围，让更多的贫困户掌握脱贫技能。针对农村电商人才需求，打通培训上岗绿色通道，培养营销、美工、设计、客服等专业技能精英。按照“每分钟录入40个字，懂线上交易规则，会图片设计美工，能在网上开店，连续三个月日均销量30单以上”的结业要求，孵化网企、网店。截至2017年年底，累计培训农民3.2万余人次，培养营销等专业技能精英2500余名，孵化各类网企、网店共计2200家。三是设立电商专业。园区整合职业学校教学资源和电商孵化园实训资源，建立“县职教中心+电商孵化园”人才输出模式，开设现代物流、农村电商等相关专业，有针对性地持续培育本土电商人才，截至2017年年底，输出相关专业人才1200人。

图6　秀山电商孵化园

5. “全方位无死角”构建起电商服务体系

园区构建了“全方位无死角”服务体系，助推众多创业者、中小企业、龙头企业打造“筑梦空间”，不断打造农村电商创新高地、成本洼地、创业福地。一是全方位扶持。创新电商产业贷，设立物流园区电商产业发展基金，低门槛融资、简易程序审批。截至2017年年底，累计为电商企业、贫困农户等提供贷款6350万元。二是一站式服务。为入驻企业提供办公、仓储、住房、金融、快递、培训、行政代办、法律咨询等一站式服务，让企业全程无忧。通过“龙头带动、流程式孵化”，丁丁、盾煌、巴谷鲜、大嘴蛙、威其诺等食品电商企业的订单量、销售额平均增长3~5倍，成为西南地区食品电商龙头企业。三是促融合发展。实施“互联网+”战略，依托电商孵化园，推动全县100余家生产企业、物流园区近50%的批发零售商户“触电”经营。发起成立了武陵山网商协会、武陵山物流协会，引导企业抱团营销本土农特产品，使苗绣、西兰卡普、龙凤花烛等非物质文化遗产和民族手工艺品大放异彩。

（四）坚持多产业融合发展，建成多功能综合性物流园区

园区以商贸、物流产业为基石，大力发展电子商务、仓储加工、会议展览、文化旅游等产业，逐步形成了多品类货源、多类型货主、多样性入驻企业融合互促发展的良好

格局。目前，已形成化工品、建材、家具、农副产品、工矿产品、粮食、小商品等稳定货源进出，主要辐射秀山周边300千米范围内18个区市县，入驻商贸、物流、加工、金融、文化、餐饮等各类型企业3600多家。同时，打通园区主次干道11千米，电力、通信、供水、能源、环保等基础设施建设率先完成；建成3万平方米民生国际会议会展中心，连续举办六届武陵山商品交易博览会、五届武陵山电子商务看样订货会、三届中国微电影文化节，成为武陵山区知名会展品牌，全长1千米的花灯美食街获评“中华美食街”，为入驻企业员工、司机等提供高质、完善的生产生活配套服务。

三、成功经验及示范推广价值

（一）成功经验

1. 坚持规划先行，发展蓝图率先绘就

园区立足区位优势，把提振商贸物流产业作为转方式、调结构的突破口，精心编制园区发展规划，按照“八区一园”的布局，建设集交易、配送、仓储、加工、会展等功能为一体的综合性物流园区。

2. 提高平台承载力，项目建设快速推进

从建园之初偏僻闭塞的城郊结合部，到如今繁忙兴旺的城东新区，园区始终按照“一城三园”战略部署推进开发建设。2010年以来，园区引进了24家开发企业，投资98亿元，建设了23个项目。截至2017年年底，园区完成投资80多亿元，共建成10个专业市场，打通主次干道11千米，渝怀铁路300万吨大型装卸点、集装箱办理站、化工品专线和仓储配送中心、货运调度中心等物流设施不断完善，形成了商贸物流中心基础框架，园区的平台承载力不断提高。

3. 扩大市场辐射力，发展空间不断拓展

园区按照“政府规划、市场导向、企业运作”原则，建材、家居、钢材、五金机电、3C等10个专业市场入驻商家共计3300余户，市场辐射至整个武陵山片区。引进物流、商贸、电商和咨询服务等企业337家。大力发展农村电商，建成“重庆领先、西部一流、全国知名”的电商产业园、348个各类电商村级服务网点，形成覆盖县域的农村电商体系。园区组建了武陵山网商协会、武陵山物流协会，“村头”平台加快走出去步伐，发展加盟县域已达138个。

4. 产业汇聚配套，综合实力稳步提升

园区坚持打造多产业汇聚的态势，不断完善配套功能，园区的综合实力稳步提升。积极发展金融、信息、加工、会展等产业，打造多功能综合性物流园区。目前，以批发贸易、现代物流、农村电商、文化创意等为主的产业链条率先实现整合，加速集聚。

5. 增强发展凝聚力，体制机制日益健全

园区在开发模式上，实行政府引导和市场主导双轨运行，设立了“借、用、还”一体的投资开发体制，资金实现内部自平衡，增强园区的自我造血能力。运行管理上，建立园区联席会议制度，行政管理与企业运营双管齐下。服务环境上，建立县“四大家”领导联系重点项目制度，组建行政审批物流园区分中心。征地拆迁上，抽调精干力量组建工作组，保障项目用地。发展要素超常规向园区集中，使园区成为武陵山区的服务高地、环境佳地、创业福地。

（二）示范推广价值

1. 为连片特困地区运用农村电商精准脱贫做出示范

武陵山片区是全国14个集中连片特殊困难地区之一，地处武陵山片区腹地的秀山县是国家级贫困县和全国电子商务进农村综合示范县。秀山（武陵）现代物流园区通过打造电商产业园“一园一馆六中心”，逐步建立起了物流快递、人才培养、农产品上行、电商平台和电商服务五大体系，推进电商扶贫成效明显。在园区发展有力带动下，近几年秀山网络零售额年均增长45%以上，其中本土农特产品销售额占比近50%，以订单农业为主的电商扶贫链条带动全县近70%、1万余家贫困户精准脱贫。2017年，秀山县顺利通过国家第三方评估验收，高标准退出国家扶贫开发工作重点县。以秀山（武陵）现代物流园区为代表探索发展农村电商成为全国14个连片扶贫开发区的缩影，“互联网+三农”的秀山模式已逐步在全国16个省市138个区县推广运用，为贫困地区农产品上行、贫困村整村运用农村电商精准脱贫树立了良好典范。

2. 为多省市交界地区打造商贸物流中心提供样本

秀山地处武陵山区腹地、渝鄂湘黔四省市结合部，园区依托独特的区位和公铁联运优势，在竞争激烈的武陵山区率先发展商贸物流业，以商品流带动、凝聚物流产业，耦合联动产生“极化效应”，有效弥补了本地市场需求的不足，打造具有区域辐射集聚能力的商贸物流中心，使商贸物流业成为当地经济发展新的增长极。同时，以商贸物流优势作为基石，大力发展电子商务、区域配送、仓储分拨、物流信息、流通加工、文化创意等产业，迅速提升辐射集聚能力，抢占发展高地，在不断的探索和创新中，成为多省市交界地区和连片贫困地区稳增长、促改革、调结构、惠民生的样板。

3. 为独立工矿区通过“互联网+”战略转型升级树立标杆

秀山是一个典型的“因锰而兴、因锰而衰”的独立工矿区。秀山（武陵）现代物流园区通过放大农村电商的辐射带动作用，着力推动产业格局从“一锰独大”向“网聚资源”加快转变，加快推进经济、城市、社会三大转型，先后建成了电商孵化园、电商云仓、电商加工中心、快递分拨中心等一大批基础设施，加强4G（第四代通信技术）网络等技术应用，大幅提升了接续替代产业的平台承载力。园区利用“1+T”“T+1”城乡双向物流解决方案拉近了边远矿区乡镇与城市的距离，通过农村电商产业链各环节承接、促进和带动矿区居民就业、再就业 1.5 万人以上。本土农产品规模种植使上千亩撂荒地重见生机，改善了矿区生态环境。园区在推动工矿区基础设施建设、接续替代产业发展、推动创业吸纳就业、改善生态环境以及提升矿区发展条件等方面均取得了明显成效，为独立工矿区通过“互联网+”战略转型升级树立了标杆。

四、未来发展设想

获评“国家级示范物流园区”，既是对园区建设发展成果的肯定，更是对未来示范创建的更高要求。“不忘初心，牢记使命”，园区将抓住国家级示范物流园区建设和重庆市自贸区试点的新机遇，全面推进 600 万平方米项目建设，加快武陵物流静脉示范园、武陵工业供应链物流基地、秀山保税物流中心等新项目、新功能的落地运营，进一步打造批发贸易、现代物流、农村电商三大产业集群。推动各类专业市场加速向网络化市场转型，加强有形市场与无形市场融合发展，提升商品集散、价格形成、信息发布等服务功能，创建国家级现代物流集聚示范区，建成武陵山区现代化商品集散中心。依托公铁联运枢纽，联通周边航空、水运资源和“一江两翼三洋”国际物流大通道，大力发展多式联运，大力发展托盘标准化、甩挂等专业运输，提高物流组织化程度，形成可复制、可推广的共同配送模式，建成全国城乡统筹共同配送示范县。不断完善农村电商“五大体系”，形成资源集约、共享合作的农村电商发展生态圈，发展壮大“村头”结算中心、营运中心和研发中心，“村头”平台成长为百亿级农村电商平台。到 2020 年，园区实现年货运量 3500 万吨、市场交易额 500 亿元，建成武陵山区商贸物流中心。

荣誉专栏

颁发时间	荣誉名称	颁发单位
2018 年	示范物流园区	国家发展改革委 国土资源部 住房城乡建设部
2014—2017 年	全国优秀物流园区	中国物流与采购联合会
2012 年	重庆市重点物流园区	重庆市人民政府

（撰稿人：雷钧友　秀山华渝物流投资有限公司　总经理
方　玉　秀山自治县物流园区管委会办公室　工作人员
陶袁乐　秀山华渝物流投资有限公司　行政部副部长）

南充现代物流园

打造川东北物流航母　助力产业联动型发展

南充是国家规划定位的成渝经济圈北部中心城市，也是川东北经济、物流、商贸和金融中心。南充现代物流园作为四川省八大次区域物流中心、南充市千亿物流产业集群的核心，坐拥南充铁路、公路、航空、水运“四位一体”的交通优势，以建设川东北物流集散中心和区域最大的进出口物流基地为发展目标。园区在建设过程中，加强基础设施建设，创新管理、招商、服务模式，积极服务于当地优势特色产业，形成了“物流+基地+农户”“物流+制造”“物流+互联网”等产业发展新模式。在服务地区经济、助力产业联动、推进脱贫攻坚等方面成为了区域物流新示范。

一、园区概况

（一）立项背景

根据《四川省物流园区发展规划（2014—2020）》（以下简称《规划》）要求，按照四川省多点多极发展战略以及城市物流节点、进出川物流通道、区域经济发展和外向型经济发展需要，着力打造“一核、四带、多点”的全省物流园区规划布局。“一核”——以成都为核心，“四带”——成绵广巴北向带、成遂南广达东向带、成自泸宜东南向带、成乐雅攀南向带，“多点”——规划建设与“一核”“四带”物流园区配套和服务地区经济发展、民生需求的农产品、医药、电商快递、铁路运输等专业性物流园区或配送中心。《规划》确立南充为“四带”中成遂南广达东向带物流园区布局城市之一，要求沿该带“建设化工、农产品、汽摩配件、商贸等特色物流园区，辐射成渝经济区和陕鄂渝，形成连接华中、华南的物流大通道”。结合南充是川陕革命老区振兴发展的先行区、川陕甘渝结合部的区域中心城市、成渝经济区北部中心城市和重要的二级物流节点城市实际情况，市委、市政府规划建设南充现代物流园。

（二）运营管理主体

南充现代物流园属于市、区共建项目，采取“市区共建、属地主体、独立核算、封闭运行”的运营管理模式。南充现代物流园管理委员会（以下简称管委会）成立于2012年，为南充市高坪区人民政府派出机构。管委会内设机构有办公室、党群工作部、群工部、规建部、财务部、招商部、信息中心、安监办、国土办等，共有干部职工31人，主要工作职责为贯彻执行党的路线、方针、政策和上级党委的决议指示；负责园区的经济社会发展；负责园区基础设施和公共设施的建设管理；负责招商引资及企业服务工作等。

南充现代物流园投资建设开发有限责任公司为区政府全额出资的国有独资公司，现属于市级融资平台南充航空港投资开发有限公司（2A评级）的全资子公司。公司注册资本4.3亿元人民币，共有员工34名，内设监事会、综合管理部、财务部、项目管理部、工程建设部、物业公司。主要工作职责为对园区公共基础设施、城市基础设施项目进行投资、开发、经营管理及筹集开发建设所需资金等。

（三）区位交通

南充是国家区域级流通节点城市，是四川省重要的综合交通枢纽城市。随着兰渝铁路建成通车，高速公路里程增加至四川省第二，机场航线增加至15条，南充都京港开港营运，南充在四川乃至西部地区率先实现“公铁水航”四位一体的立体交通网络。南充现代物流园位于南充北部新城，处在“成渝西3小时经济圈”的黄金坐标点上。园区毗邻国家二级枢纽货站南充火车东站，兰渝铁路、达成铁路在此呈十字交会，是融入“渝新欧”班列和“蓉欧”快铁始发站的流通节点站。沪蓉、兰海等10条高速公路交汇于此，距南充机场3千米、港口5千米。借助南充“公铁水航”四位一体的立体交通网络，南充现代物流园具有良好的综合交通优势。

（四）规划建设情况

南充现代物流园是《四川省西部物流中心建设规划》中重点打造的省内八大次区域物流中心之一，也是市委、市政府打造现代物流千亿产业集群的核心。园区规划面积1160万平方米，总投资320亿元。规划为一园（全国示范物流园区）、二区（物流功能区、物流加工区）、三中心（物流生活中心、物流双创服务中心、物流商务服务中心）。其中，物流功能区着力建设进出口岸、公路集散、多式联运、城际配送四大物流平台，培育汽车汽配、农产品及食品冷链、粮油、建材、医药及医疗器械、油汽化工、装备制造、防灾应急八大物流产业区。到2025年全面建成时，将实现年货物吞吐量8000万吨、社会物流总值1000亿元，年创利税50亿元以上，带动8万人入园创业。将园区打造成为集智慧物流、会展中心、总部经济、国际教育中心、商业商住及休闲娱乐为一体的一座综合型物流新城。南充现代物流园规划如图1所示。

自2012年6月启动以来，园区累计实现投资125亿元，建成面积546万平方米，其中仓储面积180万平方米；成功引进浙江传化、友信崧峰、南鑫国际、中国物流等企业落地发展，集聚中小物流企业1700余户入园从事电商、快递、快运、批发等业务，成为川东北最大、最具投资潜力的物流园。

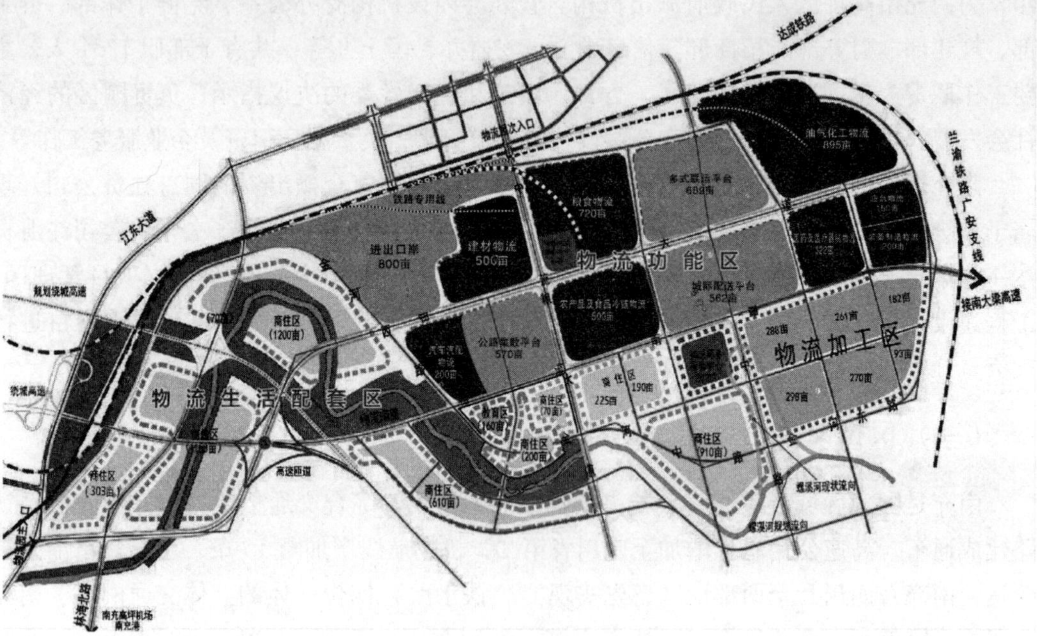

图1　南充现代物流园规划

（五）社会贡献

2017年，南充现代物流园年货物吞吐量已达到3500万吨，快递日均分拨量达200万件，粮食日交易量800吨，蔬菜日均交易量达700吨，水果日均交易量达500吨，钢材日均交易量50吨，石材日均交易量1000吨，酒水及饮料日交易量20000吨。园区入驻物流企业达30余户，规模企业17户。入驻企业营业收入达225亿元，上缴税收8亿元，提供就业岗位2万余个。园区创造了良好的社会经济效益，在促进区域物流集聚发展，带动区域行业快速增长，服务区域产业转型升级起到重要支撑作用。

二、主要做法

（一）创新建设模式，拓展基础功能

1. 完善园区周边建设

完善的基础设施是现代物流发展不可缺少的物质基础，是现代物流发展所必需的关键设施。目前，园区基础设施已完成“两横三纵”骨干道路体系和配套服务设施（医院2所、职业技术学院1所、中小学3所、幼儿园2所、加油站2处、政务服务中心1个、公共停车位2000余个）及50万平方米的群众安置房建设，优化配置了社会资源，在一个较大区域范围内降低流通成本。

2. 加强仓储设施建设

园区共完成180万平方米的仓储设施建设，主要包含零担库房、普通仓库、冷链库房、保税仓库、粮食专业仓库、成品油仓库、散货及集装箱堆场等。建成海尔、格力、苏宁等电器川东北分拨中心库；建成京东、顺丰、中通、邮政等电商快递川东北分拨中心库；建成中储粮、川东北粮食中心等粮油仓储加工中心；建成传化智能车源中心，成为川东北地区最大的智能化停车场、散货及集装箱堆场；建成保税物流中心，成为川东北唯一的保税仓及海关监管场所。有效改善区域物流企业规模小、信息化程度低、仓储布局分散等问题，促进川东北物流业发展。园区快递分拨作业实景如图2所示。

图2　园区快递分拨作业实景

3. 重视信息化建设

南充现代物流园依托现代信息技术建立了物流信息平台，园区物流信息平台主要由园区内部管理信息平台和公共信息服务平台两部分组成。园区内部管理信息平台面向客户为园区内部管理者，其服务包括资产管理、财务管理、企业管理、仓储中心管理、配送中心管理、园区物业管理、小区物业管理、信息中心管理、人力资源管理等。公共信息服务平台的主要功能是通过模块功能系统，为园区运作参与各方提供信息沟通桥梁，解决信息不对称问题。其业务板块包括两大部分：业务通用模块和公共信息服务。业务通用模块包括物流运输管理软件系统、仓库管理系统、订单管理模块；公共信息服务包括客户入驻注册、合约签订、合同管理、线上缴费、园区分布地图查询、广告发布模块、政务服务、物业服务、金融服务、保险办理等增值业务。园区内部管理信息平台与公共信息服务两大平台之间相辅相成，内部管理信息平台支撑着公共信息服务平台的正常运行，公共信息服务平台为园区内部管理信息平台提供业务数据与决策支持，共同组成园区物流信息平台。园区物流信息平台实现了资源共享，信息互通，管理高效，为不同主体提供普惠、开放、统一标准的公共服务，逐步形成“物流行业大数据”，推动产业集群进行再造和升级。园区信息平台框架如图 3 所示。

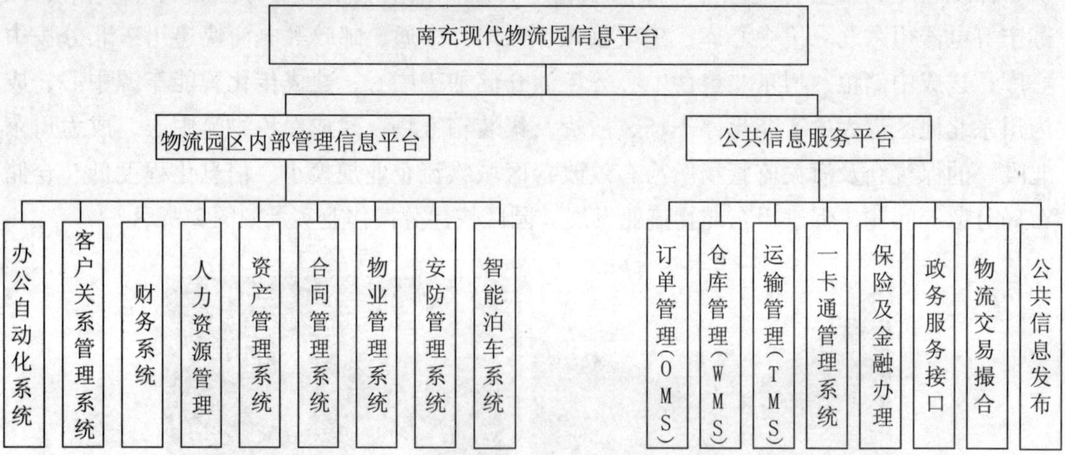

图 3　园区信息平台框架

4. 加快多式联运基础建设

一是依托传化公路港、都京港、南充机场、综合保税物流中心等物流平台，以企业间的物流信息互联互通为核心，加快物流设施设备标准化建设。二是通过创新联盟、联营的组织形式，重点支持以集装箱、共用托盘、厢式半挂车为标准运载单元的联运及甩挂运输等，探索“公铁水航”无缝连接、货物全程的多式联运“一单制”服务。依托中铁联运（四川）物流基地建设，充分利用中铁联运自行研发的处于国际领先地位的“公铁联运多式运输系统”和 X5 型半挂车（如图 4 所示）等专利产品，积极启动公铁联运货物箱体、安检标准、操作流程和管理体制“四统一”的研究，实现货物“一人到底、一单到底、一箱到底、一签到底、一检到底”的物流新模式，客户只需一次填写“公铁联运单”，便无须再联系或接洽承运商，实现全程便捷化物流服务。开创川东北多式联运的全新模式，引领区域物流行业战略性变革，助力园区多式联运发展。中铁联运多式联运专用车如图 5 所示。

图 4　中铁联运 X5 型半挂车

图 5　中铁联运多式联运专用车

（二）创新招商模式，完善管理制度

南充现代物流园通过招大引强、以商招商、延产业链招商等模式，助力产业集群式发展。一是招大引强、功能互补，能够成为西部地区物流园产业填充示范。根据园区功能板块，按照招大引强、招强引优的思路，选取各行业世界 500 强跨国公司和国内 50 强企业，采取“领导带队招商、小分队专业化招商、驻地招商、网上招商、委托招商”等方式进行考察拜访，每个板块最终选定 1 家龙头企业入驻，带动行业发展，避免同质化竞争，实现功能互补。园区招引企业做到了既大又强，如浙江传化集团是国家六部委推广的公路港运营模式，参与物流行业标准的制定；深圳友信崧锋集团是华南地区排名第一的冷链物流企业；中国物流集团是国家“一带一路”倡议重要参与企业。

二是以商招商，促进总部经济发展。目前园区运营项目有南充传化公路港、南鑫国际建材物流城、友信龙农产品商贸物流城等，几户企业均在以商招商，利用自身项目优势招引相同行业的企业进入各自板块，实行共享平台、统一管理、统一结算。如传化公路港招引物流运输、仓储企业；南鑫建材招引钢材、五金、汽配企业；友信龙招引蔬菜、水果、冷链批发企业，三家企业完全营运后，通过以商招商，可在短时间内招入大量商家，形成规模效应。即将进入园区建设的海尔集团也会利用自身资源开展以商招商。通过以商招商这种方式，可以使园区快速形成企业总部集群布局，使园区呈良性循环发展。

三是重点围绕物流园产业上下游延链补链招商引资，拉长产业链条，做大做强产业集群。坚持以大招商推进大开放，以大开放促进大发展。充分发挥物流园产业基础优势，重点围绕电商物流、冷链物流等产业上下游延链补链招商引资，积极承接龙头型、基地型和集群型项目，如南充传化公路港、友信龙农产品交易中心、中铁联运（四川）多式联运示范基地等。借助国家大力推行“互联网+”的大好形势，结合物流园自身特点，加快发展“互联网+物流园各功能板块项目”“互联网+公、铁、水、航交通网络”“互联网+物流园+辐射区域内一二三产业”等，大力促进物流园电子商务与制造业、零售业、金融业、文化旅游业等行业的融合、创新与发展，推进经济结构调整和产业优化升级，把园区建设成为产业集聚、城市发展的新组团，为拓展外向型经济奠定良好基础。

在对外创新招商模式取得良好效果的同时，南充现代物流园对内积极完善管理制度，确保园区项目的高效推进。一是成立了园区建设协调领导小组，具体抓好相关协调工作。二是组建了南充现代物流园管理委员会（为政府派出机构），专门负责园区建设管理具体工作。三是出台了相关扶持政策，围绕建设千亿物流产业核心园区的总体要求，园区建设协调领导小组相继出台了《关于进一步加快现代物流业发展的意见》《关于加快南充现代物流园建设与发展的意见》《南充市实施“155 发展战略”推进现代物流千亿产业集群发展配套政策》等系列文件，进行要素保障和资金扶持。四是加强服务入驻企业，一方面，协助传化公路港、友信龙农产品交易中心、南鑫国际商贸城、中国物流一期及保税中心跨境电商等项目健康运营，扩大市场份额：另一方面，重点跟进中铁联运一期项目、中型企业孵化园和中国物流二期项目的建设进度，力争早投产、早见效。

（三）创新服务模式，保障园区发展

一是强化党组织保障体系，实行党组织全覆盖。在园区成立物流行业党委，各企业成立党支部，以全国优秀基层党组织传化物流集团下属公司——南充传化公路港为龙头，实现龙头企业党组织对其他企业的带动和覆盖。真正做到了：企业落户在哪里，党组织就建在哪里；项目推进在哪里，党小组就战斗在哪里；商户经营在哪里，党员就服务在哪里。同时，建成党建群团、商务洽谈、教育培训、文化娱乐、纠纷调解等多种功能的党群服务中心·商友驿家，为园区党员职工群众提供一站式、开放式服务。推行“双向培养·双向进入”制度，实现了党建工作和企业发展双轮驱进、互动共融。探索出“三统五小”组织生活模式，有效破解党组织生活开展与企业生产经营的矛盾；通过“五比五看”活动，有效激发非公企业内生动力，引导广大党员争当“一带一路”的物流“排头兵”。按照人文关怀个性化、技能培训专业化、文体活动多样化的总体思路，开展丰富多样的活动和服务，增强了企业员工向心力、凝聚力和战斗力。围绕“社会责任、社会价值、社会形象”目标，通过开展党员志愿服务，引导党员主动助力脱贫攻坚，得到社

会满意、群众认可。

二是成立政务服务大厅，开辟绿色通道。在保税中心一楼设立综合服务大厅，入驻海关、城建、工商、税务、交通、城市管理、派出所、燃气、自来水、电力等部门，为企业实行工商、税务、建设等集中并联审批制度。通过"一站式办公，一条龙服务，并联式审批，阳光下作业，规范化管理"，极大缩短办事流程，提高效率。综合服务大厅以"坚持高标准，追求高效率"为目标，不断改进行政审批方式，不断优化行政审批流程，提高行政审批透明度，增强服务公众的亲和力，最大限度地方便当事人。致力于把南充打造成低成本高服务高回报的投资洼地。为加快建设成渝经济区北部中心城市和川东北区域中心城市做出贡献。

三是实行项目秘书制。成立由区人大主任任组长，区委常委任执行副组长，区政府副区长、物流园专职副主任任副组长，物流园管委会副主任和物投公司董事长为成员的项目推进工作组。项目推进工作组下设企业服务小组和项目推进小组。企业服务小组与已入驻企业进行一对一的保姆式、上门式服务，在企业提供法定必需资料的前提下，按照限时服务的要求，为项目代办行政许可各项手续，协调水电气等生产要素配置和入驻时优惠政策的兑现落实等；定期联络、走访投资商，了解企业生产运营情况，为入驻企业协调解决在建设和营运过程中遇到的一切问题，促进入驻企业做大做强。项目推进小组成员"5+2""白+黑"驻守于在建项目现场，确保项目按照年初制订的目标稳定、快速推进；为意向项目、协议项目提供本地的市情介绍和行业情况，为项目的可行性研究、项目评审提供必要的数据与资料支持，促成项目早日达成实质性的合作投资意向。

（四）创新产业模式，加强多业联动

一是运用"物流+制造"模式，推动产业互通共融。依托南鑫钢材城，在招引重钢、攀钢、陕钢等全国知名钢材厂家设库的同时，引进钢材加工企业，为本地吉利汽车、江淮汽车等102家汽车汽配企业进行钢材成形加工，提供汽配、钢坯等产品，形成以供应商、仓储、加工、贸易、金融、信息于一体的川东北钢材总部基地，完善了汽车零部件与汽车物流配套服务。2017年汽车及零部件物流产值实现67亿元，产业链产值685亿元，预计到2020年汽车及零部件物流产值实现98亿元，年均增长率13.5%。依托中储粮、川东北粮油储备中心等粮油企业，在建设50万吨仓储粮油的基础上，完成大米、面粉、油脂三大加工区的建设，开展粮油进出口、仓储、加工、配送、贸易等业务。依托中铁联运（四川）多式联运示范基地，以大型物流装备制造企业为核心，建设智能化托盘西南加工基地、集装箱西南加工基地、气调冷藏箱全国加工基地、专用半挂车全国加工基地，打造中国物流谷。

二是运用"物流+互联网"模式，构建中国智能公路物流网络运营体系。依托南充传化公路港（如图6所示），利用"陆鲸""易货嘀""运宝网"等开放的物流互联网产品，形成一个"共创、共赢、共享"的传化物流创客平台。通过电子显示屏、手机终

端、互联网等方式实时发布货源和车源信息，为供需双方提供便捷、安全、高效的“车货匹配”服务。为货主企业、物流企业及个体货运司机等公路物流主体提供综合性物流及配套服务，共同形成“高效的货物调度平台”“优质的货运生活服务圈”以及“可靠的物流诚信运营体系”。通过打造公路物流 O2O（线上线下）全新生态，极大地整合了物流资源，使货车空驶率降低至 15%以下，仓库空置率降低至 10%左右，平均降低了 40%的公路物流成本。

图 6　南充传化公路港

南充现代物流园的建成带动了当地建材物流、农产品及食品冷链物流、粮食物流、医药及医疗器械物流、装备物流、生活品物流、油气化工物流及物流加工的发展，物流服务于其他产业成效明显。

（五）创新扶贫模式，助力乡村振兴

南充现代物流园引进“物流+基地+农户”发展模式，着力推动革命老区脱贫致富。依托中储粮、川东北粮油储备中心等粮油企业，打造粮油仓储、加工、配送、贸易于一体的粮食产业链，提高粮油转化率和商品化程度。该项目每年收购川东北片区农民余粮 20 万余吨，年增加农民收入 3 亿元以上。依托友信龙农产品商贸物流中心，组织双汇、雨润、深圳华利、山东众客等经销商到“三品一标”认证覆盖的种养殖基地，与 83 家农业基地签订了产品直供、直销协议，通过物流体系，将农产品快速、直接配送到消费者手中，省去中间环节，部分农产品直供港澳，价值提升了 3~5 倍。依托中国邮政“邮掌柜”、阿里巴巴村淘、当当网等电商平台，向入驻企业推广“互联网+扶贫”模式，由园区给予参与企业一定政策支持，完善仓储配送中心、中转分拨站点、末端配送网点建设。通过物流体系构建，实现“视频连线到户、扫码购买到户、质量管控到户”，切实解决农资产品进村“最后一公里”、农产品出村“最初一公里”的问题，把农产品变成农民的财富，促进农民脱贫致富。2017 年，该模式已覆盖 823 个贫困村，带动 6 万余户脱贫。通过“物流+基地+农户”模式，2017 年，带动川内耕地 400000 亩（其中“三品一标”认证覆盖 95%以上），其中带动南充“三区六县”250000 余亩、川东北及川内其他地区 150000 余亩；带动川内地区果农近 160000 户，其中南充“三区六县”的农户约 100000 户、川东北地区及川内其他地区的农户约 60000 户。

三、示范推广价值

（一）区域辐射效应明显

南充现代物流园利用川陕革命老区振兴发展的先行区、川陕甘渝结合部的区域中心城市、成渝经济区北部中心城市的区位优势，充分借助国家级示范物流园区评选的契机，建设有区域影响力的综合性物流园。重点围绕“一园三区两中心”功能布局，实现产业集聚，促进川东北物流行业跨越式发展。通过加大招商引资力度，加速推进产业集聚，成功吸引传化智联、中国物流、中铁联运等大型企业入驻，建设有传化智联西部中心、中国物流西南配送中心、中铁联运西部物流中心、中储粮集团西部粮食中心等 26 个区域物流中心。通过区域物流中心的引进，整合区域物流资源，打造川东北物流总部基地。在汽车汽配、农产品及食品冷链、粮油、建材、医药及医疗器械等方面推动业务多元化发展，致力于提升区域物流水平。目前园区业务范围覆盖巴中、广安、遂宁、达州等 5 个市州、3700 万人口，园区区域辐射效应日益明显。

（二）产业联动融合创新

园区引进中铁联运（四川）多式联运示范基地、南鑫建材城、友信龙农产品商贸中心等优质项目，通过“物流+制造”“物流+基地+农户”“物流+互联网”等模式，打造汽配物流、钢材建材物流、粮食加工物流、医药器械物流、农产品及冷链物流等八大产业生态圈。为南充市建设汽配、油气化工、丝纺服装、现代物流、现代农业五大千亿元产业集群提供强有力的物流服务支撑。一是精心培育粮油加工产业链，打造集粮油进出口、仓储、加工、配送、贸易于一体化的粮食产业链，提高粮油转化率和商品化程度。二是积极培育钢材加工产业链，形成以供应商、仓储、加工、贸易、金融、信息等一体的川东北钢材总部基地。三是大力培育生鲜食品冷链，形成生鲜食品供应链、农产品加工、电子商务、配送服务等综合产业链。四是培育多式联运物流装备制造产业，形成物流装备制造、市场销售、物流配送、金融服务等完整的产业链。通过“物流+”产业模式创新，实现产业链的整体提升，使物流与制造业、商贸业、金融业等在园区有机融合、联动发展，形成了以物流业带动一二三产业协同发展的产业格局。

（三）脱贫攻坚成果丰富

南充现代物流园积极响应中央打赢打好脱贫攻坚战的号召，不断创新扶贫模式，在乡村振兴战略中先行一步。一是借力“互联网+扶贫”模式，通过完善“仓储配送中心、中转分拨站点、末端配送网点”的物流体系，在“工业品下乡”“农产品进城”中发挥物流的基础性作用，落实精准扶贫。其中“邮掌柜”模式得到了商务部的充分肯定，并在全省进行推广。二是健全“物流企业+生产基地+农户”的供销模式，通过友信龙农产品中心规划建设10万吨的冷链配送中心，极大地缓解了农产品的滞销。利用中储粮西部粮食仓储中心50万吨的粮食仓储配送加工基地，惠及川东北片区农户。园区脱贫攻坚模式取得了良好的效果，在带动革命老区脱贫致富方面发挥了重要作用。

四、园区发展方向及未来展望

未来，南充现代物流园将以建设川东北物流集散中心和区域最大的进口物流基地为目标，打造立足南充、服务川东北、辐射西部、影响全国的大型综合性产业园区。

业务规模提档升级。园区实现全面建成目标，业务涵盖建材、食品、医药、农产品、快销品、油气等城市生产生活所需大部分物资存储配送。货物年吞吐量达到8000万吨，实现交易额1000亿元。引进培育新增国家3A级、4A级、5A级物流企业分别达20家、10家、5家。引进国际国内大型知名物流企业20家，培育新增产值10亿~50亿元的物流企业5家，5000万元以上的物流企业10家。

产业集群不断丰富。以信息化和智能化技术运用为支撑，提升物流服务质量，有效对接成渝经济区装备制造、汽摩制造、电子信息、化工轻纺、生物医药等主导产业，构建专业化、集约化的枢纽型物流产业集群。初步形成八大联动型物流产业集群，联动型物流产业集群总产值达到500亿元。

综合效益带动明显。实现园区物流业增加值年均增长9%左右，达到320亿元左右；园区物流总费用占园区GDP比重降至16%。实现园区年创利税50亿元以上，带动8万人入园就业，将辐射川东北3700万人口，成为区域最大的物流集散基地。

同时，在综合交通体系方面，高效衔接高坪机场、都京港，成功搭建快速便捷的公铁水空多式联运网络；在智慧物流体系方面，实现园区物流信息化普及率达70%以上，应用先进物流技术装备的企业数量达40家以上，国家与行业标准贯标率达80%以上。

荣誉专栏

颁发时间	荣誉名称	颁发单位
2018 年	示范物流园区	国家发展改革委 国土资源部 住房城乡建设部
2016 年	全国优秀物流园区	中国物流与采购联合会
2016 年	四川物流先进单位	四川省现代物流发展促进会

（撰稿人：何远彪　南充现代物流园管理委员会　党工委副书记、专职副主任
何　刚　南充现代物流园管理委员会　副主任
蒋勇涛　南充现代物流园管理委员会　副主任）

黔中（安顺）物流园区

打造物流发展新引擎　激发黔中崛起新活力

黔中（安顺）物流园（以下简称“园区”）位于贵州省安顺市。园区依托贵州省和安顺市的大数据、生物医药、石材、旅游等特色产业，立足实际，因地制宜，以集约化、规模化、体系化和特色化为发展导向，以“政府引导、企业主体、市场运作、绿色循环”为建设推进模式，不断拓展货运枢纽、商贸服务和生产配套功能，着力提升信息服务共享水平，通过信息互联互动，为物流的高效运作提供技术保障，形成了“产业集聚、企业集中、功能集成”的现代服务业集聚区。园区以服务安顺，面向黔中经济区，辐射贵阳、贵安新区、六盘水等周边地区为目标，整合多方资源，打造山地特色物流体系，在利用区位和政策优势，带动产业发展、助力脱贫扶贫等方面具有鲜明特色的示范价值。

一、园区概况

（一）发展背景

安顺是贵州省下辖的地级市，历史悠久，是贵州省最早设立县治的古城之一。早在2000多年前的春秋时期，安顺为古牂牁国北部中心，称夜郎邑。战国初期，夜郎部落兴起，建立夜郎国，安顺也是夜郎国首邑。安顺市地处长江水系乌江流域和珠江水系北盘江流域的分水岭地带，是世界上典型的喀斯特地貌集中地区，也是中国优秀旅游城市。安顺素有“中国瀑乡”“屯堡文化之乡”“蜡染之乡”“西部之秀”的美誉，同时，安顺隶属国家区域经济规划重点发展的黔中经济区，是发展潜力较大的新兴工业城市。安顺正构建航空航天装备、汽车、制药、食品等支柱产业，延长产业链，带动采矿、机电、种植等其他各业的发展。为进一步推动安顺市产业发展，贯彻落实《国务院关于进一步促进贵州经济社会又好又快发展的若干意见》（国发〔2012〕2号）提出的“加快建设贵州与周边地区物流大通道，规划建设贵阳区域性物流中心，遵义、安顺、毕节、六盘水等物流节点城市，研究建设黄桶幺铺等一批现代物流园区”目标任务，安顺市委、市政府高度重视物流园区发展工作，在贵州省发展改革委、国土厅、住建厅的指导下，积极探索发展内陆开放型经济路径，走出一条有别于东部、不同于西部其他省份的特色物流发展新路。结合安顺区位优势、交通便捷、资源富集、商贸繁荣历史、现代物流基础，用好、用足、用活国家和上级支持安顺发展赋予的各项优惠政策、发展举措、保障要素，将安顺市内现有的“两园一中心一市场”统筹规划建设，打造发展成为综合性物流园区——黔中（安顺）物流园区。

（二）区位交通

安顺市位于贵州省中西部，素有“黔之腹、滇之喉、粤蜀之唇齿”之称，东邻贵阳市、南接黔西南州、西连六盘水市、北通毕节市，是国家级贵安新区的核心区，是国家“一带一路”倡议通往东盟的重要城市，是川、渝、滇东北通往北部湾连接东盟自由贸易区的重要枢纽，是广西和云南通往中部地区的咽喉节点，具有优越的区位条件。

黔中（安顺）物流园区位于安顺市主城区安顺经开区核心区，由“两园一中心一市场”区域组成，东起安顺市西秀区西与开发区东交界处黔中商贸物流中心—亿丰国际汽车物流园—万邦建材大市场—安顺奥体中心、澳维酒店及商贸区—沪昆高铁安顺站与国际商贸城—黄铺物流园终点，沿贵黄大道（黄果树大街）形成四点一线长条块状，规划面积 320 万平方米。

园区周边形成了“四位一体”的交通格局。“十二五”以来，安顺市不断加快交通运输设施建设，公路、铁路、航空、水运“四位一体”的立体网络交通格局已形成，已成为贵州省交通最为便利的地区之一，高速、高等级公路纵横交错，沪昆高速、杭瑞高速在辖区内交汇。全市公路总里程达 13800 千米，公路密度达到 148 千米/百平方千米，位居贵州省第一；沪昆高铁、株六铁路、沪昆高铁在安顺市设有三个站点，贵昆铁路和正在建设的安六城际铁路、黄百铁路贯穿境内；黄果树机场正在加快扩建和运营拓展，现已开通至北京、上海、广州、青岛、重庆、杭州、西安、三亚、海口、西双版纳等多条航线；水运有南下出海港口——坝草港，直通广西北海。园区优越的区位交通运输条件有效支撑了物流发展。

（三）主要功能

园区由黄铺物流园、亿丰国际汽车物流园、黔中商贸物流中心、万邦建材大市场组成，总体功能和各子片区如下。

1. 总体功能

（1）货运枢纽功能。园区依托互联网+公铁联运、智能公路港等项目，通过公路-铁路、公路-空运、公路-水运等多种联运方式，提供物流服务功能，建立智慧物流信息平台，降低物流成本，提高物流效率，搭建物流中转平台，发展国内国际中转物流。货运枢纽的服务主体主要是黄铺物流园的区域物流分拨区、保税仓、黔中城投智慧物流园。

（2）商贸服务功能。主要是物流园区与城市发展呈现互动关系，通过技术、设备、规模管理等方面的集约，实现多种业态并存，促进产城互动，以平行进口汽车展示中心、汽配物流中心、电子商务区、商品展示交易区、互联网+黔中特货产业孵化基地、城乡智慧配送中心为主提供商贸服务。商贸服务功能主要由黔中商贸城、亿丰国际汽车物流园、博大城农特产品批发市场、万邦建材大市场实现。

（3）生产配套服务功能。园区内的餐饮区、酒店区、加油站、汽车检验检测中心、金融网点、保险服务网点、生活类超市，驾驶员之家等配套服务设施的建成，为物流园区提供高效、便捷、人性化服务。园区内的配套设施，为入驻的企业及商家提供高效、便利的生产及生活配套服务。另外，园区预留有居住用地，并将逐步升级为人才公寓等。

2. 园区子片区

（1）黄铺物流园。安顺黄桶幺铺物流园（简称黄铺物流园）位于安顺市经济技术开发区、六盘水市六枝特区、普定县和镇宁县四大行政区的接合部，规划面积 185 万平方米。依托铁路、公路、航空、电子信息等多种元素汇聚的大交通优势，建设运作高效、业态先进、交通便捷和信息畅通的现代综合物流园，物流产业城总体空间结构为“一轴、两廊、两片”，一轴：以黄铺大道为物流产业城发展主轴线；两廊：以现有两条南北走向峰群为基础，保护原有生态基质不被破坏，培养绿色生态空间，形成两条生态绿廊；两片：承担核心物流产业功能的两大片区，即黄桶片园区、幺铺片区。

（2）亿丰国际汽车物流园。亿丰国际汽车物流园规划面积 36.6 万平方米，分六个功能区布局：汽车展示交易区、汽车后市场服务区、公共信息服务区、商贸服务区、仓储物流区等，如图 1 所示。物流园以新车、二手车和摩托车的展示交易为基础，重点打造整车及零部件仓储堆存、分拨配送、整车平行进口、O2O 信息平台等功能，提升汽车及摩托车检测改装、汽车美容、金融服务等汽车产业链后延服务。

（3）黔中商贸物流中心。黔中商贸物流中心规划面积是 75 万平方米，以智慧物流为引领，绿色环保和循环经济为理念，互联网、物联网、云计算、大数据技术为手段，商贸物流为支撑，公铁、公公联运为依托，发展物流服务体系、供应链金融服务体系以及物流数据服务体系。内建有黔中商贸城和黔中城投智慧物流园。黔中商贸城规划面积是 6 万平方米，为各类商品、农产品提供交易、展示、办公、商贸配套服务功能。黔中城投智慧物流园规划面积是 70 万平方米，主要建设“两区、两基地、两平台”。两区：多式联运智能协同处理区（中欧班列安顺集散小区、智能公路港小区），绿色物流示范区（城乡共同配送小区、新能源货运车辆租赁小区、智能仓储分拨小区）；两基地：安顺新零售孵化基地、“黔货出山”孵化示范基地；两平台：供应链金融服务平台、物流数据中枢平台。

（4）万邦建材大市场。万邦建材大市场占地面积 20 万平方米，主营内容包括建材家居市场、装饰材料物流、仓储物流、配套酒店等，按照国家级标准的 10 万平方米仓储，已全部建成使用，前是商铺，后是仓储，形成了一体化的商业格局。

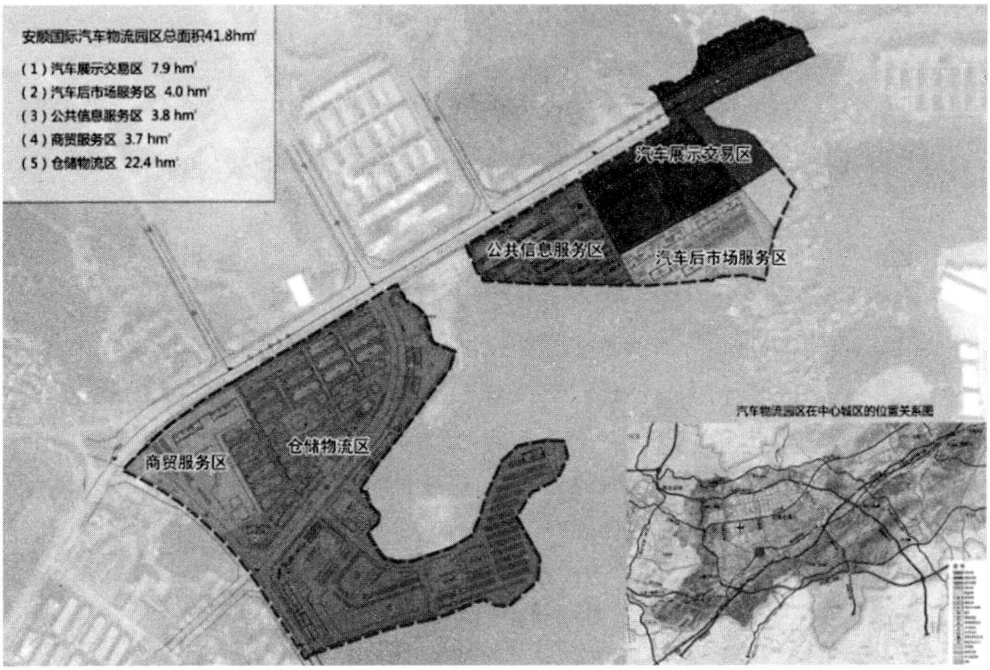

图 6　亿丰国际汽车物流园示意图

（四）管理单位

安顺市委、市政府明确安顺经济技术开发区管理委员会（以下简称“管委会”）作为黔中（安顺）物流园区的管理单位，成立了黔中（安顺）物流园区领导小组，管委会主要领导任组长、常务副主任任副组长，相关部门负责人为成员，代表安顺开发区管委会履行对园区的运营管理职能。领导小组下设办公室在安顺开发区发展改革局，并负责园区日常运营管理工作。

（五）发展定位

园区通过宏观统筹规划、公共设施整体建设、营业场所分块实施、发展联盟互补、运营分类独立，整合资源、不断增强资源集聚和辐射带动作用，聚集和培育物流企业，推行基础设施建设共享，广泛应用多式联运模式，推动园区物流运输、仓储、商贸跨越发展。立足黔中经济圈、面向西南、走向全国，全力巩固和提升国家级物流示范园区地位；远期奋力打造“一带一路”通往东盟、中东的重要物流枢纽。

（六）经济和社会贡献

1. 助推区域经济增长

黔中（安顺）物流园区的建成投用，有效改善安顺市物流企业规模较小、物流信息化程度低、物流仓储设施布局较散、产业聚集程度低等诸多问题，对于促进安顺市现代物流业实现大发展，支撑安顺市打造西部地区重要的物流中心起到重要作用，能更好地推动贵州经济又好又快发展。

2. 产生丰厚经济效益

2017年，园区自身营业总收入约5.2亿元，其中物流服务收入约2700万元。上缴税收约2600万元。预计到2020年园区自身营业年总收入达到12亿元，入驻企业营业年总收入到达60亿元，将有力促进地方财政税收增长，新增税收将超过3.6亿元。

3. 产业助推精准脱贫

园区目前已解决就业人数约6300人（其中贫困人口2143人），就业人员人均年收入超过3.6万元。与此同时，通过推广“公司+合作社+贫困户”模式，带动贫困农户种植食用菌、火龙果、茶叶等特色农产品，养殖关岭牛等，公司采取订单方式收购合作社（农民）种植、养殖的产品，通过园区内的川渝电商产业园、博大城农特产品批发市场进行销售，以及冷链物流企业高效配送，把农产品源源不断地运送出去，使贫困家庭和人口不仅脱贫而且实现稳定增收。园区全部建成投入运营后，将会给1500户贫困家庭贫困人口5000人带来就业岗位。

二、创新做法

（一）科学高效管理，构建现代物流平台

1. 平台先行、整体运营、功能集成

黔中（安顺）物流园区凭借优越的区位交通优势，立足安顺，面向黔中经济区，辐射贵阳、贵安新区、六盘水、黔西南、毕节、黔南等周边地区；依托电子商务、物流、专业商贸市场等相关的产业配套，形成了“产业集聚、企业集中、功能集成”的现代服务业集聚区。借助信息化发布平台，按照整体运营管理模式，实现园区入驻企业统一收银、统一结算、统一管理。以物流服务平台为载体，实现大宗物资中转联运业务、商品分销物流、进口商品保税仓服务、商品仓储配送专业市场服务以及城乡共同配送服务为重点的核心业务，建设贵州省内一流的生产、生活服务型智慧物流园区。

2. 信息共享、循环利用、绿色发展

通过“互联网+”梳理汇总物流信息，提升信息服务共享水平；通过信息互联互动，为物流的高效运作提供技术保障；准确快速传递信息，为参与物流的各方提供高效服务。

按照减量化、再使用、再循环的原则，着力构建从原料供应商、零部件供应商，到生产企业、分销企业，再到消费者的整个供应链的循环物流系统结构。

贯彻绿色发展理念，从产品原材料、零部件的采购开始，制订供应物流的绿色化、生产物流的绿色化、销售物流的绿色化、产品回收及废弃处理的绿色化策略，鼓励形成

集绿色运输、绿色包装、绿色仓储、绿色装卸搬运、绿色流通加工于一体的绿色物流体系。园区在发展过程中始终强调像保护眼睛一样保护生态环境，同时善用辩证思维，科学调整扩大规模，逐步提升质量，坚持集约节约使用土地、降低社会物流成本、建立绿色物流环保体系、提高现代物流业水平，增强物流园区市场竞争能力。园区内智慧物流、公路港、云车时代线上交易、城乡共同配送中心等一批节能项目均扩大清洁能源的使用范围，最大限度地降低了能耗和污染，达到节能减排的目的，为构建绿色低碳现代物流产业园区奠定了基础。例如：亿丰国际汽车物流园利用现有的建筑物屋顶打造一个 1 万多平方米的“空中生态花园”；“两园一中心一市场”均建设了大量立体停车位，节约的土地用来种植绿色植物，大大提高了绿化率。

3. 优化配置、高效管理、树立品牌

从黔中（安顺）物流园区的实际出发，积极做好与上位规划的对接，因地制宜，高起点、高标准、高效率地规划建设现代化物流园区；按照功能分区原则，通过整合资源，推行基础设施建设共享，以现代物流为纽带，共同聚集和培育物流企业，广泛应用多式联运模式，不断增强资源集聚和辐射带动作用，推动园区物流运输、仓储、商贸跨越发展；加强信息化建设，完善服务功能，增强设施服务能力，建设一支训练有素的专业团队，完善园区经营管理体制，在短时间内对商品进行装卸、搬运、分拣、配送，大幅提高集约化水平、社会物流服务效率，满足客户要求，提升园区运营管理水平和形象；转变园区经营发展方式，不断提升园区服务功能，提高园区竞争力。

（二）整合多方资源，打造特色物流体系

1. 打造大数据智慧物流体系

为主动响应全省大数据发展战略，黔中（安顺）物流园区已建成贵州黔中城投智慧物流园，以智慧物流为引领，以互联网、物联网、云计算、大数据技术为手段，以商贸物流为支撑，以公铁联运为依托，大力发展物流服务体系、供应链金融服务体系以及物流数据服务体系。黔中城投智慧物流园注重培育和引进具有大数据应用优势的第三方、第四方物流企业，让物流企业充分利用全社会物流信息资源，加强北斗导航、物联网、云计算、大数据、移动互联等先进信息技术在物流领域的应用，使大数据渗透到物流产业链的生产、存储、运输、配送、销售各个环节。园区构建了智能化物流通道网络，建设了智能化仓储体系、配送系统。不断发挥互联网平台实时、高效、精准的优势，对线下运输车辆、仓储等资源进行合理调配、整合利用，提高物流资源使用效率，实现运输工具和货物的实时跟踪和在线化、可视化管理。发挥核心物流企业整合能力，打通物流信息链，实现物流信息全程可追踪。园区中的德邦物流、安能物流、中铁物流、中通物流、百世快递等 20 余家大型物流公司应用射频识别技术（RFID），使用率达 35%，发挥 RFID 仓储管理系统大数据物流本身的分析、优化和控制等优势，通过 RFID 所具有的批量数据采集能力、实时数据反馈能力及应用高效率回报能力，实现对货物从入库开始的

自动识别、定位、输送、存取、出库等全部业务流程的智能可视化管理。

园区积极探索大数据与三次产业深度融合，深入挖掘大数据商用、民用价值，有力提升经济效益。园区大量使用云计算、大数据等技术手段，亿丰国际汽车物流园借助与天津东疆保税港区直接投资合作兴建的天津平行进口汽车贵州直营中心，开发打造的“AR 云车时代 2.0”大数据项目是西南三省最大的平行进口汽车贸易平台，能够第一时间掌握、分析用户需求，智能比价、推介产品，围绕市场需求配置资源，有效降低人力成本、时间成本等。黔中商贸物流中心构建的“两区、两基地、两平台”智慧物流服务平台，采取物流数据分析、智能化分单、优选派送组合等手段，可针对全省 88 个县区的优质农产品，合理设置货物集货点，采取分散集货、集中运输方式，同时得益于全省县县通高速的便捷交通优势，提高货物集散运输效率，极大节约了物流成本，促进农产品保鲜、货品配送效率等，在产品供给侧方面形成优势。着力打造为贵州省内的二级物流中心，成为黔货出山的重要出口，实现大数据助力大扶贫。

2. 打造服务军民融合的物流体系

为适应安顺市军工企业发展需求，黔中（安顺）物流园区建立起面向航空产品制造的军工物流服务业。为园区周边的航空发动机、飞机和燃气轮机锻件、机载设备、航空零部件、真空设备、智能终端设备等军工产品生产企业的原材料及零部件供应提供物流设施及配套服务网络。利用军工企业贵飞公司的铁路专线和货运站场，积极发展集装箱“铁转公、公转铁”服务，提高军工企业物流通道和设施的利用率，服务于军民融合型装备制造业钢材等原料、产成品物流需求。

以安顺现有军工资源为依托，以安顺民用航空产业国家高技术产业基地和安顺国家高新区为平台，围绕“军转民”和“民参军”军民融合发展战略，积极发展具有军民融合特点的物流产业；以黔中（安顺）物流园区为载体，综合利用航空、铁路、公路等多种交通运输方式，积极发展多式联运，实现保税物流、航空物流、铁路物流、卡车物流的协调发展，为军民融合产业发展提供全方位物流配套。

3. 打造山地特色产业的物流体系

（1）高产值石材产业物流。石材产业已经成为贵州省的“第六张”名片。安顺市石材资源丰富、品种多、储量大，板材年产能达 1090 万平方米，石材产业实现年产值接近 20 亿元。安顺市已被贵州省确立为贵州国际石材博览会永久举办地，黔中（安顺）物流园区配套具有特色的石材物流业，集荒料运输、集散中心（专业市场、商贸展示）专业市场、外部销售市场（经销商、装饰装修工程、物流贸易企业、采购商）、物流运输为一体的石材产业配套服务体系。同时，在园区精品体验馆，提供文化艺术石材、旅游工艺品等工业游体验式展销活动。以物流园区为载体，大力加强“互联网+石材产业”系统建设，推动石材物流为特色的现代物流业创新发展。

（2）生物制药产业物流。贵州大健康产业发展蓬勃，正成为引领贵州经济发展和社会进步的“黄金产业”“希望产业”“朝阳产业”。全省现有山地中药材品种资源达 4802

种，占全国中药材种类总数的40%。经过多年产业布局，全省共有药材上市企业11家，中药材种植面积居全国第三位，苗药成为全国销售额最大的民族药。有着“中国苗药第一股”美誉的百灵制药集团，坐落于安顺经开区，是从事苗药研发、生产、销售于一体的医药上市公司，注册资本14.112亿元，总资产38.84亿元，现已成为全国最大的苗药研制生产企业和贵州省新医药产业骨干企业。此外，安顺经开区内还有宝林科技中药饮片公司、浙安生物制药公司等一批生物制药企业。

（3）“全域旅游”商品集散中心。安顺山地旅游资源得天独厚，风景名胜区资源占国土面积的12.13%，贵州省最适合发展全域旅游。安顺素有“中国瀑乡”“屯堡文化之乡”“蜡染之乡”“西部之秀”的美誉，境内有黄果树、龙宫、格凸河3个国家级风景名胜区（其中黄果树和龙宫为国家首批5A级旅游区）；有关岭古生物化石群国家地质公园、九龙山国家森林公园、国家4A级旅游区夜郎洞；有花江大峡谷、夜郎湖、斯拉河等省级风景名胜区。

围绕安顺市发展“山地特色+全域旅游”产业，园区打造了涵盖关岭牛肉制品、上关辣子鸡制品、板贵花椒、断桥煳辣椒、古生物化石仿真艺术品、平坝灰鹅、“安顺瀑布茶”、镇宁波波糖、安酒、旅游美术工艺品、蜡染制品、书画作品等旅游商品的集散中心，服务于旅游商品的研发、生产与推广、销售，促进安顺“山地特色+全域旅游”产业繁荣发展。

三、示范特色

（一）政府主导，有序推进

安顺经济技术开发区管理委员会成立黔中（安顺）物流园区工作领导小组，由管委会主任担任组长，下设办公室在发展改革局，负责协调园区发展，着力打破“两园一中心一市场”在物理空间上不紧邻这一制约因素，积极实践“创新、共享、绿色”发展理念，有力整合各自优势资源，抱团发展，实现集约化、规模化、体系化和特色化。由管委会设立产业发展基金及配套政策，引导和扶持企业创新，提供金融保障等，统筹推进园区的规划和物流园区的重大基础设施建设。通过先行开展亿丰国际汽车物流园代办服务、搬迁车管所至园区内、网上办事大厅压缩办结时限等系列措施，推行“一站式”服务。逐步改善“两园一中心一市场”营商环境，有梯有序全面推进园区建设运营发展。

（二）企业运作，有效推进

园区采用政府主导，企业运作的模式。企业立足自身，联动发展，依托三大功能区（即货运枢纽服务功能区、商贸服务功能区、生产配套服务功能区），通过电子商务平台、现代物流平台、信息服务平台、金融服务平台、公共检测服务平台与综合服务平台的建设，实现物流一体化、信息化、标准化、精益化、智能化运营。2017 年，园区入驻企业营业总收入约 39.27 亿元，其中物流服务收入约 22 亿元。园区企业全年上缴税收总额约 1.63 亿元；园区入驻物流企业货物吞吐量总计 860 余万吨，园区单位面积物流强度达到 589.74 万吨/平方千米。物流业从业人员 3612 人，物流全员劳动生产率约 43.67 万元/人（物流业增加值/物流从业人员）。

（三）差异竞争，错位发展

园区内的“两园一中心一市场”各有定位、各具特色、各有优势，既整体协作，又错位发展，避免业态重叠而导致恶性竞争；既能充分发挥国有资本在区域经济发展中驱动引领作用，又能发挥社会资本经营优势和活力。同时，物流园区还优化整合天晟国际商贸城、黄果树（川渝）电商产业园、博大城农特产品电商物流仓储批发交易市场、澳维商贸区、沪昆高铁安顺站国际旅游贸易城等资源，形成“多元化、多样性、多层次”的差异错位、互补聚集的强力竞争优势和良好发展态势。

（四）激发活力，开放发展

在园区建设运营发展中，始终坚守发展与生态两条底线，围绕“数量稳定增长，质量高优发展”目标，既要因地制宜和立足实际利用好自身区位居中、商贸历史、交通便捷、资源丰富等优势，又要强化开放理念与充分发挥贵州“大数据、大生态、大健康”三大战略举措作用，全力激发黔中内陆开放型经济发展潜力要素，致力打造活力和开放发展物流平台，助推黔中和全国经济社会持续健康发展。

四、未来展望

（一）突出政府主导和统筹引领

一是强化领导作用，作为园区运营管理团队，通过行政引领、项目带动等措施，充分发挥政府采购的示范带动作用。二是明确政府职责，发挥主导作用，给予项目投资审批支持，开辟绿色通道，简化审批程序，并各司其责，服务项目建设，将亿丰国际汽车物流园打造成平行进口车交易中心。三是加强人才引进。将围绕新形势下自我发展的与时俱进、超前谋划、开拓创新意识和抱团发展的合力协作、奋力拼搏、顽强创业精神，持续培养具有新常态下宏观发展和微观发展能力的相关人才。

（二）突出智能智慧和创新引领

一是突出发展国内国际中转物流，互联网+公铁联运、智能公路港等项目以多式联运来发展物流货运枢纽功能，搭建物流中转平台，建立智慧物流信息平台，降低物流成本，提高物流效率，促进物流业发展。二是推动园区智慧化发展，物流信息共享，推动物流深度融合，线上线下协同发展，建立智能化的园区管理和运营模式，加强企业与园区信息系统有效衔接，园区统一收银，提升现代物流的层次和综合服务能力，如黄铺物流园建设的黔中物流产业信息平台项目，以“网上交易、业务管理、商务协同”为核心，面向物流产业链，整合上游货运厂商、下游物流公司客户，以全程电子商务平台为载体，融入电子商务交易、大屏幕货运信息交易、园区物业管理系统、智能停车场、智能一卡通等子业务模块，有效提供物流产业链的全程服务，集冷链物流、现代仓储、多式联运、跨境电商、云计算信息平台功能于一体，以云端大数据信息服务和跨境电商服务作为园区的核心竞争力，实现物流业、商贸业、信息技术、生态农业的四大产业在园区内的协调发展，创新冷链物流产业发展新模式、跨境协同电子商务、关注绿色生态农业，把园区建设成为一个现代化的“智慧型”物流产业综合园区，奠定园区在区域和行业内的领先地位。三是拓展自媒体发展渠道，实现园区 Wi-Fi（无线保真）全覆盖，通过建立微信公众号等方式，加强园区知名度宣传力度。

（三）突出内生和外在动力

园区将持续与入住企业深度合作，实现互利共赢，并结合自身优势，积极探索向外招商引资，通过运用广告营销、会议营销、定点营销、政策营销、政府营销等手段，确保园区能引进一批拉动效果明显、自身实力强大的全国一流的物流相关企业。如亿丰国际汽车物流园计划与卡盟网合作，拓展业务范围；在生活基础设施配套方面，引进合力超市等。同时，加强与物流相关的各行各业的联系，充分实现内部资源共享，引进货车帮等一批贵州本土企业，全力打造高效物流园区。

（四）突出军民融合和空港联动合力

一是加强构建军民融合物流服务网络。充分利用安顺市作为国家级军民融合示范和民用航空产业国家高技术产业基地的平台优势，依托规划建设的通用航空机场和黄果树第二跑道，整合安顺现有的中航贵飞、风雷、安吉等军工资源，全力构建面向航空产品制造的军工物流服务业，提高军工企业物流通道和设施的利用率，服务于军民融合型装备制造业钢材等原料、产成品物流需求。二是加强空港联动。在已经启动的以下项目的基础上发展航空货运及附属产业，千亿级贵飞工业联合体中的长沙天映航空飞机零部件加工及维修项目；中国航空油料集团有限公司在黄果树机场设置服务保障点并开展相关设施建设；贵州省科技厅与安顺市政府组建安捷无人机公司开展货运服务、四川卓越航空包机服务等通用航空项目。

（五）突出山地特色活力

坚持山地特色和“大生态”优先，大力构建山地种养业、山地绿色环保食品加工业、山地多种中草药和苗医药研发制造业、山地特色生态文化康养产业旅游业、山地新型城镇化商贸等物流业态，进而推进园区形成现代山地特色活力物流园区，将有力助推脱贫攻坚，为壮大、提升、做强国家级示范物流园区打下坚实的基础。

黔中（安顺）物流园区将与时俱进，伴随全国各行各业走进中国特色社会主义发展新时代，紧跟全面建成小康社会步伐，继续加强园区建设力度、不断拓展运营业务、增强服务能力，推动物流运输、仓储、商贸跨越式健康发展，积极融入和参与实施“一带一路”倡议，奋力将园区打造成为通往东盟的重要物流枢纽，为建设中国特色社会主义现代化国家、现代化强国睿智拼搏和做出更大贡献。

荣誉专栏

颁发时间	荣誉名称	颁发单位
2018 年	示范物流园区	国家发展改革委 国土资源部 住房城乡建设部
2017 年	全国首批 26 个通用航空产业综合示范区	国家发展改革委
2016 年	贵州省双创示范区	贵州省发展改革委

（撰稿人：孙　涛　黔中（安顺）物流园区领导小组　办公室组长
陈泽浩　黔中（安顺）物流园区领导小组　办公室工作成员
康小冬　黔中（安顺）物流园区领导小组　办公室工作人员
龚艳萍　安顺黄铺物流园区开发投资有限公司　董事长助理
蒋少杰　安顺市亿丰实业发展有限公司　副总经理
吴　军　黔中商贸物流中心项目部　部长）

甘肃（兰州）国际陆港

建设“一带一路”枢纽，打造向西开放平台

甘肃（兰州）国际陆港（以下简称“陆港”）位于素有“西北边陲重镇、丝路古道要冲”之称的甘肃省兰州市，作为甘肃省三大陆港之首，依托兰州市地区特色，积极融入国家“一带一路”建设。近年来，陆港以“建设大平台、构建大通道、形成大枢纽、发展大产业”为目标，按照港产城融合发展的思路，通过完善物流服务功能、开行国际货运班列等做法，逐步形成了面向中亚、南亚、西亚国家的商贸物流枢纽，打造出甘肃省扩大对外开放的重要新高地。

一、园区概况

为抢抓国家“一带一路”倡议的重大机遇，打造“丝绸之路经济带黄金段和重要节点城市”，2014 年年初，甘肃省政府以兰州铁路集装箱中心站项目为依托，利用西站货场项目迁移至东川的大好时机，充分发挥兰州独特的区位、交通、枢纽、能源、产业等综合优势，高标准规划了甘肃（兰州）国际陆港。

2016 年 11 月，甘肃省政府正式批复《甘肃（兰州）国际陆港规划（2016—2020）》，陆港以现代物流、现代商贸、出口加工为三大主导产业，定位为全省实施“十三五”规划的标志性工程，服务国家向西开放的重要平台，以及“一带一路”重要的国际物流中转枢纽、国际贸易物资集散中心。

（一）区位交通情况

兰州作为古丝绸之路的商埠重地，东接陕西、南通巴蜀、西倚新疆、北连内蒙古，地处“兰白”“兰西格”两大经济圈核心位置，位列全国九大物流区域、十大物流通道、21 个物流节点城市之中，在全国物流大格局中拥有重要地位。同时兰州也是国家重要的交通、能源交会节点城市，铁路交通综合优势使其班列发运具有成本低、速度快、效率高的特点。

甘肃（兰州）国际陆港同时具备公、铁、航立体交通枢纽优势。铁路方面，兰新、兰青线在陆港中部穿越，并设有河口南货运站与坡底下中间站，两站均能够方便地办理铁路运输。河口南货运站兼有客运功能，距离西部地区最大的路网型编组站兰州北编组站不足 20 千米，其间规划有一条专用联络线。

公路方面，兰海高速从陆港北侧穿过，在河口地区设有出入口，是连接青海、新疆、西藏的重要交通通道。规划建设中的南绕城高速在西固城区以西的扎马台与陆港相切，扎马台立交使得陆港与兰州绕城公路连接，进而连接通过兰州市的各条高速公路。兰永一级公路、312 国道、109 国道和京藏高速公路穿越甘肃（兰州）国际陆港，是陆港对外的重要通道。陆港内部交通便利，城市主干路西新线、多条城市支路、县乡公路从陆港内部穿越。

航空运输方面，陆港距离中川机场约 40 千米，且直接与机场高速公路相连，车程不足 1 小时。兰州中川国际机场是西北省会城市飞行区干线机场，开通有到国内各大城市的航线 40 多条，其航空网络以兰州为中心，连接北京、上海、广州等 40 多个大中城市和日本冲绳、马来西亚等地。

陆港独特的区位、交通、能源通道优势，决定了其具有货源稳定、货品附加值高、货物来源多样化等特点，为多式联运业务提供了有力支撑和广阔发展空间。

（二）运营管理主体

陆港设有甘肃兰州国际陆港管理委员会（以下简称“管委会”）作为陆港的管理机构。管委会隶属于兰州市政府。管委会下设党政办、经发处、规建处等“一办七处”的管理服务团队。兰州国际港务区投资开发有限公司是经兰州市国资委批准成立的市属重点国有企业，负责陆港的开发、建设、融资和运营。兰州国际港务区投资开发有限公司的主要业务范围包括国际物流中转、国际贸易物资集散，园区内的基础设施投资、建设，公共事业及相关国有资产的市场化运作，经营和代理各类商品及技术的进出口业务等。

陆港为整合资源、提高效能，在行政管理上与西固区实行“区区合一”的工作机制，通过缩短体制“磨合期”，形成发展“加速期”，强化结果性、成效性指标的路径追求，把目标任务变成实实在在的工作项目，把决策部署变成现实可感的发展成果，实现两区之间的功能互补，统筹发展。陆港在稳定经济增长、深化改革创新、推进产业升级、扩大改革开放等方面走在了全市的前列。

陆港作为兰州经济技术开发区的二级园区，享受国家级开发区管理权限。这极大地推动了陆港的建设发展，使路港在区域经济发展中起到了举足轻重的作用，成为了区域经济发展的新亮点和产业聚集的新载体。

（三）规划建设情况

陆港建设规划范围西起新城镇青春村，东至东川乡坡底下村，北临黄河，南至青石台和扎马台地区，实际占地面积300万平方米。陆港共规划建设25条内部道路，总长约46.85千米，3条外部道路，总长约61.88千米，共同构成了园区立体交通运输网络。

甘肃（兰州）国际路港由六大产业区构成，包括现代物流产业区（国际物流枢纽港）、对外贸易产业区（国际商贸枢纽港）、信息服务产业区、进出口加工产业区、生活服务业区和生产性服务产业区。产业区示意如图1所示。陆港定位发展“三主五辅”产业，即大力发展现代物流业、现代商贸业和出口加工业三大主导产业，兼顾发展商务服务业、金融服务业、信息服务业、新能源新材料和生活服务业五大辅助产业。

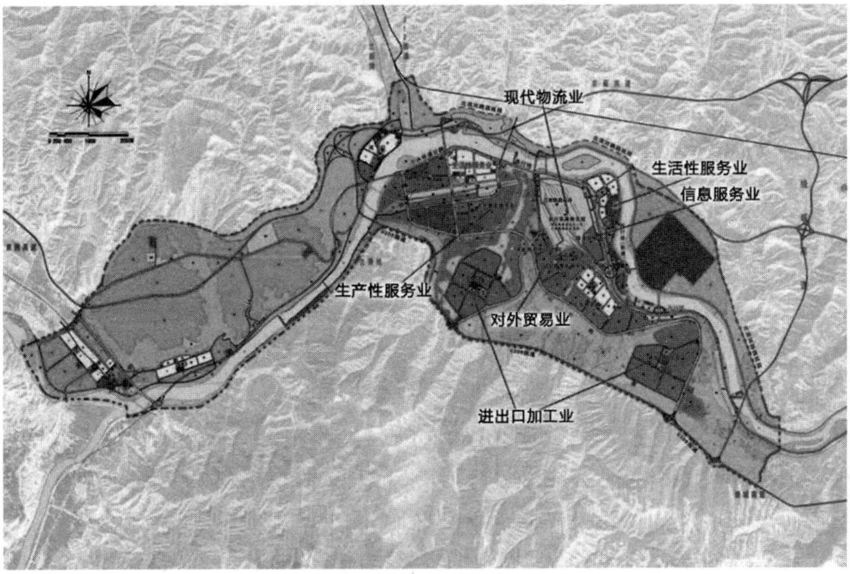

图1　甘肃（兰州）国际陆港产业区示意

现代物流产业区（国际物流枢纽港）包括兰州东川铁路国际物流中心、陆港检中心、保税物流中心（B型）、多式联运中心、公路集装箱中心站、大宗物流园、口岸检验中心、大宗物品物流交易中心、出口加工物流中心、电商及冷链物流中心、大宗物资物流交易中心等，主要开展国际物流、多式联运、电商与冷链物流、仓储和分拨配送等业务。

其中，东川铁路物流中心（兰州铁路集装箱中心站和兰州铁路综合货场）的集装箱、汽车特货等货运设施占地约200万平米，规模吞吐量达3000万吨，为陆港发展国际物流、多式联运提供了运力支持。

多式联运中心主要建设多功能物流集散、分拨、转运中心，为国际、国内公铁联运服务。该中心是全国首批多式联运示范工程之一的重要物流节点，已与郑州陆港、西安陆港等全国首批16家示范港口签订了多式联运企业联盟合作框架协议。

保税物流中心（B型）主要建设保税监管仓库、综合服务中心、大型堆场等海关监管设施，具有就地办单、仓储物流、保税退税等功能。按照国家关于口岸建设的要求，兰州铁路口岸已建成 3.3 万平方米的口岸监管区（如图 2 所示）。在兰州铁路局的大力支持下，利用东川铁路物流中心集装箱区设置的铁路口岸监管区，实现了箱区与监管区的无缝对接，达到了关检合作“三个一”的条件。海关、国检部门已入驻开展报关报检业务，兰州国际港务区投资开发有限公司配合做好口岸场地运营管理和协检工作。

图 2　甘肃（兰州）国际陆港铁路口岸监管区现场

现代商贸产业区（国际商贸枢纽港）包括进出口展示交易中心、商务大厦、国际会展中心等，陆港以丝绸之路沿线区城为重点开展商贸物流合作，打造内外贸结合的商贸网络，实现国际与国内商贸渠道的有效衔接。

商务金融信息产业区包括国际金融中心、五星级酒店、综合办公大楼、国际经贸大厦等，重点开展金融、保险、银行等贸易配套服务。

（四）节能环保工作

根据规划环评，陆港积极督促并指导入驻企业做好项目环评工作，建立入驻企业环保档案，督促项目建设单位完成项目环境影响评价报告，取得相关环保部门的审查备案，并做好建设项目“三同时”相关工作（建设项目中防治污染的设施必须与主体工程同时设计，同时施工，同时投入使用）。同时，陆港配合西固区环保局定期开展入驻企业及在建项目的环境风险、环保设施运行情况及污染物排放情况等安全排查整治工作，建立环境检查工作台账。此外，陆港工业用水重复利用率达 100%、工业固体废弃物综合利用率达 100%，同时严格把控各项生产环保指标，如万元工业增加值水耗仅 8.57 吨标准煤、万元工业增加值能耗仅 0.2 吨标准煤。

二、主要做法与成效

近年来，陆港的推进工作已从市、区层面上升到了省级部门，形成了“三级联动、同频发力”的建设发展局面。甘肃（兰州）国际陆港兰州铁路口岸、东川铁路物流中心

（铁路集装箱和货运中心）已投入运营，多式联运项目列入全国首批多式联运示范工程。陆港国际贸易和国际班列发运初见成效：开创性地打通了南亚国际贸易通道；借兰渝铁路开通之际，首发了中新南向国际货运班列；中亚国际货运班列实现常态化发运；国际贸易企业陆续入驻兰州陆港开展业务。

（一）开行国际货运班列，助力内陆对外贸易

陆港积极构建国际贸易大平台，按照“政府引导、企业主导、市场运作”原则，加快完善物流基础设施，建立省级物流平台，推进通关一体化建设，打造中新南向班列、中亚、南亚三条国际货运班列，不断加大国际货运回程班列频次，形成甘肃省对外贸易重要枢纽和平台。

西部地区是我国能源及工业生产基地，具有有色金属、能源化工产品、农业资源、穆斯林产品等稳定的货源以及完善的各类配套交易中心。除本地货源外，还能吸引新疆的化肥、粮食、种子等以及青海钾肥、浙江日用品、广东电子产品等来此集疏运。陆港的区位，使班列开行具备了货源基础。

2016 年，陆港组织发运兰州—哈萨克斯坦、乌兹别克斯坦等中亚国际货运班列（以下简称中亚班列）。陆港在中亚班列稳定运行的基础上，继续做好中亚班列运营服务保障工作，加大中亚返程班列的货源组织力度。2017 年 8 月，装载着进口铬铁矿石的首趟国际回程班列从哈萨克斯坦（卡拉干达）站发出，行程 4800 多千米，运行 6 天，于 8 月 3 日顺利抵达甘肃（兰州）国际陆港铁路口岸海关监管区，实现首趟回程货运班列。

为促进南亚贸易新通道进一步成熟，陆港积极向省、市申报将多式联运公司确定为南亚班列运营主体，通过加大与中尼公司合作力度，畅通南亚庞大的市场，组织建设“兰州号”南亚公铁联运国际货运班列（以下简称南亚班列）。经多方努力，2016 年 5 月，“兰州号”南亚公铁联运国际货运班列在陆港首发。班列采用公铁联运方式，分三段运输，从兰州到日喀则约 2431 千米，为铁路运输；从日喀则出境到尼泊尔的吉隆口岸约 564 千米，为公路运输；从吉隆口岸到尼泊尔加德满都约 160 千米，为公路运输，全程约 10 天。南亚班列发运 56 列，货重约 2. 8 万吨，捷时特、中外运长航等国际贸易企业已就此开展相关业务。

2017 年 8 月，甘肃省委、省政府与渝、桂、黔三省区市政府签订了《关于合作共建中新互联互通项目南向通道框架协议》。陆港积极依托自身良好场站基础，积极落实，制订了具体实施方案，整合协调全省物流贸易企业资源，统一场站设施、组织发运和运营管理等。中新南向通道国际货运班列由兰州国际港务区投资开发有限公司作为组织发运的主体，为促进与广西经贸合作，在广西设立南向通道办事处，实现中新南向通道国际货运班列常态化运营。（如图 3 所示）

图 3　甘肃兰州国际陆港中新南向国际货运班列首发

陆港在中亚、南亚、中新南向通道国际班列上的国际贸易通道建设已初见成效。截至 2018 年 5 月，中新南向通道国际货运班列累计发运 13 列 370 组，货值 8176 万元人民币，货物主要以苹果、洋葱和部分工业品为主；中亚班列已累计发运 82 列 3789 组，货重 7.43 万吨，货品主要以轮胎、瓷砖、电器和日用杂品为主，货值约 29.47 亿元人民币；南亚班列发运 3394 车，货重 5 万余吨。

陆港大力推进中欧贸易通道建设。通过积极对接德国杜伊斯堡中国产业园投资集团，相互考察、合作洽谈，达成初步合作意向。通过设立甘肃（兰州）国际陆港驻杜伊斯堡办事处，共同推动建设陆港国际班列中转枢纽和集疏运中心，与“一带一路”沿线城市开展国际物流、国际贸易等业务。

陆港也通过积极推进跨境贸易人民币结算试点工作，促进陆港贸易企业的贸易便利化，切实加快陆港对外开放步伐。2018 年年初，经过各方的共同努力，甘肃（兰州）国际陆港多式联运有限公司与台湾某企业达成数百万元的铝锭贸易合同，并约定使用人民币进行结算。首笔跨境贸易人民币结算业务顺利完成，标志着陆港跨境贸易人民币结算业务的正式启动，西北地区跨境贸易便利化进程又前进了一大步。

（二）打造物流贸易平台，促进融合协同发展

随着中欧、中亚、南亚、中新南向通道等国际班列的常态化运行，越来越多的跨境贸易企业在兰州国际陆港汇聚、扎根。陆港积极与甘肃省物产集团合作，搭建全省国际物流贸易平台，于 2018 年 3 月 31 日正式挂牌成立甘肃国际物流有限公司，建设中欧、中亚、南亚、中新南向国际班列和通道上的重要国际物流中转枢纽、国际贸易物资集散中心。

通过合资成立物流贸易平台公司，陆港的货源聚集能力得到进一步增强：通过平台公司积极与重庆、广西等省市合作，实现关口畅通，中新南向通道国际货运班列的班列发运频次明显逐步增加，有力地推动了中新南向通道国际班列常态化运营；通过带动全

省陆港和空港，联手打造特色农产品、有色金属、大宗商品物流网络，加快形成全省对外开放新合力；通过与陇南、天水、定西、武威、张掖等地区沟通对接，在各地建立工业品、农产品集货基地，利用陆港集散分拨、中转枢纽的功能和优势，打造“内引外联”的国际贸易平台；通过进一步整合中亚、南亚等国际货运班列，发挥甘肃省南下、东进、北上、西出的通道优势，带动物流贸易产业，促进地区资源要素流动和融合协同发展。

（三）多方式招商引资，企业聚集效应明显

2017 年，陆港坚持“规划招商、精准招商”和“招大商、招强商”的原则，针对陆港发展实际，多次组织赴外招商专题活动，前往北京、天津、广州、上海、南京、福州等城市，与北京京通易购、北大青鸟、天津滨海世盛、广州林安、深圳华为、南京苏宁云商、福州保税港等 20 多家公司进行洽谈招商，赴外招商活动对接企业数量密集，企业整体实力较强，与陆港产业发展契合度高，为陆港招商引资工作打下了坚实基础。

此外，陆港通过各种节会开展招商工作，参加了“丝路福祉”2017 中国拓展丝路新年论坛、中国港口协会第八届会员代表大会、2017 年（第十五届）中国物流企业家年会等全国物流界重要节会，介绍了兰州国际陆港优势，对陆港招商项目进行了重点推介。在第二十三届中国兰州投资贸易洽谈会（兰洽会），陆港成功举办了以“丝路新枢纽、南亚新通道”为主题的“第五届中国陆港（兰州）发展论坛暨南亚贸易新通道合作论坛”，邀请到了德国、尼泊尔、巴基斯坦等国家（城市）的嘉宾和众多国内外的商会代表、专家学者，围绕陆港班列发运，陆港在“一带一路”中的建设地位和作用，以及陆港如何借助自身优势，建立“畅通内外、互利共赢”的陆港产业等问题，进行了深入剖析、探讨和展望。

在全面布局国内业务的同时，兰州陆港也积极走出国外。2017 年 6 月，陆港组织人员赴德国、捷克、波兰等欧洲国家港口城市，就港口建设管理和运营、港务合作和投资等方面进行了洽谈考察。其间，先后实地走访参观了德国杜伊斯堡、汉堡、捷克布拉格、波兰格但斯克等港口城市，并与德国商贸城集团、汉堡港控制铁塔、捷克经济研究所、华沙格但斯克港等负责人就港口管理和运营、港务合作和投资等方面进行了座谈交流和商洽。初步达成三个合作意向：一是积极推进在杜伊斯堡合作建设中欧物流分拨中转站；二是积极推进在陆港内合作建设欧洲商品城；三是建立定期开展宣传推介和交流合作机制。此次考察代表团出访是西北地区第一支团队前往欧洲沿线考察，也是陆港积极响应“走出去、请进来”号召的一次难得的机遇。

通过陆港在招商引资方面的努力，陆港内已汇集甘肃省国际物流有限公司、兰州国际港多式联运有限公司、兰州东川铁路货运中心、甘肃凯达国际货运代理服务有限公司、甘肃陇江矿产资源有限公司、兰州捷时特物流有限公司及甘肃省物产集团河口南物流园、甘肃霖磊物流园等 16 家物流企业，从业人员约 2000 人。

管委会严格按照“抓项目、强投入、建功能、保运营、出形象、上水平”的要求，积极招商引资、招强引税。截至2017年年底，在陆港注册纳税企业数由原有15户增加至23户，企业数增长超20%。入驻企业完成税收合计1059.64万元：地税合计711.60万元，国税合计348.04万元，较2016年税收增长超过40%，增幅明显，为我国西北地区创造了一定的社会价值。

三、示范推广价值

陆港面对经济发展和市场需求的新形势、新要求，积极探索西部地区内陆港多式联运发展的途径与模式。在本地区产业服务方面，陆港为甘肃本地的石棉、纯碱等工业品和洋葱、马铃薯、中药材等特色农产品拓展了更加宽阔的运输途径和运输方式。在现代化的流通加工、配送、物流信息平台、物流成本控制、供应链管理等方面，为省内物流企业做出了很好的示范。中新互联互通南向国际通道的打通，前所未有地加强了与重庆、广西、云南等省市内物流企业的良好沟通和经验互动，极大地促进了甘肃省物流业良好繁荣的发展，在甘肃省乃至西北地区产生较好的示范带动作用。

（一）“四化”模式牢筑班列枢纽基础

陆港围绕南亚班列等国际货运班列发运，集中力量打通各种运输环节，确立了集散协同化、运单一体化、服务集约化、场站智能化的运输组织“四化”模式。

集散协同化，指的是采用公路、铁路方式，将华东、华南、西南等地区的出口货物集结在陆港，进行统一装箱、报关报检，形成班列后集中发运。运单一体化，指的是通过信息化手段，实现订单、运单数据共享，一单到底，提高多式联运运输组织效率。服务集约化，指的是搭建金融物流、电子商务等服务平台，实现集约化服务。场站智能化，即指投资购置智能化吊装设备，为出口货物及时通关提供有力保障；在境外合资建设集仓储、配送、运输等功能于一体的综合性智能场站，实现“门到门”“一站式”物流服务。通过确立“四化”模式并认真落实，陆港构筑了牢固的班列运输组织基础，这为内陆地区铁路枢纽的班列开行树立了标杆。

（二）七项重点工作畅通联运通道

为保证陆港多式联运工作的开展，陆港确定以下七项重点工作。一是物流通道基础设施建设，优先建设疏港路——山前路，总长5.99千米，以此奠定公路集疏运基础。二是口岸基础设施建设，健全海关监管仓库、海关查验库、海关卡口等多式联运配套设施建设。三是促进多式联运快速转运设备研发。例如在围绕氧化铝多式联运运输集约化和智能化运用中，创新20英尺集装箱运输和装卸装备，采用一次性灌装、自卸开箱下料的方式，改变氧化铝运输从灌袋到下料全过程，切实降低企业成本，提高运输组织效率。

四是通过建设智慧陆港多式联运信息服务平台，实现与不同运输方式、多部门的信息系统间安全稳定、高效畅通的数据交换。五是建设跨境电商实验区项目，促进大众创业、万众创新，进一步增强货物聚集。六是集中优化多式联运集货、转运、通关及“门到门”运输四大流程。七是建立多式联运服务标准体系，内容包括不同运输方式衔接技术标准、多式联运标准合同、不同运输方式间清算机制等。

通过确立以上七项重点工作并认真落实，陆港多式联运水平显著提升，相关项目成功入选国家交通运输部第一批多式联运示范工程。其做法在内陆地区公铁货运枢纽的多式联运经营上具有较强的示范推广价值。

四、未来展望

陆港将以发展现代物流为主要方向，通过提升物流服务水平，建成集保税物流、集货贸易、出口加工、仓储管理、信息服务等为一体的现代物流基地，成为甘肃省辐射全国、通向欧亚的重要物流集散中心。在物流大数据、物流行业标准、物流信息平台建设等现代物流发展方面，努力实现更多突破，成为我国西北地区和西部引领现代国际物流行业发展的示范物流基地。

力争到2020年，陆港全面建成运营。到2025年，建成生产加工输出、国际贸易畅通、经济协调发展、物流功能发展水平显著提升的陆港基地。到2035年，成为辐射西北，通向全国，联通中亚、南亚和欧洲市场的综合性内陆港和物流集散、转运中心。甘肃（兰州）国际陆港将建设成为一个口岸成熟、贸易完善、物流集聚、产业优化、功能合理、宜居宜业、港产城融合发展的国际时代陆港。

荣誉专栏

颁发时间	荣誉名称	颁发单位
2018年	示范物流园区	国家发展改革委 国土资源部 住房城乡建设部
2017年	首批多式联运示范工程	交通运输部

（撰稿人：严志坚　甘肃（兰州）国际陆港　党工委书记、管委会主任
李建亮　甘肃（兰州）国际陆港　管委会副主任
罗　喆　甘肃（兰州）国际陆港　管委会副主任
苏　亮　甘肃（兰州）国际陆港投资开发有限公司　董事）

中国铁路成都局集团有限公司城厢铁路物流基地[①]

开创路地合作新模式，打造中欧班列生态圈

成都市是成渝城市群重点建设的国家中心城市，也是“一带一路”建设和国家向西向南开放前沿。中国铁路成都局集团有限公司城厢铁路物流基地（以下简称基地）位于成都市青白江区，是中欧班列（蓉欧快铁）始发地，也是成都连接“一带一路”和“长江经济带”的重要战略支点。中国铁路成都局集团充分发挥基地区位优势，积极响应“交通强国，铁路先行”号召，提出以打造综合型铁路物流基地为基础，以地方政府与集团公司搭建运营平台为支撑，拓宽中欧班列延伸辐射范围，构建互联互通通道。经过多年的快速发展，逐步形成了以城厢为中心“贯通南北、连接东西、通江达海、覆盖全球”的多式联运网络，带动成都与“一带一路”沿线国家和地区的贸易发展。基地在路地合作、多式联运、国际物流等方面提供了良好示范。

一、基地概况

（一）立项背景

鉴于我国铁路集装箱运输发展比较滞后，为加快铁路集装箱运输发展，提高铁路的市场竞争力、优化运输资源配置，《关于转发〈国家计委关于铁路集装箱结点站总体规划方案的批复〉的函》（计长函〔2003〕36 号）中同意在全国范围内设 18 个铁路集装箱结点站。城厢站作为 18 个集装箱结点站之一应运而生，于 2009 年建成投用。2015 年以来，为进一步完善铁路物流基础设施，加快推进铁路货运向现代物流转型发展，铁路总公司下发了《“十三五”铁路物流发展规划》（发改基础〔2017〕1996 号）《中国铁路总公司关于加快推进铁路现代物流发展的意见》等文件，并制订了《铁路物流基地布局规

① 发改经贸〔2018〕249 号文件中该园区名称为成都铁路局城厢铁路物流基地。

划 2015—2017 年建设计划》（铁总计统〔2015〕232 号），拟规划建设“3+14+18+3”（一级~二级~三级~集疏运中心）共 38 个铁路物流节点网络。自此，城厢站也成为全路 3 个一级综合型物流基地之一。2016 年，成都市政府制订出台《成都国际铁路港建设三年（2016—2018 年）行动计划》，基地成为成都国际铁路港核心区域，国际辐射能力显著提升。

（二）运营管理主体

中国铁路成都局集团有限公司（以下简称集团公司）是城厢铁路物流基地运营管理主体单位，隶属于中国铁路总公司。集团公司成立于 1953 年，管辖川、渝、黔及云南昭通、湖北恩施地区的宝成、成渝、襄渝等 11 条国家铁路干线和 10 条国铁支线，营业里程 9188 公里。为适应市场，推进铁路物流基地建设，在集团公司的大力支持和指导下，组建城厢铁路物流基地委员会（以下简称委员会）。委员会由成都北站站长、成都铁路国际陆港公司总经理任委员会主任，成都北站主管营销副站长、陆港公司主管运营副经理任委员会常务副主任，中铁联集、成铁物流、中铁快运成都分公司、中铁特货副总经理任委员会副主任，成都北站市场营销部、货运管理部、装卸管理部、货物快运车间、集装箱中心站等部门及纪检监察（路风）为委员。委员会主要职责是负责城厢铁路物流基地规划、建设及运营管理，受集团公司委托行使对基地的行政及社会管理职能。

2015 年 10 月，在四川省、成都市两级政府的积极指导和支持下，围绕发挥铁路优势、构建以铁路为骨干的多式联运体系，由成都市、青白江区与成都铁路局集团公司以轻资产模式共同组建“成都国际陆港运营有限公司”（以下简称陆港公司），负责成都国际铁路港的具体运营。为进一步加快国际铁路港建设，构建集投融资、建设运营于一体的综合性集团，成都市青白江区人民政府与成都路集团公司、成都工投集团充分协商，进一步整合陆港公司、成都国际铁路班列有限公司等资源，于 2017 年 11 月新组建成都国际铁路港投资发展（集团）有限公司（以下简称港投集团），注册资金 10 亿元，主营铁路港整体开发建设、通道打造和运营、多式联运体系建设、对外合作平台、跨境贸易平台、供应链服务平台搭建、商业配套开发等业务板块。港投集团主要承担国际铁路港规划范围内基础设施和平台类功能性项目的投资建设，建成后交由陆港公司进行管理和运营。

（三）区位及交通条件

基地位于成都市青白江区境内，距离成都市中心 29 千米，距双流国际机场约 60 千米，距成都天府国际机场约 70 千米。基地周边路网密集分布，有 G5 京昆高速、S2 成巴高速、G108 国道、G42 沪蓉高速等出川和出海通道，宝成、成渝、成昆、达成四条铁路干线交会于此，交通十分便利，是西南地区的集装箱物流中枢。随着国家“一带一路”中欧班列建设加快，形成了以基地为集散中心的对外贸易运输通道，交通通达能力进一

步增强。（如图 1 所示）

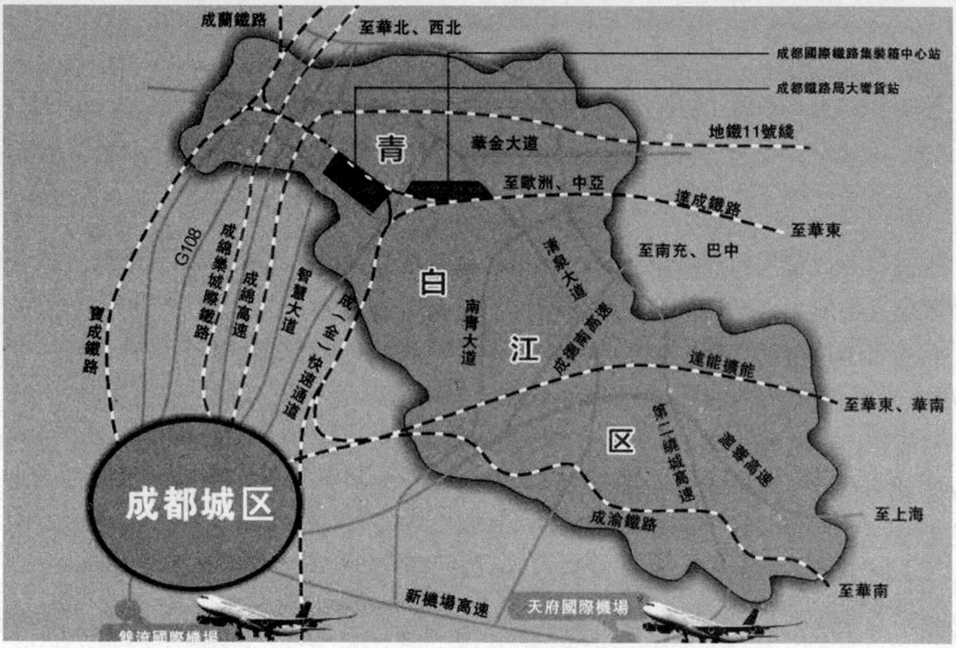

图 1　城厢铁路物流基地区位

（四）规划建设情况

基地是成都国际陆港的核心区域，定位为集装箱中心站、国际物流枢纽、快运中心站。基地建成初期主要是满足地区集装箱业务和各中心站间开行直达集装箱班列的需求。随着城市发展、产业布局和枢纽规划布局的调整，逐步增加了怕湿货物装卸、仓储、快运和特货、海关等物流设施，物流功能日趋完善。2013 年蓉欧快铁正式开通运营，城厢成为中欧班列（成都）始发站，国际服务能力建设加快。《铁路物流基地布局规划 2015—2017 年建设计划》（铁总计统〔2015〕232 号）中明确将城厢规划建设为全路一级综合型物流基地，负责货物的集散与分拨任务，满足特快货物班列、国际班列和多式联运等运输需求。2017 年年底，城厢铁路物流基地总占地 117. 2 万平方米，功能区域分为怕湿装卸仓储区、行包及特货作业区、集装箱区、海关监管区等，如图 2 所示，已发展成为成都枢纽最大的综合性铁路物流基地，以及四川省和成都市最重要的物流集散中心之一。

图 2　城厢铁路物流基地规划示意

（五）运营效率

1. 物流强度

2017 年，基地件杂货物发到量 549 万吨，集装箱吞吐量 627.1 万 TEU，实现运输收入 4.85 亿元。2017 年开行蓉欧班列 858 列，中亚班列 154 列，“蓉欧+”班列 1500 列。物流基地运营管理人员 160 人，就业总人数约 1500 人。

2. 劳动生产率

2017 年基地按铁路办理列车折算人均劳动生产率 7.92 换算列车次数/人天；按货物吞吐量折算人均劳动生产率 7.71 万吨/人年；按园区入驻企业运营收入折算人均劳动生产率 169.34 万元/人年。

3. 入驻企业

2017 年年底已入驻敦豪全球货运（中国）公司、准时达供应链管理公司、海程邦达国际物流公司、TCL 海外电子（惠州）公司、中铁快运成都分公司、四川泸州港务公司、远成集团成都世阳物流公司、民生物流四川公司、中铁八局集团现代物流公司、四川德成国际货运代理公司、成都创源国际货运代理公司、中国物流股份公司成都分公司、四川物流集装箱有限公司等 100 余家重点企业。

（六）社会贡献及行业影响

基地在各个环节投入了巨大的人力、物力、财力，不仅取得了良好的社会经济效益，也为全面完成国家运输生产任务，国民经济持续、快速、健康发展做出了强有力的贡献。一是就业方面，基地入驻企业就业人数1500余人。二是税收方面，入驻企业税收2015年1.66亿元，2016年2.66亿元，2017年达4.03亿元。三是参与社会公益活动方面，近年来，每当遭遇自然灾害的时候，基地作为成都地区最大的铁路装卸货场，承担大量救援物质的运输及分拨、转移任务，有效避免了因地理及气候原因导致救灾不及时造成的更大损失。四是获得客户评价和社会荣誉方面，基地所属快运车间获得2015年中华全国铁路总工会“火车头奖杯”、2016年成都北车站“先进集体”等多项殊荣；基地所属陆港公司多式联运项目获批国家第一批多式联运示范项目，同时基地内多名职工在各项活动及竞赛中获得表彰及奖励。五是安全方面，围绕人员、设备、管理筑牢安全基础。在生产组织工作上制定完善了一系列办法制度，加强盯控检查和落实，从根本上保证了物流基地工作安全稳定。六是节能减排方面，2017年城厢铁路物流基地货物发到量完成1124万吨，全程周转量完成1534882万吨公里。按照西南地区铁路运输平均单耗35公斤标煤/万吨公里、公路汽车运输平均单耗210公斤标煤/万吨公里测算，折算标煤消耗比公路运输减少标煤消耗268604吨，折算相当于减排570381吨二氧化碳、155496吨碳。

二、主要做法

近年来，国家大力推进“一带一路”倡议，实施“长江经济带”发展战略及鼓励发展多式联运。四川省全力抢抓机遇，深入实施“改革创新、转型升级”总体战略，于2016年获批建设“四川自由贸易试验区”，拟将成都打造成为国际区域物流中心、国家向西向南开放门户城市和国际物流、国际产业、国际贸易协同发展的开放型经济高地。

成都铁路局集团公司在铁路总公司的领导下，在四川省委、省政府的大力支持下，认真贯彻落实国家“一带一路”倡议和中国铁路总公司供给侧改革要求，以服务地方经济为己任，以发展西部物流业为目标，充分发挥城厢地理位置优势，实现基地蓬勃发展。具体做法如下。

（一）以强基促提质，打造综合型铁路物流基地

1. 夯实基础设施建设

基地定位为集装箱中心站、国际物流枢纽、快运特货中心站，核心产品为铁路运输和多式联运。近年来，基地依托其突出的地理位置优势，加快基础设施、平台类功能性项目的投资建设和开发运营，承载能力不断提升。基础设施方面，城厢铁路物流基地已建成到发线8条，货物线14条，牵出线2条，货场面积25.6万平方米。分功能区来看，一是快运及特货区包括货15线、16线共有仓库6座，面积4.9万平方米，主要办理零散快运业务；特货1线建有仓库3座，面积1.6万平方米，商品车堆场4.1万平方米，主要办理批量快运及商品车业务。二是怕湿装卸仓储区包括货8、货9线有仓库各4座，面

积共 4.8 万平方米；货 11 线雨棚面积 2 万平方米；货 12 线仓库 4 座，面积 1.3 万平方米，各线均满足整列装卸作业需求。三是集装箱功能区包括集装箱中心站占地 33.7 万平方米，2 个线束，4 条整列装卸线；货 13 线和 14 线占地 6.1 万平方米，满足整列装卸条件。四是对装卸作业区包括货 7 线硬面 3.7 万平方米。五是海关监管区监管堆场 10 万平米、还箱点 1.2 万平米。六是全站配有电动叉车 78 台、蹬车桥 30 台、电动托盘搬用车 8 台、机械式月台渡桥 40 台、集装箱专用龙门吊 12 台，年货运办理能力达 1400 万吨。在此基础上，基地依托成都国际铁路港平台，重点推进一站式服务大厅、成都铁路保税物流中心（B 型）（如图 3 所示）、铁路专用线的建设，实现保 B、卡口、中心站三位一体布局。

图 3　成都铁路保税物流中心（B 型）外景

2. 拓展综合物流服务

基地按照现代物流园区功能和模式，运用信息化手段和现代物流技术进行服务拓展，提供集铁路综合运输、仓储、装卸、配送、流通加工、中转分拨、公铁联运、信息处理等功能为一体的一站式、一条龙全程物流服务。为了满足大宗物资整车运输及多品种、小批量、多批次、高附加值白货门到门快捷物流需要，基地提供商品车运输、冷链物流、长大笨特种货物运输等特色物流服务。作为中欧班列始发点，基地大力拓展国际集装箱业务，基地提供进出口集装箱货物仓储、加工、保税、贴标签、包装、分类及分拨配送等综合物流服务，促进四川省外贸、跨境电子商务、国际金融等业务发展。同时运用信息技术，从客户下单、订单处理、货物接取、装车、运输、卸车、配送等各个环节着手，配套开发了货运管理系统、调度指挥系统、物流配送系统等，满足客户对货物追踪、物流信息查询、问题投诉等物流信息服务需求。并在此基础上，研发物流基地综合管理系统，打造集用户管理、信息发布、交易撮合、资金结算、信用担保等服务于一体的物流交易平台，逐步拓展金融物流、交易展示等增值物流服务。

3. 助力基地能力升级

通过打造多样、丰富的服务功能，基地服务能力大幅提升，正加速向大型综合性铁路物流枢纽迈进。

运输业务方面，2017 年基地完成装车 69615 车，卸车 186089 车。发送量 131.6 万吨，其中整车 22.2 万吨，零散 7.6 万吨，集装箱 101.8 万吨。到达量 701.0 万吨，其中整车 150.3 万吨，零散 25.4 万吨，集装箱 525.3 万吨。实现运输收入 4.85 亿元。

仓储业务方面，为科伦药业、达能饮料、雪花啤酒等知名生产制造企业及中外运、中海运、中远等物流企业量身定制仓储服务，2017 年累计仓储货物 786 万吨。

配送业务方面，通过创新信息手段，基地积极开展接取送达业务抢单竞价的创新试点，结合不断优化的运力招投标推进运力整合。截至2017年年末，基地已整合接取送达车辆300余辆，年运力超80万吨。车型涵盖集卡车、栅栏车、厢式货车和封闭式货车等。2017年完成接取送达业务量1237.13万吨，收入4117.27万元，位居全路前列。

信息服务方面，一是利用95306电话或铁路货运网上营业厅提供从需求提报到运输组织、分拨及配送等各环节的服务。同时针对客户特殊需求，提供差异化、个性化运输服务方案。二是开发手机App，方便客户在网上进行班列预定、在途追踪、运费查询、门禁预约、选择物流服务等。三是开发建设了成都国际铁路港EDI（电子数据交换）信息平台，实现铁路、船公司、货代、码头、海关、国检等之间信息的互联互通。

（二）以班列促网络，多措并举畅通国际国内物流网

随着“一带一路”建设的持续推进，基地发挥枢纽优势，积极组织国际、国内货运班列。国际端逐步形成覆盖全欧的分拨支线和揽货网络，国内端覆盖长三角、珠三角和环渤海经济圈，对接日韩、东盟和港澳台地区。以城厢为中心的国际国内物流网络不断加密。

1. 以中欧班列为引领，构建国际货运班列网络

基地认真贯彻落实党中央、国务院关于“一带一路”建设的部署，加快推进中欧班列发展。建立中线、北线、南线3条国际干线，初步构建起丝绸之路经济带上的黄金干线组合。中线从波兰罗兹延伸至德国纽伦堡和荷兰蒂尔堡，实现去程每天开行，成为全国首个每日开行的中欧班列；南线经新疆霍尔果斯口岸出境，途经哈萨克斯坦等国，最终抵达土耳其，辐射范围扩至中亚南欧；北线已于2016年11月17日首开至莫斯科班列。2017年年底基地已成为国内最大的对欧铁路运输货物集结站，形成了辐射欧洲的国际班列通道。2017年，国际班列共计开行1012列39327车，货值2682亿元，同比增长568列21439车，列数增幅84%，车数增幅84.3%。其中，蓉欧班列开行858列、35175车，重载率66.87%，中亚班列开行154列，4197车。开行数量居全国第一，占全国中欧班列开行总量的近1/3。中欧班列开行示意如图4所示。

图4　中欧班列开行示意

2. 以“蓉欧+”为重点，构建互联互通班列网络

一是坚持“贯通南北、连接东西、通江达海、覆盖全球”的发展思路，建设辐射沿海、沿边地区的“蓉欧+”班列通道。在2016年建成以成都为中心连接沿海、沿边主要

城市 8 条通道的基础上，2017 年增开了成都至天津、日照、青岛 3 条通道。11 条通道的建设为中欧、中亚班列提供了稳定的货源支持。二是新增“蓉欧+”东盟国际铁海联运班列，打通了成都经钦州通往泛东南亚的南下物流新通道，实现了成都向西至欧洲、向北至俄罗斯、向南至东盟的“Y”字形国际物流通道的互通。2017 年“蓉欧+”班列开行 1500 列，61729 车，同比增长 34. 77%。

3. 以城际班列为支撑，构建国内货运班列网络

基地推出“点到点”、特需列车等新型货物快运产品，产品辐射成都、重庆、贵阳三大城市枢纽，并向市场推出面向全国主要省会及一线城市的城际班列产品。在 2016 年已开通成昆、渝黔等西南城际班列通道的基础上，2017 年逐步稳定开行城厢—上海、城厢—临沂，城厢（重庆）—广州、城厢—乌鲁木齐等城际班列，陆续打通到西北、华东、华北等地的城际班列通道。2017 年，城际班列共开行 1102 列、34310 车。基地同时不断优化公铁、铁海、铁水班列运输组织方式，做大多式联运发运量。2017 年铁海联运开行 849 列、33864 车，同比增加 28 列、510 车；铁水联运开行 40487 车，同比增加 4319 车，增幅达 11. 9%。

（三）以平台促联运，着力打造多式联运运营新模式

作为成都国际铁路港的核心区域之一，基地依托成都国际陆港运营平台，不断探索多式联运运营新模式。

1. 提供多式联运“单窗口一站式”服务

2017 年 5 月，基地新建投用 4000 平方米的多式联运综合服务大厅，为企业进出口货物提供方便快捷的“一站式通关”平台。服务大厅内设置了包含铁路、船公司、港口、海关、商检等的多个服务窗口，对外提供含铁路运输、海运订舱、报关、报检、签发提单、出口退税、外贸结汇等国际联运服务。引入铁路无轨营业部，提供铁路货运业务受理、制票、交付、理赔等服务。并设计无轨营业部与海关监管场、铁路场站、公路中转集散中心之间的业务衔接流程，提供“一次性受理、单窗口一站式”物流公共服务。2017 年年底，多式联运综合服务大厅已经引进了泸州港、厦门港、宁波港、上海港等沿江沿海港口入驻，中海运、中外运等大型船舶公司已签约进驻，成都泛亚报关公司、中外运报关公司等 7 家报关企业已签约报关平台。

2. 建设多式联运监管中心

基地建设了多式联运监管中心，方便海关对各种运输方式的货物换装、仓储、中转、集拼、配送等作业的一体化监管以及海关、检验检疫部门对中心进出口货物的“一次申报、一次查验、一次放行”。此举真正实现水铁联运、公铁联运等多式联运的一站式通关、本地退税、一体化服务，使海关监管场作业量大幅度增加。基地 2017 年总计作业量 81281TEU，其中：出口 35603TEU，进口 21158TEU，日均 222. 7TEU，同比增长 143. 2%；查验作业 6984TEU，月均 582TEU，同比增长 134%；整改加固及换装箱作业总

量 2201TEU，月均 183.4TEU，同比增长 182.2%。多式联运监管中心实景如图 5 所示。

图 5　多式联运监管中心实景

3. 试点多式联运"一单制"

2017 年 4 月，陆港公司与中国银行锦江支行合作，开展多式联运"一单制"试点工作。以荷兰 OOSTMANN GROEP B. V（奥斯特曼）公司和成都蓉欧德源供应链管理有限公司分别作为发、收货人，以铁路港为签发地和起运地。采用陆港公司签发的多式联运提单作为物权质押、信用证结算方式，引入开证公司签发平行进口车的多式联运"提单"，成为第一单中欧班列"提单"。同时，逐步完善多式联运提单在流程、交付、银保联合体金融方面的服务模式，完善汽车平行进口、海外端仓库租赁、金融服务等合同涉及内容、模板的设计，创新运输和贸易结算方式。通过创新多式联运提单的使用，探索中欧班列货物运输"一次委托、一口报价、一单到底、一票结算"。2017 年全年累计完成"提单"试点 21 单。

（四）以联盟促合作，促进公铁联运资源优化配置

2015 年 9 月，成都局集团公司作为发起人，联合中铁快运成都分公司、四川中铁集装箱物流公司、四川远成物流等 24 家单位共同发起组建四川省公铁物流服务联盟，并为联盟单位提供运力保障、站场设备、优价政策、产品宣传等优先服务和全方位支持。通过将公路运输资源与铁路运输产业紧密衔接，联合构建"经营网点—汽运班车—铁路分拨中心—货运班列和江海班轮"等一体化多式联运综合物流绿色通道。为进一步推进全程物流和多式联运发展，2016 年 11 月，四川省公铁物流服务联盟、空地物流服务联盟和四川甩挂（专线）物流服务联盟共同在城厢物流基地建立多式联运甩挂场站，并采用路企合作的方式整合 10 余家物流企业，共享 300 余辆甩挂板。同时，以铁路局信息平台和泸州港集装箱物流信息平台为基础，积极研发多式联运配货平台建设（甩挂板车共享信

息平台），促进铁路接取送达需求与社会运力的优化配置。

（五）以开放促发展，形成物流商贸良性互动新格局

围绕“物流与商贸互为支撑、良性互动”的总体思路，基地大力拓展国际外贸配套服务。以物流带动对外贸易产业的发展，吸引大型外贸企业、对外加工企业落户成都，有力助推了成都国际铁路港贸易区和中国（四川）自由贸易试验区成都青白江铁路港片区成功落户。成都国际铁路港贸易区规划面积55平方千米，包括现代物流区、新型贸易区、临港工业区，如图7所示，成都国际铁路港贸易区以建成国内“国际铁路第一港”为目标，打造“蓉欧+”战略先行示范区、成都内陆自贸区核心极和国家门户城市重要支撑极。中国（四川）自由贸易试验区成都青白江铁路港片区实施范围9.68平方千米，重点发展国际商品集散转运、分拨展示、保税物流仓储、国际货代、整车进口、特色金融等口岸服务和信息、科技、会展等现代服务业，打造内陆地区联通丝绸之路经济带的西向国际贸易大通道重要支点。开放政策的叠加优势有力促进了适铁产业在物流基地内的集聚。2017年年底基地内入驻物流、商贸、粮食类企业81家，中国物流百强企业60余家，与联想、戴尔等陆续开展中欧物流通道合作，建设规模化物流、市场设施项目。随着以城厢为核心的国际国内物流网络不断畅通，每天都有大量“四川造”“中国造”“泛亚造”产品源源不断运往欧亚。陆港公司与中兴、华为、TCL、Dell、莫仕连接器、成飞集团、一汽大众、长虹民生等世界知名企业建立了战略合作关系，通过“蓉欧+”通道运输降低物流成本。2017年实现外贸转移51亿元，产能转移72亿元。国内外物资流、资金流、人才流、技术流和信息流正加速向成都集聚转化。成都国际铁路港贸易区规划示意如图6所示。

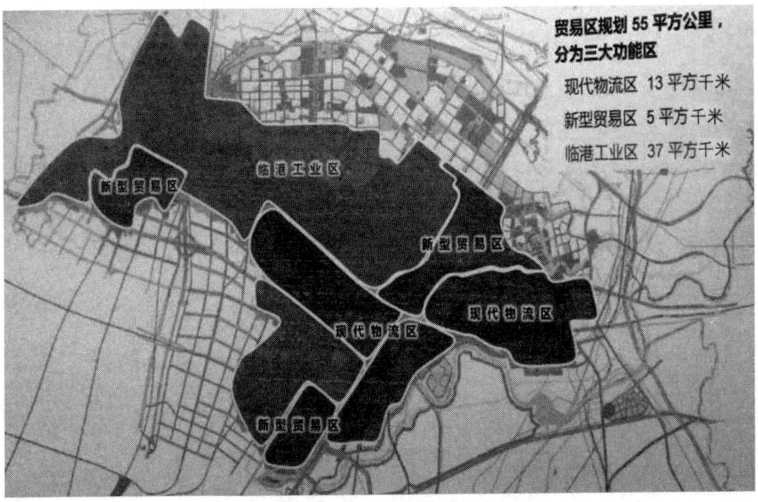

图6　成都国际铁路港贸易区规划示意

三、示范特色与经验参考借鉴

（一）首创路地合作新机制

在基地建设过程中，成都局集团充分发挥基地以及铁路骨干优势，取得地方政府的大力支持，创新路地合作机制。一是以青白江铁路港为依托，由地方政府与成都局集团共同搭建铁路港运营管理服务平台。这是首次引入铁路运营部门实质性参与地方政府铁路港的建设与运营，通过公司化运作，将铁路港与全国性路网资源无缝衔接。尤其是使成都国际集装箱物流园区与中心站和保税物流中心（B 型）实现无缝对接，这样的三方对接在全国尚属首创。二是以成都铁路局、成都市、青白江区三家为核心，共同组建陆港公司和港投公司，进一步加快国际铁路港建设。三是依托成都国际铁路港运营平台，由铁路运营部门牵头搭建公铁联盟、水铁联盟、甩挂联盟等联盟化合作平台，初步形成了以铁路港为枢纽的海铁、公铁等多式联运体系，并将基地建设成为全路首个“路企合作”的“多式联运”示范工程。

（二）探索陆上贸易新规则

长期以来，“海洋贸易规则”一直主导着全球贸易的发展，但随着中欧班列的兴起，相关贸易规则缺位的现象越发突出，探索中欧陆上贸易规则迫在眉睫。基地通过完善“单窗口一站式”建设，为客户提供一站式的“门到门”全球物流和供应链服务；率先试点海铁联运“一单制”，打通多式联运提单在内陆运输的体制机制障碍，实现内陆港海港功能前移；探索推动铁路运输单据“提单化”，通过提单将货物的交易变成单证的交易，突破了铁路运输单证物权限制，实现物权质押、信用证结汇等功能，推动打造国际铁路联运外贸提单系统、信用证体系。通过不断创新多式联运运营模式，逐步建立起以多式联运提单互认为核心的陆上贸易新规则。此举有利于鼓励区域经济主体参与国际竞争，参与国家“一带一路”倡议，促进区域进出口贸易蓬勃发展。

（三）打造多式联运新示范

基地切实践行“一带一路”建设要求，积极拓展互联互通通道、加强联运信息共享、探索新型设施设备，并于 2016 年 6 月成功申报国家交通运输部“多式联运示范工程”。运输组织方面，依托蓉欧物流大通道、西南区域辐射东南沿海的货物运输大通道和长江运输大通道三个物流大通道，搭建省内、国内、国际三张揽货网络，打通了以成都为中心向外辐射的厦蓉欧、深蓉欧、汉蓉欧、甬蓉欧等 11 条“蓉欧+”多式联运通道。信息平台方面，通过自主开发 EDI 系统，实现了与铁路、船公司、货代、码头、海关、国检等多式联运相关主体之间信息的互联互通；试点建立物流企业信息化公共服务系统，实现了供应链相关企业间业务信息的共享和资源的优化整合；试点建立省级公铁、铁水联盟信息平台，借助信息平台提供增值服务从而挖掘多项盈利点。设施设备技术方面，一是开展53英尺箱的公铁海多式联运试运，积极匹配和借鉴北美多式联运相关标准，探索以大容积箱型为中心来构建我国内陆多式联运体系；二是研发适合公铁联运的新型集装化载具15吨包装箱，并以华润啤酒为主要服务对象，在成都—昆明班列试点。15吨包装箱具有有效降低破损、有效利用空间、便于吊装和汽车配送的特点，是特种公铁联运箱的有效探索。

（四）营造国际物流新生态

地方政府与成都局集团通过整合口岸、铁路、汽运、场站等各方资源，搭建统一的内陆港多式联运服务平台、场站服务平台、信息服务平台、金融服务平台。在此基础上形成统一的内陆港线上线下物流公共服务基础平台，成为全国第一个专门针对中欧、中亚班列，为国家“一带一路”倡议服务的“单一窗口”。通过完善国内通道与国际通道的衔接配套，构建多式联运集疏网络，实现跨省跨境货物从受理到交付全程多式联运快捷化、一条龙服务，为国际物流的发展提供了良好环境。城厢铁路物流基地借助成都自贸试验区政策优势，依托成都国际陆港运营平台，提升口岸服务功能。开放肉类、整车汽车、粮食等进境口岸，通过与多家世界知名企业建立战略合作关系，开展汽车平行进口贸易，延伸开展跨境电子商务、商品展示交易等业务，吸引了大批适铁企业入驻城厢铁路物流基地周围。基地在建设与运营过程中，首创了铁路场站、物流基地、国际口岸、保税物流、临港工业区、商贸集聚区“六位一体、无缝衔接”的模式，打造了国际物流新生态。

四、园区发展方向与未来展望

（一）建立以多式联运为载体的揽货运营平台

以基地为据点，切实推进多式联运的发展，优化多式联运环节，有效降低全程物流成本。结合国家“一带一路”、西部大开发、中国四川自由贸易试验区及“互联网+高效物流”的发展背景，与上下游生产企业、国有大型物流企业深度融合，共同搭建多式联运公共信息与交易平台，明确多式联运经营流程、作业标准。

（二）强化基地信息化建设发展规划

依托95306全新打造门户网站与客户服务系统，大力推进城厢铁路物流基地的物流信息化建设。充分运用物联网信息技术，建立物流综合管理信息系统。全面实现物流、贸易、服务业务的全过程信息化管理，实现铁路内外网以及内外部物流信息资源共享和互联互通。

（三）优化物流基地企业管理体制和经营机制

一是完善经营业绩考核机制。实行盈亏总额的考核，健全完善经营业绩考核体系。激励基地各部门切实承担起经营责任，实现经营业绩考核全面覆盖，促进经营责任逐级落实。二是加快现代物流管理人才和专业技术人才培养，全面提升职工队伍整体素质。

（四）未来实施战略

在基地实施“互联网+”推动贸易转型升级举措，以提升物流产品质量和物流产品的内涵为主要抓手，加强城厢铁路物流基地的品牌培育。积极融入“一带一路”，开拓国际市场，深化与企业的合作，发挥物流在贸易中的纽带作用，最终打造成便捷高效的综合型铁路物流枢纽。

荣誉专栏

颁发时间	荣誉名称	颁发单位
2018 年	示范物流园区	国家发展改革委 国土资源部 住房城乡建设部
2016 年	多式联运示范工程	交通运输部 国家发展改革委
2015 年	“火车头奖杯”	中华全国铁路总工会

（撰稿人：向劲松　成都铁路局集团公司货运处（营销中心）　处长
魏　楠　成都铁路局集团公司成都北站　站长
谢　建　成都铁路局集团公司货运处（营销中心）　部长
贺　玺　成都铁路局集团公司成都北站　办公室主任
葛文静　成都铁路局集团公司货运处（营销中心）　主管
胡江华　成都铁路局集团公司货运处（营销中心）　主管）

中国物流与采购联合会

物流园区专业委员会简介

中国物流与采购联合会物流园区专业委员会（以下简称中物联物流园区专委会，SCLP），是经民政部批准设立的中国物流与采购联合会直属分支机构。

组成单位：中物联物流园区专委会由中国境内的物流园区、物流基地、物流中心、保税物流园区、保税物流中心及区内企业、物流地产商、设备供应商、相关社会团体、咨询机构、科研院所、高等院校等单位自愿组成。

宗旨：中物联物流园区专委会遵守宪法、法律、法规和国家政策。为会员单位、政府部门和物流园区服务，维护行业共同利益和会员合法权益，促进物流园区之间的交流与合作，加强行业自律和规范管理，反映行业诉求和合理建议，发挥物流园区和政府部门之间的桥梁和纽带作用，推动我国物流园区科学、健康和可持续创新发展。

主要活动：

（1）每年7—8月召开全国物流园区工作年会；

（2）年会召开前，组织全国物流园区竞争力综合评价，评选优秀物流园区；

（3）编辑出版《中国物流园区发展报告》《示范物流园区创新发展报告》；

（4）组织开展全国物流园区调查工作，建立物流园区统计信息体系；

（5）参与《全国物流园区发展规划》和相关标准的研究制定工作；

（6）积极反映企业政策诉求，提供政策咨询、网站宣传和日常联络等多项服务，组织园区互访，推进会员单位的交流与合作；

（7）受政府部门委托，具体组织“示范物流园区”“国家智能化仓储物流示范基地”等评选工作。

中物联物流园区专委会：于雪姣（18610081151）

陈　凯（18811446270）黄　萍（13301381866）

邮箱：CFLPYQ@ vip. 163. com

电话：010-58566588 转 139/133

传真：010-58566588 转 138